教育部哲学社会科学研究后期资助项目(07JHQ0012)
山东大学自主创新基金自然科学类专项交叉学科基金项目(2011JC021)

不确定条件下的投资学

肖洪生 著

山东大学出版社

内容简介

本书的主要内容是不确定条件下的金融产品——股票、债券、证券投资基金、期货、权证等的定价理论与方法的探究。全书分3篇13章:第1篇是理论部分,也是最重要的内容,构建了不确定条件下的金融产品定价的统一分析范式——"综合模糊理论";第2篇是基本分析,包括技术分析、宏观经济与证券价格的关系、证券价值和财务分析;第3篇以专题的形式讨论了不确定条件下的股票、债券、证券投资基金、期货、权证等金融产品的具体定价方法。

本书作为山东大学经济研究院研究生"投资学"的讲授内容,已试用近20届;对金融领域的研究人员、从业者具有参考、借鉴意义;同时,对经济学、管理学、财务管理学、政治学、军事学、法学及哲学等社会科学的研究人员、从业者也具有参考和借鉴意义。

图书在版编目(CIP)数据

不确定条件下的投资学/肖洪生著.—济南:山东大学出版社,2017.12(2019.3重印)
ISBN 978-7-5607-5937-1

Ⅰ.①不… Ⅱ.①肖… Ⅲ.①投资经济学—研究
Ⅳ.①F830.59

中国版本图书馆CIP数据核字(2018)第002332号

责任编辑:宋亚卿
封面设计:张 荔

出版发行:山东大学出版社
社 址 山东省济南市山大南路20号
邮 编 250100
电 话 市场部(0531)88363008
经 销:山东省新华书店
印 刷:济南华林彩印有限公司
规 格:720毫米×1000毫米 1/16
23印张 428千字
版 次:2017年12月第1版
印 次:2019年2月第3次印刷
定 价:65.00元

前　言

本书的主题是对不确定条件下的金融产品——股票、债券、证券投资基金、期货、权证等的定价理论与方法进行探究。

金融学、投资学，肇始于20世纪50年代的欧美国家，20世纪80年代以来进入高速发展时期。金融资产、金融产品的定价，是投资学的主要研究对象，也是金融学的核心问题。“有效市场假说、均衡分析方法、效用最大化”是金融资产定价的理论基石。这个“基石”的本质是，假定“市场信息近乎完全，市场运行状态近乎确实”。这些当下仍是主流经济学——新古典经济学模式的观点。

对金融资产定价理论基础的质疑之声，伴随着经济的发展，特别是金融市场的发展，不断高涨。质疑之声，首发金融实务界。代表人物是沃伦·巴菲特、乔治·索罗斯和艾伦·格林斯潘，年龄较大——86岁以上，从业时间较长——60年有余，业绩好，在业界影响大。

沃伦·巴菲特（Warren Buffett，1930～　），是当今世界第一投资家。到2014年年底，在过去的50年中，其管理的公司股票的每股账面价值由19美元增长至146 186美元，年复合增长率为19.4%。在60年的投资生涯中，他形成了自己的投资策略和方法：在股市悲观绝望时，或以合理价格，购买具有持续竞争优势并且由一群既能干又全心全意为股东服务的经理人来管理的企业；集中投资，长期持有；在股市疯狂时卖出股票。

对目前主流的学术界观点，巴菲特持明确的否定态度。他曾说道：

> 投资要成功，你不需要研究什么是Beta值、效率市场、现代投资组合理论、期权定价或是新兴市场，事实上大家最好不要懂得这一些理论，当然我这种看法与目前以这些课程为主流的学术界有明显不同，就我个人认为，有志从事投资的学生只要修好两门课程——亦即“如何给予企业正确的评价”以及“思考其与市场价格的关系”即可。[①]

乔治·索罗斯（George Soros，1930～　）和沃伦·巴菲特一样，是具有世界影

---

① 班德才：《101条价值投资的经典启示》，中国纺织出版社2013年版，第63页。

响力的金融投资家。与学院派相比，他们有某种天然优势——至少对金融市场的运行拥有自己的深刻见解。一直对哲学感兴趣，想成为一名哲学家的乔治·索罗斯，经过半个多世纪的亲身实践、长期观察和深入思考，对主流经济学模式进行了深刻、全面的反思和批判，并提炼出自己的理论结晶——“相互反射性”(Interference Reflexivity)。他应用该理论获得了巨大的商业成功。

相关反射论只涉及一个问题——思维(Thinking)和现实(Reality)之间的关系。理论的出发点在于，我们对赖以生存的世界缺乏正确和完整的认识。理论的内容是：社会活动与自然现象有着本质的区别。“具有思考能力的参与者会把他们自己的偏见和错误观念带到事件的过程中，于是增加了其不确定性。事情一般沿着单向的路径发展变化，那不是由普适的法则预先确定好的，而是出于参与者的观点与真实事态之间的相关反射性互动。”①

相关反射论运用于金融市场的两个基本原则是：第一，市场价格总是扭曲其背后的基本面。扭曲的程度可能微不足道，也可能十分严重。这与有效市场假说是针锋相对的。第二，金融市场不会单纯消极地反映内在现实，它也有积极的作用——能够影响其所应该反映的所谓基本面。行为经济学只注重金融资产的错误定价，而没有论及错误定价对基本面的影响；基本面的变化会强化预期的偏见，这构成了一个先自我强化，最终又自我毁灭的过程。②

学者对乔治·索罗斯理论观点的评价。相关反射论对主流经济学的基本观点——有效市场假说、均衡分析方法、效用最大化持批判、否定的态度。有学者是这样评价的：

> 其理论建立的基础与主流的经济学和金融市场模式完全不同，等于在他那里从根本上否定了现代经济学近几十年甚至百多年来的努力。③

乔治·索罗斯对自己理论观点的评价如下：

> 但有效市场假说已经被结论性地否定，金融市场急需新的解释。更重要的是，建立在市场可自我调节的错误基础上的全球金融市场大厦，必须从

---

① [美]乔治·索罗斯：《世纪危机启示录：索罗斯模式》，刘丽娜、綦相译，机械工业出版社2010年版，第94页。

② [美]乔治·索罗斯：《超越金融：索罗斯的哲学》，宋嘉译，中信出版社2010年版，第21～22页。

③ 参见[美]乔治·索罗斯：《世纪危机启示录：索罗斯模式》，刘丽娜、綦相译，译者序。

根本上重建。[①] 而相关反射性只限于解释社会现象，更确切地说，当参与者无法在知识的基础上做出决策的情况下，这就给社会科学制造了难题，而自然科学却根本不受这些影响。[②] 我提出的新模式可以比流行模式更好地解释当前的危机。[③]

对自己理论的局限性，乔治·索罗斯也有深刻的认识。第一，相关反射论不能建立抽象的模型，只可通过实例建立具体模型。该理论提出了无法量化的不确定性和无法计算的可能性。[④] 第二，相关反射论并非适用于金融市场所有状态。此理论可很好地解释、预测市场远离均衡的现象、状况，对市场趋势长期处于休眠状态，则不呈现反射论的韵律。这意味着，暴涨—暴跌的轮替也并不总是会发生。[⑤]

当今世界上，讨论经济金融学理论之得与失，还有一个重要人物不可不提，那就是艾伦·格林斯潘(Alan Greenspan，1926～　)。从他的从业经历，到对经济金融学理论的反思，或许我们可以窥测出主流经济金融学理论缺陷之根源所在，以及未来的改革发展方向。

1948年，格林斯潘进入经济预测、咨询行业。他在1987年8月任美联邦储备委员会主席之前，已有30多年的行业(微观)经济研究经验，10多年的宏观经济研究历程，10多年的政府经济顾问委员会成员、主席的经历，近10家大型公司的董事的经历。截至2006年1月31日，他就任美联邦储备委员会主席已达18年之久，任期跨越6届美国总统。他不仅亲自参与处理了拉美债务危机、亚洲金融危机、俄罗斯债务危机、长期资本管理公司破产、互联网泡沫破灭，同时，也亲自参与酝酿了美国次贷泡沫，由此引发了2008年美国金融危机和全球性经济动荡。

人生的经历和偏好，决定了其思想的高度和广度。格林斯潘与索罗斯和巴菲特的共同特点是：其一，在经济、金融领域，都是具有世界影响力的人物。其二，从业时间皆超过一个甲子。其中：格林斯潘，从1948年加入世界大型企业联合会，到2013年出版《动荡的世界：风险、人性与未来的前景》，从业时间达65年；索罗斯，从1953年进入金融业从事黄金等商品和股票的套利活动，至2015

① [美]乔治·索罗斯：《超越金融：索罗斯的哲学》，宋嘉译，第33页。
② [美]乔治·索罗斯：《世纪危机启示录：索罗斯模式》，刘丽娜、綦相译，第19页。
③ [美]乔治·索罗斯：《世纪危机启示录：索罗斯模式》，刘丽娜、綦相译，第94页。
④ [美]乔治·索罗斯：《世纪危机启示录：索罗斯模式》，刘丽娜、綦相译，第176页。
⑤ [美]乔治·索罗斯：《金融炼金术》，孙忠、侯纯译，海南出版社1999年版，前言、第6页。

年1月22日宣布终极退休，从业时间为62年；巴菲特，1954年跟随恩师格雷厄姆从事股票、基金投资，截至2017年，还没有完全退休的迹象，从业时间至少也是63年。其三，他们的工作性质都是预测未来一段时间政治、经济、科技文化和社会的发展变化。

他们的不同点也是显而易见的。首先，格林斯潘的工作性质是预测、咨询，研究成果与自身利益的相关性需要相对较长的时间才能显现出来；索罗斯和巴菲特的工作特点是预测、决策，研究成果与自身利益"生死攸关"，且在相对较短的时间内就可以得到体现。其次，他们对经济金融学理论的信念不同，这是我们重点关注的问题。以2008年美国金融危机为界：2008年以前，索罗斯和巴菲特对以假定"市场信息近乎完全，市场运行状态近乎确实"的主流经济学理论持否定态度，相对而言，格林斯潘则可称为是"市场原教旨主义"者；2008年之后，他们的经济金融学理论信念趋于相近，发生根本性改变的是格林斯潘。

卸任美联邦储备委员会主席以后，格林斯潘饱受批评和指责。2013年，以英文出版的《动荡的世界：风险、人性与未来的前景》，是格林斯潘近年来反思、检讨和研究美联储政策、金融危机根源和经济金融学立论不足之作。这里，我们重点关注他对经济金融学立论不足的思考。

关于《动荡的世界：风险、人性与未来的前景》的写作目的，格林斯潘写道：

> 从表面上看，这次金融危机也代表着经济预测行业的生存危机。本书是我在危机之后进行探索与思考的结晶，我希望弄清楚我们为何错得那么离谱，以及从我们做过的这些事情中能够学到些什么。从根本上说，这是一本关于预测人性的书籍，我们对预知未来有多少了解，我们认为应该在这方面做些什么。①

关于主流经济学的研究方法对经济的指导意义，格林斯潘在《动荡的世界：风险、人性与未来的前景》中指出：

> 2008年9月的危机几乎没有人预见到，宏观经济模型在我们最需要它的时候遭遇了彻底失败，这令经济学界大为沮丧。直到危机爆发，美联储理

---

① [美]艾伦·格林斯潘：《动荡的世界：风险、人性与未来的前景》，中信出版社2014年版，余江译，前言。

事会高度发达的预测体系都没有看到任何衰退迹象。在业界颇具声誉的国际货币基金组织(IBF)的模型也是如此,它们在2007年春季还报告说,“自2006年9月以来……全球的经济风险有所下降……美国经济总体上运行良好……其他地方情况也令人欢欣鼓舞”。美国金融业的翘楚摩根大通银行甚至在2008年9月12日(危机爆发前3天)还预测说,美国的GDP增长将在2009年上半年加速。①

关于主流经济学在实践中的应用,格林斯潘总结道:

> 毕竟我们距离20世纪60年代那种太平时期已经太远,当时盛行的乐观态度是,经济计量模型可以给人们提供准确判断未来的崭新能力。然后在屡屡遭受现实的打击之后,我们这些预测师对于展望较远未来的能力很明智地恢复了谦逊。在进行经济判断时,我们永远都需要考虑公式之外的因素。幸运的是,我们的大多数直觉结论在纳入逻辑分析时,似乎都基本符合现实。②

格林斯潘的经济预测思维习惯是概率,分析工具是统计分析技术、经济计量模型。③ 这也是主流的分析方法。该方法为什么预测不准,格林斯潘的反思是:

其一,古典经济学和新古典经济学的一个基本假设——人们的行为符合理性的长期利益——并不完全准确。④

其二,对“非理性”行为认识的改变。格林斯潘在《动荡的世界:风险、人性与未来的前景》中是这样总结的:

> 问题并不在于我和其他经济预测者不知道市场容易陷入野性乃至狂乱状态,会脱离理性基础,而在于这样的“非理性”行为实在太难测算,所有可靠的系统分析都不适用。
>
> 但如今,在过去几年深入研究动物精神在危机期间的表现后,我又形成

---

① [美]艾伦·格林斯潘:《动荡的世界:风险、人性与未来的前景》,余江译,前言。

② [美]艾伦·格林斯潘:《动荡的世界:风险、人性与未来的前景》,余江译,第242页。

③ 参见[美]艾伦·格林斯潘:《动荡的世界:风险、人性与未来的前景》,余江译,前言,第104、107和256页。

④ 参见[美]艾伦·格林斯潘:《动荡的世界:风险、人性与未来的前景》,余江译,第241页。

了这样的观点：人们的非理性行为……这种非理性行为是可以被测算的，可以成为经济预测过程和经济政策制定的内在组成部分。[①]

其三，对概率思维的质疑。格林斯潘在《动荡的世界：风险、人性与未来的前景》中这样写道：

1987年10月19日早上，在纽约股市开市前，股价在当天下滑超过20%的概率（跌幅超过历史上任何一天）即使不是低于百万分之一，最多也只有万分之一。但这样的小概率事件就是发生了。而在2008年危机前，许多事件的发生也不容易用传统思维的框架来解释。

由于有如此多接连不断的极端小概率经济事件发生，受到打击的经济学家们倾向于采用肥尾分布的假设。但随着危机在2007～2009年展现，我们开始认识到像2008年那样的极端小概率的尾端其实是非常肥大的，“极不可能”发生的灾难式市场崩溃开始频繁爆发。对这些数据的研究改变了人们之前对于金融风险运行方式的看法，我本人的感受尤其强烈。[②]

位高、从业时间长的三位经济金融界泰斗，从自己的亲身经历中，深切感受到主流经济金融学的理论基础存在缺陷。如何解决这些问题呢？理论和实务界迄今都没有给出系统的解决方法。

本书的特色是：构建了新的不确定条件下的分析范式——“综合模糊理论”，并应用该理论建立了不确定条件下的金融资产定价理论。“综合模糊理论”首次在拙著《不确定条件下的决策方法研究》中提出，本书对该理论作了进一步完善和补充。此部分是本书的核心内容，因为书中几乎所有问题的分析思路、方法，都来源于此。

本书的特色就是“综合模糊理论”的特点，现就核心内容、重要部分说明如下：

1. 研究方法。“公理+定义”是典型的数学化研究方法，也是本书的研究方法。公理中有两个是数学的最基础公理——“距离公理”“序公理”，与“辩证逻辑公理”融入一个系统，这是本书研究方法的最大特色，是认识论、方法论的逻辑基础，也是书中几乎所有结论判断、推理的逻辑依据。

---

① [美]艾伦·格林斯潘：《动荡的世界：风险、人性与未来的前景》，余江译，前言。

② [美]艾伦·格林斯潘：《动荡的世界：风险、人性与未来的前景》，余江译，第120页。

"第2章第1节——认识论Ⅰ:金融市场中的不确定性因素"中,除了相互反射性外,其他认识论观点的逻辑依据,皆来自"距离公理"中的"非负性公理"。

2."X 三要素周期结构模型"是方法论中最核心的模型,其逻辑依据是"距离公理""序公理"和"辩证逻辑公理"。同时,它还是金融市场中的确定性因素——对立统一规律、量质互变规律、物极必反规律和周期变化规律以及"X 单因素周期结构模型""X 六要素周期结构模型"的逻辑依据。

"X 三要素周期结构模型"的定义、建模思想,确实是受《周易》中的"先天八卦图"逻辑结构关系的启发,但是,两者的定义、内涵却是根本不同的。详见第2章第2节。

"X 三要素周期结构图"是"X 三要素周期结构模型"的理论基础。该图与《周易》中的"先天八卦图"的形式相近,常易混同,特此说明。

"X 三要素周期结构模型"的主要特点是:

(1)把影响研究对象的所有因素作为整体"1"来研究。

(2)把影响研究对象的所有因素按重要性分为3个等级——第一重要等级因素、第二重要等级因素和第三重要等级因素。

(3)由于自然科学和社会科学的研究对象的结构性质根本有别,所以,两者的研究对象不同。自然科学的研究对象——客体,与研究者——主体,两者是彼此独立的,研究者不同,但研究对象的性质不会改变;社会科学,特别是金融市场,研究对象——金融产品价格,会影响到市场参与者的判断,与此同时,市场参与者的判断又会反过来影响金融产品价格,主客体具有相互反射性。由此可见,市场参与者——主体,同时,就是金融市场研究对象——客体的一个组成部分,这是自然科学和社会科学的研究对象的结构性质根本不同的地方。自然科学的研究对象就是研究对象本身。然而,金融学,由于市场参与者的信息的不完全性和非对称性,以及主客体的相互反射性,不确定性成为金融市场的本质特征。在不确定条件下,市场参与者几乎无法准确认识研究对象本身的性质。因此,在不确定的金融市场中,市场参与者的研究对象或决策依据是:判断研究对象(如金融产品价格)在"X 三要素周期结构图"中的"相对位置",以及分析"未来一段时间(时间长度为 Δt)变化趋势的可能性"。

(4)在社会科学中,尤其是金融市场中,数学"原象"中"序公理"中的"传递性公理","在映射下的象"是非完全有效的。"X 三要素周期结构图"中,"二元三维图像”☱趋向☰区间，按照“传递性公理”的逻辑，☰——3 个因素都是建设性的、积极的、有利的，要优于☱——第一、第二重要等级因素是建设性的、积极的、有利的。然而，从辩证逻辑的角度看，☰在“X 三要素周期结构图”中的“相对位置”是周期的顶点，未来一段时间(时间长度为 Δt)的变化趋势是不确定的：可能继续上升，也可能由上升变为水平方向，更存在由上升转为下降的可能性。可见，在此种情况下，数学逻辑与辩证逻辑所得结论不完全相同。

☶趋向☷区域，按照“传递性公理”的逻辑，☷——3 个因素都是破坏性的、消极的、不利的，要差于☶——3 个因素中，第一、第二重要等级因素是破坏性的、消极的、不利的。但是，从辩证逻辑的角度看，☷是周期下降的末期阶段，同时，也是周期潜在上升区间。显而易见，数学逻辑与辩证逻辑所得结论不完全一致。

总之，☰和☷的邻域，是“序公理”中的“传递性公理”非完全有效区域，也是数学逻辑与辩证逻辑有矛盾的地方。由于辩证逻辑更基础、有效范围更广，所以，数学逻辑和辩证逻辑不一致时，以辩证逻辑为主。

3.“X 六要素周期结构模型”是“X 三要素周期结构模型”的扩展。两种模型的本质相同，周期结构一致；所不同的是，构成要素的数目不等，应用范围有别。“X 三要素周期结构模型”适用于最复杂、最不确定的情况，“X 六要素周期结构模型”的应用范围介于最复杂、最不确定的情况与确定的情况之间。

“X 六要素周期结构图”是“X 六要素周期结构模型”的理论基础。此图与《周易》中的“先天六十四卦方圆图”的形式相同，但定义、内涵根本有别，特此说明。

“X 六要素周期结构模型”的特点与“X 三要素周期结构模型”类似，不再介绍。

4.“X 单因素周期结构图”的逻辑依据是“X 三要素周期结构模型”和“X 六要素周期结构模型”的周期变化规律。该图之结构是笔者经过长期、不断的理论研究、实践检验总结而得到的。该图的意义是：

(1)它是“X 单因素周期结构模型”的理论基础。

(2)“综合模糊理论”的分析结果有两种表达方式——“函数式”和“图像式”。在“函数式”表达中，“X 单因素周期结构图”是“X 单因素周期结构模型”的基础，“X 单因素周期结构模型”又是综合分析——“X 三要素周期结构模型”和“X 六要素周期结构模型”的基础。因此，“X 单因素周期结构图”是多因素综合分析的基础。

“X 三要素周期结构模型”的“图像式”是一个“二元三维图像”;“X 六要素周期结构模型”的“图像式”是一个“二元六维图像”。“二元三维图像”和“二元六维图像”中的每个因素之性质——━或--,可由“X 单因素周期结构图”直接给出。这是“X 单因素周期结构图”是多因素综合分析基础的另一种含义。

5. 单因素重要性权重的确定。第 2 章第 3 节推论出,不确定条件下的决策依据是:判断“研究对象当前处于周期的相对位置”,以及分析“未来一段时间(时间长度为 Δt)其变化趋势的可能性”。由“X 单因素周期结构模型”可得出:在不确定条件下,影响“研究对象之单因素当前处于周期的相对位置”,以及“未来一段时间(时间长度为 Δt)其变化趋势的可能性”。综合分析“研究对象当前处于周期的相对位置”,以及“未来一段时间(时间长度为 Δt)其变化趋势的可能性”,则还需解决一个重要问题,那就是,单因素在综合分析中的重要性权重。第 2 章第 2 节分别给出了在“X 三要素周期结构模型”和“X 六要素周期结构模型”中,各个要素的重要性权重的数值。一个值得注意的现象是:两模型之第一要素的重要性权重都超过了 0.50,其中,“X 三要素周期结构模型”的第一要素的重要性权重为 0.571,“X 六要素周期结构模型”的第一要素的重要性权重是 0.508。

6. “综合模糊理论”的本质,是一种“新”的不确定条件下的预测、决策方法。“新”体现在如下几个方面:

(1)思想、方法是“新”的。该理论的思想、研究方法是“公理+定义”。将数学最基础的结构关系公理——“距离公理”“序公理”,与“辩证逻辑公理”融入一个系统,是研究方法的创新。

(2)不确定性的度量工具是“新”的。概率是当下主流、多数的度量不确定性的工具。使用概率量度不确定性,暗含的假设条件是:从过去到未来经济状态相对稳定,未来随机变量及其概率分布是已知的。这与不确定性的定义自相矛盾,其实质是用确定性的方法研究不确定性的问题。这就是我们把使用概率概念研究经济现象的方法划归为确定性研究方法范畴的原因所在。

该理论使用模糊数学之隶属度量度不确定性。模糊数学之隶属度,是空间性的、本原性的不确定信息,具有相对稳定性。在“未来高度不确定性”的金融市场,使用模糊数学之隶属度量度事物发展的不确定性,比使用概率更符合实际情况。

(3)模型是“新”的。“X 单因素周期结构模型”“X 三要素周期结构模型”和

“X 六要素周期结构模型”，是“综合模糊理论”中核心、重要的模型，是完全新构建的，也是“独家经营”的。

(4)发现了“新”的问题：

①数学最基础的结构关系公理——“距离公理”中的“非负性公理”，是如下现象的结构关系逻辑依据：在金融市场中，知识是不完全的和主观的；信息是非对称的；证券价值是主观的、不可预测的和不可检验的；有效市场是个别现象，无法证实也无从证伪；不确定性是金融市场的本质特征；等等。此外，还有一些现象，如“真理掌握在少数人手里”“人，生而不平等”“反者道之动”[①]等。

“X 三要素周期结构模型”和“X 六要素周期结构模型”是“物极必反”“否极泰来”等现象的结构关系的逻辑依据。

②在不确定条件下的金融市场中，市场参与者的研究对象或决策依据，不是研究对象本身，而是分析“研究对象(如金融产品价格)在周期结构图中的相对位置”，以及“未来一段时间(时间长度为 Δt)变化趋势的可能性”。

③社会科学，尤其是金融市场中，数学“原象”中“序公理”中的“传递性公理”，位于周期结构图中的顶、底部邻域，“在映射下的象”不是完全有效的；数学逻辑和辩证逻辑不一致时，以辩证逻辑为主。

④债券投资收益率，除距到期日的时间小于债券付息周期的时间的“到期收益率”外，其他投资收益率都可准确估计。

⑤期货价格，当下至交割日，未来一段时间的变化趋势，与现货价格未来一段时间的变化趋势相同。也就是说，研究期货价格在未来一段时间的变化趋势的本质，就是研究现货价格在未来一段时间的变化趋势。“价格发现”不是期货市场的主要功能。

⑥期权价格，当下至到期日，未来一段时间的变化趋势与基础资产价格未来一段时间的变化趋势相同。换言之，研究期权价格在未来一段时间变化趋势的本质，就是研究基础资产价格在未来一段时间的变化趋势。

(5)应用范围可扩大到“新”的领域。“综合模糊理论”适用于社会科学中几乎所有不确定条件下的预测、决策问题。该理论更侧重于预测、预期功用。本书应用该理论分析的是金融市场中的定价问题。本理论还可应用于经济学、管理

---

① 这是老子《道德经》的重要观点。

学、财务管理学、政治学、军事学、哲学、法学等社会科学中。

7. 西方经济学为什么预测不准，这是一个经常被提及的问题。要回答这个问题，就要知道西方经济学主要研究方法的特征是什么。“有效市场假说、均衡分析方法、效用最大化”，这是西方经济学主流研究方法的本质特征。由这些特征就可知道西方经济学预测不准的原因。

“有效市场假说、均衡分析方法、效用最大化”，暗含的假设条件是“市场信息近乎完全，市场运行状态近乎确实”。数学“距离公理”之“非负性公理”推论出：完全市场信息、确实市场运行状态，是市场中的个别、偶然现象；不完全市场信息、非确定市场运行状态，则是市场中的多数、普遍状态。哲学认识论还告诉我们，“对象之真”——完全市场信息是什么，我们根本无法知道。这是西方经济学预测不准的根本原因。

数学化是西方经济学研究方法的重要发展趋势。“效用最大化”的条件是“效用”函数的导数为 0。导数为 0 意味着“效用”不变化、不发展，这与经济学把经济持续增长作为重要目标是相悖的。此外，“效用”函数的导数为 0，表明“效用”处于周期顶点或底点的邻域。这两个邻域正是数学“序公理”中的“传递性公理”，非完全有效区域，这是西方经济学预测不准研究方法的原因。

不确定性是经济学，尤其是金融学的本质特征。“综合模糊理论”推论出，在不确定条件下，经济学的研究对象或决策依据，不是研究对象本身，而是判断“研究对象在周期结构图中的相对位置”，以及分析“未来一段时间(时间长度为 Δt)变化趋势的可能性”。经济学的研究对象，不能像自然科学那样作出准确预测，只能分析研究对象“未来一段时间(时间长度为 Δt)变化趋势的可能性”，这是由经济学的研究对象的自身特点所决定的。

下面是本书结构的说明：

第 1 篇是方法论篇，主要介绍了本书理论——“综合模糊理论”，也是本书最重要的部分，其他篇、章、节的分析思路、方法皆源于此。第 1 章是本书理论的元基、逻辑基础，内容包括“距离公理”“序公理”“辩证逻辑公理”和“人性公理”。第 2 章认识论重点分析了金融市场中的不确定性因素和确定性因素。第 3 章方法论的重点内容是 3 个模型——“X 单因素周期结构模型”“X 三要素周期结构模型”和“X 六要素周期结构模型”。

第 2 篇是基本分析篇。所谓“基本分析”，就是对影响各个金融产品定价的基本因素或方面进行分析。第 1 篇方法论是其理论基础。金融产品定价属于高度复杂的不确定性范畴，所以，多数金融产品定价以“X 三要素周期结构模型”为主。根据第 2 章认识论的观点，选取以下重要因素进行分析：

证券技术分析，反映的是市场主流资金的“进”“出”状况，人心之向背，在非有效市场情况下，为第一重要等级因素。本书构建的技术分析方法，定名为“综合模糊技术分析”，其理论基础、假设条件、结构特征等，安排在第 4 章。“综合模糊技术分析”与常见技术分析方法的比较，在第 5 章讨论。“综合模糊技术分析”的综合分析与应用，即买入、卖出证券的准则，在第 6 章讨论。

宏观经济与政策对证券价格的影响，是第二重要等级因素。第 7 章第 1 节、第 2 节，讨论的是宏观经济要素之间的结构关系；第 3 节分析的是宏观经济政策影响证券价格的传导机制；第 4 节是本章重点内容，讨论的是宽松性或紧缩性货币政策的现象特征，分析了宏观经济对证券价格的影响。

证券价值与其价格的关系，是第三重要等级因素。第 8 章第 1 节是这一章的重点，根据证券内在价值的性质、证券市场有效性特征及不同价值模型，分析了证券价值与证券价格的关系。结论是：证券价值无法准确估计；以市净率为基础，理论上证券价值与价格的关系的评估准则是：①如果证券所代表的资产所创造的产品或服务，有长期稳定增长的市场需求且净资产收益率不低于社会平均利率水平，若市净率不大于 1，就意味着该产品的市场价格被市场低估；②给出判断市净率高估的大概指标——市净率大于 10 的概率小于 7%，市净率大于 22 的概率小于 1%，市净率大于 33 的概率小于 0.4%。第 2 节，依据我们的认识论观点，就主流投资学的主要定价模型作出评价。

股票和公司债券是金融市场最重要、最基础的证券。财务信息对股票定价和债券定价，都是重要影响因素。因此，把财务分析安排在基本分析篇中。第 9 章是财务分析，回答的主要问题是：①股票定价需要的主要财务指标是什么？②债券定价需要的主要财务指标是什么？③如何综合评价一个公司的财务状况？

第 3 篇是专题篇。本篇的主要工作是，应用第 1 篇的理论、第 2 篇的具体方法和研究结论，建立不确定条件下的股票、债券及基金、期货、期权等金融产品和衍生证券的定价方法。其中，股票、债券的定价是最基础、最重要的，原因是基金、期货、期权等衍生证券的定价，最终都转化为了标的物——股票、债券的定价。

第 10 章是股票定价，重点问题是股票“价值”和股票价格“未来一段时间变化趋势可能性”的分析。分析方法是“X 三要素周期结构模型”。其中:第 2 节、第 3 节和第 4 节分别是消费垄断性、高增长性及非增长性的股票“价值”分析;第 5 节构建了不确定条件下的股票定价模型——分析“股票价格未来一段时间变化趋势的可能性”,并给出买入、卖出股票的量化准则。

第 11 章讨论的是不确定条件下的债券定价问题。通常的观念是,债券的投资收益率是可以准确估计的,其实不然,可以准确估计债券收益率的只有一种情况,那就是债券距到期日的时间小于债券付息周期的时间。本章的重点工作是构建不确定条件下的债券定价方法,主要结论是:不确定条件下的到期收益率只可以估计其最大下界,最小上界无法估计;不确定条件下期限收益率的最大下界也无法估计,只能分析债券购买、卖出的时机。期限交易的债券购买时机是,市场利率由上升趋势转为下降趋势的区域,也就是市场利率周期峰值右侧区域;期限交易的债券卖出时机是,市场利率从下降趋势转为非下降趋势的区域,也就是市场利率周期谷底左侧区域。

第 12 章的主要工作是,根据证券投资基金的特点,应用“综合模糊理论”,构建股票基金、债券基金的定价模型。

第 13 章的主要工作是,根据期货、期权的定义、制度安排,应用“综合模糊理论”,构建新的期货、期权定价模型。投资组合也可视为衍生证券,所以,安排在本章讨论。

最后,要说明的是本书的写作方式。本书的主要研究对象是金融产品的定价,其本质是探究金融产品价格与影响因素间的“结构关系”。使用符号、模型表达金融产品价格与影响因素间的“结构关系”,更明了、直接、显现。书中使用了较多的符号、模型,似乎很难,其实简单。模型就是金融产品价格与影响因素间的“结构关系”符号表达,符号就是特别定义的文字。为便于读者更好地理解,符号、模型的下面都有文字解释、说明。此外,模型中的所有参数、变量都是可观察、可检验的,取值范围都是 0～1,且只有加、减和乘的运算。

由于笔者水平有限,书中难免有错误、不妥之处,敬请读者指正。欢迎对本书提出宝贵意见、建议。

作 者

2017 年 8 月于济南

目 录

第1篇 方法论

第2篇 基本分析

第3篇 专 题

第 1 篇　方法论

本篇主要介绍了本书理论——“综合模糊理论”，也是本书最重要的部分，其他篇章的分析思路、方法皆源于此。第 1 章是本书理论的元基、逻辑基础，内容包括“距离公理”“序公理”“辩证逻辑公理”和“人性公理”。第 2 章认识论重点分析了金融市场中的不确定性因素和确定性因素。第 3 章方法论的重点内容是 3 个模型——“X 单因素周期结构模型”“X 三要素周期结构模型”和“X 六要素周期结构模型”。

第 1 章　逻辑基础

做任何事情都要有一个起点。本书的起点是逻辑基础，借鉴数学的研究方法，以公理化的方式处理，即不经证明直接给出命题或定义式。本书的逻辑基础是如下 4 个公理。

一、距离公理

距离公理是数学三大基本结构关系[序结构关系、代数结构关系、拓扑(空间)结构关系]之一，其内容是：

设 X 是任一集合，如果对于 X 中的任意两个元素 x 与 y，都对应一个实数 $d(x,y)$，且满足条件：

(1)非负性：$d(x,y)\geqslant 0$ 且 $d(x,y)=0$ 当且仅当 $x=y$ 时成立；

(2)对称性：$d(x,y)=d(y,x)$；

(3)三角不等式：对任意的 $x,y,z\in X$，均有 $d(x,y)\leqslant d(y,z)+d(z,x)$。

则称 $d(x,y)$ 为 x 与 y 之间的距离，而 X 称为以 $d(x,y)$ 为距离的距离空间或度量空间。

当 X 为实数集合时，任意两点之间的绝对值就是该两点之间的距离，即

$$d(x,y)=|x-y|\geqslant 0 \tag{1.1}$$

式(1.1)是非负性的特例，也是本章第 2 节认识论分析的重要理论依据和分析工具。

二、序公理

序公理也是数学三大基本结构关系之一。其定义是：设 X 是一个非空集合，$\leqslant$ 为其上二元关系，若有 $a,b,c\in X$，且满足：

(1)自反性：$\forall a\in X, a\leqslant a$；

(2)反对称性：若 $a\leqslant b, b\leqslant a$，则 $a=b$；

(3)传递性：若 $a\leqslant b, b\leqslant c$，则 $a\leqslant c$。

则称≤为 X 的上序关系，$\{X,\leqslant\}$ 为序空间，X 为偏序集。

需特别说明的是，“序公理”中的“传递性公理”，“在映射下的象”，在金融市场中，一部分区间是有效的，一部分区间则是非完全有效的。这表明：数学逻辑不完全适用于金融市场。此观点至关重要，不可不察。这部分内容将在第 2 章第 2 节中展开详细讨论。

三、辩证逻辑公理

辩证逻辑是理性逻辑的基期阶段或初始状态，其有效性之所以比更高级逻辑更具普适性，根源在于它的原始性。[①] 对辩证逻辑公理进行如下定义：

设研究对象 Y 的构成要素是 X。如果研究对象 Y 的构成要素 X 中，包含着有利、建设性、积极的方面，以符号“⚊”表示；以及不利、破坏性、消极的方面，以符号“⚋”表示；且构成既对立又统一的关系统一体，以“1”表示。那么，就称研究对象 Y 与构成要素 X 之间符合辩证逻辑关系，记作

$$Y=\{X \mid (1;⚊,⚋)\} \tag{1.2}$$

关于辩证逻辑公理，有以下两点说明：

(1)辩证逻辑公理的内容，与唯物辩证法之对立统一规律、老子《道德经》中的“有”和“无”、《周易》中的“阴”与“阳”，可谓是名异而意同。[②]

(2)在社会科学，特别是金融市场中，许多现象用数学逻辑无法解释，此时需要用辩证逻辑来诠释。辩证逻辑是本书方法论的重要理论依据。这方面内容将在第 2、3 章中讨论。

四、人性公理

人性公理的内容是：

(1)人的行为选择具有“趋利避害”性，或行为准则是“生存与改善”；

(2)在私利面前，人的行为经常是有限理性的，或常常表现出非理性行为。

说明：人性公理(1)的含义是，在利益驱动下，从一段时间(很难给出量化标准)

---

① 这个观点借鉴了哲学的研究成果。详见王东岳：《物演通论》，陕西人民出版社 2009 年版，第 164、402 页。

② 参见肖洪生、杨晓冬：《不确定条件下的决策方法研究》，山东大学出版社 2010 年版，第 32～43 页。

来看,金融市场具有自动纠错性。也就是说,当投资者发现金融产品价格远高于其“价值”时,主动买入力量逐渐减少,主动卖出力量逐步增加,价格趋向于“价值”,市场价格趋势的方向是下降的;反之,当投资者发现金融产品价格远低于其“价值”时,主动买入力量逐渐增强,主动卖出力量愈来愈弱,价格趋向于“价值”,市场价格趋势是上升方向。[①]

人性公理(2)表明,人们在追逐利益的过程中,经常表现出非理性行为。狂热、恐惧、从众等现象,是金融市场中常见的非理性行为。如何克服这些非理性行为,首先要认识到这是人性的有机组成部分,其次要通过一系列制度、规则来约束人的非理性行为。

以上4个公理是本书的逻辑起点,也是本书主要结论的逻辑依据和分析方法。

---

① 本书对“价值”的信念是:“价值”几乎无法准确估计,只能判断一个大致的区间。此处不表明“价值”是已知的,“价格趋向于价值”只是一个模糊的概念。

第2章 认识论

第1节 认识论Ⅰ:金融市场中的不确定性因素

本节主要讨论影响金融市场的不确定性因素,这些因素多与信息有关。本书不讨论信息的严格定义是什么,只是从投资学的视角,给出信息的含义:信息是“个人”与其外部环境相互作用时,同外部环境进行交换的内容总称。

在投资学中,与信息相关的另一个概念是知识。本书的定义是:知识是与“对象本真”相符合的信息。所谓“对象本真”,就是研究对象的本真或本在。可见,知识与信息既有区别又有联系,信息中包含知识,知识是信息集合的一个子集。

在投资学中,如下概念非常重要,且与信息密切相关。

一、知识的不完全性和主观性:金融市场中的普遍现象

1.完备知识的意义。在投资学中,对知识完备性的认识,决定了投资学的研究方法。当今关于投资学的主流的研究方法是均衡方法或无风险套利方法,其基础是有效市场假说,即投资者拥有完备的知识。关于不完备知识条件下的投资学研究方法,至今还没有一个公认、统一的理论,但却是今后的发展方向。

2.本书的观点:

(1)在金融市场中,完备知识是个别、偶然现象,不完备知识则是多数、普遍现象。①

(2)“对象本真”的表达具有主观性,且是不可完全感知的。

这个观点的逻辑依据是:设“对象本真”为 X,“认识主体对 X 的感知”为 Y,

---

① 该观点的理论依据是“距离公理”中的“非负性公理”或式(1.1);证明过程参阅肖洪生、杨晓冬:《不确定条件下的决策方法研究》,第20页。

将 X 和 Y 代入"距离公理"中的"非负性公理",可得:认识主体能够准确感知"对象本真"是个别、偶然现象,不能准确感知"对象本真"则是多数、普遍现象——这是数学逻辑的观点。

哲学认识论表明:"认识主体对 X 的感知"Y,是认识主体对 X 的"可感应属性"的"感知"的主观表达和体现。这里暗含如下含义:其一,"感知"不是完全客观的,而是主、客观相统一的,在表达上具有主观性;其二,"感知"是认识主体对 X 的"可感应属性"的主观表达,"对象本真"X 是否存在"非可感应属性",当下认识主体不能证实也不能证伪;换言之,"对象本真"X 的"完全属性"是什么,认识主体不可完全"感知"。引而申之,知识是一个伪在的概念。

3.反思。就知识完备性问题有如下反思:

(1)主流投资学[①]研究方法。完备知识是主流投资学研究方法的基础,在"距离公理"的逻辑下,完备知识在金融市场中仅是个别、偶然现象。因此,在金融市场中,主流投资学研究方法仅适用于个别、偶然情况——完备知识。这就是主流投资学对金融市场中的许多现象无法给出具有说服力的解释、预测能力不强的根本原因。

(2)成功投资者的经验。巴菲特和索罗斯是迄今人类最成功的投资家,他们的投资理念和方法,与主流投资学比较,有很大的不同。

巴菲特对有效市场理论、资本资产定价模型、现代投资组合理论、期权定价等都持否定态度,他认为,投资要成功,重要的是"如何给予企业正确的评价"以及"思考其与市场价格的关系"。[②]

索罗斯对经济学中借鉴自然科学的均衡理论持否定态度,原因是,社会活动与自然现象有着本质的区别,具有思考能力的参与者会把自己的偏见和错误观念带到事件的过程中,于是增加了不确定性。[③]

投资学中最重要的理论假设——有效市场假说,索罗斯也不赞成——在市场的无形之手背后,有一只有形的政治之手,在决定市场运作的规则和条件;[④]

---

① 本书给"主流投资学"的释义是:基于完全知识、对称信息和近乎有效市场的假设条件,以及均衡分析方法建立的投资学。

② 参见"巴菲特1996年致股东公开信"(http://vdisk.weibo.com)。

③ 参见[美]乔治·索罗斯:《世纪危机启示录:索罗斯模式》,刘丽娜、綦相译,第94页。

④ 参见[美]乔治·索罗斯:《超越金融:索罗斯的哲学》,宋嘉译,第59页。

另外，在金融市场中，人们缺乏正确和完整的认识，我们试图去认识世界，但是我们自身又是这个世界的组成部分。①

凡是有过投资经验的人都会认识到：在金融市场中，不完美知识是普遍存在的。巴菲特和索罗斯等投资家的理念更符合金融市场情况。

(3)"运用之妙，存乎一心。"同一研究对象，使用相同的研究方法，不同的人所得结论有区别。同一学校、同一专业、同一班级的同学，学习成绩有差异。类同现象不可胜数。原因何在？由"距离公理"中的"非负性公理"，可以找出其逻辑依据。由此可以得出这样的推论：市场参与者或研究者的自身综合素质，对"对象本真"的认识具有决定性的作用。

二、信息的非对称性：金融市场交易发生的重要原因

1. 主流投资学的观点。在金融学中，与信息性质有关的第二个争论点，是投资者拥有的信息是不是对称的。主流投资学方法论暗含的假设是：投资者是同质的，获得的信息都是相同的，处理信息的方式也相同。如果这样，金融产品价格的波动就是随机的和不可预测的，人们就无法从中获利。

2. 我们的观点是：在金融市场中，对称信息是个别、偶然现象，非对称信息则是多数、普遍现象。换言之，同一现象，在多数情况下，不同参与者有不同的认识。②

3. 反思。在投资学的理论与实践中，就信息的对称与非对称性问题，如下几点有待进一步反思：

(1)逻辑性。本书的逻辑基础之一是数学中的"距离公理"，以此为准，在金融市场中，对称信息只能是个别、偶然现象。引而申之，主流投资学研究方法仅适用于完全信息和对称信息的条件，不具备普遍应用价值。

(2)实践性。金融市场存在的一个重要原因就是投资者信息的非对称性。举例说明：设某一股票当前的市场价格是 10 元，预计 1 个月后价格会上升至 20 元，若投资者拥有的信息是对称的，那么现在已经持有股票的投资者会卖出吗？相反，假设预计 1 个月后价格下降到 2 元，如果投资者拥有的信息是对称的，那

---

① 参见[美]乔治·索罗斯：《世纪危机启示录：索罗斯模式》，刘丽娜、綦相译，第 14 页。

② 该观点的理论依据是"距离公理"中的"非负性公理"或式(1.1)；证明过程参阅肖洪生、杨晓冬：《不确定条件下的决策方法研究》，第 20 页。

么会有投资者买入吗？在金融市场中，买卖双方能够存在的重要原因，就是不同交易者对同一证券有不相同的认识，这是证券市场存在的重要原因。

(3)计量经济学的应用。样本数据同源，采用模型相同，应用计量经济学所得结论就应该一样。换言之，计量经济学所得结论具有信息对称性。这不符合认识结构的逻辑关系。在金融市场中应用计量经济学结论，要特别注意是否会存在信息对称性的问题。

三、相互反射性：金融市场的重要特征

1.相互反射性的概念由索罗斯提出，其含义是：人们对赖以生存的世界缺乏正确和完整的认识，无法凭借获取的知识作出正确的决策。金融市场中的实际事态(Actual State of Affair)影响着参与者①的观念，同时，参与者的观念又反作用于实际事态，两者具有相互反射性，是一个永无止境的相互影响、相互联系、不断变化的过程。另外，在经济活动中，参与者本身就是经济现象的构成部分，即经济现象具有主、客体相统一的特性。这个特性从根本上区别于自然科学研究过程，在自然科学中，研究对象不受主观思维或认知的干扰，主、客体各自分离、独立。

设实际事态为 X，参与者的观点为 Y，则相互反射性可以表述成一对递归函数：

认识函数：
$$Y=f(X) \tag{2.1.1}$$
参与函数：
$$X=\varphi(Y) \tag{2.1.2}$$
所以有：
$$Y=f(X)=f[\varphi(Y)] \tag{2.1.3}$$
$$X=\varphi(Y)=\varphi[f(X)] \tag{2.1.4}$$

这就是相互反射性的理论基础。两个递归函数不会产生均衡的结果，只有一个永无止境的变化过程。②

2.关于相互反射性的评价：

(1)它是哲学认识论的一个突破。索罗斯看到，人们的决策是在不完备知识条件下作出的，在金融市场中，参与者存有的偏见既影响金融资产的市场价格，

---

① 参与者包括投资者、市场监管者、政策制定者、新闻媒体等。

② 参见[美]乔治·索罗斯：《金融炼金术》，孙忠、侯纯译，第18页。

也会对金融资产的基本面产生影响。面对知识的缺乏,人们不得不诉诸经验、本能、情感、神灵或其他误区,靠臆测予以弥补。①

相互反射性认为,社会活动与自然现象有着本质的区别。具有思考能力的参与者,会把他们自己的偏见和错误观念带到事件的过程中,使得事件过程增加了不确定性——是由事物的客观方面和主观方面无法相符造成的。② 这与主流观点——完备知识、价格是基本面价值的反映,背道而驰。

相互反射性是索罗斯模式在投资学,乃至经济学上的重要理论贡献。

(2)泡沫是相互反射性在市场中的一种表现形式。索罗斯把相互反射性理论应用于金融市场,他认为,在观念与现实之间存在一种双向的关系,它会产生一种先自我强化,但最终自我毁灭的暴涨—暴跌(Boom-Bust)过程,称其为“泡沫”。每个泡沫都包含两个要素:一种在现实世界中可以观察到的趋势,以及与此趋势相关的错误观念和错误阐释。这两个要素以相互反射性的方式相互作用。

在金融市场中,泡沫的出现虽不是相互反射性得以显现的唯一方式,但却是所有方式中最为激烈的一种,并且可能有灾难性的后果。泡沫经常会导致金融危机,还会在监管体系的演进中扮演重要角色。

索罗斯式泡沫——暴涨—暴跌模型(Boom-Bust Model),实质是金融市场价格的周期变化模型,给其带来了丰厚的投资收益,使其成为一代投资大师。

(3)适用范围。“相互反射性”理论正式发表 7 年后,索罗斯对其适用范围作过反思,认识到:过度延伸反射性的概念也可能具有危险性,当金融市场接近于均衡状态时,即价格趋势在近乎水平的条件下,市场更符合有效市场理论所主张的随机游走(Random Walk);相互反射性的适用范围是,市场远离均衡状态,换言之,即市场价格沿某个趋势不可能再持续发展下去时的状态。正如索罗斯所言:“我向来对抓住转折点比追逐趋势更感兴趣。”③

(4)需要完善之处。索罗斯本人对“相互反射性”理论有待完善之处有着清醒的认识:理论说明还不够精确和连贯;方法是实验性的,无法正规化和模型化。④

---

① 参见[美]乔治·索罗斯:《世纪危机启示录:索罗斯模式》,刘丽娜、綦相译,第 18 页。

② 参见[美]乔治·索罗斯:《世纪危机启示录:索罗斯模式》,刘丽娜、綦相译,第 94 页。

③ [美]乔治·索罗斯:《金融炼金术》,孙忠、侯纯译,第 58 页。

④ 参见[美]乔治·索罗斯:《世纪危机启示录:索罗斯模式》,刘丽娜、綦相译,第 94、176 页。

总之,“相互反射性”可视作“对象本真不可知”观点的具体应用,是本书认识论的重要内容之一。

四、证券价值:主观、不可预测和不可检验

“价值”虽然是一个广泛使用的概念,但其所揭示的内涵不尽相同。本书“价值”的内涵是,任何证券(或金融资产)的内在价值都等于其预期净现金流的现值[①],记为

$$V_0 = \sum_{t=1}^{n} \frac{F_t}{(1+r_t)^t} \tag{2.1.5}$$

式中,V_0 为当下证券(或金融资产)的内在价值;F_t 为未来第 t 期证券(或金融资产)的预期净现金流或收益;r_t 为贴现率,即必要收益率;n 是证券的期限。证券(或金融资产)的内在价值具有以下特性:

1. 证券价值的主观性。贴现率的本质是资金的时间价值,即资金随着时间的推移会发生增值,不同时点的现金流难以比较其价值。所以要对未来现金流进行贴现,这个贴现率就是投资者要求的必要收益率。贴现率的选取由资金的市场机会成本决定,即同一笔资金用于其他用途所能得到的最好收益率。在金融实践中,影响贴现率r_t 的主要因素有无风险利率 i_f、通货膨胀率π_t 和投资者要求的风险补偿 i_r,记为

$$r_t = i_f + \pi_t + i_f \tag{2.1.6}$$

无风险利率是货币资金在不承担任何风险条件下的收益率,常用国债短期利率作为度量标准。通货膨胀率的量度依据是居民消费价格指数(CPI)或生产价格指数(PPI)。不同时点的无风险利率和通货膨胀率,既是动态、变化的,又是客观存在的。风险补偿取决于证券(或金融资产)风险的大小,不同证券、不同投资者要求的风险补偿各异,相对来讲具有主观性。

综上可见,贴现率是动态、变化的,且具有主观性。推而论之,证券(或金融资产)的内在价值是动态、变化的,且具有主观性。

2. 证券价值的不可预测性。由式(2.1.5)可见,影响证券(或金融资产)内在价值的主要因素是证券(或金融资产)未来各期的净现金流、投资者要求的必要

---

① J. B. Williams, *The Theory of Investment Value*, Fraser Publishing Co., 1997: pp. 253-270.

收益率以及未来期限。从理论上讲，未来时期有 n 个（或无穷），则需估计 $2n$ 个（或无穷）参数。依据“距离公理”中的“非负性公理”，准确预期未来第 t 期的净现金流 F_t 或贴现率 r_t 是个别、偶然现象，不能准确预测则是多数、普遍现象。引而申之，要准确预期未来 $2n$ 个（或无穷）参数，则几乎不可行。因此，证券价值具有不可预测性。

3. 证券价值的不可检验性。由式（2.1.5）可见，证券的定价就是对未来进行预期的过程，未来是将来才能发生的事情，而定价是当下就要作出回答的问题。一个证券的定价是否符合实际，取决于未来每一时期的参数估计是否符合实际，更重要的是要在证券生命周期完结时才能断定当下的定价是否正确。因此，证券价值在当下所作出的判断是否合理，既无法证实也无从证伪，换言之，证券价值在当下具有不可检验性。

综上所述，可得出的结论是：证券（或金融资产）的内在价值是主观的、不可预测的和不可检验的。

五、有效市场：个别现象、无法证实也无从证伪

1. 有效市场假说（Efficient Market Hypothesis，EMH）是主流金融学的基础。[①] 何谓有效市场假说？表述虽有差异，但要点是一致的：

（1）理性预期（Rational Expectation）[②]理论是有效市场假说的理论基础。关于理性预期理论的一种表述是：对 X 的预期等于根据所有可得信息作出的最优预测，记为

$$\{X_e = X_{of} \mid \text{EMH}\} \tag{2.1.7}$$

式中，X_e 代表对变量 X 作出的预期；X_{of} 代表利用所有可得信息对 X 作出的最优预测（Optimal Forecast）；EMH 代表有效市场。

（2）在有效市场中，证券价格完全反映了所有可得的信息，即证券价格反映

---

① 由滋维·博迪（Zvi Bodie）、亚历克斯·凯恩（Alex Kane）和艾伦·J·马库斯（Alan Marcus）合著的《投资学》（Investments），2013 年已第 10 次再版。由弗兰克·K·赖利（Frank K. Reilly）和埃德加·A·诺顿（Edgar A. Norton）合著的《投资学》（Investments），到 2005 年也第 10 次再版。这两本专著，在世界各国商学院和管理学院被广泛使用，都有很大的影响。这两本专著的一个共同点是，都在序言部分明确强调：“证券市场的近乎有效性是贯穿本书的中心思想。”

② J. Muth, “Rational Expectations and the Theory of Price Movements,” *Econometrica*, 1961, 29(3): pp. 315-335.

了有关该证券内在价值的所有可得的信息，[①]记作

$$\{P_0=V_0\mid \mathrm{EMH}\} \tag{2.1.8}$$

式中，P_0 代表证券当前的市场价格，V_0 是当前所有可得信息反映的证券内在价值。

(3)在有效市场中，证券价格的波动大致遵循随机游走方式，即无论出于何种目的，证券价格的未来趋势都是不可预测的，记为

$$\left\{\left|\frac{\mathrm{d}P}{\mathrm{d}t}-\frac{\mathrm{d}P(\Delta t)}{\mathrm{d}t}\right|>\varepsilon\mid \mathrm{EMH}\right\} \tag{2.1.9}$$

式中，$\left|\frac{\mathrm{d}P}{\mathrm{d}t}-\frac{\mathrm{d}P(\Delta t)}{\mathrm{d}t}\right|>\varepsilon$ 的含义是证券当前的价格趋势与未来的价格趋势是不连续的、不可预测的。

2. 有效市场的意义。在主流金融学中，资产定价的主流方法是间接定价。有效市场假设意味着，投资者拥有的信息是完全的，不同投资者间的信息是对称的。结果是，证券的未来现金流是可知的，且投资者间的认识是相同的。关于证券定价中预期收益与风险的关系的研究，就间接转向必要收益率——资本资产定价的研究上，这就是“资本资产定价模型（Capital Asset Pricing Model，CAPM）是现代金融学的基石”[②]的原因所在。

有效市场假说是“马科维茨资产组合理论”[③]的基础，“资本资产定价模型”[④]建立在马科维茨资产组合模型之上，是一个预期收益率仅受市场风险影响的单因素模型。

与资本资产定价模型类似，“套利定价理论”（Arbitrage Pricing Theory，APT）的基础也是有效市场假说。所不同的是：①APT 模型不依赖预期收益率和标准差来寻找资产组合；②APT 模型是多因素影响模型，CAPM 模型是 APT

① 参见[美]弗雷德里克·S·米什金：《货币银行学》，钱炜青、高峰译，清华大学出版社 2009 年版，第 141、144 页。

② [美]滋维·博迪、亚历克斯·凯恩和艾伦·J·马库斯：《投资学》，陈收、杨艳译，机械工业出版社 2009 年版，第 279 页。

③ H. Markowitz，“Portfolio Selection，”*Journal of Finance*，1952，7(1)：pp. 77-91.

④ W. F. Sharpe，“Capital Asset Prices：A Theory of Market Equilibrium under Condition of Risk，” *Journal of Finance*，1964，19(3)：pp. 425-442；J. Lintner，“Security Prices，Risk and Maximal Gains from Diversification，”*Journal of Finance*，1965，20(4)：pp. 587-615；J. Mossin，“Equilibrium in a Capital Asset Market，”*Econometrica*，1966，34(4)：pp. 768-783.

模型的一个特例。

有效市场假说、马科维茨资产组合理论、资本资产定价模型以及套利定价理论构成现代金融学的理论框架。

3.行为金融学简析。行为金融学(Behavioral Finance)已成为投资学的重要内容之一。与有效市场假说不同的是,行为金融学研究的是在信息不完全和非对称条件下,金融决策的行为规律。其主要特点是:

(1)信息处理偏差。在不完全信息和非对称信息条件下,信息处理常有以下偏差类型:

其一,预测错误。在信息不确定的情况下,人们容易作出极端的预测,且更看重当前的经历而不是以前的信念。[①]

其二,过分自信。在信息不确定的情况下,人们通常高估自己的能力,低估自己的认识误差和预测的不准确程度。常见的现象是:男士(特别是单身男士)比女士具有更大的过度自信;频繁地交易,投资业绩一般较差。[②]

其三,反应过度或反应不足。在信息不确定的情况下,资本市场既有对公司信息反应过度的现象;同时,也有反应不足,即新信息逐渐反映到价格的现象。

(2)行为偏差。在不完全信息和非对称信息条件下,人们在处理风险——收益问题时,常出现如下行为偏差:

其一,偏好有别。理论研究[③]和实践均发现,人们在收益面前是风险厌恶型的,而面临损失时却又是风险偏好型的。资本市场中的常见现象是:市场稍有波动,人们就卖出有盈利的股票,而继续持有亏损的股票。这是资本市场中投资者最常见、最容易犯的错误。该现象对金融投资者来讲,具有特别重要的意义,不可不重视。

其二,后悔厌恶。后悔(Regret)的含义是:人们因为作了某一决定,而使得

---

① D. Kahneman and A. Tversky, "On the Psychology of Prediction," *Psychology Review*, 1973, 80(4): pp. 237-251; D. Kahneman and A. Tversky "Subjective Probability: A Judgment of Representativeness," *Cognitive Psychology*, 1972, 3(3): pp. 430-454.

② B. M. Barber and T. Odean, "Boys will be Bots: Gender, Overconfidence, and Common Stock Investment," *The Quarterly Journal of Economics*, 2001, 116(1): pp. 262-292; B. M. Barber and T. Odean, "Trading is Hazardous to Your Wealth: The Common Stock Investment Performance of Individual Investors," *Journal of Finance*, 2000, 55(2): pp. 773-806.

③ D. Kahneman and A. Tversky, "Prospect Theory: An Analysis of Decision under Risk," *Econometrica*, 1979, 47(2): pp. 263-291.

自己丧失原本较好的结果而带来的痛苦。在投资领域，经常遇到如下现象：对应该得到而没有得到的收益感到悔恨；为了避免后悔，人们在决策时，会更加保守，只做相对把握的事情，结果是创造性降低。

(3)评价。行为金融是在有效市场假说基础上发展起来的，与有效市场假说不同的是，它认识到投资者决策信息的不完全性和非对称性，是对有效市场假说的完善和修正。但行为金融迄今为止还没有形成一个完整的系统理论，距离一个成熟的学派尚有相当的距离。①

4.本书的观点。既不可完全否定有效市场假说，在逻辑和实践中，也不可完全支持有效市场假说；有效市场是个别、偶然现象，非有效市场则是多数、普遍现象；当下市场是否有效，逻辑上无法证实也无从证伪。

这一结论是依据以下观点得出的。①有效市场假说的本质，是投资者决策信息的完全性和对称性。本节"一"中的结论是：在金融市场中，完备知识是个别、偶然现象，不完备知识则是多数、普遍现象。以此推论，有效市场是个别、偶然现象，非有效市场则是多数、普遍现象。②有效市场的含义是，证券价格完全反映了所有可得的信息，即证券价格反映了有关该证券内在价值的所有可得的信息。本节"四"中的结论是：金融资产的内在价值具有主观性和不可预测性。由于证券的内在价值具有主观性和不可预测性，所以，证券价格是否反映了该证券的内在价值，逻辑上无法证实也无从证伪；进一步推论：当下市场是否有效，逻辑上既无法证实也无从证伪。

5.有效市场的检验。有效市场假说是否合理？这是一个争论远没有停止的问题。大概情况是：学院派趋向于市场是近乎有效的，实务派中持非有效市场观点者居多。

弗雷德里克·S·米什金(Frederic S. Mishkin)的观点具有典型性和代表性，他是这样总结的：实证证据似乎表明，有效市场假说是评估金融市场行为的一个合理起点。但是，一些严重违背有效市场假说的证据又似乎表明，有效市场假说并不完全正确，无法解释金融市场中的所有行为。②

滋维·博迪(Zvi Bodie)等人的观点很值得回味，他们的结论是：市场是十分有

---

① 参见李心丹：《行为金融学——理论及中国的证据》，上海三联书店2004年版，第210～212页。

② 参见[美]弗雷德里克·S·米什金：《货币银行学》，钱炜青、高峰译，第150页。

效的，但是，特别的勤奋、智慧或创造性，实际中都可以期待得到应有的回报。①

尤金·法玛(Eugene F. Fama)根据信息对股票价格的影响程度，将资本市场效率分为三种形式，即弱式有效市场、半强式有效市场和强式有效市场。② 这种分类方式对金融学，特别是投资学的研究方法有重要意义。

弱式有效市场假说(The Weak-Form Efficient Market Hypothesis)是资本市场效率程度最低的市场，其含义是：当前证券价格完全反映了所有市场的信息，包括历史价格、收益率、交易量和其他市场产生的信息。该假定意味着，投资者使用过去的市场数据为依据，买卖证券不能获得超过"简单的购买—持有"策略所获取的收益。

技术分析(Technical Analysis)是投资学中逐渐受到重视的分析方法，以历史数据为基础，理论基础是证券价格以持续的趋势变化。弱式有效市场假说与技术分析假定是完全对立的。

弱式有效市场假说实证检验得出这样的结论：在美国市场中，尽管大多数研究结果支持弱式有效市场假说，但结果并非是无异议的。总会有某些交易规则太主观无法检验，并且有些交易规则没有暴露出来。③

弱式有效市场假说对投资学研究方法的意义是：若认为弱式有效市场假说是合理的，则技术分析方法就无使用的意义；如果认为弱式有效市场假说不尽合理，那么技术分析就有应用的价值。

本书的观点是：弱式有效市场假说不完全符合市场情况，换言之，技术分析有应用价值。

半强式有效市场假说(The Semistrong-Form Efficient Market Hypothesis)的含义是当前证券价格完全反映了所有公开信息。这意味着，与公司前景有关的全部公开信息，如价格变化的历史信息、财务报表、市盈率、市净率、分红与股本转增、年度(季度)报告、经济和政治新闻等，都已经在股价中得到反映。使用任何公开信息都不能获得超额收益。

强式有效市场假说(The Strong-Form Efficient Market Hypothesis)是效率

---

① 参见[美]滋维·博迪、亚历克斯·凯恩和艾伦·J·马库斯：《投资学》，陈收、杨艳译，第 375 页。

② E. F. Fama, "Efficient Capital Markets: A Review of Theory and Empirical Work," *Journal of Finance*, 1970, 25(2): pp. 387-417.

③ 参见[美]弗雷德里克·S·米什金：《货币银行学》，钱炜青、高峰译，第 272 页。

程度最高的市场，其含义是：在这种市场上，所有相关的信息，包括历史资料、公开信息以及内部信息，都已充分及时地反映在当前的价格上。这表明，使用任何信息都不能获取超额收益。

基本面分析(Fundamental Analysis)是投资学中的重要分析方法，其含义是：使用全部可得信息，对证券的未来收益、利率、国家经济政策、政治环境等因素作出预测，以估计证券内在价值。证券价格与其内在价值的差异，决定投资的策略：证券内在价值显著高于其市场价格时就买入，否则就卖出。

可见，依据半强式有效市场假说、强式有效市场假说、基本面分析的含义，基本面分析也是没有意义的。

半强式有效市场假说、强式有效市场假说的市场检验结果如何？弗兰克·K·赖利等人的结论是：在美国市场中，"检验半强式有效市场假说的结果并不一致"；"并非所有的证据都支持强式有效市场假说"。①

综上可见，市场检验结果是，有效市场假说并非得到所有证据的支持。

另外，从认识逻辑结构看，弱式有效市场假说、半强式有效市场假说和强式有效市场假说的认识观念中暗含的假设是：在弱式有效市场假说中，市场参与者对所有市场信息的感知是相同的，即对过去信息的感知具有对称性；在半强式有效市场假说中，市场参与者对与证券前景有关的全部公开信息的感知具有对称性；在强式有效市场假说中，市场参与者对与证券相关的所有信息，包括历史资料、公开信息以及内部信息的感知具有对称性。本节"一"之"知识的不完全性和主观性"及"二"的"信息的非对称性"表明：同一证券不同的市场参与者对其感知是不同的。这意味着，弱式有效市场假说、半强式有效市场假说和强式有效市场假说理论的认识逻辑结构，不具有普适意义。

综合市场检验结果及认识逻辑结构，可以得出如下两条结论：

(1)投资学中的技术分析、基本面分析，至少可以说是有一定意义的。

(2)由建立在有效市场假说基础之上的马科维茨资产组合理论、资本资产定价模型以及套利定价理论构成的现代金融学理论框架，是不够坚固的。

---

① 参见[美]弗兰克·K·赖利、埃德加·A·诺顿：《投资学》，李月平等译，清华大学出版社2009年版，第283、286页。

六、不确定性:金融市场的本质特征

1. 不确定性和风险的定义。在投资领域,“不确定性”和“风险”是使用频率较高的名词。何谓不确定性?风险是什么?学界尚无统一认识。对学界影响较大的是富兰克·H·奈特(Frank H. Knight)对“风险”与“不确定性”进行的区分。奈特观点中的核心理念是,“未来结果概率分布”是否确定。“未来结果概率分布”可知的是“风险”;“未来结果概率分布”不可知的,则是“不确定性”。①

“未来结果概率分布”是未来才能发生、知道的事情,决策在当下,对“未来结果概率分布”只能是一个主观的估计,而非客观实际情况。根据第1章“距离公理”中的“非负性公理”逻辑,可推知:主观概率与客观概率一致是个别、偶然现象,不一致则是多数、普遍现象。所以,奈特的“风险”和“不确定性”定义,在本质上是无法区分的。

本书中的“风险”和“不确定性”的定义。② 研究对象未来某时刻实际值与预期值的不一致性,谓之“不确定性”。不确定性的结果,可能有害,也可能有利。有害就是损失,就是“风险”;有利就是所得,就是“收益”。可见,“风险”和“收益”皆来自未来结果的“不确定性”。“不确定性”“风险”和“收益”的概念是不同的。金融资产定价的本质,是对证券所代表资产未来收益的预期。可见,“不确定性”是金融市场的本质特征。

2. 不确定性的根源。产生不确定性的原因,特别是在投资领域,学界有广泛的研究,我们的观点是:

(1)由金融市场特征决定。金融市场的重要特征是对研究对象未来的预期。“不确定性”与研究对象“未来结果”是否可知密切相关,由第1章“距离公理”中的“非负性公理”逻辑推知:对研究对象能够准确预测是个别、偶然现象,实际与预期不一致是多数、普遍现象。换言之,不确定性在金融市场中是普遍存在的现象。

(2)由认识的逻辑结构决定。本节“一”的观点是,在进行投资决策时,人们拥有完全知识是个别、偶然现象,不完全知识则是多数、普遍现象。由此推论知,

---

① 参见[美]富兰克·H·奈特:《风险、不确定性和利润》,郭武军、刘亮译,华夏出版社2013年版,第16~17页。

② 参见肖洪生、杨晓冬:《不确定条件下的决策方法研究》,第21~23页。

知识的不完全性是产生不确定性的一个原因。由本节“二”知，由于人们拥有的信息具有非对称性，同一证券，不同人的认识、判断有差异。信息非对称性也是产生不确定性的重要原因。

(3)相互反射性增加了不确定性。由本节“三”的“相互反射性”知，经济现象会影响到人们对经济过程的认识、判断，同时，人们的实践活动和观念，如技术进步、组织方式的改进、政治经济制度和政策的变化、预期改变以及偏见和错误观念等，也会带到经济过程中，更增加了经济过程的不确定性。

(4)市场配置资源的方式加剧了不确定性。市场是人类广泛使用的资源配置方式，在金融市场中，理想的资源配置方式是使证券价格收敛于证券的“价值”。本节“四”表明，证券价值具有主观、不可预测和不可检验性。本节“五”论证了当下无法验证市场是否有效。可见，当今广泛使用的市场配置资源方式加剧了金融市场的不确定性。

(5)预期的时间区间长度影响不确定性因素的多少。不确定性问题的根源是经济过程本身的未来性。未来性与未来时间区间长度密切相关：未来时间区间长度越长，不确定性因素就越多；未来时间区间长度越短，不确定性因素就相对越少。

(6)产品需求层次对不确定性有影响。一般而言，越是人们最基本的生活必需品，就越稳定、越易预测；需求层次越高，动机中的审美和社会示意的成分越多，与预测和满足这些需求有关的不确定性也就越大。

(7)产业间的不确定性存在差异。就生产方面而言，在正常条件下，绝大多数制造业的生产过程要比农业、资源等行业的生产过程更容易控制和预测。

(8)不确定事件的发生是不确定性的重要根源。技术创新、组织方式的改进、自然资源供给的意外增加、人类需求的变化、法律的改变、异常天气等不确定事件的发生，是商业活动中不确定性的重要来源。

3. 不确定性的降低。不确定性是我们现实生活中的一个基本事实。在商业决策和其他决策中，它都是无法被消除的。但是，可以借助多种多样的方法来减少不确定性。例如，通过科学的方法和必要的数据积累，可以增进关于未来信息的掌握。此方法可以无限减少不确定性。当然，这样做是有成本的，必须把资源从其他用途转向这一用途。再如，通过不同形式的大规模的组织来整合不确定性，如产业链间的并购、保险等都可以整合不确定性。[①]

4.不确定性的意义。不确定性有如下几方面的意义：

(1)不确定性是金融市场的常态。知识的不完全性、认识的主观性和相互反射性、信息的非对称性、市场配置资源的非完全有效性，这些都是金融市场的常态，是引发不确定性的重要原因。

(2)不确定性为新昌旧衰创造条件。在确定性环境里，新事物与旧势力的态势保持相对稳定。在不确定条件下，新事物往往更适应未来的发展，旧事物与社会发展趋势愈来愈远，结果是新事物不断发展壮大，旧事物相对逐渐萎缩以致消亡。

(3)“运气”是生活中的一个组成部分。由第1章“距离公理”中的“非负性公理”逻辑推知：市场参与者对研究对象的感知是主观的；主观感知与“对象本真”总是存在一个“非负的距离”。这个“非负的距离”是市场参与者主观无法掌控的，构成了生活的一个部分。当这个“非负的距离”有利于市场参与者时，市场参与者就会获得意想不到的收益；相反，市场参与者就会蒙受不知所由的损失。由市场参与者主观认识的局限，所带来的意想不到的收益或损失，就是人们常说的“运气”。

(4)“真理往往掌握在少数人手里”。由“距离公理”中的“非负性公理”逻辑还可推知：不同的市场参与者，主观感知与“对象本真”之间的“非负的距离”是不同的；“非负的距离”为0，意味着该市场参与者感知了“对象本真”，此情况是个别、偶然现象。这是“真理往往掌握在少数人手里”的逻辑依据。引而申之，也是“贤人治理，优于一人一票民主”的逻辑依据——这不是本书重点研究的问题，此处不进行深入讨论。

本节主要讨论了金融市场中的不确定性因素，这些因素是市场参与者无法完全掌控的。在金融市场中，是否存在确定性的因素？是否有规律可循？鉴于章节篇幅均衡考虑，这些问题下面分两节来讨论。

---

① 参见[美]富兰克·H·奈特：《风险、不确定性和利润》，王宇、王文玉译，中国人民大学出版社2005年版，第243～245页。

第2节 认识论Ⅱ:金融市场中的确定性因素(1)

一、概述

我们的感性经验是:年、季、月亮圆缺、昼夜的轮回、植物的荣枯等自然现象,都呈周期性变化;生命的迭代、社会的盛衰、朝代更迭、事物兴废、经济起伏、价格涨跌等社会现象,也呈周期性,或近乎周期性变化:总之,周期性变化是自然、社会的普遍现象。

事物周期性变化的原因,过往主要从两个方面来解释:

其一,周期性变化是运动的基本形式。运动是宇宙的存在形式,它总可以分解为线量和角量两种量来表示,其中角量就是引起运动周期性变化的根源。大自然中呈现的循环、振动、波动、起伏、旋转、螺旋、轮回、周转等现象,都是周期性概念在生活中的推广。

其二,哲学的基本观念。"周期性变化"是中华文化中的重要思想之一。《周易》《道德经》对中国传统文化的形成影响深远,其重要思想是"辩证逻辑公理",所不同的是使用名称有别而已。《道德经》用"有"和"无"表示既对立,而又相互联系的思想、过程。《周易》则用"阴"和"阳"代表对立统一关系,《易传·系辞》说:"一阴一阳之谓道。"

《周易》《道德经》有个共同的理念,就是都注意到,无论是自然还是人类社会,事物发展到极端,都会朝相反的另一端移动——《道德经》第四十章说:"反者道之动。"《易传·系辞》写道:"易与天地准,故能弥纶天地之道。"

事物呈周期性变化是唯物辩证法三大规律之一的否定之否定规律。说的是:事物的发展是经过否定实现的,辩证的否定不是一次完成的。事物发展经过两次辩证的否定、三个阶段的有规律的过程,由肯定阶段到自己的对立面的否定阶段,再经过否定的否定,达到否定之否定阶段即再肯定阶段,从而使事物的发展呈现出重复性、周期性螺旋式上升或波浪式前进的过程。

以上解释存在两方面问题:第一,是经验现象的总结,而不是严格逻辑推理;第二,对实践缺少具有操作意义的指导作用。本节主旨是采用数学研究方法——从不定义的逻辑概念及不加证明的逻辑公理出发，通过符号演算的形式建立逻辑体系，来解决这两方面问题。

二、X 三要素周期结构图

“X 三要素周期结构图”是“X 三要素周期结构模型”的核心，在符号形式和逻辑结构上，与周易中的“先天八卦图”相近[①]，而符号定义却完全不同。为便于比较，先简要介绍一下“先天八卦图”。

1.“先天八卦图”及演绎逻辑。“先天八卦顺序数”是构成“先天八卦图”的基础。所谓“先天八卦顺序数”，就是“☰乾一、☱兑二、☲离三、☳震四、☴巽五、☵坎六、☶艮七、☷坤八”的排列顺序。它的演绎过程，源自《易传·系辞》：“易有太极，是生两仪，两仪生四象，四象生八卦。”邵雍的先天易图所表述的一分为二法则，展示了阴阳二象形成八卦的本源，即：“一分为二，二分为四，四分为八。”邵氏又说：“乾一、兑二、离三、震四、巽五、坎六、艮七、坤八。”此即先天八卦。“先天八卦顺序数”的演绎生成过程如图 2.2.1 所示。[②]

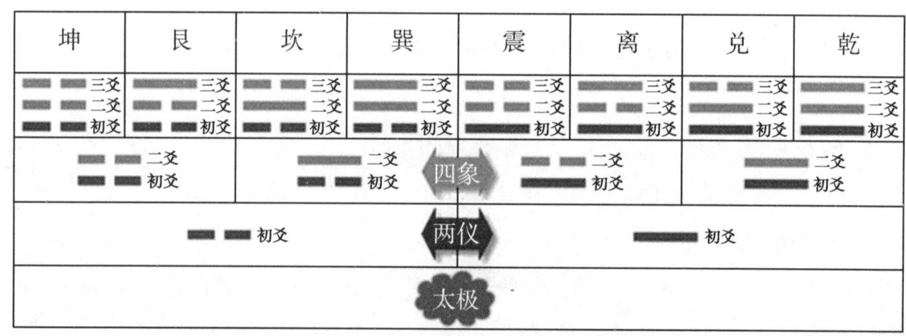

图 2.2.1 “先天八卦顺序数”的演绎生成过程

① “先天八卦图”的中心是双鱼图，而“X 三要素周期结构图”的中心没有双鱼图。“X 三要素周期结构图”可谓是“旧瓶装新酒”，形式与“先天八卦图”——“旧瓶”相近，内容——“二元三维图像”定义——“新酒”，与《周易》中“八卦”的含义完全不同。

② 参见邵雍：《〈皇极经世〉导读》，常秉义注释，中央编译局出版社 2012 年版，导言第 4 页。

以“先天八卦顺序数”为基础，便可定义、构成“先天八卦图”，如图2.2.2所示。

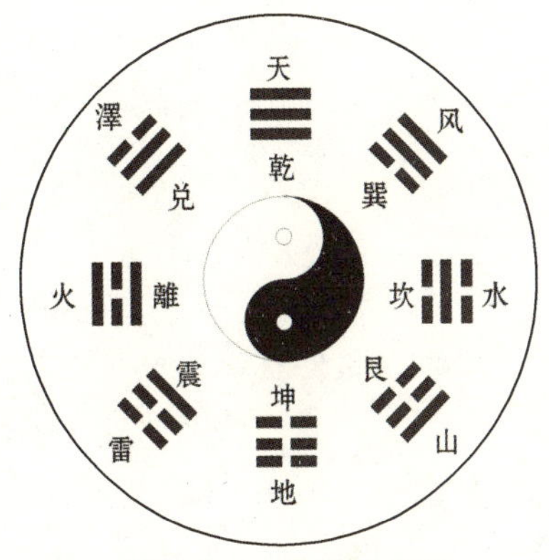

图2.2.2 先天八卦图

《易传·说卦传》对八卦所象征的事情，自先秦以来，有一个广为遵循的定义：乾为天，性为刚健；坤为地，性为柔顺；震为雷，性为动；巽为风，性为入（无孔不入）；坎为水，性为陷（水存于洼陷之处）；离为火，性为丽（火附丽于可燃之物）；艮为山，性为止（山是静止不动之物）；兑为泽，性为悦（泽为万物所悦）。[①]

邵雍的先天易学源自《易经》，其解释与《易传》的内容相同，对八卦所象征的事情没有给出明确定义。

“先天八卦顺序数”“先天八卦图”，这套系统的重要意义在于，两者都是符号化、公理化、演绎逻辑的。这是邵雍先天易学重大的理论贡献，不可不察。

2. X 三要素周期结构图。

(1)定义。“X 三要素周期结构图”有如下含义：

定义2a：设影响研究对象（如证券价格）Y 的所有因素 X 为整体“1”。如果 X 中包含即对立又统一的两方面因素或力量——建设性的、积极的、有利的，为主要方面的因素或力量，以符号“⚊”表示；破坏性的、消极的、不利的，为主要方面的因素或力量，以符号“⚋”表示。则研究对象（如证券价格）Y 与影响因素 X 之间的关系记为

$$Y=\{X\mid(1;⚊,⚋)\} \tag{2.2.1}$$

式(2.2.1)称作研究对象 Y 与影响因素 X 的“结构性质关系”。

定义2b：设影响研究对象（如证券价格）Y 的所有因素为 X。如果 X 按重要性分为3个等级，第一重要等级因素为 X_1，第二重要等级因素为 X_2，第三重要等级因素为 X_3，则研究对象（如证券价格）Y 与影响因素 X 之间的关系记为

$$Y=F(X_1,X_2,X_3\mid X_1\geqslant X_2\geqslant X_3) \tag{2.2.2}$$

式(2.2.2)称作研究对象 Y 与影响因素 X 的“三要素结构数量关系”。

依据定义2a给出每个影响因素的性质、研究对象（如证券价格）Y 的性质，

---

① 参见高亨：《周易大传今注》，清华大学出版社2010年版，第453～459页。

就可由一个“二元三维图像”(形同周易八卦)来表示。“二元三维图像”排列的定义是:从下到上,依次是第一重要等级因素 X_1 的性质表示,第二重要等级因素 X_2 的性质表示,第三重要等级因素 X_3 的性质表示,记作

$$\left.\begin{array}{l} X_3\text{ 的性质(⚊或⚋)} \\ X_2\text{ 的性质(⚊或⚋)} \\ X_1\text{ 的性质(⚊或⚋)} \end{array}\right\} \qquad (2.2.3)$$

式(2.2.3)称作研究对象 Y 与影响因素 X 的“三要素结构性质关系”。

(2)三要素图像间的演绎逻辑关系。依据定义 2a,影响研究对象(如证券价格)Y 的所有因素 X,如果只有 1 个因素,其性质只有 2 种可能存在的状态,见表 2.2.1;如果 X 有 2 个因素,其性质有 4 种可能存在的状态,见表 2.2.1;当 X 有 3 个因素时,其性质则有 8 种可能存在的状态,见表 2.2.1。影响研究对象(如证券价格)Y 的所有因素 X 的个数,从 1 到 3,其性质可能存在的状态的演绎规律详见表 2.2.1。

表 2.2.1　　三要素图像演绎逻辑

文字代号	乾	兑	离	震	巽	坎	艮	坤	备注
数字代号	一	二	三	四	五	六	七	八	
三要素图像	☰	☱	☲	☳	☴	☵	☶	☷	
二要素图像	⚌		⚍		⚎		⚏		
一要素图像	⚊				⚋				
研究对象	Y={1|⚊,⚋}								

对表 2.2.1 的说明如下:

①“X 三要素周期结构图”是本书的重点内容之一。

②在“X 三要素周期结构图”中,8 个“二元三维图像”的排列顺序是符号化、演绎逻辑的结果。

③图中的“乾”“兑”“离”“震”“巽”“坎”“艮”“坤”仅是“二元三维图像”的文字代号,没有《易传·说卦传》中八卦所象征的意义。从符号的含义上讲,如下表示方式是等价的:

“☰=乾=一、☱=兑=二、☲=离=三、☳=震=四、☴=巽=五、☵=坎=六、☶=艮=七、☷=坤=八”。

④8 个“二元三维图像”的含义：

a. ☰，影响研究对象（如证券价格）Y 的三因素都是建设性的、积极的、有利的，为主要方面的因素或力量。

b. ☱，影响研究对象（如证券价格）Y 的三因素中，第一、第二重要等级因素是建设性的、积极的、有利的，为主要方面的因素或力量；第三重要等级因素则是破坏性的、消极的、不利的，为主要方面的因素或力量。

c. ☲，影响研究对象（如证券价格）Y 的三因素中，第一、第三重要等级因素是建设性的、积极的、有利的，为主要方面的因素或力量；第二重要等级因素则是破坏性的、消极的、不利的，为主要方面的因素或力量。

d. ☳，影响研究对象（如证券价格）Y 的三因素中，第一重要等级因素是建设性的、积极的、有利的，为主要方面的因素或力量；第二、第三重要等级因素则是破坏性的、消极的、不利的，为主要方面的因素或力量。

e. ☴，影响研究对象（如证券价格）Y 的三因素中，第一重要等级因素是破坏性的、消极的、不利的，为主要方面的因素或力量；第二、第三重要等级因素则是建设性的、积极的、有利的，为主要方面的因素或力量。

f. ☵，影响研究对象（如证券价格）Y 的三因素中，第一、第三重要等级因素是破坏性的、消极的、不利的，为主要方面的因素或力量；第二重要等级因素则是建设性的、积极的、有利的，为主要方面的因素或力量。

g. ☶，影响研究对象（如证券价格）Y 的三因素中，第一、第二重要等级因素是破坏性的、消极的、不利的，为主要方面的因素或力量；第三重要等级因素则是建设性的、积极的、有利的，为主要方面的因素或力量。

h. ☷，影响研究对象（如证券价格）Y 的三因素都是破坏性的、消极的、不利的，为主要方面的因素或力量。

（3）X 三要素周期结构图。8 个“二元三维图像”的排列顺序“☰乾一、☱兑二、☲离三、☳震四、☴巽五、☵坎六、☶艮七、☷坤八”，是数学逻辑、辩证逻辑以符号化演绎逻辑推理的结果。按照“二元三维图像”的排列顺序，可构成图 2.2.3，将该图定名为“X 三要素周期结构图”。[①]

---

① 说明：“X 三要素周期结构图”与《周易》中的“先天八卦图”，符号的形式相近，但符号的含义完全不同。

由于8个“二元三维图像”的排列顺序是数学逻辑、辩证逻辑以符号化演绎推理的结果，所以，以此为基础构建的“X三要素周期结构图”符合数学逻辑、辩证逻辑定义，也是符号化、演绎逻辑的。“X三要素周期结构图”的重要意义是，使数学逻辑、辩证逻辑相结合，以公理化、符号化、演绎逻辑的方式诠释事物发展变化的规律：对立统一规律、量质互变规律、物极必反规律、周期变化规律。[①]

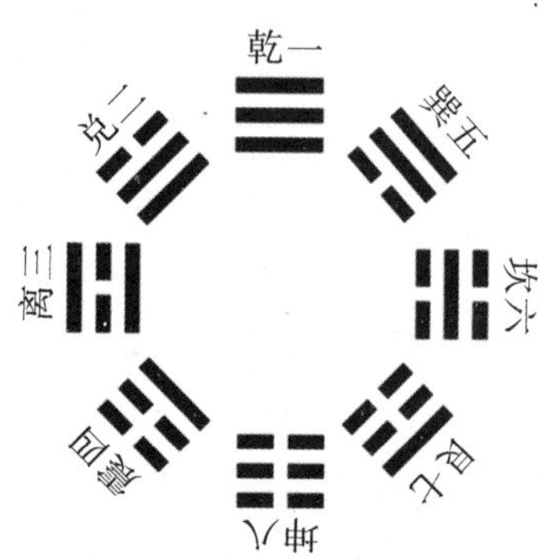

图 2.2.3　X三要素周期结构图

①“X三要素周期结构图”由8个“二元三维图像”——研究对象子系统，构成一个完整系统。在这个系统及其子系统中，仅用性质相反的两个符号(—或--)，就展示了事物内部和事物之间既相互对立、相互排斥，又相互联结、互为条件、相互依存，共居于一个统一体中的对立统一关系。

②给出量度各影响因素重要性的方法。根据定义2b，由“X三要素周期结构图”的结构，可以得出的逻辑关系是：

a.第一重要等级因素重要性不小于第二重要等级因素，第二重要等级因素重要性不小于第三重要等级因素；

b.第一重要等级因素重要性不小于第二、第三重要等级因素重要性之和。

设：第一重要等级因素权重为κ_1，第二重要等级因素权重为κ_2，第三重要等级因素权重为κ_3。“X三要素周期结构图”中各因素的权重可记为

$$\left.\begin{aligned}\kappa_1\geqslant\kappa_2\geqslant\kappa_3\\ \kappa_1\geqslant\kappa_2+\kappa_3\\ \kappa_1+\kappa_2+\kappa_3=1\end{aligned}\right\}\tag{2.2.4}$$

采用二进制计数方法，确定各要素重要性权重。定义：建设性的、积极的、有利的，为主要方面的因素或力量，以符号“—”表示，在二进制数中，记为“1”；破坏性的、消极的、不利的，为主要方面的因素或力量，以符号“--”表示，在二进制数中，记为“0”。各要素的二进制数以及重要性权重计算见表2.2.2。

---

① 参见肖洪生、杨晓冬：《不确定条件下的决策方法研究》，第32～58页。

表 2.2.2　　　　各要素重要性权重计算

要素名称	要素图像	文字代号	二进制数	十进制数	权重计算
第三重要等级因素	☶	艮	001	1	1/7≈0.143
第二重要等级因素	☵	坎	010	2	2/7≈0.286
第一重要等级因素	☳	震	100	4	4/7≈0.571
三因素	☰	乾	111	7	1

由表 2.2.2 可见，第一重要等级因素的权重超过了 0.50，约为 0.571。

③事物呈周期性结构变化，是对立统一规律、量质互变规律、物极必反规律的演绎逻辑作用的结果。由“X 三要素周期结构图”可以看出：

a.“二元三维图像”——“坤”☷→“震”☳→“离”☲→“兑”☱→“乾”☰，是周期上升阶段。主要特征有：第一重要等级因素性质的主要方面始终是“⚊”；其他二因素性质逐渐由“⚋”发展为“⚊”，有利因素逐渐增加；不管第二、第三重要等级因素性质如何变化，该阶段事物性质始终保持不变——处于上升趋势，在这个阶段，“总的量变过程中渗透着部分质变”，“事物的根本性质未变，比较次要的性质发生了变化，使事物的发展呈现出阶段性”。例如，“震”☳——周期上升的初期阶段，“离”☲——周期上升的前中期阶段，“兑”☱——周期上升的后中期阶段，“乾”☰——周期上升的末期阶段。

b.“二元三维图像”——“巽”☴→“坎”☵→“艮”☶→“坤”☷，是周期下降阶段。主要特征有：第一重要等级因素性质的主要方面始终是“⚋”；其他二因素性质逐渐由“⚊”发展为“⚋”，有利因素逐渐减少；第二、第三重要等级因素性质尽管有变化，但此阶段事物性质始终保持不变——处于下降趋势，此阶段，“事物的根本性质未变，次要的性质有所变化，使事物的发展呈现出阶段性”。例如，“巽”☴——周期下降的初期阶段，“坎”☵——周期下降的前中期阶段，“艮”☶——周期下降的后中期阶段，“坤”☷——周期下降的末期阶段。

c.第一重要等级因素性质决定了周期的性质——上升或下降。周期上升阶段，第一重要等级因素性质的主要方面始终是“⚊”；周期下降阶段，第一重要等级因素性质的主要方面始终是“⚋”。

d.“乾”☰、“坤”☷是周期结构的两个极点。

“乾”☰是周期上升的末期阶段，同时，也是周期潜在下降区域。要说明的是，此阶段是数学“原象”中“序公理”中的“传递性公理”，“在映射下的象”，非完全有效区域。[①] 也就是说，是数学逻辑与辩证逻辑有相矛盾、以辩证逻辑为主的地方，亦是“物极必反”、投资风险增大的阶段。此阶段对市场参与者来讲，不可不高度关注。

“坤”☷是周期下降的末期阶段，同时，也是周期潜在上升区间。要说明的是，此阶段也是数学“原象”中“序公理”中的“传递性公理”，“在映射下的象”，非完全有效区域。换言之，是数学逻辑与辩证逻辑有相矛盾、以辩证逻辑为主的地方，也是“否极泰来”，投资机会增大的阶段。此阶段对市场参与者来讲，可能是一个马上就要到来的投资机会。

④“X 三要素周期结构图”把数学逻辑与辩证逻辑融为一个系统。它的重要意义，不仅在于以公理化、符号化、演绎逻辑的方式诠释事物发展变化的基本规律：对立统一规律、量质互变规律、物极必反规律和周期变化规律；更为重要的是，为在不确定条件下，采用多因素综合分析事物的发展变化规律，提供了一个新的范式，是社会科学，特别是经济学，研究方法上的根本性突破。

自然科学与社会科学，在研究对象性质、追求目标、研究方法等方面，有根本不同。在研究对象性质上，自然科学的主、客观是相互分离的，研究对象是相对独立、相对确定的；社会科学，特别是经济学，研究对象影响参与者的判断，参与者的判断又会对研究对象产生影响，换言之，主观是客观的一部分，主、客观是辩证统一的，研究对象具有不确定性。在追求目标上，自然科学的目标是求真、最优化；社会科学追求的目标则是不断改善、发展。在研究方法方面，自然科学的主要方法是数学逻辑，社会科学则需要数学逻辑与辩证逻辑的结合。数学逻辑中“序公理”中的“传递性公理”，“在映射下的象”，在社会科学中不完全适用，如GDP的增长率，适度增长是社会发展追求的目标，如果增长率过度，就可能产生通货膨胀或经济危机。再者，“最优化”在经济学中也不是最好状态，“最优化”在数学逻辑中的充分条件是导数等于零，导数等于零的含义是不变化，这与社会科学追求不断改善、发展的目标相背离。在社会科学中，如果把不断改善、发展定义为“好”的状态，恶化、负增长定义为“坏”的状态，那么，数学逻辑中的“最优化”

---

① 此处的数学含义是：设 X，Y 是两个非空集合；$f: X \to Y\ (x \mapsto y=f(x))$；$a, b, c \in X$。若 $a \leqslant b$，$b \leqslant c$，则 $a \leqslant c$；在“X 三要素周期结构图”中，$f(a) \leqslant f(c)$ 非完全有效。

条件——不变化，则只能算作一个不好也不坏的“中间”状态。这个“中间”状态显然不是经济学追求的目标。经济学研究方法的数学化、自然科学化的“科学主义学派”，对许多经济现象无法给出合理的解释，更缺乏预见性，其根本原因可能就在于此。“X 三要素周期结构图”将数学逻辑与辩证逻辑融入一个系统，克服了单纯数学逻辑在经济研究中的局限性，也解决了辩证逻辑没有符号化、数量化的问题，是社会科学特别是经济学，研究方法理论上的根本性突破。这可能是“X 三要素周期结构图”的重要学术价值和意义所在。

三、X 六要素周期结构图

以“X 三要素周期结构图”中 8 个“二元三维图像”的排列顺序——“☰乾一、☱兑二、☲离三、☳震四、☴巽五、☵坎六、☶艮七、☷坤八”为基础，还可构建“X 六要素周期结构图”。该图在以符号化、演绎逻辑的方式诠释事物变化规律，建立多因素综合分析模型方面具有重要意义。“X 六要素周期结构图”的主要内容如下：

1. 定义 2c。该定义的内容是：

(1)将影响研究对象(如证券价格)Y 的所有因素 X 分为两大类——内在基础或主观条件定义为内因，外在客观环境定义为外因；又设：在现在时刻(t)，研究对象(如证券价格)为 $Y(t)$，内因——内在约束条件为 $X_N(t)$，外因——外在约束条件为$X_W(t)$。则研究对象(如证券价格)$Y(t)$记为

$$Y(t)=f[X_N(t),X_W(t)]=f(t) \tag{2.2.5}$$

(2)把内因和外因的所有影响因素，按照重要性程度分为 3 个等级(类或集合)，内因第一、第二、第三重要等级因素分别用$x_1(t)$，$x_2(t)$，$x_3(t)$表示，外因第一、第二、第三重要等级因素分别用$x_4(t)$，$x_5(t)$，$x_6(t)$表示，记作

$$X_N(t)=x_1(t)+x_2(t)+x_3(t) \tag{2.2.5.1}$$

$$X_W(t)=x_4(t)+x_5(t)+x_6(t) \tag{2.2.5.2}$$

在无法将影响因素划分为内、外因的情况下，把影响因素按照重要性程度分为 6 个等级(类或集合)，则式(2.2.5)可记为

$$Y(t)=f[x_i(t)\mid x_1(t)\geqslant x_2(t)\geqslant x_3(t)\geqslant x_4(t)\geqslant x_5(t)\geqslant x_6(t)]=f(t) \tag{2.2.6}$$

式(2.2.5)和式(2.2.6)称作研究对象 Y 与影响因素 X 的“六要素结构数量关系”。

(3)根据定义 2a，将影响研究对象（如证券价格）Y 的每个因素的性质都分为两种状态（⚊，⚋），其中，建设性、积极、有利为主要方面的，以符号“⚊”表示；破坏性、消极、不利为主要方面的，以符号“⚋”表示。

(4)“二元六维图像”排列的定义。根据本定义之(1)(2)和(3)，研究对象（如证券价格）Y 的性质，就可用一个“二元六维图像”表示出来。“二元六维图像”排列的定义是：内因三因素在下，外因三因素在上，采用纵向排列，从下到上，依次是x_1，x_2，x_3 和x_4，x_5，x_6 的性质表示，记作

$$\left.\begin{array}{l} x_6\ \text{的性质（⚊或⚋）} \\ x_5\ \text{的性质（⚊或⚋）} \\ x_4\ \text{的性质（⚊或⚋）} \\ x_3\ \text{的性质（⚊或⚋）} \\ x_2\ \text{的性质（⚊或⚋）} \\ x_1\ \text{的性质（⚊或⚋）} \end{array}\right\} \tag{2.2.7}$$

式(2.2.7)称作研究对象 Y 与影响因素 X 的“六要素结构性质关系”。

2. X 六要素周期结构图。“X 六要素周期结构图”如图 2.2.4 所示。该图在形式上与《周易》中的“先天六十四卦方圆图”相同，然而，符号定义完全不同，为相互区别，特定义此名，以示区分。

“X 六要素周期结构图”有以下重要意义：

(1)本章第 2 节“X 三要素周期结构图”中，8 个“二元三维图像”的排列顺序“☰乾一、☱兑二、☲离三、☳震四、☴巽五、☵坎六、☶艮七、☷坤八”，是“X 六要素周期结构图”排列的基础。

图中间称为“方图”，[①]其是按照演绎逻辑规律排列的。“二元六维图像”的排列规则是：内因——第一、第二、第三重要等级因素，从下到上依次是☰乾一、☱兑二、☲离三、☳震四、☴巽五、☵坎六、☶艮七、☷坤八；外因——第四、第五、第六重要等级因素，从右到左依次是☰乾一、☱兑二、☲离三、☳震四、☴巽五、☵坎六、☶艮七、☷坤八。

图周边构成“圆图”，也是按照演绎逻辑规律排列的。在“圆图”中，里边是内因——第一、第二、第三重要等级因素；外边是外因——第四、第五、第六重要等

---

① 参见南怀瑾：《易经杂说、易经系传别讲》，第 407～413 页。

级因素。“圆图”中的一个“二元六维图像”与“方图”中的一个“二元六维图像”是一一对应关系，排列顺序的规则是：䷀“乾”、䷁“坤”两个“二元六维图像”首立上下两中央，最下一排从 ䷪“夬”至䷊ “泰”，第二排从 ䷉“履”至䷒“临”，第三排从䷌“同人”至 ䷣“明夷”，第四排从 ䷘“无妄”至 ䷗“复”，按这样的顺序，从“乾”“二元六维图像”逆时针排列形成左半圆；五排从 ䷫“姤”至 ䷭“升”，第六排从 ䷅“讼”至 ䷆“师”，第七排从 ䷠“遁”至 ䷎“谦”，第八排从 ䷋“否”至 ䷁“坤”，按这样的顺序，从 ䷀“乾”“二元六维图像”顺时针排列形成右半圆。

“二元三维图像”的排列顺序“☰乾一、☱兑二、☲离三、☳震四、☴巽五、☵坎六、☶艮七、☷坤八”，是符号化、演绎逻辑的；由于“*X* 六要素周期结构图”是依据“二元三维图像”的排列顺序构成的，所以，它也是符号化、演绎逻辑的。

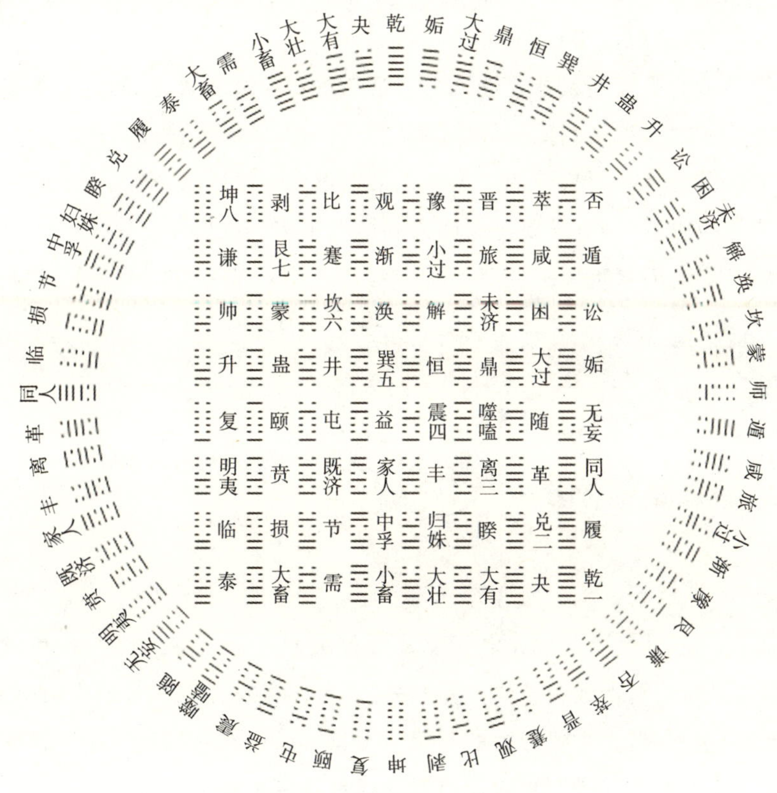

图 2.2.4　X 六要素周期结构图[①]

① 该图源自南怀瑾：《易经杂说、易经系传别讲》，复旦大学出版社 2000 年版，第 34 页。

(2)以公理化、符号化、演绎逻辑的方式诠释了事物发展变化的基本规律——对立统一规律、量质互变规律、物极必反规律、周期变化规律。虽然“*X* 三要素周期结构图”与“*X* 六要素周期结构图”构成数量不同,但是,结构相似,原理逻辑相同,对事物发展变化规律的诠释几乎一致,此处不再叙述。

(3)给出量度各影响因素重要性的方法。由“*X* 六要素周期结构图”的结构可以得出如下关系:

①第五重要等级因素重要性不小于第六重要等级因素;

②第四重要等级因素重要性不小于第五重要等级因素和第六重要等级因素之和;

③第三重要等级因素重要性不小于第四重要等级因素、第五重要等级因素和第六重要等级因素之和;

④第二重要等级因素重要性不小于第三重要等级因素、第四重要等级因素、第五重要等级因素和第六重要等级因素之和;

⑤第一重要等级因素重要性不小于第二重要等级因素、第三重要等级因素、第四重要等级因素、第五重要等级因素和第六重要等级因素之和。[①]

设各个影响因素重要性权重为λ_i,$i=1,2,\cdots,6$,以上结构关系可记为

$$\begin{cases}\lambda_5 \geqslant \lambda_6 \\ \lambda_4 \geqslant \lambda_5+\lambda_6 \\ \lambda_3 \geqslant \lambda_4+\lambda_5+\lambda_6 \\ \lambda_2 \geqslant \lambda_3+\lambda_4+\lambda_5+\lambda_6 \\ \lambda_1 \geqslant \lambda_2+\lambda_3+\lambda_4+\lambda_5+\lambda_6 \\ \sum_{i=1}^{6} \lambda_i=1\end{cases} \tag{2.2.8}$$

采用二进制计数方法确定各因素重要性权重。设:建设性的、积极的、有利的,为主要方面的因素或力量,以符号“**—**”表示,在二进制数中,记为“1”;破坏性的、消极的、不利的,为主要方面的因素或力量,以符号“**--**”表示,在二进制数中,记为“0”。各因素的二进制数以及重要性权重计算见表 2.2.3。

---

① 说明:在《不确定条件下的决策方法研究》的第 15 页中,式(2.2.2)中的“$\lambda_1 \geqslant \lambda_2$”,当时理解有误,准确的结构关系是:$\lambda_1 \geqslant \lambda_2+\lambda_3+\lambda_4+\lambda_5+\lambda_6$。

表 2.2.3　各因素重要性权重计算

要素名称	要素图像	文字代号	二进制数	十进制数	权重计算
第六重要等级因素	䷖	剥	000001	1	1/63≈0.016
第五重要等级因素	䷇	比	000010	2	2/63≈0.032
第四重要等级因素	䷏	豫	000100	4	4/63≈0.063
第三重要等级因素	䷎	谦	001000	8	8/63≈0.127
第二重要等级因素	䷆	师	010000	16	16/63≈0.254
第一重要等级因素	䷗	复	100000	32	32/63≈0.508
六因素	䷀	乾	111111	63	1

由表 2.2.3 可知：

第一重要等级因素重要性权重过半，约为 0.508；

内因重要性权重约为 0.508＋0.254＋0.127＝0.889；

外因重要性权重则为 1－0.889＝0.111。

(4)“X 六要素周期结构图”是“X 六要素周期结构模型”的重要理论基础，其意义与“X 三要素周期结构图”相同，此处不再叙述。

“X 三要素周期结构图”“X 六要素周期结构图”，以公理化、符号化、演绎逻辑的方式诠释了多因素事物发展变化的规律——对立统一规律、量质互变规律、物极必反规律、周期变化规律。研究对象只有一个影响因素的，这个研究对象是否有规律可循？如果有，如何描述？不确定条件下，决策依据是什么？这是下一节要讨论的问题。

第 3 节　认识论Ⅱ：金融市场中的确定性因素(2)

一、X 单因素周期结构模型：多因素综合分析的基础

研究对象只有一个影响因素的，这个研究对象是否有规律可循？我们的观点是：只有一个影响因素的研究对象，其发展变化也是有规律可循的。这个可循的规律又是什么？“X 三要素周期结构图”“X 六要素周期结构图”，以公理化、

符号化、演绎逻辑的方式诠释了对立统一规律、量质互变规律、物极必反规律的演绎逻辑作用的结果，是事物呈现周期性结构变化。因此，周期性结构变化也是只有一个影响因素时事物发展变化的规律。

时间是特殊变量，具有一维、匀速、单向和不可逆等特性。在大自然中，特别是社会科学里，社会现象一般是以时间为变量的函数。另外，周期一般是含有时间维的“时空空间”里的运动状态。可见，时间在社会科学研究中是重要的变量。

设研究对象 Y 是以时间为变量的函数，在现在时刻 t 为 $Y(t)$，记作

$$Y(t)=f(t) \tag{2.3.1}$$

如果周期性是事物变化的基本结构特征，那么研究对象 Y 就有图 2.3.1 的结构，把它定名为“X 单因素周期结构图”①。

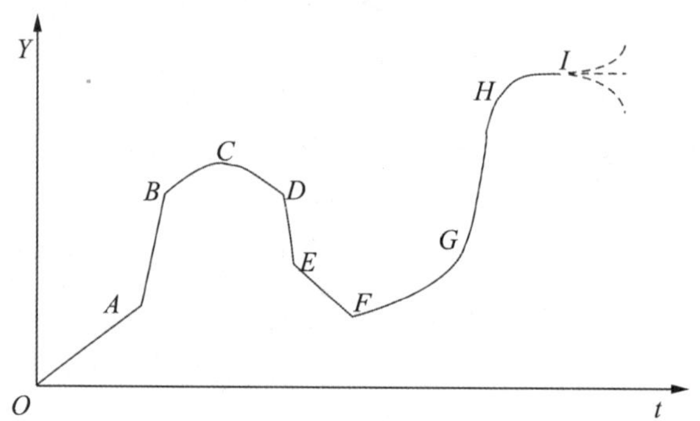

图 2.3.1 X 单因素周期结构图

“X 单因素周期结构图”的含义是，利用笛卡尔坐标系，根据一阶导数、二阶导数的几何意义，描述事物的周期发展规律。根据导数的几何意义，导数 $\frac{\mathrm{d}Y}{\mathrm{d}t}$ ②既是研究对象在 t 时刻的变化率，也是研究对象的变化趋势——上升、不确定、下降。具体意义如下：

$\frac{\mathrm{d}Y}{\mathrm{d}t}=\lim\limits_{\Delta t\to 0}\frac{\Delta Y}{\Delta t}>0$，表示研究对象处于“扩张”阶段，趋势是上升方向（$O\to A\to$

① “X 单因素周期结构图”是创始性的工作，是在实践应用中不断探索、实验、修正的结果。在《不确定条件下的决策方法研究》一书中，该图名为“笛卡尔坐标周期分析图”，在交流、使用过程中，与其他相似研究产生了一些歧义，为了与其他相似研究相区别，本书更为此名。

② 此处不要求 $Y(t)=f(t)$ 连续、可导，只是借鉴 $\frac{\mathrm{d}Y}{\mathrm{d}t}=\lim\limits_{\Delta t\to 0}\frac{\Delta Y}{\Delta t}$，$\frac{\mathrm{d}^2Y}{\mathrm{d}t^2}=\lim\limits_{\Delta t\to 0}\Delta(\frac{\mathrm{d}Y}{\mathrm{d}t})/\Delta t$ 之几何意义。

$B \to C$，或 $F \to G \to H \to I$ 阶段）；

$\frac{\mathrm{d}Y}{\mathrm{d}t} = \lim_{\Delta t \to 0} \frac{\Delta Y}{\Delta t} = 0$，表示研究对象处于“峰”或“谷”点，暂时的发展方向模糊不清（C, F, I 点）；

$\frac{\mathrm{d}Y}{\mathrm{d}t} = \lim_{\Delta t \to 0} \frac{\Delta Y}{\Delta t} < 0$，表示研究对象处于“衰退”阶段，趋势是下降方向（$C \to D \to E \to F$ 阶段）。

根据二阶导数的定义，$\frac{\mathrm{d}^2 Y}{\mathrm{d}t^2} = \lim_{\Delta t \to 0} \Delta\left(\frac{\mathrm{d}Y}{\mathrm{d}t}\right) / \Delta t$ 表示研究对象在 t 时刻的变化率的变化率，也是研究对象的“加趋势”[①]。几何意义解释如下：

设 $O \to A$ 或 $F \to G$ 为匀速上升（或周期上升的初期）阶段，$C \to D$ 为匀速下降（或周期下降的初期）阶段。于是，$A \to B$ 或 $G \to H$ 为加速上升阶段，$B \to C$ 或 $H \to I$ 则是减速上升阶段；$D \to E$ 则为加速下降阶段，$E \to F$ 则是减速下降阶段。则“加趋势”$\frac{\mathrm{d}^2 Y}{\mathrm{d}t^2}$ 的取值记为

$$\frac{\mathrm{d}^2 Y}{\mathrm{d}t^2} = 0 \text{（} O \to A \text{ 或 } F \to G; C \to D \text{）}$$

$$\frac{\mathrm{d}^2 Y}{\mathrm{d}t^2} > 0 \text{（} A \to B \text{ 或 } G \to H; E \to F \text{）}$$

$$\frac{\mathrm{d}^2 Y}{\mathrm{d}t^2} < 0 \text{（} B \to C \text{ 或 } H \to I; D \to E \text{）}$$

可见，一阶导数 $\frac{\mathrm{d}Y}{\mathrm{d}t}$ 表示的是研究对象的“质”——上升、下降或不确定。二阶导数 $\frac{\mathrm{d}^2 Y}{\mathrm{d}t^2}$ 则描述的是研究对象的“量”——匀速、加速或减速上升（或下降）。

“X 单因素周期结构图”的主要作用是：其一，分析不确定条件下的决策依据；其二，定量确定“X 三要素周期结构模型”“X 六要素周期结构模型”中每个因素的性质。

---

① 在物理学中，速度是动点位置的坐标对于时刻的一阶导数，加速度表示动点位置的坐标对于时刻的二阶导数。借鉴物理学定义方法，此处定义：“趋势”是研究对象位置的坐标对于时刻的一阶导数；“加趋势”表示研究对象位置的坐标对于时刻的二阶导数，描述的是“趋势”对时刻的变化率。

二、金融投资决策依据:证券价格未来一段时间变化趋势的可能性

在金融市场中,投资决策依据是什么?是价格、收益率,还是其他指标?投资的目的是获得投资回报,以直观感受来讲,使用价格、投资收益率作为决策指标,更为直接、明了。上一节的分析表明,在金融市场中,能准确预测证券未来价格是个别、偶然现象,不能准确预测证券未来价格则是多数、普遍现象。证券未来价格不能准确预测,就意味着不能使用价格、收益率作为决策的依据,必须寻找其他指标或方法,作为金融投资决策依据。

证券定价是投资学的核心。设研究的证券是 Y,在现在时刻 t 的市场价格为$Y(t)$,是已知的;该证券在未来某时刻$(t+\Delta t)$的市场价格设为 $Y(t+\Delta t)$。由第 1 章"距离公理"中的"非负性公理"逻辑推知:准确预测证券未来某时刻市场价格 $Y(t+\Delta t)$是个别、偶然现象,不能准确预测则是多数、普遍现象。然而,根据"X 单因素周期结构图"的分析,证券未来某时刻市场价格 $Y(t+\Delta t)$①,可由该证券当下的价格 $Y(t)$、变化趋势$\frac{\mathrm{d}Y(t)}{\mathrm{d}t}$,以及"加趋势"$\frac{\mathrm{d}^2Y(t)}{\mathrm{d}t^2}$,共同描述。即证券未来某时刻市场价格 $Y(t+\Delta t)$可记为

$$Y(t+\Delta t)=f_{t+\Delta t}\left[Y(t),\frac{\mathrm{d}Y(t)}{\mathrm{d}t},\frac{\mathrm{d}^2Y(t)}{\mathrm{d}t^2}\right] \tag{2.3.2}$$

证券现在时刻市场价格 $Y(t)$,未来某时刻市场价格 $Y(t+\Delta t)$,与现在到未来某时刻时间长度 Δt,可构成如下逻辑关系:

$$\lim_{\Delta t\to 0}\frac{Y(t+\Delta t)-Y(t)}{\Delta t}=\frac{\mathrm{d}Y}{\mathrm{d}t} \tag{2.3.3}$$

式(2.3.3)就是导数的定义式,其几何意义是,证券市场价格从现在到未来某时刻,时间长度为 Δt 的变化趋势。导数大于零,表示证券市场价格未来的变化趋势是上升方向;导数等于零,表示证券市场价格未来的变化趋势是水平方向或是不确定的;而导数小于零,则表示证券市场价格未来的变化趋势是下降方向。

由式(2.3.3)知,导数的性质——大于零、等于零或小于零,由下式决定:

$$\mathrm{d}Y\approx Y(t+\Delta t)-Y(t)=f_{t+\Delta t}\left[Y(t),\frac{\mathrm{d}Y(t)}{\mathrm{d}t},\frac{\mathrm{d}^2Y(t)}{\mathrm{d}t^2}\right]-Y(t) \tag{2.3.4}$$

---

① 说明:本书中 $Y(t)$代表当前状态,$Y(t+\Delta t)$或 $Y(\Delta t)$代表未来状态。以下相同,不再特别说明。

式中，$Y(t)$ 是当下的、现实存在的，可视为是已知的；$f_{t+\Delta t}\left[Y(t), \frac{\mathrm{d}Y(t)}{\mathrm{d}t}, \frac{\mathrm{d}^2Y(t)}{\mathrm{d}t^2}\right]$是未来的、主观预期的，能准确预测的可能性较小；引而申之，准确预测 $\mathrm{d}Y$ 的可能性较小。不过，通过对 $Y(t)$，$\frac{\mathrm{d}Y(t)}{\mathrm{d}t}$，$\frac{\mathrm{d}^2Y(t)}{\mathrm{d}t^2}$的分析，分析 $\mathrm{d}Y$ 的性质（$\mathrm{d}Y>0$，$\mathrm{d}Y=0$ 或 $\mathrm{d}Y<0$）的可能性较大。即：预测证券价格从现在到未来某时刻，时间长度为 Δt 的变化趋势的可能性较大。具体来讲：

$\mathrm{d}Y>0$，表明未来一段时间（时间长度为 Δt）证券价格的趋势是上升方向；

$\mathrm{d}Y<0$，含义是未来一段时间（时间长度为 Δt）证券价格的趋势是下降方向；

$\mathrm{d}Y=0$，意味着未来一段时间（时间长度为 Δt）证券价格的趋势是水平方向，或不确定的。

综合以上分析：周期性是事物变化的基本结构特征，预测证券价格从现在到未来某时刻时间长度为 Δt 的变化趋势的可能性较大。由此得出：在不确定条件下，金融投资决策依据是，判断“证券价格当前所处周期的相对位置”，分析“未来一段时间（时间长度为 Δt）证券价格变化趋势的可能性”。

由此，可得出这样的推论：经济是高度复杂、不确定的系统，经济指标——GDP、物价指数、就业率、利率等难以作出准确预测，只能判断“当前处于周期的相对位置”，分析“未来一段时间（时间长度为 Δt）变化趋势的可能性”。这就是经济指标预测不准的根本所在。

如何判断“证券价格当前处于周期的相对位置”？如何分析“未来一段时间（时间长度为 Δt）证券价格变化趋势的可能性”？这是个重要问题，另设一章专题讨论。

第3章　方法论:综合模糊理论

证券定价是金融学的核心内容之一,资金的时间价值、风险管理都与证券定价密切相关。金融市场的本质特征是不确定性,证券定价也存在高度的不确定性。本章的主旨是分析不确定条件下的证券定价问题。上一章已得结论:在不确定条件下,金融投资决策依据是,判断“证券价格当前处于周期的相对位置”,以及分析“未来一段时间(时间长度为 Δt)证券价格变化趋势的可能性”。本章要回答的是:如何判断“证券价格当前处于周期的相对位置”? 如何分析“未来一段时间(时间长度为 Δt)证券价格变化趋势的可能性”?

本章的结构安排是:第1节,分析单一影响因素,以及如何判断“证券价格当前处于周期的相对位置”,如何分析“未来一段时间(时间长度为 Δt)证券价格变化趋势的可能性”。分析多因素或综合因素,以及如何判断“证券价格当前处于周期的相对位置”,如何分析“未来一段时间(时间长度为 Δt)证券价格变化趋势的可能性”,又分为两种情况:第2节——“X 三要素周期结构模型”,第3节——“X六要周期结构素模型”。两者的逻辑结构相同,区别在于不确定性复杂程度的不同。研究方法笔者称为“综合模糊理论”(Theory of the Integrated and Fuzzy),其含义在本章最后给出一个小结。

第1节　X 单因素周期结构模型

“X 单因素周期结构模型”的理论基础是“X 单因素周期结构图”,解决的主要问题是:

(1)证券价格与时间的关系。设研究的证券价格 Y 是以时间 t 为变量的函数,在现在时刻 t 为 $Y(t)$,记作

$$Y(t)=f(t) \tag{3.1.1}$$

(2)影响证券价格的因素与时间的关系。设影响证券价格的因素 X 是以

时间t为变量的函数，在现在时刻t为$X(t)$，记为

$$X(t)=g(t) \tag{3.1.2}$$

要说明的是：式(3.1.1)和式(3.1.2)的区别是研究的对象不同，但其空间结构是相似的，即都遵循"X单因素周期结构图"的规律发展变化。换言之，在"X单因素周期结构图"中，如果研究的是证券价格与时间的关系，纵轴就是Y；若分析的是影响证券价格的因素与时间的关系，纵轴就是X。虽然研究的对象不同，但空间结构的变化规律是相似的。

"X单因素周期结构模型"的主要内容如下：

一、周期相对位置的判断

证券价格、影响证券价格的因素，当下在周期中的相对位置，根据"X单因素周期结构图"来确定。"X单因素周期结构图"把一个完整的周期分为8个阶段（见图2.3.1），每一阶段的特征如下：

1. 初期或匀速上升阶段，图中的$O\rightarrow A$或$F\rightarrow G$阶段；主要特征是：趋势是上升方向——$\frac{dY}{dt}>0$，"加趋势"的取值为0——$\frac{d^2Y}{dt^2}=0$。①

2. 加速上升阶段，图中的$A\rightarrow B$或$G\rightarrow H$阶段；主要特征是：趋势是上升方向——$\frac{dY}{dt}>0$，"加趋势"的取值大于0——$\frac{d^2Y}{dt^2}>0$。

3. 减速上升阶段，图中的$B\rightarrow C$或$H\rightarrow I$阶段；主要特征是：趋势是上升方向——$\frac{dY}{dt}>0$，"加趋势"的取值小于0——$\frac{d^2Y}{dt^2}<0$。

4. 顶部阶段，图中的C点或邻域；主要特征是：趋势由上升方向变化为水平方向——$\frac{dY}{dt}>0\rightarrow\frac{dY}{dt}=0$，"加趋势"的取值为0——$\frac{d^2Y}{dt^2}=0$。

5. 初期或匀速下降阶段，图中的$C\rightarrow D$阶段；主要特征是：趋势是下降方向——$\frac{dY}{dt}<0$，"加趋势"的取值为0——$\frac{d^2Y}{dt^2}=0$。

6. 加速下降阶段，图中的$D\rightarrow E$阶段；主要特征是：趋势是下降方向——

① 如果分析的是影响证券价格的因素，将Y变为X即可。以下相同，不再特别说明。

$\frac{dY}{dt}<0$,“加趋势”的取值小于 0——$\frac{d^2Y}{dt^2}<0$。

7. 减速下降阶段,图中的 $E\rightarrow F$ 阶段;主要特征是:趋势是下降方向——$\frac{dY}{dt}<0$,“加趋势”的取值大于 0——$\frac{d^2Y}{dt^2}>0$。

8. 底部阶段,图中的 F 点,或邻域;主要特征是:趋势由下降方向变化为水平方向——$\frac{dY}{dt}<0\rightarrow\frac{dY}{dt}=0$,“加趋势”的取值为 0——$\frac{d^2Y}{dt^2}=0$。

依据以上 8 个阶段的特征,就可找到证券价格、影响证券价格的因素,或当下在周期中的相对位置。

二、影响证券价格的因素未来一段时间变化趋势可能性的分析

1. 不确定性量度方法的比较。目前,量度不确定性的数学,主要有随机数学和模糊数学。分析这两门数学的基本概念①,就可知它们的使用条件。随机数

---

① 将随机数学和模糊数学的基本概念,摘录于此,以便读者参考。1. 概率定义。在相同的条件下,进行了 n 次试验,在这 n 次试验中,事件 A 发生的次数 n_A 称为事件发生的频数。比值 $f_n(A)=n_A/n$ 称为事件的频率。设 E 是随机试验,S 是它的样本空间。对于 E 的每一事件 A 赋予一个实数 $P(A)$,称为事件 A 的概率,如果集合函数 $P(\cdot)$ 满足下列条件:(1)对于一个事件 A,有 $P(A)\geqslant 0$;(2)$P(S)=1$;(3)设 $A_1,A_2,\cdots$ 是两两互不相容的事件,即对于 $i\neq j,A_iA_j=\theta,i,j=1,2,\cdots$ 则有 $P(A_1\cup A_2\cup\cdots)=P(A_1)+P(A_2)\cdots$。2. 贝努利定理。设 n_A 是 n 次独立重复试验中,事件 A 发生的次数,$P(A)$ 是事件 A 在每次试验中发生的概率,则对于任意 $\varepsilon>0$,有:$\lim\limits_{n\to\infty}P\{|\frac{n_A}{n}-P(A)|<\varepsilon\}=1$ 或 $\lim\limits_{n\to\infty}P\{|\frac{n_A}{n}-P(A)|\geqslant\varepsilon\}=0$。3. 概率度量不确定性的适用条件。贝努利定理表明,事件 A 发生的频率 $f_n(A)=n_A/n$,依概率收敛于事件的概率 $P(A)$。这个定理以严格的数学形式表达了频率的稳定性,也就是说,当实验次数 $A\rightarrow\infty$ 时,事件发生的频率与概率有较大偏差的可能性很小。基于这样的事实,在实际应用中,当试验次数很大、试验环境相对稳定时,应用事件发生的频率,来代替事件的概率。4. 模糊集合定义。所谓 A 是论域 X 上的一个模糊集合,是指 $\forall x\in X$,给定一个从 X 到闭区间[0,1]的映射,$\mu_A:X\xrightarrow{x\rightarrow\mu_A(x)}[0,1]$,则称 μ_A 为 A 的隶属函数,$\mu_A(x)\in[0,1]$ 为 $x\in X$ 的隶属度。设立隶属函数的原则是:(1)当分析因素 x 与其他因素相互联系时,处于非常有利于事物未来发展的状态时,隶属度则趋近于 1,即 $\mu_A(x)\rightarrow 1$;(2)当分析因素 x 与其他因素相互联系时,处于非常不利于事物未来发展的状态时,隶属度则趋近于 0,即 $\mu_A(x)\rightarrow 0$;(3)当分析因素 x 与其他因素相互联系时,对事物未来发展之影响处于不确定状态,或分析者在分析时对该因素性质不了解时,此种情况隶属度的取值为 0.5,即 $\mu_A(x)\rightarrow 0.5$;(4)当分析因素 x 与其他因素相互联系时,对事物未来发展之影响处于上述三个关键点之间者,其隶属度界于[0.5,1]和[0,0.5]两区间,由隶属函数决定。根据数学映射的定义,模糊集合映射的值域[0,1]为数集,而映射的定义域 X,既可是可量化的数集,也可是不可量化的非数集,因此模糊集合的映射是泛函。正是采用模糊集合之思想,将可量化和不可量化的研究对象(或因素)与[0,1]集合中的一个数字建立一一对应的映射关系,才实现了研究对象(或因素)的完全量化分析。

学量度不确定性的概念是概率,模糊数学量度不确定性的概念是隶属度。概率与隶属度都可度量不确定性问题,其度量值皆在[0,1]上,逻辑上皆缺乏排中律,但两者有本质区别。主要有:[①]

(1)概率是随机性信息,是由于提供的条件不充分或偶然因素的干扰,使得几种可能结果的出现呈现偶然性;模糊性信息描述的则是研究对象中差异的中间过渡的边界不分明性。

(2)概率必须含有时间意义,模糊概念则主要反映事物的空间结构意义。

(3)模糊关系是客观世界事物间普遍存在的一种具有相对稳定性的结构关系,它的度量只能是[0,1];随机关系的产生则不完全是自然的,可人为改变,可把问题转化为确定性问题{0,1}。

(4)概率是一个本属于更高维的确定性问题,只是出于无能为力,才不得不将其作为低维的随机问题来解决,本质上是一种处理技巧,并非客观的本原性存在;换言之,概率是使用确定性的参数,研究不确定性的问题。模糊结构则不然,它是客观世界的本原性存在。

(5)稳定性不同。用概率量度不确定性,暗含试验条件相同和试验次数很大。现实世界的条件是,试验条件不完全相同和试验次数较少,此时概率具有不稳定性;相反,隶属度是空间性的、本原性的不确定信息,具有相对稳定性。

总之,在“未来高度不确定性”的金融市场,使用模糊数学之隶属度量度事物发展的不确定性,比使用概率更符合客观实际。

需要说明的是,使用概率量度不确定性,暗含的假设条件是未来随机变量及其概率分布是已知的,这与不确定性的定义自相矛盾。其实质是,用确定性的方法研究不确定性的问题。这就是本书把使用概率概念研究经济现象的方法划归为确定性研究方法范畴的原因所在。

2. X 单因素周期结构模型。对影响证券价格的因素未来一段时间变化趋势可能性的分析,是证券定价分析的最基础工作。分析影响证券价格的因素未来一段时间变化趋势可能性的方法,定名为“X 单因素周期结构模型”,其核心思想是:

---

① 参见高隆昌、李伟:《数学及其认识》,西南交通大学出版社2011年版,第257~258页。

①使用模糊数学之隶属度，量度影响证券价格的因素未来一段时间变化趋势的可能性。

②影响证券价格因素的空间特征，由“X 单因素周期结构图”描述。

③定义：影响证券价格的因素未来一段时间变化趋势的可能性，由影响证券价格的因素——当下在“X 单因素周期结构图”中的“相对位置”、“趋势”和“加趋势”，共同决定。

④在不确定条件下，“影响证券价格的因素 x 未来一段时间（时间长度为 Δt）变化趋势的可能性”记为[①]

$$\mu\left[\frac{\mathrm{d}x(\Delta t)}{\mathrm{d}t}\right]=\left\{\alpha\cdot\mu[x(t)+\beta\cdot\mu\left[\frac{\mathrm{d}x(t)}{\mathrm{d}t}\right]+\gamma\cdot\mu\left[\frac{\mathrm{d}^2x(t)}{\mathrm{d}t^2}\right]\right\}\cdot G[x(t)] \tag{3.1.3}$$

3. 对式(3.1.3)中各参数的说明如下：

(1)$\mu\left[\frac{\mathrm{d}x(\Delta t)}{\mathrm{d}t}\right]$的含义。$\mu\left[\frac{\mathrm{d}x(\Delta t)}{\mathrm{d}t}\right]$就是“影响证券价格的因素 x 未来一段时间（时间长度为 Δt）变化趋势的可能性”的符号化表示，取值范围为 0～1。具体来说：

①当 $0.5<\mu\left[\frac{\mathrm{d}x(\Delta t)}{\mathrm{d}t}\right]\leqslant 1$，即 $\mu\left[\frac{\mathrm{d}x(\Delta t)}{\mathrm{d}t}\right]=(0.5,1]$时，影响证券价格的因素未来一段时间（时间长度为 Δt）上升（或有利）趋势的可能性，大于下降（或不利）趋势的可能性；数值越大，上升（或有利）趋势的可能性越大，下降（或不利）趋势的可能性越小。

②当 $0<\mu\left[\frac{\mathrm{d}x(\Delta t)}{\mathrm{d}t}\right]<0.5$，即 $\mu\left[\frac{\mathrm{d}x(\Delta t)}{\mathrm{d}t}\right]=(0,0.5)$时，影响证券价格的因素未来一段时间（时间长度为 Δt）下降（或不利）趋势的可能性，大于上升（或有利）趋势的可能性；数值越小，下降（或不利）趋势的可能性越大，上升（或有利）趋势的可能性越小。

③当 $\mu\left[\frac{\mathrm{d}x(\Delta t)}{\mathrm{d}t}\right]$趋近于 0.5，即 $\mu\left[\frac{\mathrm{d}x(\Delta t)}{\mathrm{d}t}\right]\rightarrow 0.5$ 时，意味着影响证券价格的因素未来一段时间（时间长度为 Δt）的趋势是水平方向，或趋势模糊不定。

---

① 分析过程参见肖洪生、杨晓冬：《不确定条件下的决策方法研究》，第 97～102 页。要说明的是，本书中的式(3.1.3)，与《不确定条件下的决策方法研究》第 102 页的式(7.4.12)不完全相同，有所改进。

(2)$\mu[x(t)]$的定义与量度。$\mu[x(t)]$是影响证券价格的因素 x,在当下时刻 t,处于"X 单因素周期结构图"中的"相对位置",对"因素 x 未来一段时间变化趋势的可能性"影响的性质量度的符号表示。$\mu[x(t)]$的取值原则,就是"设立隶属函数的原则",即:

①当下时刻处于"X 单因素周期结构图"中的"相对位置",非常有利于证券价格未来上升时,隶属度则趋近于 1,记作 $\mu[x(t)]\to 1$。

②当下时刻处于"X 单因素周期结构图"中的"相对位置",非常不利于证券价格未来上升时,隶属度则趋近于 0,记作 $\mu[x(t)]\to 0$。

③当下时刻处于"X 单因素周期结构图"中的"相对位置",对证券价格未来变化之影响处于不确定状态,或分析者对该因素性质不了解时,此种情况隶属度的取值为 0.5,记作 $\mu[x(t)]\to 0.5$。

④当下时刻处于"X 单因素周期结构图"中的"相对位置",对证券价格未来变化之影响处于上述三个关键点之间者,其隶属度界于[0.5,1]和[0,0.5]两区间,由具体的隶属函数决定。

要说明的是:$\mu[x(t)]$的取值比较灵活,对初学者来讲,是一个比较困难的事情。在使用中,要紧扣"设立隶属函数的原则",根据对立统一规律、量质互变规律、物极必反规律、周期变化规律,视具体情况,灵活掌握。通过反复实践,就会比较好地掌握。

(3)$\mu\left[\frac{\mathrm{d}x(t)}{\mathrm{d}t}\right]$的定义与量度。$\mu\left[\frac{\mathrm{d}x(t)}{\mathrm{d}t}\right]$是影响证券价格的因素 x,当下时刻 t,在"X 单因素周期结构图"中的"趋势",对"因素 x 未来一段时间变化趋势的可能性"影响的性质量度的符号表示。

根据"设立隶属函数的原则",以因素 x 处于周期上升阶段,有利于证券价格未来上升为条件(若因素处于周期下降阶段,有利于证券价格上升,其取值则相反)。"趋势"的隶属度取值定义如下:

①当下时刻 t,如果因素 x 处于周期上升阶段,则"趋势"的隶属度取值为 1,记作$\mu\left[\frac{\mathrm{d}x(t)}{\mathrm{d}t}\right]=1$。

②当下时刻 t,如果因素 x 处于周期顶端、底端或方向不确定,则"趋势"的隶属度取值为 0.5,记作 $\mu\left[\frac{\mathrm{d}x(t)}{\mathrm{d}t}\right]=0.5$。

③当下时刻 t，如果因素 x 处于周期下降阶段，则“趋势”的隶属度取值为 0，记作$\mu\left[\frac{\mathrm{d}x(t)}{\mathrm{d}t}\right]=0$。

以上三种情况记为

$$\mu\left[\frac{\mathrm{d}x(t)}{\mathrm{d}t}\right]\left\{\begin{array}{l}=1\leftrightarrow 0<\\=0.5\leftrightarrow 0=\\=0\leftrightarrow 0>\end{array}\right\}\frac{\mathrm{d}x(t)}{\mathrm{d}t} \tag{3.1.4}$$

(4)$\mu\left[\frac{\mathrm{d}^2x(t)}{\mathrm{d}t^2}\right]$的定义与量度。$\mu\left[\frac{\mathrm{d}^2x(t)}{\mathrm{d}t^2}\right]$是影响证券价格的因素 x，当下时刻 t，在“X 单因素周期结构图”中的“加趋势”，对“因素 x 未来一段时间变化趋势的可能性”影响的性质量度的符号表示。

根据“设立隶属函数的原则”，以因素 x 处于周期上升阶段，有利于证券价格未来上升为条件(若因素处于周期下降阶段，有利于证券价格上升，其取值则相反)。“加趋势”的隶属度取值定义如下：

①当下时刻 t，如果因素 x 处于周期上升的初期或匀速阶段，则“加趋势”的隶属度取值为 1，记作 $\mu\left[\frac{\mathrm{d}^2x(t)}{\mathrm{d}t^2}\right]=1$。

②当下时刻 t，如果因素 x 处于周期上升的加速阶段，则“加趋势”的隶属度取值为 0.5～1，记作 $\mu\left[\frac{\mathrm{d}^2x(t)}{\mathrm{d}t^2}\right]=[0.5,1]$。

③当下时刻 t，如果因素 x 处于周期上升的减速阶段，则“加趋势”的隶属度取值为 0～0.5，记作 $\mu\left[\frac{\mathrm{d}^2x(t)}{\mathrm{d}t^2}\right]=[0,0.5]$。

④当下时刻 t，如果因素 x 处于周期下降的初期或匀速阶段，则“加趋势”的隶属度取值为 0，记作 $\mu\left[\frac{\mathrm{d}^2x(t)}{\mathrm{d}t^2}\right]=0$。

⑤当下时刻 t，如果因素 x 处于周期下降的加速阶段，则“加趋势”的隶属度取值为 0～0.5，记作 $\mu\left[\frac{\mathrm{d}^2x(t)}{\mathrm{d}t^2}\right]=[0,0.5]$。

⑥当下时刻 t，如果因素 x 处于周期下降的减速阶段，则“加趋势”的隶属度取值为 0.5～1，记作 $\mu\left[\frac{\mathrm{d}^2x(t)}{\mathrm{d}t^2}\right]=[0.5,1]$。

⑦当下时刻 t，如果因素 x 处于周期顶端、底端或方向不确定，则“加趋势”的

隶属度取值为 0.5,记作 $\mu\left[\frac{\mathrm{d}^2 x(t)}{\mathrm{d}t^2}\right]=0.5$。

以上情况记为

$$\mu\left[\frac{\mathrm{d}^2 x(t)}{\mathrm{d}t^2}\right]=\begin{cases}[0.5,1]\\1\\ [0,0.5]\end{cases}\leftrightarrow\frac{\mathrm{d}^2 x(t)}{\mathrm{d}t^2}\left.\begin{cases}>0\leftrightarrow \text{加速上升}\\=0\leftrightarrow \text{趋势不变}\\<0\leftrightarrow \text{减速上升}\end{cases}\right\}0<\frac{\mathrm{d}x(t)}{\mathrm{d}t} \tag{3.1.5}$$

$$\mu\left[\frac{\mathrm{d}^2 x(t)}{\mathrm{d}t^2}\right]=\begin{cases}[0.5,1]\\0\\ [0,0.5]\end{cases}\leftrightarrow\frac{\mathrm{d}^2 x(t)}{\mathrm{d}t^2}\left.\begin{cases}>0\leftrightarrow \text{减速下降}\\=0\leftrightarrow \text{趋势不变}\\<0\leftrightarrow \text{加速下降}\end{cases}\right\}0>\frac{\mathrm{d}x(t)}{\mathrm{d}t} \tag{3.1.6}$$

$$\mu\left[\frac{\mathrm{d}^2 x(t)}{\mathrm{d}t^2}\right]=0.5\leftrightarrow 0=\frac{\mathrm{d}x(t)}{\mathrm{d}t} \tag{3.1.7}$$

(5)α,β,γ 的定义与量度。α,β,γ 分别是 $\mu[x(t)]$,$\mu\left[\frac{\mathrm{d}x(t)}{\mathrm{d}t}\right]$和 $\mu\left[\frac{\mathrm{d}^2 x(t)}{\mathrm{d}t^2}\right]$,对“因素 x 未来一段时间变化趋势的可能性”影响的重要性贡献(权重)。通过理论分析,解得[①]

$$\alpha=0,\quad \beta=0.5,\quad \gamma=0.5 \tag{3.1.8}$$

分析表明:现在时刻 t,因素 x 所处周期的“相对位置”对未来变化趋势没有影响,现在时刻的变化“趋势”和“加趋势”,对未来一段时间的变化趋势具有相同的影响作用。由于变化发展具有某种惯性,实践表明,一般情况下,因素 x 现在所处周期的“相对位置”,对未来变化趋势仍具有一定的影响作用,经验取值为

$$\alpha=[0.2,0.4],\quad \beta=\gamma=\frac{1-\alpha}{2}=[0.3,0.4] \tag{3.1.9}$$

α 也有取较大值的特殊情况,如在分析法规、政策对证券价格未来趋势的影响时,甚至取 $\alpha=1,\beta=0,\gamma=0$。需根据实际情况灵活掌握。

(6)$G[x(t)]$的定义与量度。$G[x(t)]$是金融市场参与者,当下时刻 t,对“因素 x 未来一段时间变化趋势的可能性”影响所拥有的信息的量度。$G[x(t)]$的

---

① 详见肖洪生、杨晓冬:《不确定条件下的决策方法研究》,第 101 页。

定义式是①

$$G(x)=\omega\overline{G}(x)+(1-\omega)\underline{G}(x)\in[0,1] \quad (3.1.10)$$

式中各符号的含义如下：

①$\overline{G}[x(t)]$是金融市场参与者，当下时刻 t，因素 x 对证券价格未来一段时间变化趋势可能性的影响所拥有的信息的上隶属度，取值区间为 0～1，记作$\overline{G}[x(t)]\in[0,1]$。

②$\underline{G}[x(t)]$是金融市场参与者，当下时刻 t，因素 x 对证券价格未来一段时间变化趋势可能性的影响所拥有的信息的下隶属度，取值区间为 0～1，记作$\underline{G}[x(t)]\in[0,1]$。

③ω 是信息灰区间内的"权"最大点系数，其理论值逻辑上很难确定，在实践中，一般取 $\omega=1/3$，$\omega=1/2$，或 $\omega=2/3$。

说明：不同的金融市场参与者，由于遗传因素、个人偏好、学习背景和实践经验的不同，同一因素 x 不同金融市场参与者给出的$\overline{G}[x(t)]$、$\underline{G}[x(t)]$及 ω 都不同，实现了不完全知识和非对称信息的量化分析。

以上是"X 单因素周期结构模型"的主要内容，其作用有二：其一，分析单因素影响证券价格，如何判断"证券价格当前处于周期的相对位置"，如何分析"未来一段时间(时间长度为 Δt)证券价格变化趋势的可能性"。其二，在多因素影响"证券价格未来一段时间变化趋势可能性"的分析中，每个因素的分析和性质的确定由本节的式(3.1.3)给出，这是本节最重要的意义。

---

① 分析过程详见肖洪生、杨晓冬：《不确定条件下的决策方法研究》，第 97～98 页。为便于读者参考，将主要内容摘录于此。灰色的数学思想是：所谓 G 是论域 X 上的一个灰集合，是指给定了从 X 到闭区间[0,1]的两个映射$\overline{G}:X\to[0,1]$，$x\mapsto\overline{G}(x)\in[0,1]$，$\underline{G}:X\to[0,1]$，$x\mapsto\underline{G}(x)\in[0,1]$。式中，$\overline{G}$与$\underline{G}$分别称为 G 的"上隶属函数"和"下隶属函数"；$\overline{G}(x)$与$\underline{G}(x)$分别称为因素 x 相对于 G 的"上隶属度"和"下隶属度"。两者由金融市场参与者给出，视为已知。信息量由上、下隶属度刻画，两者之间是灰区间，这体现了"部分已知，部分未知"的内涵，如附图 3.1.1 所示。

设立灰度上、下隶属函数的原则是：当研究对象的信息上界完全已知时，取$\overline{G}(x)\to1$；反之，则取$\overline{G}(x)\to0$。当研究对象的信息下界完全已知时，取$\underline{G}(x)\to1$；否则，取$\underline{G}(x)\to0$。金融市场参与者掌握的信息是一个灰区间，该区间具有无数个点，仍无法具体量化。灰色的数学分析方法是，在灰区间内找出"权"最大点的隶属度，作为决策者掌握信息的量度 $G(x)$。由于$\overline{G}(x)$，$\underline{G}(x)\in[0,1]$，且要求[0,1]是凸集。因此，可得如下关系：$G(x)=\omega\overline{G}(x)+(1-\omega)\underline{G}(x)\in[0,1]$。

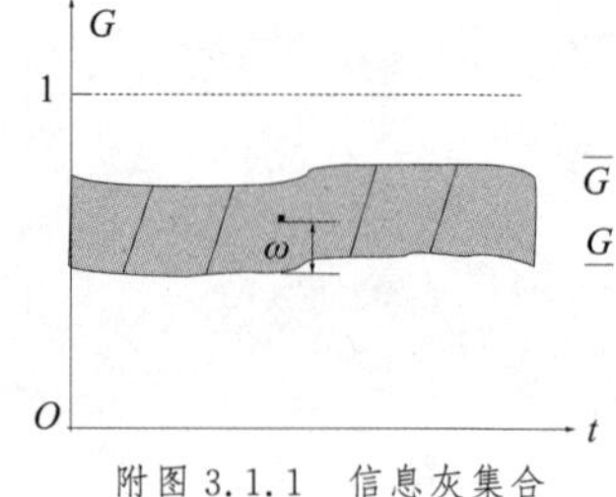

附图 3.1.1 信息灰集合

第 2 节　X 三要素周期结构模型

第 2 章认识论的结论是:在不确定条件下,决策依据是,判断研究对象(如证券价格)Y,当下在周期结构图中的“相对位置”,以及分析“未来一段时间(时间长度为 Δt)变化趋势的可能性”。单一影响因素的此项工作,本章第 1 节已作过讨论。本节继续讨论,在不确定条件下,三因素决策模型——“X 三要素周期结构模型”的有关内容,它是“X 六要素周期结构模型”的基础,也是应用最广泛的模型。

一、影响因素的选取

“X 三要素周期结构模型”的第一项工作,就是选取影响研究对象(如证券价格)的因素集。按照定义 2b,将影响研究对象(如证券价格)Y 的所有因素 X,按重要性分为 3 个等级,第一重要等级因素为 X_1,第二重要等级因素为 X_2,第三重要等级因素为 X_3。研究对象 Y 与影响因素 X 的“三要素结构数量关系”记作

$$Y=F(X_1, X_2, X_3 \mid X_1 \geqslant X_2 \geqslant X_3) \tag{3.2.1}$$

选取或确定影响因素时,要说明的是,如果市场参与者,无法按照定义 2b 将影响研究对象(如证券价格)Y 的所有因素,按重要性分类的话,这说明,该市场参与者,对影响研究对象(如证券价格)Y 的所有因素,不了解,或认识不够充分。此种状态,建议采用两种方式处理:其一,继续深入学习、实践,增加这方面的知识、信息,直到能够按照定义 2b 要求,将影响研究对象(如某种证券价格)Y 的所有因素,按重要性进行分类。第二,放弃该研究对象(如某种证券价格)Y 的研究。放弃是一种选择方式,是防范投资风险的重要方式!

二、单因素分析

“X 三要素周期结构模型”的第二项工作,就是分析每个影响因素未来一段时间变化趋势的可能性,并确定其性质。

定义 3:设影响研究对象(如证券价格)Y 的某一因素 X_i 是时间变量的函数,在现在时刻 t 为 $X_i(t)$,记作

$$X_i(t)=g_i(t) \tag{3.2.2}$$

按照式(3.1.3),可确定在不确定条件下,“影响研究对象(如证券价格)Y 的因素 X_i 未来一段时间变化趋势的可能性”$\mu\left[\frac{\mathrm{d}X_i(\Delta t)}{\mathrm{d}t}\right]$。根据“设立隶属函数的原则”,以因素 X 处于周期上升阶段,有利于证券价格未来上升为条件(若因素处于周期下降阶段,有利于证券价格上升,其结论则相反),对影响因素 X 的性质,作如下定义:

(1)如果 $0.5<\mu\left[\frac{\mathrm{d}X_i(\Delta t)}{\mathrm{d}t}\right]\leqslant 1$,表明其性质隶属于积极、肯定、建设性力量是主要方面,用符号“**—**”表示;

(2)如果 $0\leqslant\mu\left[\frac{\mathrm{d}X_i(\Delta t)}{\mathrm{d}t}\right]\leqslant 0.5$,表明其性质隶属于消极、否定、破坏性力量是主要方面,用符号“**- -** ”表示。

依据定义 2b 和定义 3,研究对象 Y 与影响因素 X 的“三要素结构性质关系”——“二元三维图像”,就可确定出来。

三、综合分析(1):“图像式”表示

“二元三维图像”,是研究对象(如证券价格)Y 与影响因素 X 的“三要素结构性质关系”的“图像式”表示——“X 三要素周期结构模型”综合分析结果的一种表达方式。研究对象(如证券价格)Y 的“二元三维图像”一旦确定出来,根据“X 三要素周期结构图”,就可确定其在周期的“相对位置”,以及“未来一段时间(时间长度为 Δt)变化趋势的可能性”。由“X 三要素周期结构图”可以看出:

1.第一重要等级因素 X_1 的性质(**—**或**- -**),决定了研究对象(如证券价格)Y“未来一段时间(时间长度为 Δt)变化趋势的可能性”。当 X_1 的性质隶属于“**—**”时,表明研究对象(如证券价格)Y 未来一段时间(时间长度为 Δt)的变化趋势是:上升的可能性大于下降的可能性;当 X_1 的性质隶属于“**- -**”时,表明研究对象(如证券价格)Y 未来一段时间(时间长度为 Δt)的变化趋势是:下降的可能性大于上升的可能性。

2.各影响因素性质(**—**或**- -**)的组合,决定了研究对象(如证券价格)Y 在“X 三要素周期结构图”中的“相对位置”。具体又可分为如下 8 种情况:

(1)“二元三维图像”☳,表示研究对象(如证券价格)Y 在“X 三要素周期结

构图”中的“相对位置”,是周期上升的初期阶段;未来一段时间(时间长度为 Δt)的变化趋势是:上升的可能性大于下降的可能性。

(2)“二元三维图像”☲,表示研究对象(如证券价格)Y 在“X 三要素周期结构图”中的“相对位置”,是周期上升的前中期阶段;未来一段时间(时间长度为 Δt)的变化趋势是:继续上升的可能性大于下降的可能性。

(3)“二元三维图像”☱,表示研究对象(如证券价格)Y 在“X 三要素周期结构图”中的“相对位置”,是周期上升的后中期阶段;未来一段时间(时间长度为 Δt)的变化趋势是:继续上升的可能性大于下降的可能性。

(4)“二元三维图像”☰,表示研究对象(如证券价格)Y 在“X 三要素周期结构图”中的“相对位置”,是周期上升的后期阶段;未来一段时间(时间长度为 Δt)的变化趋势是,逐渐向不确定性方向发展。要说明的是,此阶段是数学“原象”中“序公理”中的“传递性公理”,“在映射下的象”,非完全有效区域。也就是说,它是数学逻辑与辩证逻辑有相矛盾、以辩证逻辑为主的邻域,亦是“物极必反”、投资风险增大的阶段。此阶段对市场参与者来讲,不可不高度关注。

(5)“二元三维图像”☴,表示研究对象(如证券价格)Y 在“X 三要素周期结构图”中的“相对位置”,是周期下降的初期阶段;未来一段时间(时间长度为 Δt)的变化趋势是:继续下降的可能性大于上升的可能性。

(6)“二元三维图像”☵,表示研究对象(如证券价格)Y 在“X 三要素周期结构图”中的“相对位置”,是周期下降的前中期阶段;未来一段时间(时间长度为 Δt)的变化趋势是:继续下降的可能性大于上升的可能性。

(7)“二元三维图像”☶,表示研究对象(如证券价格)Y 在“X 三要素周期结构图”中的“相对位置”,是周期下降的后中期阶段;未来一段时间(时间长度为 Δt)的变化趋势是:继续下降的可能性大于上升的可能性。

(8)“二元三维图像”☷,表示研究对象(如证券价格)Y 在“X 三要素周期结构图”中的“相对位置”,是周期下降的后期阶段;未来一段时间(时间长度为 Δt)的变化趋势是:逐渐向不确定性方向发展。要说明的是,此阶段是数学“原象”中“序公理”中的“传递性公理”,“在映射下的象”,非完全有效区域。换言之,它是数学逻辑与辩证逻辑有相矛盾、以辩证逻辑为主的地方,也是“否极泰来”,投资机会增大的阶段。此阶段对市场参与者来讲,可能是一个将要到来的投资机会。

四、综合分析(2):“函数式”表示

在“X 三要素周期结构模型”中,研究对象(如证券价格)Y 与影响因素 X 的“三要素结构数量关系”的综合分析结果的表达方式,称为“函数式”表示。

研究对象(如证券价格)Y 与影响因素 X 的“三要素结构数量关系”的综合分析结果就是:分析研究对象(如证券价格)Y 在“未来一段时间(时间长度为 Δt)变化趋势的可能性”,用记号 $\mu\left[\frac{\mathrm{d}Y(\Delta t)}{\mathrm{d}t}\right]$表示。定义:$\mu\left[\frac{\mathrm{d}Y(\Delta t)}{\mathrm{d}t}\right]$由各个影响因素—— X_1,X_2 和 X_3 在“未来一段时间(时间长度为 Δt)变化趋势的可能性”—— $\mu\left[\frac{\mathrm{d}X_1(\Delta t)}{\mathrm{d}t}\right],\mu\left[\frac{\mathrm{d}X_2(\Delta t)}{\mathrm{d}t}\right],\mu\left[\frac{\mathrm{d}X_3(\Delta t)}{\mathrm{d}t}\right]$共同决定,记作

$$\mu\left[\frac{\mathrm{d}Y(\Delta t)}{\mathrm{d}t}\right]=\sum_{i=1}^{3}\kappa_i\cdot\mu\left[\frac{\mathrm{d}X_i(\Delta t)}{\mathrm{d}t}\right]\leqslant[0,1] \tag{3.2.3}$$

式中各符号的意义如下:

1. $\mu\left[\frac{\mathrm{d}X_i(\Delta t)}{\mathrm{d}t}\right]$,影响研究对象(如证券价格)$Y$ 的因素 $X_i(i=1,2,3)$,在“未来一段时间(时间长度为 Δt)变化趋势的可能性”,由式(3.1.3)决定。

2. $\kappa_i(i=1,2,3)$是影响因素 $X_i(i=1,2,3)$对研究对象(如证券价格)Y,在“未来一段时间(时间长度为 Δt)变化趋势可能性”的重要性权重(贡献)。κ 的准确量度,在理论上以及社会科学的实验获取上,都是非常困难的。但是,理论上可以确定一个区间。逻辑是:

(1)3 个因素同等重要,这是一个极端情况。此时,各因素的权重是:

$$\kappa_1=\kappa_2=\kappa_3=\frac{1}{3} \tag{3.2.4}$$

(2)另一个极端情况是,3 个因素重要性都不同。依据“X 三要素周期结构图”的结构,表 2.2.2 给出了 3 个因素重要性都不同的权重:

$$\kappa_1=0.571,\quad \kappa_2=0.286,\quad \kappa_3=0.143 \tag{3.2.5}$$

综合式(3.2.4)和式(3.2.5),得出权重的理论取值区间是:

$$\kappa_1=\frac{1}{3}\sim0.571,\quad \kappa_2=\frac{1}{3}\sim0.286,\quad \kappa_3=\frac{1}{3}\sim0.143 \tag{3.2.6}$$

权重选取有三点说明:①关于权重选取对综合分析的结论影响很大;②权重选取只要在式(3.2.6)的范围内,都是合理的;③权重选取相对合理即可,理论上

无法确定准确的数值，是分析者知识水平、实践经验、个人偏好的综合体现。

3. $\mu\left[\frac{\mathrm{d}Y(\Delta t)}{\mathrm{d}t}\right]$，研究对象（如证券价格）$Y$，在“未来一段时间（时间长度为 Δt）变化趋势的可能性”。根据模糊数学隶属度的定义，有：

（1）$\mu\left[\frac{\mathrm{d}Y(\Delta t)}{\mathrm{d}t}\right]=0.5$，表示市场参与者分析，研究对象（如证券价格）$Y$，在“未来一段时间（时间长度为 Δt）的变化趋势”是，可能上升，也可能下降，方向不明。

（2）$\mu\left[\frac{\mathrm{d}Y(\Delta t)}{\mathrm{d}t}\right]<0.5$，表示市场参与者分析，研究对象（如证券价格）$Y$，在“未来一段时间（时间长度为 Δt）的变化趋势”是，下降的可能性大于上升的可能性。

（3）$\mu\left[\frac{\mathrm{d}Y(\Delta t)}{\mathrm{d}t}\right]>0.5$，表示市场参与者分析，研究对象（如证券价格）$Y$，在“未来一段时间（时间长度为 Δt）的变化趋势”是，上升的可能性大于下降的可能性。

（4）实践经验是，当 $\mu\left[\frac{\mathrm{d}Y(\Delta t)}{\mathrm{d}t}\right]\geqslant 0.7$ 时，研究对象（如证券价格）Y，在“未来一段时间（时间长度为 Δt）的变化趋势”是，上升的可能性较大，下降的可能性则较小，投资风险较小，是建议的投资决策标准。

五、综合分析(3)：“图像式”表示和“函数式”表示的融合

一般情况下，“图像式”表示和“函数式”表示所得结论是一致的；但是，以下两种情况，无论在理论上，还是在实践中，都要特别注意：

1. $\mu\left[\frac{\mathrm{d}Y(\Delta t)}{\mathrm{d}t}\right]\to 1$ 与“二元三维图像”☰。当 $\mu\left[\frac{\mathrm{d}Y(\Delta t)}{\mathrm{d}t}\right]\to 1$ 时，意味着，影响研究对象（如证券价格）Y 的 3 个因素 $X_i(i=1,2,3)$，在“未来一段时间（时间长度为 Δt）变化趋势的可能性”，皆有 $\mu\left[\frac{\mathrm{d}X_i(\Delta t)}{\mathrm{d}t}\right]\to 1$。依据模糊数学隶属度的定义，其含义是：研究对象（如证券价格）Y 及其 3 个影响因素 $X_i(i=1,2,3)$，在“未来一段时间（时间长度为 Δt）的变化趋势”是，上升的可能性趋近于 1。从“图像式”表示和实践经验看，情况就不同了。在“X 三要素周期结构图”（见图 2.2.4）中，此种情

况对应的“二元三维图像”是☰，表示研究对象(如证券价格)Y 在“X 三要素周期结构图”中的“相对位置”是周期的顶点；“未来一段时间(时间长度为 Δt)的变化趋势”是不确定的——可能继续上升，也可能由上升变为水平方向，更存在由上升转为下降的可能性。可见，在此种情况下，“图像式”表示——“结构性质关系”——辩证逻辑与“函数式”表示——“结构数量关系”——数学逻辑，所得结论是不完全相同的。

由“图像式”表示，推“函数式”表示，结论也不完全相同。“二元三维图像”☰，在“X 三要素周期结构图”中的“相对位置”是周期的顶点。根据定义 3，符号“⚊”的取值范围是[0.5，1]。可见，在“X 三要素周期结构图”中，同是符号“⚊”，其数值差别可能很大。由定义 3 和式(3.2.3)，可推知 $\mu\left[\frac{\mathrm{d}Y(\Delta t)}{\mathrm{d}t}\right]$的取值范围也是[0.5，1]。

为便于理解，举例说明如下：设证券 A、证券 B 和证券 C 的“二元三维图像”都是☰；再假定证券 A 的 $\mu\left[\frac{\mathrm{d}Y(\Delta t)}{\mathrm{d}t}\right]=0.9$，证券 B 的 $\mu\left[\frac{\mathrm{d}Y(\Delta t)}{\mathrm{d}t}\right]=0.7$，证券 C 的$\mu\left[\frac{\mathrm{d}Y(\Delta t)}{\mathrm{d}t}\right]=0.6$。从“二元三维图像”来看，它们是相同的，都处于周期上升的后期阶段，“未来一段时间(时间长度为 Δt)的变化趋势”都是向不确定性方向发展。从“函数式”表示——“结构数量关系”——数学逻辑的角度看，证券 A 的风险最小，其次是证券 B，风险最大的是证券 C；从“图像式”表示——“结构性质关系”——辩证逻辑的角度看，风险最小的是证券 B，其次是证券 C，风险最大的是证券 A。可见，分析的逻辑不同，结论或观点也就有差异。以下两点值得特别注意：

(1)当 $0.5<\mu\left[\frac{\mathrm{d}Y(\Delta t)}{\mathrm{d}t}\right]<0.85$ 时，数学逻辑中“序公理”中的“传递性公理”是有效区域。此时，“图像式”表示与“函数式”表示所得结论是一致的。

(2)当 $0.85\leqslant\mu\left[\frac{\mathrm{d}Y(\Delta t)}{\mathrm{d}t}\right]\leqslant 1$ 时，数学逻辑中“序公理”中的“传递性公理”是非有效区域。此时，“图像式”表示与“函数式”表示，所得结论不完全一致，以“图像式”表示的结论作为决策主要依据。

2. $\mu\left[\frac{\mathrm{d}Y(\Delta t)}{\mathrm{d}t}\right]\to 0$ 与“二元三维图像”☷。当 $\mu\left[\frac{\mathrm{d}Y(\Delta t)}{\mathrm{d}t}\right]\to 0$ 时，可推知，影

响研究对象（如证券价格）Y 的 3 个因素 $X_i(i=1,2,3)$，在“未来一段时间（时间长度为 Δt）变化趋势的可能性”，都是 $\mu\left[\frac{\mathrm{d}X_i(\Delta t)}{\mathrm{d}t}\right]\to 0$。依据模糊数学隶属度的定义，其含义是：研究对象（如证券价格）Y 及其 3 个因素 $X_i(i=1,2,3)$，在“未来一段时间（时间长度为 Δt）的变化趋势”是，上升的可能性几乎为 0。从“图像式”表示——“结构性质关系”——辩证逻辑的角度看，在“X 三要素周期结构图”（见图 2.2.3）中，此种情况对应的是“二元三维图像”☷，表示研究对象（如证券价格）Y 在“X 三要素周期结构图”中的“相对位置”，是周期的底点；“未来一段时间（时间长度为 Δt）的变化趋势”是不确定的——可能继续下降，也可能由下降变为水平方向，更存在由下降转为上升的可能性。可见，“图像式”表示——“结构性质关系”——辩证逻辑，与“函数式”表示 ——“结构数量关系”——数学逻辑，所得结论是不同的。

根据定义 3，符号“--”的取值范围是[0,0.5]。由定义 3 和式(3.2.3)，可推知：“二元三维图像”☷ 对应的“函数式”表示 $\mu\left[\frac{\mathrm{d}Y(\Delta t)}{\mathrm{d}t}\right]$ 的取值范围也是[0,0.5]。“二元三维图像”☷，表示研究对象（如证券价格）Y 处于周期下降的后期阶段，是周期的底部区域；“未来一段时间（时间长度为 Δt）的变化趋势”是：逐渐向不确定性方向发展。与此“二元三维图像”对应的“函数式”表示，以下两种情况值得特别注意：

(1) 当 $0.2<\mu\left[\frac{\mathrm{d}Y(\Delta t)}{\mathrm{d}t}\right]\leqslant 0.5$ 时，意味着，研究对象（如证券价格）Y“未来一段时间（时间长度为 Δt）的变化趋势”是：继续下降的可能性大于上升的可能性。此种情况下，“图像式”表示——“结构性质关系”，与“函数式”表示 ——“结构数量关系”，所得结论是一致的。

(2) 当 $0\leqslant\mu\left[\frac{\mathrm{d}Y(\Delta t)}{\mathrm{d}t}\right]\leqslant 0.2$ 时，由数学逻辑分析，研究对象（如证券价格）Y“未来一段时间（时间长度为 Δt）的变化趋势”是下降的，上升的可能性很小。但是，“图像式”表示——“结构性质关系”分析，研究对象（如证券价格）Y“未来一段时间（时间长度为 Δt）的变化趋势”是：继续下降的可能性在减小，为水平方向或由下降转为上升的可能性在增加。

综上分析，可得论断是：在金融市场中，“图像式”表示——“结构性质关系”，适用于周期的所有阶段;数学逻辑中“序公理”中的“传递性公理”、最优化条件等,在周期的极点(顶部区域和底部区域)则不适用。换言之,当“图像式”表示——“结构性质关系”与“函数式”表示 ——“结构数量关系”所得结论有矛盾时,以“图像式”表示——“结构性质关系”所得结论作为主要决策依据。

第3节　X 六要素周期结构模型

本节讨论,在不确定条件下,六因素决策模型——“X 六要素周期结构模型”的有关内容,分析思路与“X 三要素周期结构模型”相同。

一、影响因素的选取

“X 六要素周期结构模型”的首要工作,就是选取影响研究对象(如证券价格)的因素集。按照定义 2c,首先,在现在时刻(t),将影响研究对象(如证券价格)Y 的所有因素 X 分为两大类——内在基础或主观条件定义为内因,记作 $X_N(t)$;外在客观环境定义为外因,记作 $X_W(t)$。则研究对象(如证券价格)$Y(t)$与影响因素之间的关系记为

$$Y(t)=f[X_N(t),X_W(t)]=f(t) \tag{3.3.1}$$

其次,把内因和外因的所有影响因素,按照重要性程度分为 3 个等级(类或集合),内因第一、第二、第三重要等级因素分别用$x_1(t)$,$x_2(t)$,$x_3(t)$表示,外因第一、第二、第三重要等级因素分别用$x_4(t)$,$x_5(t)$,$x_6(t)$表示,记作

$$X_N(t)=x_1(t)+x_2(t)+x_3(t) \tag{3.3.1.1}$$

$$X_W(t)=x_4(t)+x_5(t)+x_6(t) \tag{3.3.1.2}$$

最后,在无法将影响因素划分为内、外因的情况下,则把影响因素按照重要性程度分为 6 个等级(类或集合),则式(3.3.1)可记为

$$Y(t)=f[x_i(t)\,|\,x_1(t)\geqslant x_2(t)\geqslant x_3(t)\geqslant x_4(t)\geqslant x_5(t)\geqslant x_6(t)]=f(t) \tag{3.3.2}$$

式(3.3.1)和式(3.3.2)就是研究对象 Y 与影响因素 X 的“六要素结构数量关系”。

选取或确定影响因素时,要说明的是,如果市场参与者无法按照定义 2c,将

影响研究对象(如证券价格)Y 的所有因素,分为内在基础或主观条件及外在客观环境;也无法将内因和外因的所有影响因素,按照重要性程度分为 3 个等级(类或集合);或无法将影响因素按照重要性程度分为 6 个等级(类或集合)。这说明,该市场参与者对影响研究对象(如证券价格)Y 的所有因素,不了解,或认识不够充分。此种状态,建议采用两种方式处理:第一,继续深入学习、实践,增加这方面的知识、信息,直到能够按照定义 2c 的要求,将影响研究对象 Y 的所有因素,按要求进行相关分类。第二,放弃该研究对象 Y 的研究。放弃是一种选择方式,是防范投资风险的重要方式!

二、单因素分析

"X 六要素周期结构模型"的第二项工作,就是分析每个影响因素未来一段时间变化趋势的可能性,并确定其性质。

设影响研究对象(如证券价格)Y 的某一因素 x_i 是时间变量的函数,在现在时刻 t 为 $x_i(t)$,记作

$$x_i(t)=g_i(t) \tag{3.3.3}$$

按照式(3.1.3),可确定:在不确定条件下,"影响研究对象(如证券价格)Y 的因素 x_i 未来一段时间变化趋势的可能性"$\mu\left[\frac{\mathrm{d}x_i(\Delta t)}{\mathrm{d}t}\right]$。根据"设立隶属函数的原则",以因素 x 处于周期上升阶段,有利于证券价格未来上升为条件(若因素处于周期下降阶段,有利于证券价格上升,其结论则相反),对影响因素 x 的性质,根据定义 3,则有:

(1)如果 $0.5<\mu\left[\frac{\mathrm{d}x_i(\Delta t)}{\mathrm{d}t}\right]\leqslant 1$,表明其性质隶属于积极、肯定、建设性是主要方面,用符号"**—**"表示;

(2)如果 $0\leqslant\mu\left[\frac{\mathrm{d}x_i(\Delta t)}{\mathrm{d}t}\right]\leqslant 0.5$,表明其性质隶属于消极、否定、破坏性是主要方面,用符号"**--**"表示。

依据定义 2c 和定义 3,研究对象 Y 与影响因素 X 的"六要素结构性质关系"——"二元六维图像"就可确定出来。

三、综合分析(1):"图像式"表示

"二元六维图像",是研究对象(如证券价格)Y 与影响因素 X 的"六要素结

构性质关系”的“图像式”表示——“X 六要素周期结构模型”综合分析结果的一种表达方式。研究对象（如证券价格）Y 的“二元六维图像”一旦确定出来，根据“X 六要素周期结构图”（见图 2.2.4），就可确定其在周期的“相对位置”，以及“未来一段时间（时间长度为 Δt）变化趋势的可能性”。由“X 六要素周期结构图”可以看出：

1. 第一重要等级因素 x_1 的性质（⚊或⚋），决定了研究对象（如证券价格）Y“未来一段时间（时间长度为 Δt）变化趋势的可能性”。当 x_1 的性质隶属于“⚊”时，表明研究对象（如证券价格）Y 未来一段时间（时间长度为 Δt）的变化趋势是：上升的可能性大于下降的可能性；当 x_1 的性质隶属于“⚋”时，表明研究对象（如证券价格）Y 未来一段时间（时间长度为 Δt）的变化趋势是：下降的可能性大于上升的可能性。

2. 内因三因素——第一、第二、第三重要等级因素的性质（⚊或⚋）组合，决定了研究对象（如证券价格）Y 在“X 六要素周期结构图”中的“相对位置”。具体又可分为如下 8 种情况：

（1）最重要三因素性质组合☳，表示研究对象（如证券价格）Y 在“X 六要素周期结构图”中的“相对位置”，是周期上升的初期阶段；未来一段时间（时间长度为 Δt）的变化趋势是：上升的可能性大于下降的可能性。

（2）最重要三因素性质组合☲，表示研究对象（如证券价格）Y 在“X 六要素周期结构图”中的“相对位置”，是周期上升的前中期阶段；未来一段时间（时间长度为 Δt）的变化趋势是：继续上升的可能性大于下降的可能性。

（3）最重要三因素性质组合☱，表示研究对象（如证券价格）Y 在“X 六要素周期结构图”中的“相对位置”，是周期上升的后中期阶段；未来一段时间（时间长度为 Δt）的变化趋势是：继续上升的可能性大于下降的可能性。

（4）最重要三因素性质组合☰，表示研究对象（如证券价格）Y 在“X 六要素周期结构图”中的“相对位置”，是变化上升的后期阶段；未来一段时间（时间长度为 Δt）的变化趋势是：逐渐向不确定性方向发展。

（5）最重要三因素性质组合☴，表示研究对象（如证券价格）Y 在“X 六要素周期结构图”中的“相对位置”，是周期下降的初期阶段；未来一段时间（时间长度为 Δt）的变化趋势是：继续下降的可能性大于上升的可能性。

（6）最重要三因素性质组合☵，表示研究对象（如证券价格）Y 在“X 六要素周期结构图”中的“相对位置”,是周期下降的前中期阶段;未来一段时间(时间长度为 Δt)的变化趋势是:继续下降的可能性大于上升的可能性。

(7)最重要三因素性质组合☶,表示研究对象(如证券价格)Y 在“X 六要素周期结构图”中的“相对位置”,是周期下降的后中期阶段;未来一段时间(时间长度为 Δt)的变化趋势是:继续下降的可能性大于上升的可能性。

(8)最重要三因素性质组合☷,表示研究对象(如证券价格)Y 在“X 六要素周期结构图”中的“相对位置”,是周期下降的后期阶段;未来一段时间(时间长度为 Δt)的变化趋势是:逐渐向不确定性方向发展。

四、综合分析(2):“函数式”表示

在“X 六要素周期结构模型”中,研究对象(如证券价格)Y 与影响因素 X 的“六要素结构数量关系”的综合分析结果的表达方式,称为“函数式”表示。

研究对象(如证券价格)Y 与影响因素 X 的“六要素结构数量关系”的综合分析结果就是,分析研究对象(如证券价格)Y 在“未来一段时间(时间长度为 Δt)变化趋势的可能性”,用记号 $\mu\left[\frac{\mathrm{d}Y(\Delta t)}{\mathrm{d}t}\right]$ 表示。定义:$\mu\left[\frac{\mathrm{d}Y(\Delta t)}{\mathrm{d}t}\right]$ 由各个影响因素 $x_i(i=1,2,3,4,5,6)$,在“未来一段时间(时间长度为 Δt)变化趋势的可能性”$\mu\left[\frac{\mathrm{d}x_i(\Delta t)}{\mathrm{d}t}\right](i=1,2,3,4,5,6)$,共同决定,记作

$$\mu\left[\frac{\mathrm{d}Y(\Delta t)}{\mathrm{d}t}\right]=\sum_{i=1}^{6}\lambda_i\cdot\mu\left[\frac{\mathrm{d}x_i(\Delta t)}{\mathrm{d}t}\right] \tag{3.3.4}$$

式中各符号的含义是:

1. $\mu\left[\frac{\mathrm{d}x_i(\Delta t)}{\mathrm{d}t}\right]$,影响研究对象(如证券价格)$Y$ 的因素 $x_i(i=1,2,3,4,5,6)$,在“未来一段时间(时间长度为 Δt)变化趋势的可能性”,由式(3.1.3)决定。

2. $\lambda_i(i=1,2,3,4,5,6)$ 是影响因素 $x_i(i=1,2,3,4,5,6)$ 对研究对象(如证券价格)Y,在“未来一段时间(时间长度为 Δt)变化趋势可能性”的重要性权重(贡献)。λ 的准确量度,在理论上以及社会科学的实验获取上,都是非常困难的。但是,理论上可以确定一个区间。逻辑是:

(1)6个因素同等重要,这是一个极端情况。此时,各因素的权重是:

$$\lambda_1=\lambda_2=\lambda_3=\lambda_4=\lambda_5=\lambda_6=\frac{1}{6} \tag{3.3.5}$$

(2)另一个极端情况是，6 个因素重要性都不同。依据“X 六要素周期结构图”的结构，表 2.2.3 给出了 6 个因素重要性都不同的权重：[①]

$$\begin{aligned}&\lambda_1=0.508,\quad \lambda_2=0.254,\quad \lambda_3=0.127\\&\lambda_4=0.063,\quad \lambda_5=0.032,\quad \lambda_6=0.016\end{aligned}\tag{3.3.6}$$

综合式(3.3.5)和式(3.3.6)，得出权重的理论取值区间是：

$$\begin{aligned}&\lambda_1=\frac{1}{6}\sim 0.508,\quad \lambda_2=\frac{1}{6}\sim 0.254,\quad \lambda_3=\frac{1}{6}\sim 0.127\\&\lambda_4=\frac{1}{6}\sim 0.063,\quad \lambda_5=\frac{1}{6}\sim 0.032,\quad \lambda_6=\frac{1}{6}\sim 0.016\end{aligned}\tag{3.3.7}$$

权重选取时的注意事项，与“X 六要素周期结构模型”相同。

3. $\mu\left[\frac{\mathrm{d}Y(\Delta t)}{\mathrm{d}t}\right]$，研究对象(如证券价格)$Y$，在“未来一段时间(时间长度为 Δt)变化趋势的可能性”。其分析、说明，与“X 三要素周期结构模型”相同，不再叙述。

五、综合分析(3)：“图像式”表示和“函数式”表示的融合

一般情况下，“X 六要素周期结构模型”的“图像式”表示和“函数式”表示，所得结论是一致的。然而，以下两种情况，无论在理论上，还是在实践中，都要特别注意：

1. $\mu\left[\frac{\mathrm{d}Y(\Delta t)}{\mathrm{d}t}\right]\to 1$ 与“二元六维图像”䷀。当 $\mu\left[\frac{\mathrm{d}Y(\Delta t)}{\mathrm{d}t}\right]\to 1$ 时，意味着，影响研究对象(如证券价格)Y 的 6 个因素 x_i($i=1,2,3,4,5,6$)，在“未来一段时间(时间长度为 Δt)变化趋势的可能性”，皆有 $\mu\left[\frac{\mathrm{d}x_i(\Delta t)}{\mathrm{d}t}\right]\to 1$。依据模糊数学隶属度的定义，其含义是：研究对象(如证券价格)Y 及其影响因素 x_i($i=1,2,3,4,5,6$)，在“未来一段时间(时间长度为 Δt)的变化趋势”是，上升的可能性趋近于 1。$\mu\left[\frac{\mathrm{d}Y(\Delta t)}{\mathrm{d}t}\right]\to 1$ 对应的“二元六维图像”是䷀，在“X 六要素周期结构图”中的“相对位置”是周期的顶点；“未来一段时间(时间长度为 Δt)的变化趋势”是不确

---

① 说明：《不确定条件下的决策方法研究》第 15 页，式(2.2.2)中的结构关系，当时理解有误；第 16 页中，式(2.2.3)和式(2.2.4)的结论依据式(2.2.2)中的结构关系而得，所以，式(2.2.3)和式(2.2.4)的结论是不准确的。特此说明。

定的。可见,在此种情况下,“图像式”表示——“结构性质关系”所得结论,与“函数式”表示——“结构数量关系”所得结论,不完全相同。

由“图像式”表示,推“函数式”表示,结论也不完全相同。“二元六维图像”䷀,在“X六要素周期结构图”中的“相对位置”是周期的顶点。根据定义3,符号“⚊”的取值范围是[0.5,1]。可见,在“X六要素周期结构图”中,同是符号“⚊”,其数值差别可能很大。由式(3.3.4),可知$\mu\left[\frac{\mathrm{d}Y(\Delta t)}{\mathrm{d}t}\right]$的取值范围是[0.5,1]。

举例说明如下:设证券A、证券B和证券C的“二元六维图像”都是䷀;再假定证券A的$\mu\left[\frac{\mathrm{d}Y(\Delta t)}{\mathrm{d}t}\right]=0.9$,证券$B$的$\mu\left[\frac{\mathrm{d}Y(\Delta t)}{\mathrm{d}t}\right]=0.7$,证券$C$的$\left[\frac{\mathrm{d}Y(\Delta t)}{\mathrm{d}t}\right]=0.6$。从“二元六维图像”看,它们是相同的,都处于周期上升的后期阶段,“未来一段时间(时间长度为Δt)的变化趋势”都是向不确定性方向发展。从“结构数量关系”所得结论看,证券A的风险最小,其次是证券B,风险最大的是证券C。从“结构性质关系”所得结论分析:证券B上升的可能性是0.7,下降的可能性为0.3,上升的可能性大于下降的可能性,风险最小;证券C上升的可能性是0.6,下降的可能性为0.4,上升的可能性大于下降的可能性,风险次之;证券A上升的可能性是0.9,趋近于1,根据“物极必反”原理,未来处于下降趋势或不确定性方向的可能性更大,相比较风险最大。可见,分析的逻辑不同,观点也就有差异。在理论和实践中,以下两种情况值得特别注意:

(1)当$0.5<\mu\left[\frac{\mathrm{d}Y(\Delta t)}{\mathrm{d}t}\right]<0.85$时,数学逻辑中“序公理”中的“传递性公理”是有效区域。此时,“图像式”表示与“函数式”表示,所得结论是一致的。

(2)当$0.85\leqslant\mu\left[\frac{\mathrm{d}Y(\Delta t)}{\mathrm{d}t}\right]\leqslant 1$时,数学逻辑中“序公理”中的“传递性公理”是非有效区域。此时,“图像式”表示与“函数式”表示,所得结论不完全一致,以“图像式”表示作为决策主要依据。

2. $\mu\left[\frac{\mathrm{d}Y(\Delta t)}{\mathrm{d}t}\right]\to 0$与“二元六维图像”䷁。由$\mu\left[\frac{\mathrm{d}Y(\Delta t)}{\mathrm{d}t}\right]\to 0$,可推知,影响研究对象(如证券价格)$Y$的6个因素$x_i(i=1,2,3,4,5,6)$,在“未来一段时间(时间长度为$\Delta t$)变化趋势的可能性”,都是$\mu\left[\frac{\mathrm{d}x_i(\Delta t)}{\mathrm{d}t}\right]\to 0$。依据模糊数学隶属度的定义,

其含义是：研究对象（如证券价格）Y 及其影响因素 x_i($i=1,2,3,4,5,6$)，在“未来一段时间(时间长度为 Δt)的变化趋势”是，上升的可能性几乎为 0。

$\mu\left[\frac{\mathrm{d}Y(\Delta t)}{\mathrm{d}t}\right]\to 0$ 对应的“二元六维图像”是䷁，表示研究对象（如证券价格）Y 在“X 六要素周期结构图”中的“相对位置”是周期的底点；“未来一段时间（时间长度为 Δt)的变化趋势”是不确定的。可见，在此种情况下，“图像式”表示与“函数式”表示，所得结论不完全相同。

根据定义 3，符号“--”的取值范围是[0,0.5]。由式(3.3.4)可推知：“二元六维图像”䷁对应的“函数式”表示 $\mu\left[\frac{\mathrm{d}Y(\Delta t)}{\mathrm{d}t}\right]$的取值范围也是[0,0.5]。“二元六维图像”䷁，表示研究对象（如证券价格）Y 处于周期下降的后期阶段，位于周期的底部区域；“未来一段时间（时间长度为 Δt)的变化趋势”是：逐渐向不确定性方向发展。与此“二元六维图像”对应的“函数式”表示，如下两种情况值得特别注意：

(1)当 $0.2<\mu\left[\frac{\mathrm{d}Y(\Delta t)}{\mathrm{d}t}\right]\leqslant 0.5$ 时，意味着，研究对象（如证券价格）Y“未来一段时间(时间长度为 Δt)的变化趋势”是：继续下降的可能性大于上升的可能性。此种情况下，“图像式”表示——“结构性质关系”所得结论，与“函数式”表示——“结构数量关系”所得结论，是一致的。

(2)当 $0\leqslant\mu\left[\frac{\mathrm{d}Y(\Delta t)}{\mathrm{d}t}\right]\leqslant 0.2$ 时，表明研究对象（如证券价格）Y“未来一段时间(时间长度为 Δt)的变化趋势”是下降的，上升的可能性很小。但是，“图像式”表示——“结构性质关系”分析，研究对象（如证券价格）Y“未来一段时间（时间长度为 Δt)的变化趋势”是：下降的可能性在减小，为水平方向或由下降转为上升的可能性在增加。

综上分析，可得论断是：在金融市场中，“图像式”表示适用于周期的所有阶段；数学逻辑中“序公理”中的“传递性公理”、最优化条件等，在周期的极点（顶部区域和底部区域）则不适用。换言之，当“图像式”表示——“结构性质关系”所得结论，与“函数式”表示 ——“结构数量关系”所得结论有矛盾时，以“图像式”表示——“结构性质关系”所得结论作为主要决策依据。

第 4 节　“二级影响因素”的综合分析

“X 三要素周期结构模型”,将影响研究对象(如证券价格)Y 的所有因素 X,按重要性分为 3 个等级。“X 六要素周期结构模型”,实质是把影响研究对象(如证券价格)Y 的所有因素 X,按重要性分为 6 个等级。按以上原则分类的影响因素,称作“一级影响因素”。在这两个模型中,都可能存在着每一个等级“一级影响因素”又含有许多次一级的影响因素,称为“二级影响因素”。如何综合分析“二级影响因素”,这是本节要解决的问题。

“二级影响因素”的综合分析,包含如下步骤:

一、“二级影响因素”的定义

设:“X 三要素周期结构模型”或“X 六要素周期结构模型”中的影响因素是“一级影响因素”,记作 $x_i(t)$,$i=1,2,3$ 或 $i=1,2,3,4,5,6$;“一级影响因素”中,又含有 n 个“二级影响因素”,按重要性排序依次为:第一重要“二级影响因素”是 $x_{i1}(t)$,第二重要“二级影响因素”是 $x_{i2}(t)$,…,第 n 重要“二级影响因素”是 $x_{in}(t)$。则“一级影响因素”与“二级影响因素”的关系可记为

$$x_i(t)=x_{i1}(t)+x_{i2}(t)+\cdots+x_{in}(t) \tag{3.4.1}$$

二、“二级影响因素”未来一段时间变化趋势可能性的分析

按照式(3.1.3)的定义,给出“二级影响因素”$x_{ik}(t)$,在不确定条件下,“未来一段时间变化趋势的可能性”,记作 $\mu\left[\frac{\mathrm{d}x_{ik}(\Delta t)}{\mathrm{d}t}\right]$。

三、“二级影响因素”的综合分析

设“一级影响因素”$x_i(t)$,在不确定条件下,“未来一段时间变化趋势的可能性”$\mu\left[\frac{\mathrm{d}x_i(\Delta t)}{\mathrm{d}t}\right]$,由“二级影响因素”$x_{ik}(t)$,在不确定条件下,“未来一段时间变化趋势的可能性”$\mu\left[\frac{\mathrm{d}x_{ik}(\Delta t)}{\mathrm{d}t}\right]$,以及其重要性权重 w_{ik},共同决定,记作

$$\mu\left[\frac{\mathrm{d}x_i(\Delta t)}{\mathrm{d}t}\right]=\sum_{k=1}^{n} w_{ik}\cdot\mu\left[\frac{\mathrm{d}x_{ik}(\Delta t)}{\mathrm{d}t}\right] \tag{3.4.2}$$

四、“二级影响因素”重要性权重的确定

式(3.4.2)中,“二级影响因素”$x_{ik}(t)$的重要性权重w_{ik}如何确定,还没有作出回答。在综合分析中,各个因素重要性权重的确定是非常重要的,但准确度量没有严格逻辑依据,理论上只能给出一个区间。其中,各个因素同等重要是一个区间的端点条件,即:“二级影响因素”$x_{ik}(t)(k=1,2,\cdots,n)$,当各因素的重要性程度相同时,其重要性权重$\beta_{ik}$记为

$$\beta_{ik}=\frac{1}{n} \tag{3.4.3}$$

另一个区间端点条件是,各个因素的重要性程度不相同。该情况推荐的确定权重的方法为“二元相对比较法”。具体步骤是:

(1)根据“二级影响因素”的定义,作“二级影响因素排序表”。内容结构见表3.4.1。

表 3.4.1 “二级影响因素”排序

	x_{i1}	x_{i2}	…	x_{ik}	…	x_{in}	$\Sigma\Sigma$
x_{i1}	1	0	…		…	0	
x_{i2}	1	1	…		…	0	
	…	…	…		…	0	
x_{ik}		1		1		0	
…	…	…	…	1	…	0	
x_{in}		1	…	1	…	1	
Σ	n	$n-1$	…	$n-k+1$	…	1	$s=n+n-1+\cdots+n-k+1+\cdots+1$
权重	α_{i1}	α_{i2}	…	α_{ik}	…	α_{in}	1

(2)填报。方法是:以“列”$x_{ik}(t)$为基准,与“行”$x_{ij}(t)$比较,如果$x_{ik}(t)\geqslant x_{ij}(t)$,则取1,否则取0。

(3)计算“二级影响因素”权重α_{ik}。由表3.4.1的结构,可得“二级影响因素”中,第k重要等级因素的权重α_{ik}记为

$$\alpha_{ik}=\frac{n-k+1}{s} \tag{3.4.4}$$

(4)确定"二级影响因素"权重w_{ik}。按式(3.4.3)的方法,计算"二级影响因素"权重,优点是简单、易操作,缺点也是显而易见的——不能反映因素之间的差异。式(3.4.4)计算的"二级影响因素"权重,能反映因素之间的差异,但因素之间的差距较大。"二级影响因素"中,第k重要等级因素的权重w_{ik},理论上的取值区间是

$$w_{ik}=[\alpha_{ik},\beta_{ik}] \tag{3.4.5}$$

理论上无法确定权重的准确数值,只要在逻辑区间内,都是合理的。根据实践经验,采用简单平化,就可达到要求,记作

$$w_{ik}=(\alpha_{ik}+\beta_{ik})/2 \tag{3.4.6}$$

以上就是影响因素综合分析的主要内容。影响因素还可能存在"三级影响因素"或"四级影响因素",其综合分析之思想、方法、步骤,与"二级影响因素"综合分析相同,不再介绍。

第5节 "综合模糊理论"总结

本篇——方法论,是本书理论最重要的部分,篇、章、节的分析思路、方法皆源于此。本书的特色是,构建和完善了新的不确定条件下的认识论、方法论的分析范式,定名为"综合模糊理论",是2010年在拙著《不确定条件下的决策方法研究》中首先提出的,在此基础上,本书进行了系统的完善。该理论的意义在于:一方面,应用该理论构建了不确定条件下的金融资产、金融产品定价的统一分析新范式;另一方面,该理论可为经济学、金融学、管理学、政治学、军事学乃至法学、哲学等学科,提供一种新的分析视觉和研究方法。为了便于系统、全面地理解该理论,将其主要内容总结如下:

一、逻辑基础

"综合模糊理论"的逻辑基础是如下4个公理:距离公理、序公理、辩证逻辑公理和人性公理。具体内容详见第1章。

二、认识论

认识论的观点、信念，由逻辑基础的4个公理推出：

1.金融市场中的不确定性因素是：

(1)在金融市场中，完备知识是个别、偶然现象，不完备知识则是多数、普遍现象。

(2)“对象本真”的表达具有主观性，且是不可完全感知的。

(3)在金融市场中，对称信息是个别、偶然现象，非对称信息则是多数、普遍现象。换言之，同一对象，多数情况下，不同参与者就有不同的认识。

(4)相互反射性是金融市场的重要特征。金融市场中的实际事态，影响着参与者的观念，同时，参与者的观念又反作用于实际事态，两者具有相互反射性，是一个永无止境的相互影响、相互联系、不断变化的过程。

(5)证券价值是主观的、不可预测的和不可检验的。

(6)有效市场是个别、偶然现象，非有效市场则是多数、普遍现象；当下市场是否有效，逻辑上无法证实也无法证伪。

(7)不确定性是金融市场的本质特征。

2.金融市场中的确定性因素是：

(1)对立统一、量质互变、物极必反、周期变化，是事物发展变化的基本规律。

(2)金融投资决策的依据是：判断证券价格当前处于周期的相对位置，以及分析未来一段时间证券价格变化趋势的可能性。

三、方法论

方法论的实质是：在认识论观念、信念的基础上——不确定条件下，判断研究对象(如证券价格)“当前所处周期的相对位置”，以及分析其“未来一段时间变化趋势的可能性”。

“综合模糊”具有如下含义：

“综合”的意义是：其一，用全面、联系、发展的观点分析问题。“全面”的含义是把影响研究对象(如证券价格)的所有因素作为一个整体全面进行分析；“联系”的含义是影响研究对象(如证券价格)的每个因素既相互独立，又相互联系，构成一个有机整体；“发展”的含义是在分析影响研究对象(如证券价格)的每个因素时,既要看其"当前所处周期的相对位置",更要看其"未来一段时间变化趋势的可能性"。其二,东、西方思维模式的融合。"X 单因素周期结构图""导数""距离公理""序公理""模糊集合""灰集合"等是西方分析的思维模式。辩证逻辑公理的符号化表示、"X 三要素周期结构图"和"X 六要素周期结构图"等,是典型的中华传统文化综合的思维模式。

"模糊"也有两种含义。第一,使用"模糊集合"和"灰集合"的定义,结合"X 单因素周期结构图" "X 三要素周期结构图"和"X 六要素周期结构图",度量不确定性,也就是分析研究对象"未来一段时间变化趋势的可能性"。与概率度量不确定性比较,该方法的适用范围更广,并可解决预测、决策过程中,信息的不完全和非对称问题。第二,不完全性知识、非对称信息条件下的预测、决策,是典型的复杂、不确定性系统,在该系统中,影响研究对象(如证券价格)各个因素之间的边界、各个影响因素之间的重要性权重,以及各个因素和研究对象"未来一段时间变化趋势的可能性"的边界,都是模糊不清的,并非一个确定性结论。

方法论的主要内容是"X 单因素周期结构模型""X 三要素周期结构模型"和"X 六要素周期结构模型"。各模型的主要内容详见本章第 1 节、第 2 节和第 3 节。

四、说明

1."综合模糊理论"最主要的理论意义是:把数学之最基础公理——"距离公理""序公理"与"辩证逻辑公理"融入一个系统,构建了新的不确定条件下的预测、决策方法。其中:"X 单因素周期结构图""X 三要素周期结构图"和"X 六要素周期结构图",是 3 个重要的分析工具;式(3.1.3)、式(3.2.3)和式(3.3.4)是 3 个重要的定义式。

2."综合模糊理论"适用于大多数社会科学中不确定条件下的预测、决策问题。除了应用于投资学之外,还可将其应用于经济学、管理学、政治学、军事学、法学和哲学等社会科学中。

3."X 三要素周期结构模型"与"X 六要素周期结构模型"的异同。两种模型的本质相同,周期结构一致;所不同的是,构成要素不等,应用范围有别。"X 三要素周期结构模型"适用于最复杂、最不确定的情况;"X 六要素周期结构模型"的应用范围介于最复杂、最不确定的情况与确定的情况之间。

第 2 篇　基本分析

所谓基本分析，就是各个金融产品定价时都要进行分析的基本因素或方面。第 1 篇方法论是其理论基础。金融产品定价属于高度复杂的不确定性范畴，所以，选用“X 三要素周期结构模型”。根据我们的信念，选定证券技术分析作为第一重要等级因素，宏观经济与政策作为第二重要等级因素，证券价值作为第三重要等级因素。因此，本篇写作按此顺序展开。

第4章　技术分析(1):“综合模糊技术分析”的基本因素

第1节　概　论

1. 技术分析的概念。技术分析，又名“证券投资技术分析”，是证券投资的基本分析方法之一。

技术分析的主要特点是：利用已有的市场交易信息，如证券的市场价格、成交量等，制作图形、设计指标作为分析工具，来分析、预则证券价格未来的趋势。

2. 技术分析的意义。技术分析与有效市场理论相矛盾。有效市场理论认为，市场价格总是正确的，任何历史交易数据都反映在价格上。因此，任何寻求被低估股票的分析都是徒劳的。我们的观点是：有效市场是个别、偶然现象，非有效市场则是多数、普遍现象；当下市场是否有效，逻辑上无法证实也无从证伪。换言之，技术分析有其应用价值。[①]

技术分析的主要作用有两个。其一，技术分析是预测证券价格未来一段时间变化趋势可能性的重要方面之一。影响证券价格未来一段时间变化趋势可能性的因素有很多，如国内外政治、宏观经济形势、科技的突破、行业的更迭、公司的变化等，技术分析则是众多因素之一。其二，技术分析是决定买入、卖出证券时机的理论基础。在非有效市场中，技术分析对投资收益的实现和风险的控制，是最重要的分析方法。

3. 适用范围。从理论上讲，技术分析既可用于长期的市场预测，也可用于短期的市场预测。投资风格不同，预测时间的重要性有差异。资金规模不同，技术分析的重要性也不同。一般来讲，资金规模小、短期投资者，技术分析较重要；规

---

① 详见本书第2章第1节认识论(1)之“五、有效市场：个别现象、无法证实也无从证伪”。

模大的资金与小规模资金，使用技术分析也有区别。

对多数投资者来讲，基本原则是，基本面分析选“股”，技术分析定“时”，要综合分析。投资风格的差异，决定了两者重要性的不同。

技术分析适用于任何有历史交易数据的证券，如股票、固定收入债券、基金、权证、期货、外汇以及商品等。

4. 常见理论简析。常见的技术分析理论有以下几类：K线理论、道氏理论、切线理论、形态理论、波浪理论、技术指标理论和循环周期理论，等等。这些理论的基础是3个市场假设：①市场行为涵盖一切信息；②价格沿趋势移动；③历史会重演。

这3个假设的合理性一直存有争论。首先，“市场行为涵盖一切信息”，这是有效市场理论的观点。有效市场理论认为，任何商品或服务的市场价格都是由供求关系决定的，当前的趋势是对供求关系变化的反映，无论变化产生的原因是什么，迟早都会被市场感知。在金融市场中，人们越来越观察到，市场价格不是由供求关系决定的，而是由资金的“主流偏向(Prevailing Bias)”决定的。[①] “主流偏向”主动买入，市场价格就上升；“主流偏向”主动卖出，市场价格就下降。由“知识表达具有主观性”可推知：同一市场现象，不同市场参与者可能有不一样的认识。因此，“市场行为涵盖一切信息”，不符合认识逻辑结构关系。

其次，“价格沿趋势移动”“历史会重演”也不完全准确。根据“对立统一、量质互变、物极必反、周期变化，是事物发展变化的基本规律”的论断，可推知：在周期上升或下降阶段，“价格沿趋势移动”；在周期顶部或底部区域，则不遵循“价格沿趋势移动”。此外，证券价格呈周期变化的特征，不等于“历史会重演”。

最后，技术分析的分析工具的科学性，也存在争议。在技术分析中，证券的市场价格、成交量、价和量的变化趋势是市场行为最基本的表现形式，价、量、趋势共同决定着证券价格未来变化趋势的可能性。在常见的分析工具中，仅是部分考虑价与时间、量与时间的关系，缺少综合量化的分析。这是常见技术分析理论存在的问题。

5. 写作框架。技术分析，在非有效市场中，是证券投资最重要的分析方法，是“投入效益比”最高的方法，也是争议大、理论体系相对还不够成熟的方法。本

---

① 参见[美]乔治·索罗斯：《金融炼金术》，孙忠、侯纯译，第26页。

书建立的技术分析方法——“综合模糊技术分析”,其理论基础就是本书第 1 篇建立的“综合模糊理论”。鉴于篇幅、逻辑结构的关系,对写作框架进行以下安排:理论基础、市场结构特征等,安排在第 4 章;“综合模糊技术分析”与常见技术分析方法的比较,在第 5 章讨论;“综合模糊技术分析”的综合分析与应用,即买入、卖出证券的准则,在第 6 章讨论。

第 2 节　“综合模糊技术分析”的理论基础

一、“综合模糊技术分析”的假设条件

“综合模糊技术分析”的适用条件是非有效市场,其理论基础是如下 5 个市场假设:

1. 信息的非对称性。相同的现象,不同的人可能有不同的解释。

2. 相互反射性。市场中的现象影响着参与者的判断,同时,参与者的判断又反作用于市场中的现象,两者相互影响、相互联系、不断变化。

3. 证券价值是主观的、不可预测的和不可检验的,只能判断其大致区间。

4. 周期性变化是证券市场的基本结构特征。

5. 证券投资决策的依据是:判断证券价格当前处于周期的相对位置,以及分析未来一段时间变化趋势的可能性。

二、“综合模糊技术分析”的基本分析要素

在证券市场中,交易价格、成交量、时间和空间是技术分析的基本要素,这几个要素及其相互关系是技术分析的基础。“综合模糊技术分析”的基本分析要素是:

1. 交易价格。证券价格的涨跌,由资金的“主流偏向”决定。“主流偏向”主动买入,证券价格就上升;“主流偏向”主动卖出,证券价格就下降。

K 线图描述了特定周期(如 1 分钟、5 分钟、15 分钟、1 日、1 周、1 月等)的价格变化情况,对判断资金的“主流偏向”具有一定参考意义,在“综合模糊技术分析”中,是重要的分析工具。

(1)一根 K 线反映出的直接信息。一根 K 线(见图 4.2.1)中反映出的直接信息有：

①开盘价,是每个特定周期交易的第一笔成交价格；

②收盘价,是每个特定周期交易的最后一笔成交价格；

③最高价,是每个特定周期的最高成交价格；

④最低价,是每个特定周期的最低成交价格。

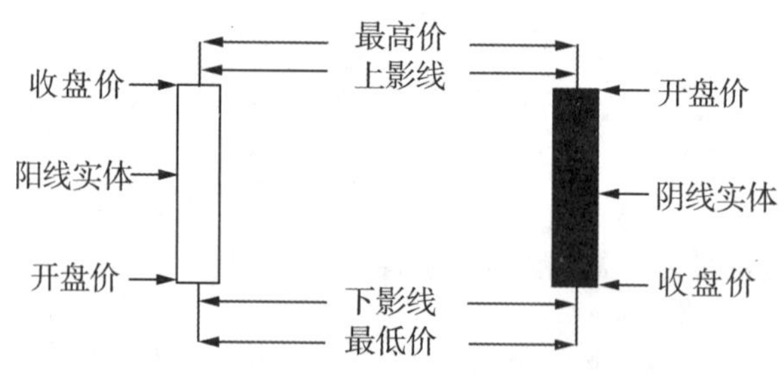

图 4.2.1　一根 K 线反映的信息示意图

4 个价格中,收盘价最重要。每个特定周期的最高价和最低价,反映的是证券价格上下波动幅度的大小,两者相差越大,说明市场交易越活跃,买卖双方的分歧越大。要注意的是:开盘价、收盘价、最高价和最低价,容易受到大资金的人为操控,制造出一个脱离实际的交易信息。

(2)一根 K 线反映出的间接信息。一根 K 线,更重要的是,还可反映出如下的间接信息：

①实体高度,反映如下间接信息：

a. 实体高度=|收盘价－开盘价|。

b. 收盘价＞开盘价,定义为阳线实体;收盘价＜开盘价,定义为阴线实体。

c. 阳线实体高度反映“主流偏向”主动买入证券的力量,阳线实体越长,越有利于价格上涨;阴线实体高度反映“主流偏向”主动卖出证券的力量,阴线实体越长,越有利于价格下跌。

②上影线高度,含有如下间接信息：

a. 阳线实体的上影线高度＝最高价－收盘价,阴线实体的上影线高度＝最高价－开盘价。

b. 上影线高度与价格上升阻力正相关,上影线越长,价格上升阻力就越大;上影线越短,“主流偏向”主动买入证券的力量就越大。

③下影线高度,体现如下间接信息:

a. 阳线实体的下影线高度＝开盘价－最低价,阴线实体的下影线高度＝收盘价－最低价。

b. 下影线高度与价格下降阻力正相关,下影线越长,价格下降阻力就越大;下影线越短,价格下降阻力就越小。

(3)一根 K 线的含义。K 线对证券技术分析很有意义,下面首先讨论一根 K 线的含义:

①光头光脚小阳线实体 K 线(见图 4.2.2),是没有上下影线的 K 线,表明收盘价和开盘价与最高价和最低价近乎相等。其含义是:价格上下波动的幅度较小,买方稍占主动。

②光头光脚小阴线实体 K 线(见图 4.2.3)。这种 K 线没有上下影线,收盘价和开盘价与最低价和最高价近乎相等。其含义是:价格上下波动的幅度较小,卖方稍占主动。

图 4.2.2　光头光脚小阳线实体 K 线

图 4.2.3　光头光脚小阴线实体 K 线

③光头光脚大阳线实体 K 线(见图 4.2.4)。这种 K 线没有上下影线,收盘价和开盘价与最高价和最低价近乎相等。其含义是:价格上下波动的幅度较大(一般大于 3%),买方主动买入的决心很大。

④光头光脚大阴线实体 K 线(见图 4.2.5),其含义正好与“光头光脚大阳线实体”相反,表明卖方主动卖出的决心很大。卖方的决心大小取决于大阴线实体的长短。

图 4.2.4　光头光脚大阳线实体 K 线

图 4.2.5　光头光脚大阴线实体 K 线

⑤光脚阳线 K 线(见图 4.2.6)是没有下影线、开盘价与最低价相等、上升抵抗型 K 线。买方虽占优势,但不像大阳线实体中的优势那么大,受到了一些抵抗。买方优势的大小与上影线的长度有关,与实体的长度也有关。一般来说,上影线越长,实体越短,越不利于买方;上影线越短,实体越长,越有利于买方。

⑥光头阴线 K 线(见图 4.2.7)是只有下影线、开盘价与最高价相等、下跌抵

抗型 K 线。其含义与光脚阳线相反。

图 4.2.6　光脚阳线 K 线　　图 4.2.7　光头阴线 K 线

⑦光头阳线 K 线(见图 4.2.8)是只有下影线、收盘价与最高价相等、先跌后涨型 K 线。卖方力量一度大于买方,整个形势是买方力量占优。买方优势的大小与下影线和实体的长度有关。下影线和实体的长度越长,买方的优势越大。

⑧光脚阴线 K 线(见图 4.2.9)是只有上影线、收盘价与最低价相等、先长后跌型 K 线。与"光头阳线"的含义相反,这是卖方占绝对主动的情形。卖方的优势大小,与上影线和实体的长度有关。上影线和实体越长,越有利于卖方。

图 4.2.8　光头阳线 K 线　　图 4.2.9　光脚阴线 K 线

⑨有上下影线的阳线 K 线(见图 4.2.10),是一种最为普遍的 K 线形状。表明买卖双方分歧较大,一度都占据优势,收盘时,买方力量大于卖方。双方力量的衡量,主要依靠上下影线和实体的长度来确定。一般来说,上影线越长,下影线越短,实体越短,买方的优势就越小;上影线越短,下影线越长,实体越长,买方的优势就越大。上影线和下影线长度的比较,也反映买卖双方力量的对比。上影线长于下影线,说明卖方力量大于买方;反之,意味着买方力量大于卖方。

⑩有上下影线的阴线 K 线(见图 4.2.11),也是一种最为普遍的 K 线形状。其含义与"有上下影线的阳线"相反。

图 4.2.10　有上下影线的阳线 K 线　　图 4.2.11　有上下影线的阴线 K 线

⑪十字形(见图 4.2.12)K 线是一种开盘价与收盘价近乎相等的 K 线。上下影线较长的称为"大十字形",表示买卖双方分歧大,买卖双方的优势由上下影线的长度决定。上下影线较短的称为"小十字形",表明交易清淡,买卖不活跃。

大十字形 K 线,在价格周期变化的顶部或底部区域出现时意义较大。在价格周期变化的底部阶段出现时，是价格趋势由下降或水平方向转向上升趋势的征兆之一；反之，是价格趋势由上升或水平方向转向下降趋势的特征之一。

⑫T 字形和倒 T 字形 K 线(见图 4.2.13)。T 字形 K 线，是开盘价与收盘价近乎相等，且只有下影线的 K 线。其含义是，买方力量占优。下影线越长，买方的优势越明显。倒 T 字形 K 线表明，开盘价与收盘价近乎相等，且只有上影线。其含义是，卖方力量占优。上影线越长，卖方的优势越大。

图 4.2.12　大十字形与小十字形 K 线　　　图 4.2.13　T 字形和倒 T 字形 K 线

以上是一根 K 线常见的形式及其含义，下面讨论多根 K 线组合常见的形式及其含义。

(4)多根 K 线组合的形式与含义。多根 K 线组合的分析方法是：将多根 K 线组合视为一个整体，由当前一根 K 线相对于前面 K 线位置的高低、买卖双方力量的大小，推测价格未来的变化趋势。K 线组合根数越多，获得的信息就越多，所得的结论可信度也就越高。在实践中，常用的是 2 根 K 线组合和 3 根 K 线组合。K 线组合一般少于 5 根，原因是，5 根以上的 K 线组合，可用价格移动平均线的斜率来描述。下面以 3 根 K 线组合为例，讨论常见的形式及其含义。

①一阳包两阴——买方占优组合 K 线(见图 4.2.14)。该组合的特点是：前两根 K 线是阴线，最后一根 K 线是阳线，且其实体长度不小于前两根 K 线阴线实体长度之和。该组合的含义是：最后一日买方力量大于前两日卖方力量，买方处于优势地位。

②一阴包两阳——卖方占优组合 K 线(见图 4.2.15)。该组合的特点是：前两根 K 线是阳线，最后一根 K 线是阴线，且其实体长度不小于前两根 K 线阳线实体长度之和。该组合的含义是：最后一日卖方力量大于前两日买方力量，卖方处于优势地位。

③小阳对两阴——卖方占优组合 K 线(见图 4.2.16)。该组合的特点是：前两根 K 线是阴线，最后一根 K 线是阳线，且其实体长度小于前两根 K 线阴线实体长度。该组合的含义是：最后一日买方力量小于前两日卖方力量，卖方处于优势地位。

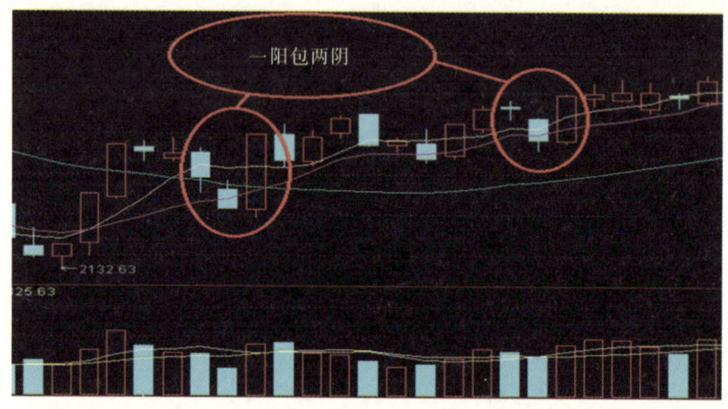

图 4.2.14　一阳包两阴——买方占优组合 K 线

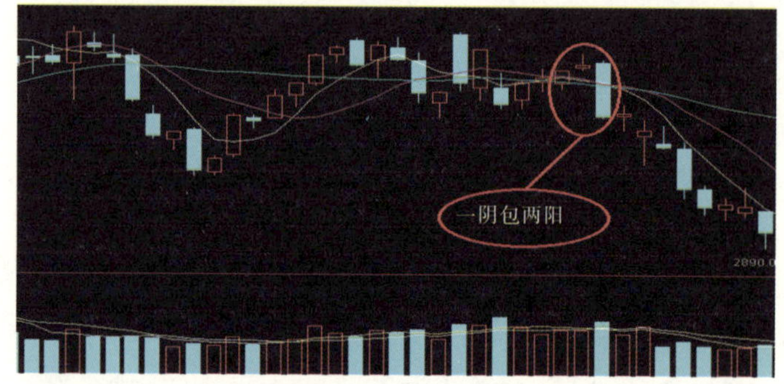

图 4.2.15　一阴包两阳——卖方占优组合 K 线

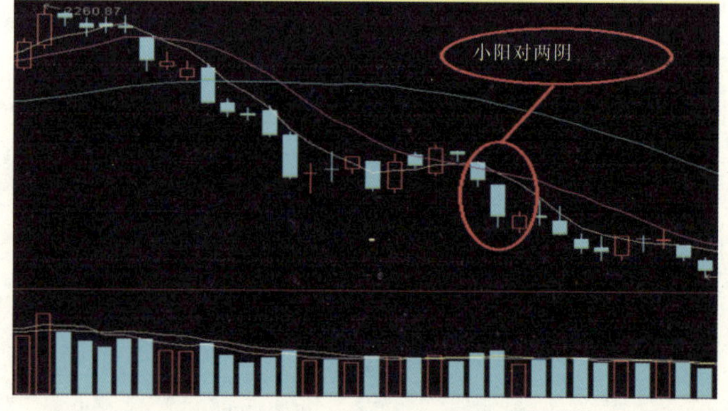

图 4.2.16　小阳对两阴——卖方占优组合 K 线

④小阴对两阳——买方占优组合 K 线(见图 4.2.17)。该组合的特点是:前

两根 K 线是阳线，最后一根 K 线是阴线，且其实体长度小于前两根 K 线阳线实体长度。该组合的含义是：最后一日卖方力量小于前两日买方力量，买方处于优势地位。

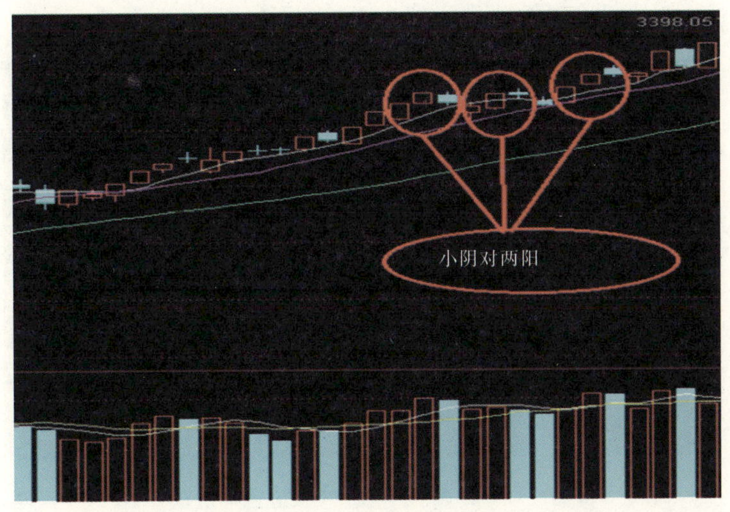

图 4.2.17　小阴对两阳——买方占优组合 K 线

⑤两阳对一阴——卖方占优组合 K 线(见图 4.2.18)。该组合的特点是：前一根 K 线是阴线，后两根 K 线是阳线，且最后一根 K 线收盘价小于阴线开盘价。该组合的含义是：后两日买方力量小于前日卖方力量，卖方处于优势地位。

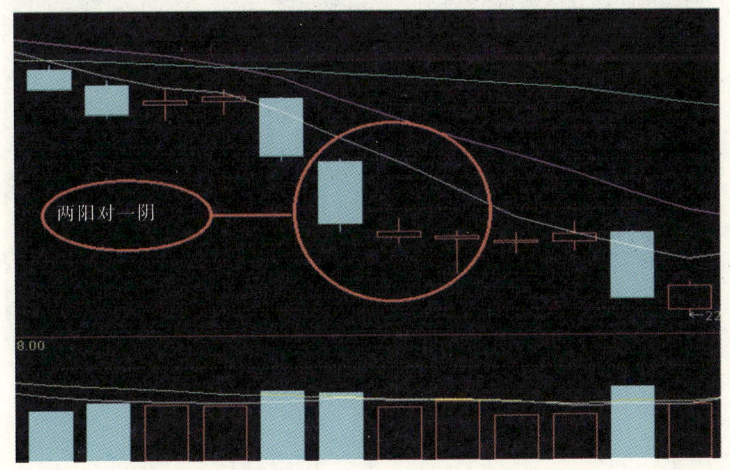

图 4.2.18　两阳对一阴——卖方占优组合 K 线

⑥两阴对一阳——买方占优组合K线(见图4.2.19)。该组合的特点是:前一根K线是阳线,后两根K线是阴线,且阳线实体长度不小于后两根K线阴线实体长度之和。该组合的含义是:后两日卖方力量小于前日买方力量,买方处于优势地位。

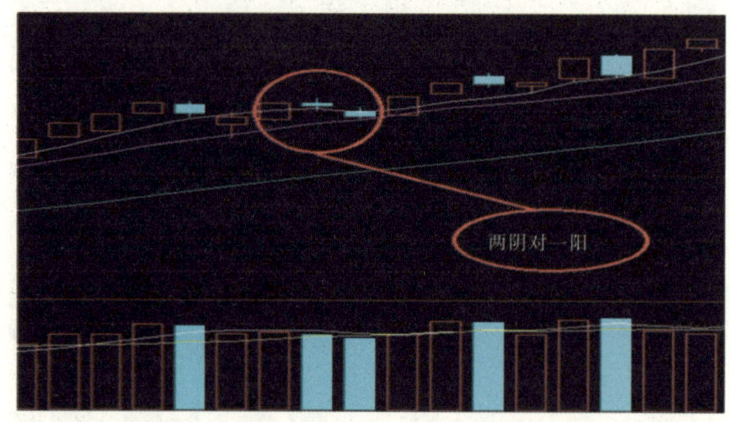

图4.2.19 两阴对一阳——买方占优组合K线

⑦两阳夹一阴之一——卖方占优组合K线(见图4.2.20)。该组合的特点是:中间是一根阴线,两侧是阳线,且最后一根K线收盘价低于前两日开盘价和收盘价。该组合的含义是:买方力量不足,卖方处于优势地位。

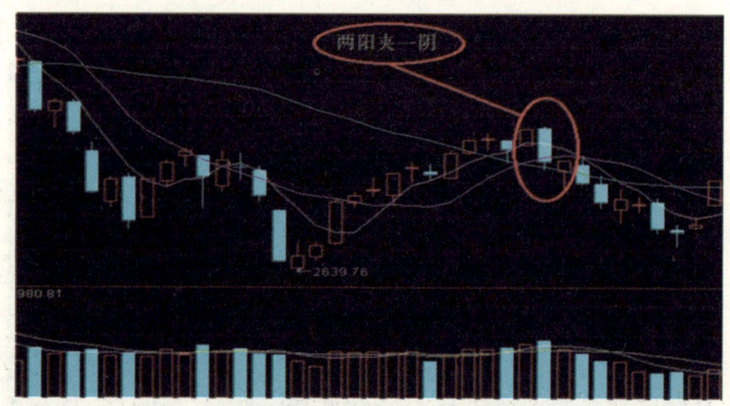

图4.2.20 两阳夹一阴之一——卖方占优组合K线

⑧两阳夹一阴之二——买方占优组合K线(见图4.2.21)。该组合的特点是:中间是一根阴线,两侧是阳线,且最后一根K线收盘价高于前两日开盘价和

收盘价。该组合的含义是:买方力量较强,处于优势地位。

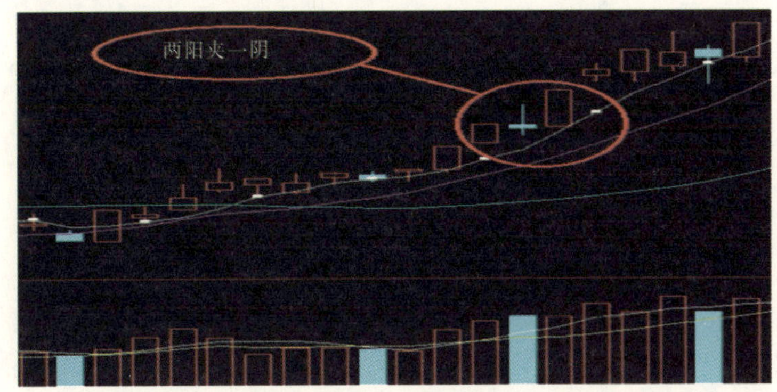

图 4.2.21 两阳夹一阴之二——买方占优组合 K 线

⑨两阴夹一阳——卖方占优组合 K 线(见图 4.2.22)。该组合的特点是:中间是一根阳线,两侧是阴线,且最后一根 K 线收盘价低于前两日收盘价和开盘价。该组合的含义是:卖方力量强于买方,卖方处于优势地位。

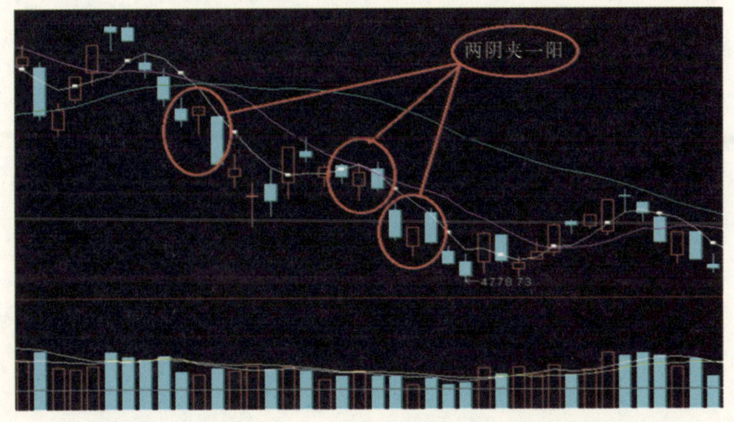

图 4.2.22 两阴夹一阳——卖方占优组合 K 线

2. 成交量。成交价、成交量是市场行为最基本的表现。成交量的含义是:在给定时间内(如 1 分钟、1 天、1 周、1 月等),交易的证券或合同的数目。某一时点上的价和量反映的是买卖双方在这一时点上共同的市场行为,是双方的暂时均衡点。随着时间的变化,均衡会不断发生变化。成交量是技术分析的重要指标,主要意义是:

(1)买卖双方对价格的认同程度,是通过成交量的大小来确认的。一般来说，认同程度小、分歧大，交易量就大；认同程度大、分歧小，交易量也就小。

(2)成交量是证券价格的先行指标。在技术分析中，量与价的关系占据了极为重要的地位，成交量是推动证券价格上涨的原动力。一般来说，当成交量增加时，价迟早会涨起来；若成交量不增，价迟早会跌下去。技术分析中的名言“价虚、量实”，其意义就在于此。

3. 价格趋势的表现形式与含义。在技术分析中，时间也是一个重要的因素或参数。时间与价格、成交量构成了证券市场的空间结构关系。

在证券技术分析中，K 线图中的“移动平均线”(*MA*)是研究证券市场空间结构关系的重要基础。*MA* 就是连续若干天(或分、周、月等)市场价格(通常采用收盘价)或成交量的算术平均值。天数(或分、周、月等)就是 *MA* 的参数。例如，10 日移动平均线简称为“10 日线”[*MA*(10)]。

证券市场的“周期性变化”，以及分析“证券价格未来一段时间变化趋势的可能性”，是“综合模糊技术分析”的两个理论基础。因此，证券市场的“周期性变化”规律和“变化趋势”，由第 3 章之第 1 节——“*X* 单因素周期结构模型”来描述。

在 K 线图中，以时间为自变量，价格为因变量，根据“*X* 单因素周期结构图”(见图 2.3.1)的原理，将价格的“周期性变化”和“变化趋势”的表现形式及其含义，释之如下：

(1)价格趋势的表示与含义。价格的变化趋势，由价格(P)对时间(t)的导数$\frac{\mathrm{d}P}{\mathrm{d}t}$来表示，具体含义如下：

①$\frac{\mathrm{d}P}{\mathrm{d}t}>0$，表示证券价格的变化趋势是上升方向，即“*X* 单因素周期结构图”中的 $O\to A\to B\to C$ 阶段；

②$\frac{\mathrm{d}P}{\mathrm{d}t}=0$，表示证券价格处于“顶”或“底”点，暂时的发展方向是水平或不确定，即“*X* 单因素周期结构图”中的 C, F, I 点；

③$\frac{\mathrm{d}P}{\mathrm{d}t}<0$，表示证券价格的变化趋势是下降方向，即“*X* 单因素周期结构图”中的 $C\to D\to E\to F$ 阶段。

(2)价格“加趋势”的表示与含义。根据二阶导数的定义，把证券价格在 t 时刻的变化率的变化率$\frac{\mathrm{d}^2P}{\mathrm{d}t^2}$，定义为证券价格的“加趋势”。其几何意义是：

①在证券价格上升阶段,即$\frac{dP}{dt}>0$,“加趋势”的几何意义有如下定义:

a. $\frac{d^2P}{dt^2}=0$,证券价格处于周期上升的初期阶段或匀速上升阶段,即“X 单因素周期结构图”中的 $O\to A$ 阶段;

b. $\frac{d^2P}{dt^2}>0$,证券价格处于周期上升的加速阶段,即“X 单因素周期结构图”中的 $A\to B$ 阶段;

c. $\frac{d^2P}{dt^2}<0$,证券价格处于周期上升的减速阶段,即“X 单因素周期结构图”中的 $B\to C$ 阶段。

②在证券价格下降阶段,即$\frac{dY}{dt}<0$,“加趋势”的几何意义有如下定义:

a. $\frac{d^2P}{dt^2}=0$,证券价格处于周期下降的初期阶段或匀速下降阶段,即“X 单因素周期结构图”中的 $C\to D$ 阶段;

b. $\frac{d^2P}{dt^2}<0$,证券价格处于周期下降的加速阶段,即“X 单因素周期结构图”中的 $D\to E$ 阶段;

c. $\frac{d^2P}{dt^2}>0$,证券价格处于周期下降的减速阶段,即“X 单因素周期结构图”中的 $E\to F$ 阶段。

4. 交易量趋势的表现形式与含义。采用与“价格趋势的表现形式与含义”相同的方法,来论述交易量趋势的表现形式与含义。

(1)交易量变化趋势的表示与含义。交易量的变化趋势,由交易量(Q)对时间(t)的导数$\frac{dQ}{dt}$来表示,具体含义如下:

①$\frac{dQ}{dt}>0$,表示交易量是逐步增加的,即“X 单因素周期结构图”中的 $O\to A\to B\to C$ 阶段;

②$\frac{dQ}{dt}=0$,表示交易量几乎没有发生变化,即“X 单因素周期结构图”中的 C,F,I 点;

③$\frac{dQ}{dt}<0$，表示交易量是逐步下降的，即“X单因素周期结构图”中的$C \to D \to E \to F$阶段。

(2)交易量“加趋势”的表示与含义。根据二阶导数的定义，把交易量在t时刻的变化率的变化率$\frac{d^2Q}{dt^2}$，定义为交易量的“加趋势”，其几何意义如下：

①$\frac{d^2Q}{dt^2}=0$，意味着交易量近乎均匀变化，即“X单因素周期结构图”中的$O \to A$阶段，或$C \to D$阶段；

②$\frac{d^2Q}{dt^2}>0$，含义是交易量加速上升，或交易量减速下降，即“X单因素周期结构图”中的$A \to B$阶段，或$E \to F$阶段；

③$\frac{d^2Q}{dt^2}<0$，表明交易量减速上升，或交易量加速下降，即“X单因素周期结构图”中的$B \to C$阶段，或$D \to E$阶段。

以上6个参数——价格、价格趋势和价格“加趋势”与交易量、交易量趋势和交易量“加趋势”，是“综合模糊技术分析”的基本分析要素。

第3节　市场价格的周期结构特征

证券市场的“周期性变化”，是“综合模糊技术分析”的理论基础之一。“X单因素周期结构图”，是分析周期结构特征的基本方法。分析证券市场周期性变化特征的目的是，为证券的买入时机和卖出时机提供决策依据。证券市场的周期性变化可分为8个阶段：上升初期阶段、加速上升阶段、减速上升阶段、顶部阶段、初期下降阶段、加速下降阶段、减速下降阶段、底部阶段。以市场指数为例，将各阶段的特征论述如下：

一、上升初期阶段的特征

上升初期阶段是周期上升的初期阶段，且定义为匀速上升。该阶段的特征是：

1. 成交量。证券市场的底部末期阶段，因某种信息，当日成交量“增加显著”，是市场的价格趋势由水平方向转为上升方向的重要特征。“增加显著”的含义是，当日市场成交量大于 5 日移动平均成交量的 30%以上，记作 $Q_t > 1.3Q_5$。其中：Q_t 为当日成交量；Q_5 为 5 日移动平均成交量。

2. 成交量的变化趋势。证券市场空间结构之底部末期阶段，有时，虽然大盘指数并未明显攀升，但市场成交量开始逐步递增，表现为价稳量增；有时，大盘指数的趋势由水平方向转为上升方向，市场成交量逐步增加，表现为价升量增。总之，证券市场的底部末期阶段，成交量逐渐增加是初期上升阶段的重要特征之一，记作 $\frac{dQ_k}{dt} > 0$。$\frac{dQ_k}{dt} > 0$ 的含义是成交量逐步增加。

说明：本书选取的成交量移动平均线参数分别为 5 日、10 日、6 周、12 周、6 个月，用符号分别记作 5，10，5W，12W，6M。①

3. 证券价格。此阶段，价格的主要特征是：

(1) 证券市场的底部阶段，因某种信息，某日大盘指数涨幅显著。所谓“涨幅显著”，是指当日大盘指数的涨幅在 2%以上，记作 $(\frac{P_t^E}{P_t^O} - 1) \geqslant 2\%$。其中：$P_t^E$ 为当日收盘价；P_t^O 为当日开盘价。

(2) 当日大盘指数围绕 5 日移动平均线波动，记作 $|P_t - P_5| < \varepsilon$。其中：$P_5$ 为 5 日价格移动平均线；ε 为任意小的正数；其他符号的含义同前。

4. 价格的变化态势。此阶段价格的变化态势是价格移动平均线的趋势是稳步（或近乎匀速）上升，记作 $\frac{dP_k}{dt} > 0 \cap \frac{d^2P_k}{dt^2} = 0$。时间顺序是：移动平均线参数 k 小者在前，大者在后。

由此可见，证券市场空间结构之初期上升阶段是一个过程，而非一个点。以上 4 个条件满足得越多，证券市场空间结构之初期上升阶段的特征就越明显，买入证券承担的风险就越小，收益也就越小；反之亦然。此阶段是买入证券的最佳时期。

说明：周期参数的选取原则是，既要能及时抓住买入的机会，同时又要掌握好卖出的时机。每个市场、每一证券的特性都有差异，周期参数的选取也应不同。本书中的价格周期参数分别是 5 日、10 日、30 日、6 周、12 周、24 周、6 个月，其中 30 日、24 周、6 个月是重要的周期参数；交易量周期参数分别是 5 日、

---

① 说明：符号的含义，以下部分若没有特别说明，皆同此。

10 日、6 周、12 周、6 个月。这些参数是经验值,仅供参考。

二、加速上升阶段的特征

加速上升阶段的特征是:证券价格随着成交量的递增而加速上涨,证券价格继续上升的可能性较大。价、量关系有如下特征:

1. 证券价格。随着初期上升阶段的特征越来越明显,市场中主动买入的力量逐渐增强。价格方面表现出来的主要特征是:

(1)市场价格或市场指数不断创出新高,记作 $P_t^H > P_{t-\tau}^H$。其中:P_t^H 为当日的最高价;$P_{t-\tau}^H$ 为前几日的最高价;$t-\tau$ 的含义是距当日较近的某一日,一般情况下,$\tau \leqslant 5$。

(2)当日市场价格或市场指数位于 5 日移动平均线以上,记作 $P_t > P_5$。

2. 成交量。价升量增是此阶段的主要特征,当日成交量需有"配合性增加"。所谓"配合性增加",就是指数小幅度上涨时的成交量,需比前日的成交量略增,或维持原状。当指数有较大涨幅时,成交量需有明显性的增加;同时,当日成交量也不能有显著放大,量化的大致范围是不低于前日交易量,也不超过 5 日平均交易量的 30%,记作 $Q_{t-1} \leqslant Q_t < 1.3Q_5$。其中:$Q_{t-1}$ 为前一日的成交量;其他符号的含义同前。

3. 价格的变化态势。此阶段,价格的变化态势是价格移动平均线的趋势是加速上升,记作 $\frac{dP_k}{dt} > 0 \cap \frac{d^2P_k}{dt^2} > 0$。具体特征是:

(1)在时间顺序上,移动平均线参数 k 小者在前,大者在后;

(2)价格移动平均线斜率的变化规律是:移动平均线参数 k 越小,其斜率越大。

4. 成交量的变化趋势。加速上升阶段的特征是证券价格随着成交量的递增而上涨,成交量的变化趋势是上升方向,记作 $\frac{dQ_k}{dt} > 0$。

由此可见,证券市场空间结构之加速上升阶段也是一个过程,而非一个点。以上 4 个条件满足得越多,证券市场空间结构之加速上升阶段的特征就越明显,买入证券承担的风险就越小,收益也就越小;反之亦然。

此阶段仍是买入证券的好时期,但风险较初期上升阶段增大,收益也减少。

三、减速上升阶段的特征

减速上升阶段的主要特征是:证券价格继续上涨,成交量却逐渐萎缩。未来的发展趋势是,由上升转为水平或下降的可能性较大。价、量及其结构关系有如下特征:

1. 量、价关系。减速上升阶段,量、价的关系尤为密切,常出现如下特征:

(1)成交量不再增加,价格继续上升。价格上升,成交量不再增加,意味着价得不到买方认同,价格的上升趋势最终会改变。记作 $Q_t \leqslant Q_{t-1}, P_t > P_{t-1}$。

(2)成交量不再增加,价格裹足不前。这意味着,买方的主动性不再占优,买卖双方的认识趋向一致。记作 $Q_t \leqslant Q_{t-1}, P_t^H < P_{t-\tau}^H$。

(3)成交量增加显著,价格涨幅显著。此种状况的含义是:买卖双方对市场未来发展趋势的认识分歧较大,买方的主动性占优。记作 $Q_t > 1.3Q_5, (\frac{P_t^E}{P_t^O} - 1) \geqslant 3\%$。

(4)成交量增加显著,价格不再创新高。此种状况的含义是:买卖双方对市场未来发展趋势的认识有较大分歧,买方的主动性不再占优。记作 $Q_t > 1.3Q_5$, $P_t \leqslant \sup P$。其中:$\sup P$ 为本周期的最高价;其他符号的含义同前。

(5)成交量增加显著,价格波动剧烈。此种状况的含义是:买卖双方对市场未来发展趋势的认识分歧较大,买卖双方的主动性都曾占有优势。记作 $Q_t > 1.3Q_5, (\frac{P_t^H}{P_t^L} - 1) \geqslant 5\%$。其中:$P_t^L$ 为当日最低价;其他符号的含义同前。

(6)成交量创本周期新高。此种状况的含义是,买卖双方对市场未来发展趋势的认识分歧达到最大,记作 $Q_k = \sup Q$。其中:$\sup Q$ 的含义是某日成交量达到本周期的最大量;其他符号的含义同前。

2. 证券价格。减速上升阶段,价格的变化特征,除了具有"价量关系"特征以外,还有以下特征:

(1)成交量不再创新高,价格创新高。"成交量不再创新高"意味着,买卖双方的认识越来越趋向一致,每产生一个新的最高价,都有可能是本周期的最高价。记作 $Q_t < \sup Q, P_t = \sup P$。

(2)成交量不再创新高,当日大盘指数或价格在 5 日移动平均线上下波动。"成交量不再创新高"意味着买卖双方的认识越来越趋向一致;"当日大盘指数或价格在 5 日移动平均线上下波动"表明,当日买方的主动性与近 5 日平均水平比

较，没有显著变化。记作 $Q_t < \sup Q$，$|P_t - P_5| < \varepsilon$。

(3)周期顶部区域产生日或周 K 线十字星。这表明，在周期顶部区域，买卖双方的主动性近乎相等，记作 $P_t^E = P_t^O$，或 $P_W^E = P_W^O$。其中：P_W^E，P_W^O 分别表示本周市场的收盘价与开盘价；其他符号的含义同前。

3. 成交量的变化趋势。成交量不断萎缩是减速上升阶段的重要特征，记作 $\frac{dQ_k}{dt} < 0$。移动平均线参数 k 越小，时间的先后顺序越早。

4. 价格的变化态势。此阶段，价格的变化态势是价格移动平均线的趋势是减速上升，记作 $\frac{dP_k}{dt} > 0 \cap \frac{d^2 P_k}{dt^2} < 0$。在时间顺序上，移动平均线参数 k 小者在前，大者在后。

综上可见，证券市场空间结构之减速上升阶段也是一个过程，而非一个点。以上 4 个条件满足得越多，证券市场空间结构之减速上升阶段的特征就越明显。此阶段，成为顶部阶段的前期阶段的可能性较大。因此，该阶段是卖出证券的初期时机。对风险厌恶者，更是如此。

四、顶部阶段的特征

顶部阶段的显著特征是，价格移动平均线的趋势由上升方向转为水平方向。与底部阶段相比较，顶部阶段持续时间较短。该阶段的主要特征是：

1. 价格的变化趋势。此阶段的主要特征是：价格移动平均线的趋势由减速上升变为非上升方向；时间顺序是：移动平均线参数 k 小者在前，大者在后。记作 $\frac{dP_k}{dt} > 0 \cap \frac{d^2 P_k}{dt^2} < 0 \rightarrow \frac{dP_k}{dt} \leqslant 0$。

2. 证券价格。该阶段证券价格表现出来的主要特征是：

(1)市场指数或价格不再创新高。“价格不再创新高”的含义是，当日市场价格不高于本周期的最高价，记作 $P_t \leqslant \sup P$。

(2)当日市场指数在 5 日移动平均线上下波动。这意味着，买方的主动性与前几日比较，没有显著变化。记作 $|P_t - P_5| < \varepsilon$。

3. 成交量。该阶段成交量的主要特征是成交量逐渐萎缩，表明市场买卖双方的认识趋向一致。记作 $Q_t < Q_{t-1}$。

4. 成交量的变化趋势。成交量不断萎缩是该阶段的重要特征，记作 $\frac{dQ_k}{dt} < 0$。

综上可见,证券市场空间结构之顶部阶段也是一个过程,而非一个点。以上 4 个条件满足得越多,证券市场空间结构之顶部阶段的可能性就越大。该阶段的意义是,坚决卖出持有的证券的最佳时机。

五、下降初期阶段的特征

下降初期阶段的主要标志是,价格移动平均线的趋势由水平方向转为下降方向。该阶段的主要特征是:

1. 价格的变化趋势。价格移动平均线的趋势由水平方向转为下降方向是该阶段的主要特征;时间顺序是:移动平均线参数 k 小者在前,大者在后。记作 $\frac{\mathrm{d}P_k}{\mathrm{d}t}=0\rightarrow\frac{\mathrm{d}P_k}{\mathrm{d}t}<0\cap\frac{\mathrm{d}^2P_k}{\mathrm{d}t^2}=0$,符号的含义同前。

2. 成交量的变化趋势。此阶段,卖方的主动性稍微占优,价格移动平均线的趋势向下,逐渐成为共识,表现出来的市场特征之一是,成交量的变化趋势是下降方向,记作$\frac{\mathrm{d}Q_k}{\mathrm{d}t}<0$。

3. 成交量。该阶段成交量表现出来的特征是继续萎缩,记作 $Q_t<Q_{t-1}$。

4. 证券价格。此阶段的价格特征是,当日市场指数或价格在 5 日移动平均线附近上下波动,记作$|P_t-P_5|<\varepsilon$。

综上可见,证券市场空间结构之初期下降阶段也是一个过程,而非一点。以上 4 个条件满足得越多,证券市场空间结构之初期下降阶段的可能性就越大。该阶段的意义是:在可能的情况下,坚决卖出持有的证券。

六、加速下降阶段的特征

继初期下降阶段之后,如果主要价格移动平均线下降趋势的斜率变得更大,则市场进入了加速下降阶段。该阶段的主要特征是:

1. 证券价格。此阶段,证券价格的主要特征是:

(1)当日市场指数或价格在 5 日移动平均线下方。这意味着,当日买方的主动性弱于近 5 日平均水平,记作 $P_t<P_5$。

(2)市场指数或价格,不断创本下降趋势的新低。这表明,近日卖方的主动性远胜过买方,记作 $P_t^L<P_{t-\tau}^L$。其中:P_t^L 为当日最低价;$P_{t-\tau}^L$为近几日最低价。

2. 成交量。该阶段成交量的主要特征是不断创新低,记作 $Q_t<Q_{t-\tau}^L$。其中:

$Q_{t-\tau}^{L}$为近几日的最低成交量;其他符号的含义同前。

3.成交量的变化趋势。该阶段,卖方的主动性占优,对价格趋势继续下跌的认识逐渐强化,反映在成交量上就是继续萎缩,记作$\frac{dQ_k}{dt}<0$。

4.价格的变化趋势。价格趋势表现出来的特征是:

(1)价格移动平均线下降的斜率,比初期下降阶段的更大,记作$\frac{dP_k}{dt}<0\cap\frac{d^2P_k}{dt^2}<0$。

(2)移动平均线参数k越小,价格移动平均线下降的斜率越大,记作$\frac{dP_k}{dt}<\frac{dP_{k+\tau}}{dt}$。

由上可见,证券市场空间结构之加速下降阶段也是一个过程,而非一个点。以上4个条件满足得越多,证券市场空间结构之加速下降阶段的可能性就越大。该阶段的意义是:如果投资者持有的证券已失去合理的卖出时机,至此阶段则是不得已而为之,在可能的情况下,仍要坚决卖出持有的证券。

七、减速下降阶段的特征

恐慌情绪形成了市场的加速下降阶段,随着价格的不断下降,市场风险也得到较大的释放,对市场未来的发展逐渐产生分歧,这时市场有可能进入减速下降阶段。该阶段的主要特征是:

1.成交量。当价格移动平均线的趋势是下降方向时,成交量不再继续萎缩,这表明买卖双方对未来的发展逐渐产生分歧,记作$Q_t>Q_{t-\tau}^{L}$。

2.证券价格。在价格移动平均线的趋势是下降方向,且成交量不再继续萎缩时,意味着买卖双方对未来的发展有了一定的分歧。卖方的主动性绝对占优的局面开始有所转变,买方的主动性有所回升,体现在价格上,就是当日市场指数或价格围绕5日移动平均线上下波动,记作$|P_t-P_5|<\varepsilon$。

3.成交量的变化趋势。此阶段,成交量不再继续萎缩,体现在成交量的变化趋势上,就是呈现非下降状态,记作$\frac{dQ_k}{dt}\geqslant 0$。

4.价格的变化态势。该阶段价格的变化态势是移动平均线下降的角度逐渐变缓。时间顺序是:移动平均线参数 k 小者在前,大者在后。记作 $\frac{dP_k}{dt}<0\cap\frac{d^2P_k}{dt^2}<0\rightarrow\frac{dP_k}{dt}<0\cap\frac{d^2P_k}{dt^2}>0$。

由上可见,证券市场空间结构之减速下降阶段也是一个过程,而非一个点。以上 4 个条件满足得越多,证券市场空间结构之减速下降阶段的可能性就越大。该阶段的意义是:市场进入下降趋势末期的可能性较大;风险厌恶者,在可能的情况下,仍要卖出持有的证券。

八、底部阶段的特征

底部阶段的主要特征是:

1. 成交量。在价格移动平均线下降过程中,成交量创本下降趋势新低后,不再继续萎缩——这是此阶段成交量的重要特征,记作 $Q_t>\inf Q$。其中:$\inf Q$ 为本下降趋势的最小成交量——“地量”;其他符号的含义同前。

2. 证券价格。在价格移动平均线下降过程中,交易价格创新低之后,不再有更低价格出现—— 这是此阶段交易价格的重要特征,记作 $P_t>\inf P$。其中:$\inf P$ 为本下降趋势的最低交易价格——“地价”;其他符号的含义同前。

3. 成交量的变化趋势。该阶段,成交量不再继续萎缩,成交量变化趋势的特征是呈非下降状态,记作 $\frac{dQ_k}{dt}\geqslant 0$。

4. 价格的变化趋势。此阶段,价格变化趋势的特征是,价格移动平均线的趋势由下降方向逐渐发展为水平方向;移动平均线参数 k 小者在前,大者在后。记作 $\frac{dP_k}{dt}<0\rightarrow\frac{dP_k}{dt}=0$。

综上可见,证券市场空间结构之底部阶段是一个过程,而非一个点。以上 4 个条件满足得越多,则证券市场空间结构之底部阶段的可能性就越大。此外,要说明的是,底部阶段的“地量”“地价”是过后才能知道的,发生的当日,无法判断是不是“地量”或“地价”。该阶段的意义是:风险偏好者、中长期投资者、资金规模较大的投资者开始买入证券。

以上是市场价格周期结构特征的主要内容,一方面,可以独立作为技术分析的方法,更重要的一方面是,可以为技术分析的综合分析服务。

第5章　技术分析(2)：“综合模糊技术分析”与常见理论的联系和区别

常见的技术分析方法，各有其长，又各存其短。本章讨论“综合模糊技术分析”与常用技术分析方法的融合和比较。

第1节　“综合模糊技术分析”与道氏理论的联系和区别

一、与道氏理论的联系

道氏理论(Dow Theory)是市场技术分析的基础，它强调的是总的市场趋势。该理论的主要内容如下：

1. 市场价格指数可以解释和反映市场的大部分行为。这是道氏理论对证券市场的最重要贡献。目前，世界上的证券交易所都有自己的市场价格指数，各种指数的计算方法大同小异，都源于道氏理论。

2. 市场波动的三种趋势。道氏理论将市场价格波动的形式，分为三种基本趋势：

(1)主要趋势(Primary Trend)。道氏理论将证券市场价格波动周期持续时间大于1年的趋势，定义为“主要趋势”。在“综合模糊技术分析”中，6个月(或24周)价格移动平均线切线斜率方向的定义，与道氏理论主要趋势的定义相近。

①$\frac{\mathrm{d}P_{6M}}{\mathrm{d}t}>0$ 时，定义主要趋势是上升方向；

②$\frac{\mathrm{d}P_{6M}}{\mathrm{d}t}<0$ 时，定义主要趋势是下降方向；

③$\frac{\mathrm{d}P_{6M}}{\mathrm{d}t}=0$ 时，定义主要趋势是水平方向，或趋势不确定。

(2)次要趋势(Secondary Trend)。道氏理论将证券市场价格波动周期持续时间大于几个月小于 1 年的趋势,定义为“次要趋势”。在“综合模糊技术分析”中,30 日价格移动平均线切线斜率方向的定义,与道氏理论次要趋势的定义相当。

①$\frac{dP_{30}}{dt}>0$ 时,定义次要趋势是上升方向;

②$\frac{dP_{30}}{dt}<0$ 时,定义次要趋势是下降方向;

③$\frac{dP_{30}}{dt}=0$ 时,定义次要趋势是水平方向,或趋势不确定。

(3)短暂趋势(Near Term Trend)。道氏理论将证券市场价格波动周期持续时间小于几周的趋势,定义为“短暂趋势”。在“综合模糊技术分析”中,价格移动平均线参数 5 日的切线斜率方向定义,与道氏理论短暂趋势的定义相当。

①$\frac{dP_5}{dt}>0$ 时,定义短暂趋势是上升方向;

②$\frac{dP_5}{dt}<0$ 时,定义短暂趋势是下降方向;

③$\frac{dP_5}{dt}=0$ 时,定义短暂趋势是水平方向,或趋势不确定。

3. 交易量对趋势变化起重要作用。在此点上,两个理论的观点相同——预测市场价格趋势的变化,是市场技术分析的关键问题;一般情况下,交易量的显著增大,是市场价格趋势要发生变化的重要征兆之一。

4. 道氏理论是市场技术分析的鼻祖,“综合模糊技术分析”吸收了道氏理论的 4 个主要观点。

二、与道氏理论的区别

1. 使用价格稍不同。道氏理论认为,在所有价格中,收盘价最重要,甚至认为只需用收盘价,不考虑别的价格。“综合模糊技术分析”综合使用了开盘价、收盘价、最高价与最低价等概念。

2. 与“综合模糊技术分析”比较,道氏理论缺少综合量化分析,在实践中的可操作性较差。

第2节 “综合模糊技术分析”与切线理论的联系和区别

一、概述

切线理论的基本思想是“顺势而为”，而不“逆势而动”。该理论认为，证券市场价格变动有一定的趋势，在长期上涨或下跌的趋势中，会有短暂的盘旋或调整，投资者应把握长期趋势，不应为暂时的回调和反弹所迷惑，同时也应及时把握大势的反转。此理论就是帮助投资者识别大势变动方向的一种方法。趋势分析和趋势线是切线理论的两个重要概念。

二、趋势分析

1.趋势的定义。切线理论中的趋势定义，就是证券市场价格的移动平均线切线方向；“综合模糊技术分析”中的趋势定义是，在证券价格K线图中，价格移动平均线的切线方向就是价格趋势的方向。

2.趋势的方向。两理论都将趋势的方向分为上升方向、下降方向和水平方向(或称“无趋势方向”)。“综合模糊技术分析”给出的具体量化定义是：在证券价格K线图中，$\frac{\mathrm{d}P}{\mathrm{d}t}>0$，上升方向；$\frac{\mathrm{d}P}{\mathrm{d}t}<0$，下降方向；$\frac{\mathrm{d}P}{\mathrm{d}t}=0$，水平方向。

3.趋势的类型。与道氏理论的分类相近，趋势可分为3个类型。

(1)主要趋势。主要趋势就是趋势的主要方向，是顺势而为的主要依据。“综合模糊技术分析”结合我国资本市场的特性，给出的具体量化定义是：证券价格K线图中，参数24周、6个月的价格移动平均线的切线方向，视为价格的主要趋势。参数越大，所形成的趋势就越确定。

(2)次要趋势。在主要趋势不变情况下的中期价格趋势称为“次要趋势”。“综合模糊技术分析”给出的具体量化定义是：证券价格K线图中，30日的价格移动平均线的切线方向，视为价格的次要趋势。以主要趋势是上升方向为例，次要趋势有3种情况。

①次要趋势与主要趋势同向，记作$\frac{\mathrm{d}P_{30}}{\mathrm{d}t}>0\cap\frac{\mathrm{d}P_{6M}}{\mathrm{d}t}>0$。

②次要趋势是水平方向,记作$\frac{dP_{30}}{dt}=0\cap\frac{dP_{6M}}{dt}>0$。

③次要趋势与主要趋势反向,记作$\frac{dP_{30}}{dt}<0\cap\frac{dP_{6M}}{dt}>0$。

④次要趋势的意义是,为短期买卖证券提供决策依据。

a. 卖出时机。设以 6 个月价格移动平均线的切线方向为主要趋势,且是上升方向。如果 30 天价格移动平均线的切线方向由上升变为非上升,可能是一个短期卖出证券的时机,记作$(\frac{dP_{30}}{dt}>0\rightarrow\frac{dP_{30}}{dt}\leqslant 0)\cap\frac{dP_{6M}}{dt}>0$。

b. 买入时机。设以 6 个月价格移动平均线的切线方向为主要趋势,且是上升方向。若 30 天价格移动平均线的切线方向由水平变为上升,可能是一个短期买入证券的时机,记作$(\frac{dP_{30}}{dt}\leqslant 0\rightarrow\frac{dP_{30}}{dt}>0)\cap\frac{dP_{6M}}{dt}>0$。

(3)短暂趋势。在主要趋势不变情况下的短期价格趋势称为"短暂趋势"。"综合模糊技术分析"给出的具体量化定义是:证券价格 K 线图中,参数 5 日的价格移动平均线的切线方向,可视为价格的短暂趋势。以主要趋势是上升方向为例,短暂趋势也有 3 种情况。

①短暂趋势与主要趋势同向,记作$\frac{dP_5}{dt}>0\cap\frac{dP_{6M}}{dt}>0$。

②短暂趋势是水平方向,记作$\frac{dP_5}{dt}=0\cap\frac{dP_{6M}}{dt}>0$。

③短暂趋势与主要趋势反向,记作$\frac{dP_5}{dt}<0\cap\frac{dP_{6M}}{dt}>0$。

④短暂趋势的意义是,为超短期买卖证券提供决策依据。

a. 卖出时机。以主要趋势是上升方向为例,5 日价格移动平均线的切线方向由上升变为非上升,可能是一个卖出证券的时机,记作$(\frac{dP_5}{dt}>0\rightarrow\frac{dP_5}{dt}\leqslant 0)\cap\frac{dP_{6M}}{dt}>0$。

b. 买入时机。以主要趋势是上升方向为例,5 日价格移动平均线的切线趋势由非上升方向变为上升方向,可能是一个买入证券的时机,记作$(\frac{dP_5}{dt}\leqslant 0\rightarrow\frac{dP_5}{dt}>0)\cap\frac{dP_{6M}}{dt}>0$。

三、趋势线

1.定义。切线理论给出的趋势线的定义是:在上升趋势中,将两个低点连成一条直线,就是上升趋势线;在下降趋势中,将两个高点连成一条直线,就得到下降趋势线。

"综合模糊技术分析"给出的趋势线的定义是:证券价格 K 线图中,价格移动平均线的切线为趋势线。常用的趋势线是 5 日、10 日、30 日、6 周、12 周、24 周、6 个月的价格均线趋势线。其中,30 日、24 周、6 个月的均线趋势线是重要的趋势线。

2.支撑线与压力线。切线理论没有给出支撑线和压力线的准确定义。"综合模糊技术分析"给出的支撑线和压力线的定义是:在上升趋势中,价格移动平均线就是支撑线;在下降趋势中,价格移动平均线即是压力线。可见,支撑线与压力线是相互转化的。价格移动平均线的参数越大,支撑线或压力线的有效性就越强。

3.趋势线的主要作用是:

(1)对价格波动起约束作用。上升趋势线对价格起支撑作用,下降趋势线对价格起压力作用。

(2)预测支撑点与压力点。切线理论给出了预测支撑点与压力点的两种方法。

①黄金分割线。该方法的基本思想是:设一局部上升趋势的最高价是 P^H,该价乘以特殊数字 α,就可以得到下降趋势可能获得支撑的参考价位 $P_S=\alpha \cdot P^H$;若一局部下降趋势的最低价是 P^L,该价乘以特殊数字 α,就可以得到上升趋势可能获得压力的参考价位 $P_R=\alpha \cdot P^L$。

α 是黄金分割线的特殊数字,常用的是 0.191,0.382,0.618,0.809,1.191,1.382,1.618,1.809,2,2.618,4.236。其中 0.618,1.618 和 4.236 最为重要,证券价格极易在这 3 个数产生的黄金分割线处产生支撑或压力。

②百分比线。此法的基本思想是:设一局部上升趋势开始的最低点是 P^L、最高点是 P^H,最高点与最低点之差(P^H-P^L),乘以特殊的百分比数 β,就可以得到下降趋势支撑点可能出现的位置 $P_S=\beta \cdot (P^H-P^L)$。

β 是特殊的百分比数,常用的是 1/8,1/4,3/8,1/2,5/8,3/4,7/8,1,1/3,2/3,

其中 1/2,1/3,2/3 这三条线最为重要。

与切线理论不同,“综合模糊技术分析”不预测支撑点与压力点,仅依据当下价格、成交量及其变化趋势,分析价格未来一段时间变化趋势的可能性。

四、评价

1. 切线理论依据道氏理论的分类,将趋势分为 3 个类型;“综合模糊技术分析”将趋势的 3 个类型给出符号、量化定义,为短期买卖证券提供量化的决策依据。可见,切线理论、道氏理论的趋势分类,是有意义的;同时,3 个理论又可相互融合。

2. 趋势线预测支撑点与压力点只可作为参考,不能作为决策依据。切线理论中,黄金分割线的特殊数字和特殊的百分比数是人们的一种心理倾向,且有一系列数据,每一数据都存在可能性,究竟哪个能够变成现实,这是不确定的。因此,不可以作为决策依据,只能作为一个参考。“综合模糊技术分析”不预测支撑点与压力点,仅依据当下价格、成交量及其变化趋势,分析价格未来一段时间变化趋势的可能性,能较好地控制投资风险。

第 3 节　形态理论简介

形态理论通过研究证券价格曲线的各种形态,预测价格的进行方向。该理论将证券价格曲线的形态分成两大类型:反转突破形态和持续整理形态。虽然形态理论与“综合模糊技术分析法”相融合之处较少,但是前者对后者有补充、辅助的作用。所以,本节仅将形态理论的主要内容进行简介与评析。

一、反转突破形态

反转突破形态的重要意义在于,决定买入、卖出时机。常见形态有如下几种:

1. 双重顶和双重底。在形态理论中,双重顶和双重底分别称为“M 头”和“W 底”。双重顶的主要结构特征是:有两个近乎相同高度的高点。日 K 线图中,价格曲线形态的规范性稍差;月 K 线图中,很少出现双重顶形态;周 K 线图

则是分析双重顶形态的重点。双重底的主要结构特征是:有两个近乎相同高度的低点。在实践中,以下事项值得关注:

(1)M头是价格均线的趋势由上升方向转为下降方向的可能反转形态,是局部卖出证券的特征;对风险厌恶者来讲,更有意义。W底是价格均线的趋势由下降方向转为上升方向的可能反转形态,是局部买入证券的特征;对风险偏好者来讲,意义更大。

(2)形态理论对形态是否反转有一个确认原则,主要是百分比原则和时间原则。前者要求突破到一定的百分比数,后者要求突破至少两日。这个确认原则有指导意义。

(3)形态理论有测算功能。主要观点是:从突破点算起,价格将至少下降或上升与形态高度相等的距离。这个功能缺少严格的逻辑依据,建议仅作为一个参考。

2. 头肩顶和头肩底。头肩顶的主要结构特征是:K线图中出现局部3个高点,中间高,两头低。头肩底的主要结构特征是:K线图中出现局部3个低点,中间低,两头高。以下事项值得注意:

(1)头肩顶是价格均线由上升趋势转向下降趋势的可能反转形态,其反转可能性比M头要大,是局部卖出证券的特征;对风险中性者来讲,也具有意义。头肩底是价格均线由下降趋势转为上升趋势的可能反转形态,其反转可能性比W底要大,是局部买入证券的特征。

(2)反转确认原则和测算方法,与M头和W底相同。

3. 三重顶(底)形态。三重顶(底)形态是头肩形态的一种变体。主要特征是:有3个近乎相同高度的顶点或底点。值得注意的是:三重顶(底)形态暂时延续水平趋势的可能性较大,今后如何发展存在不确定性,不是典型意义上的反转形态。

4. 圆弧形态。圆弧形态是将价格在一段时间的顶部高点或底部低点用折线连接起来的曲线,形似圆形、蝶形或碗形。在识别圆弧形态时,成交量很重要。一般规律是:弧底右边成交量逐渐增大,弧顶右边成交量逐渐萎缩。此外,圆弧形成时间也很重要,时间越长,反转的可能性就越大。

5. 喇叭形与菱形。喇叭形结构的主要特征是:在周期的顶部,交易活跃,成交量日益增大,价格波动幅度越来越大,形成越来越高的3个高点,以及越来越低的2个低点。喇叭形态形成后是卖出证券的时机。

菱形结构的主要特征是:在周期的顶部,价格形态先形成类似喇叭形,后形成类似对称三角形;成交量开始越来越大,然后愈来愈小。菱形形态确认后,便是卖出证券的时机。

二、持续整理形态

持续整理形态相当于道氏理论、切线理论中的次要趋势,是主要趋势的中间调整。本书仅简介矩形形态理论。

矩形又称“箱形”。其主要结构特征是:在一个局部区间,价格高点近乎相等,价格低点也几乎一致。换言之,由高点连成的压力线与由低点连成的支撑线近乎平行。矩形的形成至少需要4个转折点,一般应有6个转折点。以下两点值得注意:

1. 矩形为短期交易提供了机会。若能在早期估计到是矩形调整,就可以在压力线附近卖出证券,而在支撑线附近买入证券。

2. 矩形整理后趋势方向的选择存在不确定性。矩形是一种典型的整理形态,其趋势是水平方向。矩形整理后趋势方向的选择,可能上升也可能下降,需要趋势突破后才能确定下来。

第4节　“综合模糊技术分析”与波浪理论的联系和区别

波浪理论与“综合模糊技术分析”相融合的地方最多,对“综合模糊技术分析”的补充、辅助作用最大。本节首先简介波浪理论的主要内容,然后将重点放在两者的联系和区别上。

一、波浪理论

波浪理论的主要内容如下:

1. 波浪理论以周期分析为基础。

2. 大周期由若干时间长短不同的小周期构成,小周期又可再细分成更小的周期。每个周期不论时间长短,皆以相同“模式”运行。

3."模式"包括以下基本结构：

(1)每个周期都由上升浪(趋势)和下降浪(趋势)构成，任一浪要么是主浪(或称"驱动浪")，要么就是调整浪。

(2)主浪由5个次级浪组成，调整浪由3个次级浪组成。

(3)主浪总是与大一级的趋势同向运动，换言之，若该级别浪的上升或下降与上一级别浪的上升或下降趋势相同，则分为5浪；否则，分为3浪。

4."模式"的空间结构特征是：

(1)5浪(驱动浪)的空间结构特征是：

①浪2的波动范围不可超过浪1的起点。驱动浪处于上升趋势时，$\min P_2 > \min P_1$；驱动浪处于下降趋势时，$\max P_2 > \min P_1$。

②浪3永远不是最短的一浪，其末端点远超过浪1的末端点。驱动浪处于上升趋势时，$\max P_3 > \max P_1$；驱动浪处于下降趋势时，$\min P_3 < \min P_1$。

③浪4不会进入浪1的范围。驱动浪处于上升趋势时，$\min P_4 > \max P_1$；驱动浪处于下降趋势时，$\max P_4 < \min P_1$。

④浪5的终点在浪4的范围以外。驱动浪处于上升趋势时，$\max P_5 > \max P_3$；驱动浪处于下降趋势时，$\min P_5 < \min P_3$。

(2)3浪(调整浪)的空间结构特征是：

①浪B的波动范围不会超过浪A的起点。驱动浪处于上升趋势时，$P_B < \max P_5$；驱动浪处于下降趋势时，$P_B > \min P_5$。

②浪C的终点在浪B的范围以外。驱动浪处于上升趋势时，$\min P_C < \min P_A$；驱动浪处于下降趋势时，$\max P_C > \max P_A$。

5.每个周期完成这8个阶段才算结束，进入另一个周期。新的周期仍要遵循上述模式。

6.注意事项：

(1)价格形态最重要，是指波浪的形状和构造，是波浪理论存在的基础。

(2)高点和低点所处的相对位置，是波浪理论中各个浪的开始和结束位置。通过这些位置，可以弄清楚各个浪的相互关系，预测价格未来的回调点或可能达到的位置。

(3)完整周期的波浪数目、完成某一形态的时间，与弗波纳奇(Fibonacci)数列有密切关系。驱动浪处于上升趋势和下降趋势时的波浪理论结构分别如

图 5.4.1和图 5.4.2 所示。

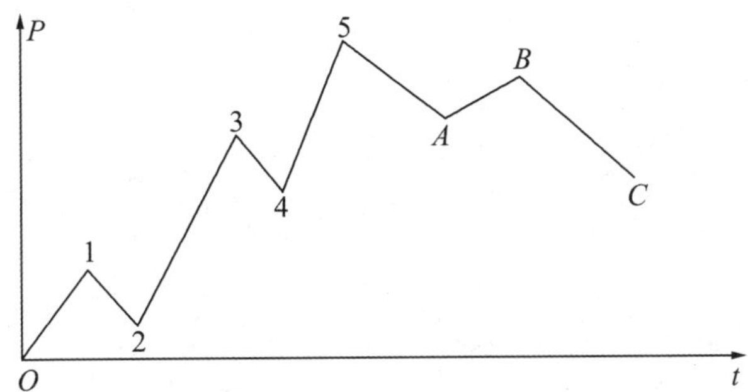

图 5.4.1 驱动浪处于上升趋势时的波浪理论结构

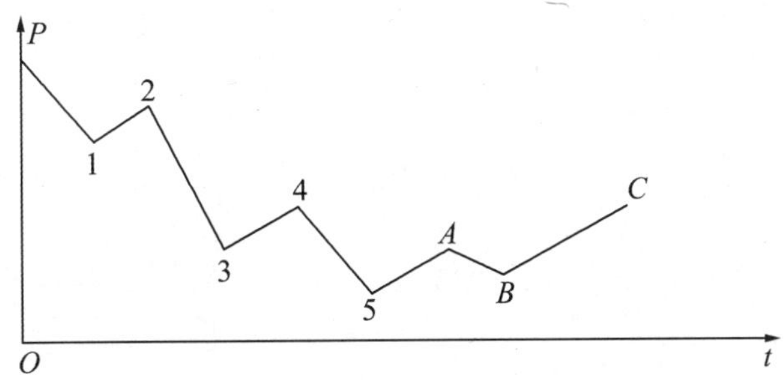

图 5.4.2 驱动浪处于下降趋势时的波浪理论结构

二、联系和区别

1.分析基础相同。波浪理论、“综合模糊技术分析”,皆以周期分析为基础。波浪理论——大周期由若干时间长短不同的小周期构成,小周期又可再细分成更小的周期。每个周期不论时间长短,皆以相同模式运行。这些观点,与“综合模糊技术分析”相近。

2.周期划分有别。波浪理论的完整周期由 8 个浪构成,主浪(趋势)由 5 个次级浪组成,调整浪(趋势)由 3 个次级浪组成。“综合模糊技术分析”之“X 单因素周期结构图”由 6 个阶段构成,上升趋势由初期上升阶段、加速上升阶段和减速上升阶段构成,下降趋势则由初期下降阶段、加速下降阶段和减速下降阶段描述。

波浪理论中,大周期包含小周期的数量由人为计数方式解决。“综合模糊技术分析”以价格均线的斜率描述周期变化的特征,大周期(主要趋势)价格均线的参数取值大，一般是 24 周或 6 个月；小周期（短暂趋势）的参数则有日、时、分等。

3. 两者的融合。波浪理论的完整周期由 8 个浪构成，主浪（趋势）由 5 个次级浪组成，调整浪（趋势）由 3 个次级浪组成。可见，波浪理论的完整周期可以分为 4 个次级周期，任一级别的周期过程，都可用“综合模糊技术分析”描述。例如：

(1)初期上升阶段的特征是，在周期底部，价格均线的切线由水平方向逐步转为匀速上升态势，记作$\left(\frac{dP}{dt}=0\rightarrow\frac{dP}{dt}>0\right)\cap\frac{d^2P}{dt^2}=0$。

(2)加速上升阶段的特征是，价格均线的切线斜率处于加速上升态势，记作$\frac{dP}{dt}>0\cap\frac{d^2P}{dt^2}>0$。

(3)减速上升阶段的特征是，价格均线的切线斜率处于减速上升态势，记作$\frac{dP}{dt}>0\cap\frac{d^2P}{dt^2}<0$。

(4)顶部阶段的特征是，价格均线的切线由上升方向转为水平方向，记作$\frac{dP}{dt}>0\rightarrow\frac{dP}{dt}=0$。

(5)初期下降阶段的特征是，价格均线的切线方向由水平转为下降，记作$\left(\frac{dP}{dt}=0\rightarrow\frac{dP}{dt}<0\right)\cap\frac{d^2P}{dt^2}=0$。

(6)加速下降阶段的特征是，价格均线的切线斜率处于加速下降态势，记作$\frac{dP}{dt}<0\cap\frac{d^2P}{dt^2}<0$。

(7)减速下降阶段的特征是，价格均线的切线斜率处于减速下降态势，记作$\frac{dP}{dt}<0\cap\frac{d^2P}{dt^2}>0$。

(8)底部阶段的特征是，价格均线的切线方向由下降转为水平，记作$\frac{dP}{dt}<0\rightarrow\frac{dP}{dt}=0$。

4. 关于波浪理论的评价：

(1)波浪理论揭示了趋势发展过程的曲折性。波浪理论的完整周期由 8 个浪构成,主浪(趋势)由 5 个次级浪组成,调整浪(趋势)由 3 个次级浪组成。也就是说,主浪(趋势)由 3 个同方向的次级趋势构成,调整浪(趋势)由 2 个同方向的次级趋势组成。换言之,波浪理论的完整周期可以分为 4 个次级周期。这说明,一个大趋势从形成、发展到结束,不是一条直线,而是一个曲折的过程。这一思想,对“综合模糊技术分析”有很大的补充、辅助作用。

(2)波浪理论的局限性。首先,波浪的划分是主观的。这既是优点——不同的人有不同的认识,也是缺点——同一形态,不同人对浪的层次及其起点的确定可能都有不同认识。其次,波浪理论只考虑价格形态因素,而忽略了成交量的影响。

第 5 节　“综合模糊技术分析”与量价关系理论

在技术分析中,成交量具有非常重要的意义,是推动价格上涨的原动力,在量价关系的研究中占有极其重要的地位。著名的“葛兰碧法则”,就是成交量与价格趋势关系研究的一个代表性总结。其内容同样也可用“综合模糊技术分析”描述,为综合分析作准备。

1. 量增价涨。价格随着成交量的递增而上涨,这是市场的正常现象属性。此种量增价升的关系,表示价格将继续上升,记作$\frac{\mathrm{d}Q}{\mathrm{d}t}>0\rightarrow\frac{\mathrm{d}P}{\mathrm{d}t}>0$。

2. 相邻两周期,价涨量缩,前途堪忧。在一个波段的涨势中,价格随着递增的成交量而上涨,突破前一周期高峰,创下价格新高,继续上扬。然而,此周期价格上涨的成交量水准,低于前一个周期上涨的成交量水平。此时,价格创出新高,但量却没有突破,则此周期的价格涨势令人怀疑,是价格趋势潜在的反转信号。记作$(P_t^H>P_{t-1}^H)\cap(Q_t^H<Q_{t-1}^H)\rightarrow(\frac{\mathrm{d}P}{\mathrm{d}t}>0\rightarrow\frac{\mathrm{d}P}{\mathrm{d}t}<0)$。其中:$P_t^H$,$P_{t-1}^H$分别为本周期和上一周期的最高交易价;$Q_t^H$,$Q_{t-1}^H$分别是本周期和上一周期的最大成交量;其他符号的含义同前。

3. 价涨量缩。价格上涨,成交量却逐渐萎缩。成交量是价格上升的原动力,原动力不足显示出价格趋势存在潜在的反转信号。记作$\frac{\mathrm{d}Q}{\mathrm{d}t}<0\rightarrow(\frac{\mathrm{d}P}{\mathrm{d}t}>0\rightarrow\frac{\mathrm{d}P}{\mathrm{d}t}$

<0）。

4. 上升趋势中，价、量波动剧烈，前途堪忧。有时，价格随着缓慢递增的成交量而逐渐上升，渐渐地走势突然成为垂直上升的喷发行情，成交量急剧增加，价格跃升暴涨；紧随着此波走势，继之而来的是成交量大幅萎缩，同时价格急速下跌。这种现象表明涨势已到末期，上升乏力，显示出反转的迹象。记作 $(|Q_t-Q_5|>\varepsilon\cap|P_t-P_5|>\varepsilon)\rightarrow(\frac{dP}{dt}>0\rightarrow\frac{dP}{dt}<0)$。

5. 反复筑底，价渐高，量递缩，上升的可能性加大。长期下跌形成谷底后，价格回升，成交量并没有随价格上升递增，价格上涨乏力，然后，再度跌落至原先的谷底附近，或高于谷底。当第二谷底的成交量低于第一谷底时，是价格将要上升的信号。记作 $[(\frac{dP}{dt}=0\rightarrow\frac{dP}{dt}>0)\cap\frac{dQ}{dt}\leqslant0)]\rightarrow[\frac{dP}{dt}<0\cap(P_t^L\geqslant P_{T-1}^L)\cap(Q_t^L<Q_{t-1}^L)]\rightarrow\frac{dP}{dt}>0$。其中：$P_t^L$，$P_{t-1}^L$ 分别为本周期和上一周期的最低交易价；Q_t^L，Q_{t-1}^L 分别是本周期和上一周期的最小成交量；其他符号的含义同前。

6. "地价"的形成。价格下跌相当长时间后，市场出现恐慌性抛售，此时，随着日益放大的成交量，价格大幅度下跌；恐慌性卖出之后，往往是（但并非一定是）空头市场的结束。记作 $[\frac{dP_{6M}}{dt}<0\cap(\frac{dQ}{dt}>0\cap\frac{d^2Q}{dt^2}>0)]\rightarrow(\frac{dP}{dt}<0\cap\frac{d^2P}{dt^2}<0)\rightarrow\inf P_t$。

7. 价格下跌征兆。价格向下突破形态、趋势线或移动平均线，同时出现大成交量，是价格及其趋势下跌的信号。记作 $[|Q_t-Q_5|>\varepsilon\cap(P_t\downarrow P_K)]\rightarrow(\frac{dP}{dt}\geqslant0\rightarrow\frac{dP}{dt}<0)$。其中：$(P_t\downarrow P_K)$ 的含义是价格向下突破形态、趋势线或移动平均线；其他符号的含义同前。

8. 上升趋势中的调整。当市场持续上涨数月后，成交量增加显著，而价格却上涨无力、高位整理。这表明，买卖双方的分歧加大，双方的主动性近于相等，是价格下跌的先兆，但价格并不一定必然会下跌。价格连续下跌后，在低位区域出现大成交量，价格却没有进一步下跌，而是仅出现小幅波动。这表示买方的主动性逐渐占优，通常是上涨的征兆。

9. 涨跌停板制度下的量价关系。涨跌停板制度限制了证券一天的涨跌幅度,使买卖双方的意愿不能得到彻底的宣泄,容易形成单边市。在涨跌停板制度下,涨停和跌停的趋势继续下去,是以成交量大幅萎缩为条件的。量价关系的主要特征是:

(1)涨停量小,继续上涨的可能性较大。“涨停”表明买方的主动性极强;“量小”意味着买卖双方的认识趋同,此时卖方惜售。所以,次日继续上升的可能性较大。

(2)跌停量小,继续下跌的可能性较大。“跌停”的含义是,卖方的主动性极强;“量小”表明买卖双方的认识趋同,此时买方不愿承接。所以,次日继续下跌的可能性较大。

(3)涨停中途被打开次数越多、时间越久、成交量越大,反转下跌的可能性就越大。这种情况表明,初期买方的主动性极强,中间过程中,买卖双方的认识有分歧,成交量越大,分歧就越大,次日反转下跌的可能性也就越大。

(4)跌停中途被打开的次数越多、时间越久、成交量越大,则反转上升的可能性越大。此种情况表明,初期卖方的主动性极强,中间过程中,买卖双方的认识有分歧,成交量越大,分歧就越大,次日反转上升的可能性就越大。

(5)涨停关门时间越早,次日为涨势的可能性越大;跌停关门时间越早,次日为跌势的可能性越大。

(6)封住涨停板的买盘数量大小与封住跌停板的卖盘数量大小,说明买卖盘的力量大小。这个数量越大,次日继续当前趋势的概率越大,后续的涨跌幅度也越大。

(7)注意事项。防止庄家借涨停板反向操作。

10.评价。量价关系理论与其他理论比较,考虑了价、量、时、空间关系对价格未来趋势的影响,只是没有综合量化分析。该理论是“综合模糊技术分析”的重要思想来源之一,“综合模糊技术分析”是将价、量、时、空间关系对价格未来趋势的影响,综合量化分析的技术分析。

附录 技术分析的主要指标简析

技术指标学派是技术分析中重要的一个分支。其基本思想是:通过当日以及特定时期内,价格或交易量的变动情况,以特定的模型推测价格未来的变动趋势。

技术指标按研究对象的不同,可分为以价格为研究对象的技术指标和以交易量为研究对象的技术指标两大类。以价格为研究对象的技术指标,所选用的参数基本相同,即当日以及特定时期内的证券价格,各个技术指标之间的差异是选用的模型不同。以交易量为研究对象的技术指标只有一个——能量潮(OBV)。本书把常用的技术指标的定义及其应用,以附录方式处理,便于读者比较分析。

一、移动平均线和平滑异同移动平均线

1. 移动平均线(MA)。

(1)定义。移动平均线是连续若干天市场价格(一般是收盘价)的算术平均,记作 $MA(N)=\sum_{i=1}^{N}P_t^E/N$。其中:$N$ 为 MA 的参数;其他符号的含义同前。

(2)应用法则。

①买入法则是:

a. 价格均线的切线由下降方向转为水平方向,价格从下上穿均线;

b. 价格均线的切线是上升方向,价格连续上升远离均线,突然下跌,但在均线附近再度上升;

c. 价格均线的切线是下降方向,价格连续暴跌,远离均线。

②卖出法则是:

a. 价格均线的切线由上升方向转为水平方向,价格从上下穿均线;

b. 价格均线的切线是下降方向,价格远离均线,突然上升,但在均线附近再度下跌;

c. 价格均线的切线是上升方向,价格连续上升远离均线。

(3)说明。移动平均线是“综合模糊技术分析”唯一采用的指标,然而,应用法则却不同。

2. 平滑异同移动平均线(*MACD*)。

(1)定义。*MACD* 是 Moving Average Convergence and Divergence 的缩写,中文习称"平滑异同移动平均线"。其思想是:运用快速与慢速移动平均线聚合与分离的现象,加以双重平滑计算,以判断价格的趋势。

MACD 由正负差(*DIF*)及其异同移动平均数(*DEA*)两部分构成:*DIF* 是主要的,*DEA* 则是辅助的。*DIF* 是快速平滑移动平均线与慢速平滑移动平均线的差,记作

$$DIF=EMA(12)-EMA(26)$$

式中,$EMA(12)=\frac{2}{12+1}P_t^E+\frac{11}{12+1}$昨日 $EMA(12)$,$EMA(26)=\frac{2}{26+1}P_t^E+\frac{25}{26+1}$昨日 $EMA(26)$;其他符号的含义同前。

(2)主要应用法则:

①*DIF* 和 *DEA* 均为正值时,是买方占优市场。*DIF* 向上突破 *DEA* 是买入的征兆,*DIF* 向下跌破 *DEA* 是暂时卖出的信号。

②*DIF* 和 *DEA* 皆是负值时,是卖方占优市场。*DIF* 向下突破 *DEA* 是卖出的信号,*DIF* 向上突破 *DEA* 是暂时买入的征兆。

③*DIF* 的切线方向与价格均线的切线方向相背离。若价格均线的切线是上升方向,而 *DIF* 位于顶部且切线是下降趋势,则是卖出的信号;若价格均线的切线是下降方向,而 *DIF* 位于底部阶段且切线是上升趋势,则是买入的征兆。

二、威廉指标和随机指标

1. 威廉指标(*WMS*)。

(1)定义。*WMS* 反映的是市场处于超买还是超卖状态,记作 $WMS(N)=\frac{P_N^H-P_t^E}{P_N^H-P_N^L}$。其中:$P_N^H$,$P_N^L$分别为最近 N 日内(包括当日)出现的最高价和最低价;其他符号的含义同前。

(2)主要应用法则:

①从 *WMS* 绝对值方面考虑。若 $WMS>80$,则属于超卖状态,是买入的征兆;若 $WMS<20$,则属于超买状态,是卖出的信号。

②背离原则。若价格均线的切线是上升方向,而 $WMS>80$,则是卖出的征

兆;若价格均线的切线是下降方向,而 $WMS<20$,则是买入的信号。

2. 随机指标(KDJ 指标)。

(1)定义。KDJ 指标的确定方法是,先确定未成熟随机值 RSV(Row Stochastic Value),$RSV(N)=\dfrac{P_t^E-P_N^H}{P_N^H-P_N^L}$。符号的含义同前。对 RSV 进行指数平滑,得到:今日 K 值 $=\dfrac{2}{3}$ 昨日 K 值 $+\dfrac{1}{3}$ 今日 RSV,今日 D 值 $=\dfrac{2}{3}$ 昨日 D 值 $+\dfrac{1}{3}$ 今日 K 值,$J=3D-K$。

(2)主要应用法则:

①数值划分。$KD>80$ 属于超买区,$KD<20$ 属于超卖区,$KD=20\sim80$ 为徘徊区;$J>100$ 属于超买,$J<0$ 属于超卖。

②原则上,K 上穿 D 是买入征兆。

③背离原则。若价格均线的切线是上升方向,而 $KD>80$,则是卖出的征兆;若价格均线的切线是下降方向,而 $KD<20$,则是买入的信号。

三、相对强弱指标

1. 定义。相对强弱指标(RSI)的英文全称是 Relative Strength Index,其思想是:先收集包括当日在内的连续 $N+1$ 日的收盘价,用每一天的收盘价减去前一天的收盘价,就得到 N 个数字。在 N 个数字中,有正(今日收盘价≥昨天收盘价)也有负(今日收盘价<昨天收盘价)。设:$A=N$ 个数字中的正数之和,$B=N$个数字中的负数之和×(−1),则有 $RSI(N)=\dfrac{A}{A+B}$。

2. 主要应用法则:

(1)不同参数比较。原则上,短期 RSI 大于长期 RSI,属于买方占优市场;短期 RSI 小于长期 RSI,属于卖方占优市场。

(2)数值划分。$RSI=80\sim100$,买方绝对占优,是卖出的信号;$RSI=50\sim80$,买方相对占优,是买入的征兆;$RSI=20\sim50$,卖方相对占优,是卖出的信号;$RSI=0\sim20$,卖方绝对占优,是卖出的信号。

(3)背离原则。若价格均线的切线是上升方向,$RSI>80$,且 RSI 的切线是下降方向,则是卖出的征兆;若价格均线的切线是下降方向,$RSI<20$,且 RSI 的切线是上升方向,则是买入的信号。

四、乖离率和心理线

1. 乖离率($BIAS$)。

(1)定义。乖离率是描述当日收盘价与价格移动平均线之间距离远近的指标,记作 $BIAS(N)=\frac{P_t^E-MA(N)}{MA(N)}$。

(2)主要应用法则:

①不同参数比较。短期 $BIAS$ 在高位下穿长期 $BIAS$,是卖出的信号;在低位,短期 $BIAS$ 上穿长期 $BIAS$,是买入的征兆。

②背离原则。若价格均线的切线是上升方向,而 $BIAS$ 位于顶部且切线是下降方向,则是卖出的征兆;若价格均线的切线是下降方向,而 $BIAS$ 位于底部阶段且切线是上升方向,则是买入的信号。

2. 心理线(PSY)。

(1)定义。PSY 是 Psychological Line 的缩写,记作 $PSY(N)=\frac{A}{N}$。其中:N 为 PSY 的参数,是天数;A 为 N 日内价格上涨的天数。

(2)主要应用法则:

①数值划分。$PSY>5$,买方占优,是超买区;$PSY<25$,卖方占优,是超卖区;$PSY=25\sim75$,买卖双方基本平衡,是盘整区。

②背离原则。若价格均线的切线是上升方向,而 PSY 位于顶部且切线是下降方向,则是卖出的征兆;若价格均线的切线是下降方向,而 PSY 位于底部阶段且切线是上升方向,则是买入的信号。

五、人气指标、买卖意愿指标和中间意愿指标

1. 人气指标(AR)。

(1)定义。AR 又称“买卖气势指标”,是反映市场在当前情况下,买卖双方意愿的指标之一。例如,参数为 26 的 AR 指标,记作 $AR(26)=\frac{P_1}{P_2}\times100$。其中:$P_1=\sum(P_t^H-P_t^O)$,为 26 日的买方强度的总和;$P_2=\sum(P_t^O-P_t^L)$,为 26 日的卖方强度的总和。

(2)主要应用法则:

①数值划分。$AR>100$,买方占优;$AR<100$,卖方占优。

②背离原则。若价格均线的切线是上升方向,而 AR 位于顶部且切线是下降方向,则是卖出的征兆;若价格均线的切线是下降方向,而 AR 位于底部阶段且切线是上升方向,则是买入的信号。

2.买卖意愿指标(BR)。

(1)定义。BR 也是反映市场在当前情况下,买卖双方意愿的指标之一。例如,参数为 26 的 BR 指标,记作 $BR(26)=\frac{P_1}{P_2}\times 100$。其中,$P_2=\sum(P_{t-1}^E-P_t^L)$,为 26 日的卖方强度的总和;$P_{t-1}^E$ 为昨日收盘价;其他符号的含义同前。

(2)主要应用法则:

①数值划分。理论上,$BR=100$,买卖双方的力量相当。BR 值越大,买方的主动性越大;BR 值越小,卖方的主动性越大。经验数值是:$BR=70\sim150$,市场处于整理阶段;$BR>300$,买方绝对占优,是卖出的征兆;$BR<40$,卖方绝对占优,是买入的信号。

②背离原则。若价格均线的切线是上升方向,而 BR 位于顶部且切线是下降方向,则是卖出的征兆;若价格均线的切线是下降方向,而 BR 位于底部阶段且切线是上升方向,则是买入的信号。

3.中间意愿指标(CR)。

(1)定义。CR 也是反映市场在当前情况下,买卖双方意愿的指标之一。例如,参数为 26 的 CR 指标,记作 $CR(26)=\frac{P_1}{P_2}\times 100$。其中:$P_1=\sum(P_t^H-P_{t-1}^M)$,为 26 日的买方强度的总和;$P_2=\sum(P_{t-1}^M-P_t^L)$,为 26 日的卖方强度的总和;$P_{t-1}^M$ 为昨日的中间价;其他符号的含义同前。

(2)主要应用法则:

①数值划分。理论上,CR 值越小,买入越安全;经验数值是,$CR<90$,买入较为安全。

②背离原则。若价格均线的切线是上升方向,而 CR 位于顶部且切线是下降方向,则是卖出的征兆;若价格均线的切线是下降方向,而 CR 位于底部阶段且切线是上升方向,则是买入的信号。

六、能量潮

1. 定义。能量潮(*OBV*)的英文全称是 On Balance Volume,是以交易量为研究对象的少数技术指标,记作今日 *OBV*=昨日 *OBV*+*sgn*×今日成交量。其中,*sgn* 是符号的意思,取值原则是:今日收盘价≥昨日收盘价,*sgn*=1;今日收盘价<昨日收盘价,*sgn*=−1。

2. 事项说明:

(1)*OBV* 有一个最初值选择的问题,由使用者自行确定。

(2)*OBV* 不能独立使用,需要与价格均线相结合。当 *OBV* 的切线方向与综合指数的切线方向一致时,综合指数将继续当前的趋势;若 *OBV* 的切线方向与综合指数的切线方向相反,则综合指数未来一段时间的趋势发生反转的可能性较大。

(3)经验表明,当价格均线的切线近乎水平方向时,*OBV* 会率先显示上升或下降征兆。

七、技术指标简评

综上所述,证券投资技术分析之技术指标,都是仅有两个参数——价(或量)、时间。证券市场的空间状态,由价、量、时间和空间共同描述。仅有两个参数的技术指标,反映的则是证券市场空间的部分特征。所以,从理论上讲,证券投资技术分析之技术指标具有局限性,实践也支持这个观点。因此,技术指标仅是证券投资决策一个方面的参考。

第6章　技术分析(3)：“综合模糊技术分析”的综合分析

第1节　“综合模糊技术分析”的层次结构

证券投资的目的是获得收益。证券投资的收益，来自未来的利息或股利与买卖价差。其中，买卖价差是证券投资收益的主要部分。买价发生在当下，是确定的；而卖价是未来发生的事情，是不确定的。因此，证券的买卖价差具有不确定性。证券投资的本质，是对“证券价格未来一段时间变化趋势的可能性”进行分析。

技术分析，是根据市场交易的主要信息——价、量及其时空关系，分析价格未来一段时间变化趋势的可能性。

“综合模糊技术分析”考虑的主要因素有：

第一，价格和价格态势(价格趋势、价格“加趋势”)、交易量及交易量态势(交易量趋势、交易量“加趋势”)，是基本分析要素。

第二，个别证券是市场综合指数的组成部分。因此，个别证券的价格趋势与市场综合指数的趋势高度正相关。由相关反射性观点看，市场综合指数的趋势，也是影响个别证券价格未来趋势的重要因素。

“综合模糊技术分析”的层次结构，是4级或4个层次的综合分析，释之如下：

一、第一层次综合分析

第一层次综合分析是“证券价格未来一段时间变化趋势的可能性”，最重要的分析结果是“证券自身未来一段时间变化趋势的可能性”，以及“市场综合指数未来一段时间变化趋势可能性”的关系的综合分析。关于它们之间关系的定义是：

1."证券自身未来一段时间变化趋势的可能性"记为 $\mu\left[\frac{\mathrm{d}X(\Delta t)}{\mathrm{d}t}\right]$,重要性权重记为$\omega_X$;"市场综合指数未来一段时间变化趋势的可能性"记为 $\mu\left[\frac{\mathrm{d}Y(\Delta t)}{\mathrm{d}t}\right]$,重要性权重记为$\omega_Y$;"证券价格未来一段时间变化趋势的可能性"记为 $\mu\left[\frac{\mathrm{d}Z(\Delta t)}{\mathrm{d}t}\right]$。

2."证券价格未来一段时间变化趋势的可能性",由"证券自身未来一段时间变化趋势的可能性"与"市场综合指数未来一段时间变化趋势的可能性",按重要性大小共同决定,记作

$$\mu\left[\frac{\mathrm{d}Z(\Delta t)}{\mathrm{d}t}\right]=\omega_X\cdot\mu\left[\frac{\mathrm{d}X(\Delta t)}{\mathrm{d}t}\right]+\omega_Y\cdot\mu\left[\frac{\mathrm{d}Y(\Delta t)}{\mathrm{d}t}\right]\tag{6.1.1}$$

二、第二层次综合分析

第二层次综合分析是"证券自身未来一段时间变化趋势的可能性"与"市场综合指数未来一段时间变化趋势的可能性"的综合分析。依据第 4 章第 3 节—— 市场价格的周期结构特征,选取 30 日、24 周、6 个月作为重要移动均线参数。该层次综合分析的定义是:

1.设"证券自身未来一段时间变化趋势的可能性"$\mu\left[\frac{\mathrm{d}X(\Delta t)}{\mathrm{d}t}\right]$,分别由证券日 K 线、周 K 线和月 K 线"未来一段时间变化趋势的可能性"$\mu\left[\frac{\mathrm{d}x_1(\Delta t)}{\mathrm{d}t}\right]$,$\mu\left[\frac{\mathrm{d}x_2(\Delta t)}{\mathrm{d}t}\right]$和$\mu\left[\frac{\mathrm{d}x_3(\Delta t)}{\mathrm{d}t}\right]$,按重要性大小共同决定,记作

$$\mu\left[\frac{\mathrm{d}X(\Delta t)}{\mathrm{d}t}\right]=\sum_{i=1}^{3}\kappa_i\cdot\mu\left[\frac{\mathrm{d}x_i(\Delta t)}{\mathrm{d}t}\right]\leqslant[0,1]\tag{6.1.2}$$

式中,$\kappa_i(i=1,2,3)$分别是日 K 线、周 K 线和月 K 线"未来一段时间变化趋势可能性"$\mu\left[\frac{\mathrm{d}x_1(\Delta t)}{\mathrm{d}t}\right]$,$\mu\left[\frac{\mathrm{d}x_2(\Delta t)}{\mathrm{d}t}\right]$和$\mu\left[\frac{\mathrm{d}x_3(\Delta t)}{\mathrm{d}t}\right]$的重要性权重。

2.设"市场综合指数未来一段时间变化趋势的可能性"$\mu\left[\frac{\mathrm{d}Y(\Delta t)}{\mathrm{d}t}\right]$,分别由市场综合指数日 K 线、周 K 线和月 K 线"未来一段时间变化趋势的可能性"$\mu\left[\frac{\mathrm{d}y_1(\Delta t)}{\mathrm{d}t}\right]$,$\mu\left[\frac{\mathrm{d}y_2(\Delta t)}{\mathrm{d}t}\right]$和$\mu\left[\frac{\mathrm{d}y_3(\Delta t)}{\mathrm{d}t}\right]$,按重要性大小共同决定,记作

$$\mu\left[\frac{\mathrm{d}Y(\Delta t)}{\mathrm{d}t}\right]=\sum_{i=1}^{3}\kappa_i\cdot\mu\left[\frac{\mathrm{d}y_i(\Delta t)}{\mathrm{d}t}\right]\leqslant[0,1] \tag{6.1.3}$$

式中各符号的含义同前。

三、第三层次综合分析

第三层次综合分析是日K线、周K线和月K线"未来一段时间变化趋势的可能性"$\mu\left[\frac{\mathrm{d}x(\Delta t)}{\mathrm{d}t}\right]$和$\mu\left[\frac{\mathrm{d}y(\Delta t)}{\mathrm{d}t}\right]$的综合分析。设$\mu\left[\frac{\mathrm{d}x(\Delta t)}{\mathrm{d}t}\right]$和$\mu\left[\frac{\mathrm{d}y(\Delta t)}{\mathrm{d}t}\right]$分别由对应K线图中的价格和交易量"未来一段时间变化趋势的可能性"$\mu\left[\frac{\mathrm{d}P(\Delta t)}{\mathrm{d}t}\right]$和$\mu\left[\frac{\mathrm{d}Q(\Delta t)}{\mathrm{d}t}\right]$，按重要性大小共同决定，记作

$$\mu\left[\frac{\mathrm{d}x(\Delta t)}{\mathrm{d}t}\right]\text{或}\mu\left[\frac{\mathrm{d}y(\Delta t)}{\mathrm{d}t}\right]=\pi_P\cdot\mu\left[\frac{\mathrm{d}P(\Delta t)}{\mathrm{d}t}\right]+\pi_Q\cdot\mu\left[\frac{\mathrm{d}Q(\Delta t)}{\mathrm{d}t}\right] \tag{6.1.4}$$

式中，π_P，π_Q 分别是价格和交易量"未来一段时间变化趋势的可能性"$\mu\left[\frac{\mathrm{d}P(\Delta t)}{\mathrm{d}t}\right]$和$\mu\left[\frac{\mathrm{d}Q(\Delta t)}{\mathrm{d}t}\right]$的重要性权重。

四、第四层次综合分析

第四层次综合分析是对应K线图中的价格和交易量"未来一段时间变化趋势的可能性"$\mu\left[\frac{\mathrm{d}P(\Delta t)}{\mathrm{d}t}\right]$和$\mu\left[\frac{\mathrm{d}Q(\Delta t)}{\mathrm{d}t}\right]$的分析。由式(3.1.3)，$\mu\left[\frac{\mathrm{d}P(\Delta t)}{\mathrm{d}t}\right]$和$\mu\left[\frac{\mathrm{d}Q(\Delta t)}{\mathrm{d}t}\right]$分别记为①

$$\mu\left[\frac{\mathrm{d}P(\Delta t)}{\mathrm{d}t}\right]=\alpha\cdot\mu[P(t)]+\beta\cdot\mu\left[\frac{\mathrm{d}P(t)}{\mathrm{d}t}\right]+\gamma\cdot\mu\left[\frac{\mathrm{d}^2P(t)}{\mathrm{d}t^2}\right] \tag{6.1.5}$$

$$\mu\left[\frac{\mathrm{d}Q(\Delta t)}{\mathrm{d}t}\right]=\alpha\cdot\mu[Q(t)]+\beta\cdot\mu\left[\frac{\mathrm{d}Q(t)}{\mathrm{d}t}\right]+\gamma\cdot\mu\left[\frac{\mathrm{d}^2Q(t)}{\mathrm{d}t^2}\right] \tag{6.1.6}$$

式中α,β,γ的含义详见第3章第1节。此处，给出经验值：$\alpha=0.5$，$\beta=0.25$，$\gamma=0.25$。

$\mu[P(t)]$，$\mu\left[\frac{\mathrm{d}P(t)}{\mathrm{d}t}\right]$，$\mu\left[\frac{\mathrm{d}^2P(t)}{\mathrm{d}t^2}\right]$与$\mu[Q(t)]$，$\mu\left[\frac{\mathrm{d}Q(t)}{\mathrm{d}t}\right]$，$\mu\left[\frac{\mathrm{d}^2Q(t)}{\mathrm{d}t^2}\right]$的取值

① 说明：式(6.1.5)和式(6.1.6)与式(3.1.3)比较，缺少信息项，这是因为，技术分析中的信息可视为完全和对称。

定义,因篇幅缘由,专设下一节讨论。在 K 线图中,各项取值的参考指标如下:

(1)在日 K 线图中,根据最近一根日 K 线,给 $\mu[P(t)]$ 和 $\mu[Q(t)]$ 赋值;以 30 日移动平均线为基准,给 $\mu\left[\frac{\mathrm{d}P(t)}{\mathrm{d}t}\right]$ 和 $\mu\left[\frac{\mathrm{d}^2P(t)}{\mathrm{d}t^2}\right]$ 赋值;以 5 日移动平均线为基准,给 $\mu\left[\frac{\mathrm{d}Q(t)}{\mathrm{d}t}\right]$ 和 $\mu\left[\frac{\mathrm{d}^2Q(t)}{\mathrm{d}t^2}\right]$ 赋值。

(2)在周 K 线图中,根据最近一根周 K 线,给 $\mu[P(t)]$ 和 $\mu[Q(t)]$ 赋值;以 24 周移动平均线为基准,给 $\mu\left[\frac{\mathrm{d}P(t)}{\mathrm{d}t}\right]$ 和 $\mu\left[\frac{\mathrm{d}^2P(t)}{\mathrm{d}t^2}\right]$ 赋值;以 6 周移动平均线为基准,给 $\mu\left[\frac{\mathrm{d}Q(t)}{\mathrm{d}t}\right]$ 和 $\mu\left[\frac{\mathrm{d}^2Q(t)}{\mathrm{d}t^2}\right]$ 赋值。

(3)在月 K 线图中,根据最近一根月 K 线,给 $\mu[P(t)]$ 和 $\mu[Q(t)]$ 赋值;以 6 个月移动平均线为基准,给 $\mu\left[\frac{\mathrm{d}P(t)}{\mathrm{d}t}\right]$ 和 $\mu\left[\frac{\mathrm{d}^2P(t)}{\mathrm{d}t^2}\right]$ 以及 $\mu\left[\frac{\mathrm{d}Q(t)}{\mathrm{d}t}\right]$ 和 $\mu\left[\frac{\mathrm{d}^2Q(t)}{\mathrm{d}t^2}\right]$ 赋值。

五、层次结构的逻辑关系

在日 K 线图、周 K 线图和月 K 线图中,移动平均线参数是经验数据。不同市场、同一市场不同证券的参数,从理论上讲,也应该有差异。要根据自身实践,设置适合自己的参数。

“综合模糊技术分析”的逻辑顺序是第一层次、第二层次、第三层次和第四层次。然而,具体分析的操作顺序则是第四层次、第三层次、第二层次和第一层次。

“综合模糊技术分析”层次结构的逻辑关系列于表 6.1.1。该表既便于理解和分析逻辑结构关系,又是具体分析的工具。

表 6.1.1　　　　“综合模糊技术分析”层次结构的逻辑关系

序号	因素名称	隶属度	第一级权重	第二级权重	第三级权重	$x(t)$		$\frac{\mathrm{d}x(t)}{\mathrm{d}t}$		$\frac{\mathrm{d}^2x(t)}{\mathrm{d}t^2}$	
						权重 α	隶属度	权重 β	隶属度	权重 γ	隶属度
一	“证券自身未来一段时间变化趋势的可能性”$\mu\left[\frac{\mathrm{d}X(\Delta t)}{\mathrm{d}t}\right]$		ω_X								
1	“日 K 线未来一段时间变化趋势的可能性”$\mu\left[\frac{\mathrm{d}x_1(\Delta t)}{\mathrm{d}t}\right]$			κ_2							
(1)	“日 K 线价格未来一段时间变化趋势的可能性”$\mu\left[\frac{\mathrm{d}P(\Delta t)}{\mathrm{d}t}\right]$				π_P						
(2)	“日 K 线交易量未来一段时间变化趋势的可能性”$\mu\left[\frac{\mathrm{d}Q(\Delta t)}{\mathrm{d}t}\right]$				π_Q						
2	“周 K 线未来一段时间变化趋势的可能性”$\mu\left[\frac{\mathrm{d}x_2(\Delta t)}{\mathrm{d}t}\right]$			κ_1							
(1)	“周 K 线价格未来一段时间变化趋势的可能性”$\mu\left[\frac{\mathrm{d}P(\Delta t)}{\mathrm{d}t}\right]$				π_P						
(2)	“周 K 线交易量未来一段时间变化趋势的可能性”$\mu\left[\frac{\mathrm{d}Q(\Delta t)}{\mathrm{d}t}\right]$				π_Q						
3	“月 K 线未来一段时间变化趋势的可能性”$\mu\left[\frac{\mathrm{d}x_3(\Delta t)}{\mathrm{d}t}\right]$			κ_3							
(1)	“月 K 线价格未来一段时间变化趋势的可能性”$\mu\left[\frac{\mathrm{d}P(\Delta t)}{\mathrm{d}t}\right]$				π_P						
(2)	“月 K 线交易量未来一段时间变化趋势的可能性”$\mu\left[\frac{\mathrm{d}Q(\Delta t)}{\mathrm{d}t}\right]$				π_Q						

续表

序号	因素名称	隶属度	第一级权重	第二级权重	第三级权重	$x(t)$		$\frac{dx(t)}{dt}$		$\frac{d^2x(t)}{dt^2}$	
						权重 α	隶属度	权重 β	隶属度	权重 γ	隶属度
二	“市场综合指数未来一段时间变化趋势的可能性” $\mu\left[\frac{dY(\Delta t)}{dt}\right]$		ω_Y								
1	“日 K 线未来一段时间变化趋势的可能性” $\mu\left[\frac{dy_1(\Delta t)}{dt}\right]$			κ_2							
(1)	“日 K 线价格未来一段时间变化趋势的可能性” $\mu\left[\frac{dP(\Delta t)}{dt}\right]$				π_P						
(2)	“日 K 线交易量未来一段时间变化趋势的可能性” $\mu\left[\frac{dQ(\Delta t)}{dt}\right]$				π_Q						
2	“周 K 线未来一段时间变化趋势的可能性” $\mu\left[\frac{dy_2(\Delta t)}{dt}\right]$			κ_1							
(1)	“周 K 线价格未来一段时间变化趋势的可能性” $\mu\left[\frac{dP(\Delta t)}{dt}\right]$				π_P						
(2)	“周 K 线交易量未来一段时间变化趋势的可能性” $\mu\left[\frac{dQ(\Delta t)}{dt}\right]$				π_Q						
3	“月 K 线未来一段时间变化趋势的可能性” $\mu\left[\frac{dy_3(\Delta t)}{dt}\right]$			κ_3							
(1)	“月 K 线价格未来一段时间变化趋势的可能性” $\mu\left[\frac{dP(\Delta t)}{dt}\right]$				π_P						
(2)	“月 K 线交易量未来一段时间变化趋势的可能性” $\mu\left[\frac{dQ(\Delta t)}{dt}\right]$				π_Q						
三	“证券价格未来一段时间变化趋势的可能性” $\mu\left[\frac{dZ(\Delta t)}{dt}\right]$										

对表中内容的说明如下：

1. 各级权重选取仅是参考值，由第1篇相关部分的逻辑结构关系和经验决定。

(1)“证券自身未来一段时间变化趋势的可能性”$\mu\left[\frac{dX(\Delta t)}{dt}\right]$，重要性权重$\omega_X=0.7$；“市场综合指数未来一段时间变化趋势的可能性”$\mu\left[\frac{dY(\Delta t)}{dt}\right]$，重要性权重$\omega_Y=0.3$。

(2)日K线图中，“未来一段时间变化趋势的可能性”$\mu\left[\frac{dx_1(\Delta t)}{dt}\right]$或$\mu\left[\frac{dy_1(\Delta t)}{dt}\right]$，重要性权重$\kappa_1=0.286$；周K线图中，“未来一段时间变化趋势的可能性”$\mu\left[\frac{dx_2(\Delta t)}{dt}\right]$或$\mu\left[\frac{dy_2(\Delta t)}{dt}\right]$，重要性权重$\kappa_2=0.571$；月K线图中，“未来一段时间变化趋势的可能性”$\mu\left[\frac{dx_3(\Delta t)}{dt}\right]$或$\mu\left[\frac{dy_3(\Delta t)}{dt}\right]$，重要性权重$\kappa_3=0.143$。

(3)K线图中，“价格未来一段时间变化趋势的可能性”$\mu\left[\frac{dP(\Delta t)}{dt}\right]$，重要性权重$\pi_P=0.35$；“交易量未来一段时间变化趋势的可能性”$\mu\left[\frac{dQ(\Delta t)}{dt}\right]$，重要性权重$\pi_Q=0.65$。

(4)K线图中，最近一根K线的$\mu[P(t)]$或$\mu[Q(t)]$，重要性权重$\alpha=0.5$；$\mu\left[\frac{dP(t)}{dt}\right]$和$\mu\left[\frac{dQ(t)}{dt}\right]$与$\mu\left[\frac{d^2P(t)}{dt^2}\right]$和$\mu\left[\frac{d^2Q(t)}{dt^2}\right]$，重要性权重分别为$\beta=0.25$，$\gamma=0.25$。

2. 表中，最重要的分析结论是“证券价格未来一段时间变化趋势的可能性”$\mu\left[\frac{dZ(\Delta t)}{dt}\right]$，其量化意义是：

(1)$\mu\left[\frac{dZ(\Delta t)}{dt}\right]=0.5$，表示“证券价格未来一段时间变化趋势的可能性”是：可能上升，也可能下降，方向不明。

(2)$\mu\left[\frac{dZ(\Delta t)}{dt}\right]>0.5$，表示“证券价格未来一段时间变化趋势的可能性”是：上升的可能性大于下降的可能性。

(3)$\mu\left[\frac{dZ(\Delta t)}{dt}\right]<0.5$，表示“证券价格未来一段时间变化趋势的可能性”是：下降

的可能性大于上升的可能性,是卖出证券的条件。

(4)实践经验是:当$\mu\left[\frac{dZ(\Delta t)}{dt}\right]\geqslant 0.7$时,可有效控制风险,是建议买入证券的标准。

(5)要注意近乎“极”点情况的决策。具体来讲,当$0.85\leqslant\mu\left[\frac{dZ(\Delta t)}{dt}\right]\leqslant 1$时,可能发生“物极必反”的情况;当$0\leqslant\mu\left[\frac{dZ(\Delta t)}{dt}\right]\leqslant 0.2$时,则有“否极泰来”的可能性。

投资者在买入时机的把握上,经常表现出非理性行为,最常见的情况是不满足投资条件而草率进行投资。“综合模糊技术分析”通过各种指标的设置和评价,来约束投资者的非理性行为。

第 2 节　“综合模糊技术分析”中有关项的取值定义

在表 6.1.1 中,因篇幅限制,$\mu[P(t)]$,$\mu\left[\frac{dP(t)}{dt}\right]$和$\mu\left[\frac{d^2P(t)}{dt^2}\right]$与$\mu[Q(t)]$,$\mu\left[\frac{dQ(t)}{dt}\right]$和$\mu\left[\frac{d^2Q(t)}{dt^2}\right]$的取值没有给出定义,本节来讨论这个问题。

一、隶属度取值的基本原则

$\mu[P(t)]$,$\mu\left[\frac{dP(t)}{dt}\right]$和$\mu\left[\frac{d^2P(t)}{dt^2}\right]$与$\mu[Q(t)]$,$\mu\left[\frac{dQ(t)}{dt}\right]$和$\mu\left[\frac{d^2Q(t)}{dt^2}\right]$是对应项的隶属度,其取值的基本原则是:

1. 当影响因素 x 与其他因素相互联系时,非常有利于证券价格未来一段时间上升时,隶属度则趋近于 1,记作 $\mu(x)\rightarrow 1$。

2. 当影响因素 x 与其他因素相互联系时,非常不利于证券价格未来一段时间上升时,隶属度则趋近于 0,记作 $\mu(x)\rightarrow 0$。

3. 当分析因素 x 与其他因素相互联系时,对证券价格未来一段时间变化趋势之影响处于不确定状态,或分析者对该因素的属性不了解时,隶属度取 0.5,记作$\mu(x)\rightarrow 0.5$。

4. 当分析因素 x 与其他因素相互联系时,对证券价格未来一段时间变化趋势之影响处于上述三个关键点之间时，其隶属度界于[0.5,1]和[0,0.5]两区间，由隶属函数决定。

二、$\mu[P(t)]$的取值定义

1. 取值原则。$\mu[P(t)]$是K线图中最近一根K线价格的隶属度，其取值原则是：

(1)价格涨跌是买卖双方主动性的体现。在证券市场中，买方越主动，隶属度越大；卖方愈主动，隶属度愈小。

(2)当日价格越趋近周期顶部时，隶属度越小；当日价格越趋近周期底部时，隶属度越大。

(3)上升趋势中，时价远超均价时，隶属度趋小；下降趋势中，时价远低于均价时，隶属度变大。

2. 具体定义。根据取值原则，给出$\mu[P(t)]$的具体取值定义如下：

(1)时价位于周期底部阶段，价格主要移动平均线趋势、交易量移动平均线趋势都处于非下降状态时，$\mu[P(t)]$取值为1，记作

$$\mu\left\{P_t \,\middle|\, |P_t - \inf P| < \varepsilon, \frac{dP_{30}}{dt} \geqslant 0, \frac{dQ_5}{dt} > 0, t \in t_W\right\} = 1 \qquad (6.2.1)$$

式中，$\frac{dP_{30}}{dt} \geqslant 0$的意义是，30日价格移动平均线(主要)趋势处于非下降状态；t表示当前时刻或当日；t_W表示当前周期的长度；$t \in t_W$的意思是，当前时刻或当日属于当前周期范围内；其他符号的含义同前。

(2)时价位于5日移动平均线附近，价格主要移动平均线趋势是上升方向，交易量逐日增大且无显著增加时，$\mu[P(t)]$取值为0.8，记作

$$\mu\left\{P_t \,\middle|\, |P_t - P_5| < \varepsilon, Q_{t-1} \leqslant Q_t < 1.3Q_5, \frac{dP_{30}}{dt} \geqslant 0, t \in t_W\right\} = 0.8 \qquad (6.2.2)$$

(3)时价位于周期的高位区域，价格主要移动平均线趋势是上升方向，交易量逐日增大且无明显放量时，$\mu[P(t)]$取值为0.7，记作

$$\mu\left\{P_t \,\middle|\, |P_t - \sup P| < \varepsilon, Q_{t-1} \leqslant Q_t < 1.3Q_5, \frac{dP_{30}}{dt} \geqslant 0, t \in t_W\right\} = 0.7 \qquad (6.2.3)$$

(4)时价在5日均价3%以上，价格主要移动平均线趋势是上升方向，交易量移动平均线趋势也是上升方向时，$\mu[P(t)]$取值为0.6，记作

$$\mu\left\{P_t \,\middle|\, \left(\frac{P_t}{P_5} - 1\right) \geqslant 3\%, \frac{dP_{30}}{dt} \geqslant 0, \frac{dQ_5}{dt} > 0, t \in t_W\right\} = 0.6 \qquad (6.2.4)$$

(5)时价位于周期的高位区域,价格主要移动平均线趋势是上升方向,当日成交量小于前日之量时,$\mu[P(t)]$取值为 0.5,记作

$$\mu\left\{P_t \middle| |P_t-\sup P|<\varepsilon,Q_t<Q_{t-1},\frac{dP_{30}}{dt}\geqslant 0,t\in t_W\right\}=0.5 \tag{6.2.5}$$

(6)时价位于周期的高位区域,价格主要移动平均线趋势是上升方向,当日成交量有显著增加时,$\mu[P(t)]$取值为 0,记作

$$\mu\left\{P_t \middle| |P_t-\sup P|<\varepsilon,Q_t>1.3Q_5,\frac{dP_{30}}{dt}\geqslant 0,t\in t_W\right\}=0 \tag{6.2.6}$$

(7)时价位于周期的高位区域,价格主要移动平均线趋势是水平方向,当日成交量小于前日之量时,$\mu[P(t)]$取值为 0,记作

$$\mu\left\{P_t \middle| |P_t-\sup P|<\varepsilon,Q_t<Q_{t-1},\frac{dP_{30}}{dt}=0,t\in t_W\right\}=0 \tag{6.2.7}$$

(8)时价位于 5 日移动平均线附近,当日成交量小于前日之量,价格主要移动平均线处于下降初期阶段时,$\mu[P(t)]$取值为 0,记作

$$\mu\left\{P_t \middle| |P_t-P_5|<\varepsilon,Q_t<Q_{t-1},\frac{dP_{30}}{dt}<0\cap\frac{d^2P_{30}}{dt^2}=0,t\in t_W\right\}=0 \tag{6.2.8}$$

(9)时价不超过 5 日均价,当日成交量小于前日之量,价格主要移动平均线趋势是下降方向时,$\mu[P(t)]$取值为 0,记作

$$\mu\left\{P_t \middle| P_t\leqslant P_5,Q_t<Q_{t-1},\frac{dP_{30}}{dt}<0,t\in t_W\right\}=0 \tag{6.2.9}$$

(10)时价位于 5 日移动平均线附近,当日成交量有“显著增加”,价格主要移动平均线趋势是下降方向时,$\mu[P(t)]$取值为 0.25,记作

$$\mu\left\{P_t \middle| |P_t-P_5|<\varepsilon,Q_t>1.3Q_5,\frac{dP_{30}}{dt}<0,t\in t_W\right\}=0.25 \tag{6.2.10}$$

(11)时价位于 5 日移动平均线附近,价格主要移动平均线处于减速下降阶段,5 日成交量趋势是上升方向时,$\mu[P(t)]$取值为 0.5,记作

$$\mu\left\{P_t \middle| |P_t-P_5|<\varepsilon,\frac{dP_{30}}{dt}<0\cap\frac{d^2P_{30}}{dt^2}>0,\frac{dQ_5}{dt}>0,t\in t_W\right\}=0.5 \tag{6.2.11}$$

三、$\mu\left[\frac{dP}{dt}\right]$的取值定义

1. 取值原则。$\mu\left[\frac{dP}{dt}\right]$是 K 线图中当下价格特定移动平均线趋势的隶属度,取值

原则是:有利于价格未来变化趋势是上升方向的,隶属度取大值;有利于价格未来变化趋势是下降方向者,隶属度取小值。

2. 取值的具体定义。根据取值原则,给出$\mu\left[\frac{dP}{dt}\right]$的具体取值定义是:

(1)当价格移动平均线趋势是上升方向时,$\mu\left[\frac{dP}{dt}\right]$取值为1,记作

$$\mu\left[\frac{dP}{dt}>0\right]=1 \tag{6.2.12}$$

(2)当价格移动平均线趋势是下降方向时,$\mu\left[\frac{dP}{dt}\right]$取值为0,记作

$$\mu\left[\frac{dP}{dt}<0\right]=0 \tag{6.2.13}$$

(3)当价格移动平均线趋势是水平方向时,$\mu\left[\frac{dP}{dt}\right]$取值为0.5,记作

$$\mu\left[\frac{dP}{dt}=0\right]=0.5 \tag{6.2.14}$$

四、$\mu\left[\frac{d^2P}{dt^2}\right]$的取值定义

1. 取值原则。$\mu\left[\frac{d^2P}{dt^2}\right]$是K线图中当下价格特定移动平均线"加趋势"的隶属度,取值原则是:有利于价格未来变化趋势是上升方向的,隶属度取大值;不利于价格未来变化趋势是上升方向者,隶属度取小值。

2. 取值的具体定义。根据取值原则,给出$\mu\left[\frac{d^2P}{dt^2}\right]$的具体取值定义是:

(1)在初期(或匀速)下降阶段,$\mu\left[\frac{d^2P}{dt^2}\right]$取值为0,记作

$$\mu\left(\frac{d^2P}{dt^2}=0\cap\frac{dP}{dt}<0\right)=0 \tag{6.2.15}$$

(2)在加速下降阶段,$\mu\left[\frac{d^2P}{dt^2}\right]$取值为0~0.5,记作

$$\mu\left(\frac{d^2P}{dt^2}<0\cap\frac{dP}{dt}<0\right)=[0,0.5] \tag{6.2.16}$$

(3)在减速下降阶段,$\mu\left[\frac{d^2P}{dt^2}\right]$取值为0.5~1,记作

$$\mu(\frac{d^2P}{dt^2}>0\cap\frac{dP}{dt}<0)=[0.5,1]^{①} \tag{6.2.17}$$

(4)在初期(或匀速)上升阶段,$\mu\left[\frac{d^2P}{dt^2}\right]$取值为 1,记作

$$\mu(\frac{d^2P}{dt^2}=0\cap\frac{dP}{dt}>0)=1 \tag{6.2.18}$$

(5)在加速上升阶段,$\mu\left[\frac{d^2P}{dt^2}\right]$取值为 0.5～1,记作

$$\mu(\frac{d^2P}{dt^2}>0\cap\frac{dP}{dt}>0)=[0.5,1] \tag{6.2.19}$$

(6)在减速上升阶段,$\mu\left[\frac{d^2P}{dt^2}\right]$取值为 0～0.5,记作

$$\mu(\frac{d^2P}{dt^2}<0\cap\frac{dP}{dt}>0)=[0,0.5] \tag{6.2.20}$$

(7)当价格移动平均线趋势是水平方向时,$\mu\left[\frac{d^2P}{dt^2}\right]$取值为 0.5,记作

$$\mu(\frac{d^2P}{dt^2}=0\cap\frac{dP}{dt}=0)=0.5 \tag{6.2.21}$$

五、$\mu[Q(t)]$的取值定义

1. 取值原则。$\mu[Q(t)]$是 K 线图中最近一根 K 线交易量的隶属度,取值的原则是:

(1)买卖双方对价格的认同程度是通过交易量的大小得到确认的。一般来说,分歧大,交易量就大;分歧小,交易量也就小。因此,当价格位于周期底部阶段时,交易量越大,隶属度越大;当价格位于周期顶部区域时,交易量愈大,隶属度愈小。

(2)交易量与价格趋势并行。当价格主要趋势是上升方向时,交易量逐日增大且无显著增加时,隶属度较大;当价格主要趋势是下降方向时,交易量逐日缩小且无显著变化时,隶属度较小。

2. 取值的具体定义。根据取值原则,给出$\mu[Q(t)]$的具体取值定义是:

(1)时价位于周期底部阶段,价格主要移动平均线趋势处于非下降状态,当日交

---

① [0.5,1]的含义是,此种情况价格均线“加趋势”的隶属度是一个区间,具体数值由分析者依据个人的经验和掌握的信息确定。

易量在近 5 日交易均量附近波动时,$\mu[Q(t)]$ 取值为 0.5,记作

$$\mu\left\{Q_t \middle| |P_t-\inf P|<\varepsilon,\frac{\mathrm{d}P_{30}}{\mathrm{d}t}\geqslant 0,|Q_t-Q_5|<\varepsilon,t\in t_W\right\}=0.5 \tag{6.2.22}$$

(2)时价位于周期底部阶段,价格主要移动平均线趋势处于非下降状态,当日交易量与近 5 日交易均量相比较有显著性增加时,$\mu[Q(t)]$ 取值为 1,记作

$$\mu\left\{Q_t \middle| |P_t-\inf P|<\varepsilon,\frac{\mathrm{d}P_{30}}{\mathrm{d}t}\geqslant 0,Q_t>1.3Q_5,t\in t_W\right\}=1 \tag{6.2.23}$$

(3)时价位于 5 日移动平均线附近,价格主要移动平均线趋势是上升方向,交易量逐日增大且无显著增加时,$\mu[Q(t)]$ 取值为 1,记作

$$\mu\left\{Q_t \middle| |P_t-P_5|<\varepsilon,\frac{\mathrm{d}P_{30}}{\mathrm{d}t}>0,Q_{t-1}\leqslant Q_t<1.3Q_5,t\in t_W\right\}=1 \tag{6.2.24}$$

(4)时价位于周期的高位区域,价格主要移动平均线趋势是上升方向,交易量逐日增大且无显著增加时,$\mu[Q(t)]$ 取值为 0.7,记作

$$\mu\left\{Q_t \middle| |P_t-\sup P|<\varepsilon,\frac{\mathrm{d}P_{30}}{\mathrm{d}t}>0,Q_{t-1}\leqslant Q_t<1.3Q_5,t\in t_W\right\}=0.7 \tag{6.2.25}$$

(5)时价位于周期的高位区域,价格主要移动平均线趋势是上升方向,当日成交量不大于前日之量时,$\mu[Q(t)]$ 取值为 0.5,记作

$$\mu\left\{Q_t \middle| |P_t-\sup P|<\varepsilon,\frac{\mathrm{d}P_{30}}{\mathrm{d}t}>0,Q_t\leqslant Q_{t-1},t\in t_W\right\}=0.5 \tag{6.2.26}$$

(6)时价位于周期的高位区域,价格主要移动平均线趋势是上升方向,当日成交量有显著增加时,意味着多空双方产生了分歧,此时 $\mu[Q(t)]$ 取值为 0,记作

$$\mu\left\{Q_t \middle| |P_t-\sup P|<\varepsilon,\frac{\mathrm{d}P_{30}}{\mathrm{d}t}>0,Q_t>1.3Q_5,t\in t_W\right\}=0 \tag{6.2.27}$$

(7)时价位于周期的高位区域,价格主要移动平均线趋势是水平方向,当日成交量小于前日之量时,$\mu[Q(t)]$ 取值为 0,记作

$$\mu\left\{Q_t \middle| |P_t-\sup P|<\varepsilon,\frac{\mathrm{d}P_{30}}{\mathrm{d}t}=0,Q_t<Q_{t-1},t\in t_W\right\}=0 \tag{6.2.28}$$

(8)时价位于 5 日移动平均线附近,价格主要移动平均线趋势是下降方向,当日成交量小于前日之量时,$\mu[Q(t)]$ 取值为 0,记作

$$\mu\left\{Q_t \middle| |P_t-P_5|<\varepsilon,\frac{\mathrm{d}P_{30}}{\mathrm{d}t}<0,Q_t<Q_{t-1},t\in t_W\right\}=0 \tag{6.2.29}$$

(9)时价位于 5 日移动平均线附近,价格主要移动平均线趋势是下降方向,当日

交易量有显著增加时,$\mu[Q(t)]$ 取值为 0.5,记作

$$\mu\left\{Q_t \middle| |P_t - P_5| < \varepsilon, \frac{dP_{30}}{dt} < 0, Q_t > 1.3Q_5, t \in t_W\right\} = 0.5 \tag{6.2.30}$$

(10)时价位于 5 日移动平均线附近,价格主要移动平均线趋势呈减速下降状态,5 日交易量移动平均线趋势是上升方向时,$\mu[Q(t)]$ 取值为 0.75,记作

$$\mu\left\{Q_t \middle| |P_t - P_5| < \varepsilon, \frac{dP_{30}}{dt} < 0 \cap \frac{d^2P_{30}}{dt^2} > 0, \frac{dQ_5}{dt} > 0, t \in t_W\right\} = 0.75 \tag{6.2.31}$$

六、$\mu\left[\frac{dQ}{dt}\right]$的取值定义

1. 取值原则。$\mu\left[\frac{dQ}{dt}\right]$是 K 线图中当下交易量特定移动平均线趋势的隶属度,取值的原则是:若有利于价格未来变化趋势上升,则其隶属度取大值;若有利于价格未来变化趋势下降,则其隶属度取小值。

2. 取值的具体定义。根据取值原则,给出 $\mu\left[\frac{dQ}{dt}\right]$的具体取值定义是:

(1)当交易量的变化趋势是上升方向时,$\mu\left[\frac{dQ}{dt}\right]$取值为 1,记作

$$\mu\left(\frac{dQ}{dt} > 0\right) = 1 \tag{6.2.32}$$

(2)当交易量的变化趋势是下降方向时,$\mu\left[\frac{dQ}{dt}\right]$取值为 0,记作

$$\mu\left(\frac{dQ}{dt} < 0\right) = 0 \tag{6.2.33}$$

(3)当交易量的变化趋势是水平方向时,$\mu\left[\frac{dQ}{dt}\right]$取值为 0.5,记作

$$\mu\left(\frac{dQ}{dt} = 0\right) = 0.5 \tag{6.2.34}$$

七、$\mu\left[\frac{d^2Q}{dt^2}\right]$的取值定义

1. 取值原则。$\mu\left[\frac{d^2Q}{dt^2}\right]$是 K 线图中当下交易量特定移动平均线“加趋势”的隶属度,取值原则是:若有利于价格未来变化趋势上升,则其隶属度取大值;若不利于价格未来变化趋势上升,则其隶属度取小值。

2.取值的具体定义。根据取值原则，给出$\mu\left[\frac{d^2Q}{dt^2}\right]$的具体取值定义是：

(1)当交易量的变化趋势处于初期(或匀速)下降阶段时，$\mu\left[\frac{d^2Q}{dt^2}\right]$取值为0，记作

$$\mu(\frac{d^2Q}{dt^2}=0\cap\frac{dQ}{dt}<0)=0 \tag{6.2.35}$$

(2)当交易量的变化趋势是加速下降时，$\mu\left[\frac{d^2Q}{dt^2}\right]$取值为0～0.5，记作

$$\mu(\frac{d^2Q}{dt^2}<0\cap\frac{dQ}{dt}<0)=[0,0.5] \tag{6.2.36}$$

(3)当交易量的变化趋势是减速下降时，$\mu\left[\frac{d^2Q}{dt^2}\right]$取值为0.5～1，记作

$$\mu(\frac{d^2Q}{dt^2}>0\cap\frac{dQ}{dt}<0)=[0.5,1] \tag{6.2.37}$$

(4)当交易量的变化趋势处于初期(或匀速)上升阶段时，$\mu\left[\frac{d^2Q}{dt^2}\right]$取值为1，记作

$$\mu(\frac{d^2Q}{dt^2}=0\cap\frac{dQ}{dt}>0)=1 \tag{6.2.38}$$

(5)当交易量的变化趋势是加速上升时，$\mu\left[\frac{d^2Q}{dt^2}\right]$取值为0.5～1，记作

$$\mu(\frac{d^2Q}{dt^2}>0\cap\frac{dQ}{dt}>0)=[0.5,1] \tag{6.2.39}$$

(6)当交易量的变化趋势是减速上升时，$\mu\left[\frac{d^2Q}{dt^2}\right]$取值为0～0.5，记作

$$\mu(\frac{d^2Q}{dt^2}<0\cap\frac{dQ}{dt}>0)=[0,0.5] \tag{6.2.40}$$

(7)当交易量的变化趋势是水平方向时，$\mu\left[\frac{d^2Q}{dt^2}\right]$取值为0.5，记作

$$\mu(\frac{d^2Q}{dt^2}=0\cap\frac{dQ}{dt}=0)=0.5 \tag{6.2.41}$$

以上是日K线图中$\mu[P(t)]$，$\mu\left[\frac{dP}{dt}\right]$和$\mu\left[\frac{d^2P}{dt^2}\right]$与$\mu[Q(t)]$，$\mu\left[\frac{dQ}{dt}\right]$和$\mu\left[\frac{d^2Q}{dt^2}\right]$取值定义的主要内容。在周K线图和月K线图中，$\mu[P(t)]$，$\mu\left[\frac{dP}{dt}\right]$和$\mu\left[\frac{d^2P}{dt^2}\right]$与$\mu[Q(t)]$，$\mu\left[\frac{dQ}{dt}\right]$和$\mu\left[\frac{d^2Q}{dt^2}\right]$的取值定义，与日K线图中的相应项相同，此处不再介绍。

第 3 节　“综合模糊技术分析”卖出证券的准则

卖出时机的把握,对盈利的实现和风险的控制是至关重要的。无数实践证明:买错不可怕,卖错才是导致大量亏损的最重要原因!卖错的主要根源,不是技术问题,更重要的是投资者的心里问题。例如,行为金融学中的“后悔厌恶”(Regret Aversion)、“处置效应”(Disposition Effect)、“沉没成本效应”(Sunk Cost Effect)等。① “综合模糊技术分析”的一个重要思想是:通过设置一系列指标及其评价准则,来约束投资者的非理性行为。

在“综合模糊技术分析”中,减速上升阶段和顶部阶段是卖出证券的较好区域,初期下降阶段、加速下降阶段则是痛苦的卖出阶段。卖出证券的准则主要取决于投资者的风险偏好。不同风险偏好者,选择卖出证券的阶段不同。不同阶段是一个区间,而非一个点。因此,最佳卖出证券的准则也是一个区间,而非一个点。下面以风险中性者为例,讨论卖出证券的区间。

风险中性者的显著特征是:愿承担一定风险,追求较高收益。与之对应,卖出证券的区间是顶部阶段,相应的卖出准则是:

1. 左边的卖出边界。一轮牛市,卖出证券最初的条件是:成交量不再增加,价格继续上升。这是证券市场周期变化可能进入顶部阶段的初期现象。记作

$$S(P_t,Q_t)=\left\{(P_t,Q_t)\mid P_t>P_{t-1},Q_t<Q_{t-1},\frac{\mathrm{d}Q_{6\mathrm{W}}}{\mathrm{d}t}<0,\frac{\mathrm{d}P_{6\mathrm{M}}}{\mathrm{d}t}>0,t\in t_{\mathrm{W}}\right\} \tag{6.3.1}$$

式中,$S(P_t,Q_t)$为卖出证券时价、量的关系;其他符号的含义同前。

2. 左边的次卖出边界。市场特征是:成交量不再增加,价格裹足不前。这意味着,买方的主动性不再占优,买卖双方的认识趋向一致。形成局部顶部阶段的可能性较大,是卖出证券的时机。记作

$$S(P_t,Q_t)=\left\{(P_t,Q_t)\mid P_t^H<P_{t-\tau}^H,Q_t<Q_{t-1},\frac{\mathrm{d}Q_{6\mathrm{W}}}{\mathrm{d}t}<0,\frac{\mathrm{d}P_{6\mathrm{M}}}{\mathrm{d}t}>0,t\in t_{\mathrm{W}}\right\} \tag{6.3.2}$$

---

① 有关“后悔厌恶”“处置效应”和“沉没成本效应”的详细解释,请参见第 8 章第 2 节。

3. 右边的卖出边界。主要特征是:成交量持续下降,24 周移动平均线斜率由上升变为水平。记作

$$S(P_t,Q_t)=\left\{(P_t,Q_t)\mid \frac{dQ_{6W}}{dt}<0,\frac{dP_{24W}}{dt}>0\rightarrow\frac{dP_{24W}}{dt}=0,t\in t_W\right\} \quad (6.3.3)$$

4. 止损。止损是决策、判断失误的重要补救措施。我们无法做到每次决策都正确,判断失误是常态,只要正确的概率大于失误的概率就是成功者。判断失误如何补救,答案就是设好止损位。

止损位的设定,体现了投资者的风险偏好,或风险承受能力。设买入证券的价格为 P_B,止损率是 ρ,风险厌恶者取小值,建议 $\rho=5\%$,风险偏好者取大值,建议 $\rho=9\%$,则止损价格 P_R 记为

$$P_R<(1-\rho)P_B \quad (6.3.4)$$

以上是卖出证券的主要量化准则。

第 4 节 案 例

如何应用“综合模糊技术分析”,分析市场指数和证券价格“未来一段时间变化趋势的可能性”,本节以 2015 年 6 月 19 日的上证指数、中国建设银行股份有限公司(以下简称“中国建设银行”)的 K 线为例予以展示。

一、“市场综合指数未来一段时间变化趋势的可能性”$\mu\left[\frac{dY(\Delta t)}{dt}\right]$

1. 日 K 线图中,“市场综合指数未来一段时间变化趋势的可能性”$\mu\left[\frac{dy_1(\Delta t)}{dt}\right]$。

(1) 日 K 线图中,“价格未来一段时间变化趋势的可能性”$\mu\left[\frac{dP(\Delta t)}{dt}\right]$。计算方法是式(6.1.5),市场综合指数日 K 线(见图 6.4.1)是式中各项取值的重要依据。

①$\mu[P(t)]$的取值。由本章第 2 节中有关项的取值定义可见,式(6.2.5)的定义与此相近——时价位于周期的高位区域,价格主要移动平均线趋势是上升方向,当日成交量小于前日之量,取

$$\mu[P(t)]=0.5 \quad (6.4.1)$$

②$\mu\left[\frac{\mathrm{d}P(t)}{\mathrm{d}t}\right]$的取值。与式(6.2.12)的定义相同,取

$$\mu\left[\frac{\mathrm{d}P(t)}{\mathrm{d}t}\right]=1 \tag{6.4.2}$$

③$\mu\left[\frac{\mathrm{d}^2P(t)}{\mathrm{d}t^2}\right]$的取值。与式(6.2.18)的定义相近,取

$$\mu\left[\frac{\mathrm{d}^2P(t)}{\mathrm{d}t^2}\right]=1 \tag{6.4.3}$$

将式(6.4.1)、式(6.4.2)和式(6.4.3)的取值代入式(6.1.5),得

$$\mu\left[\frac{\mathrm{d}P(\Delta t)}{\mathrm{d}t}\right]=0.75 \tag{6.4.4}$$

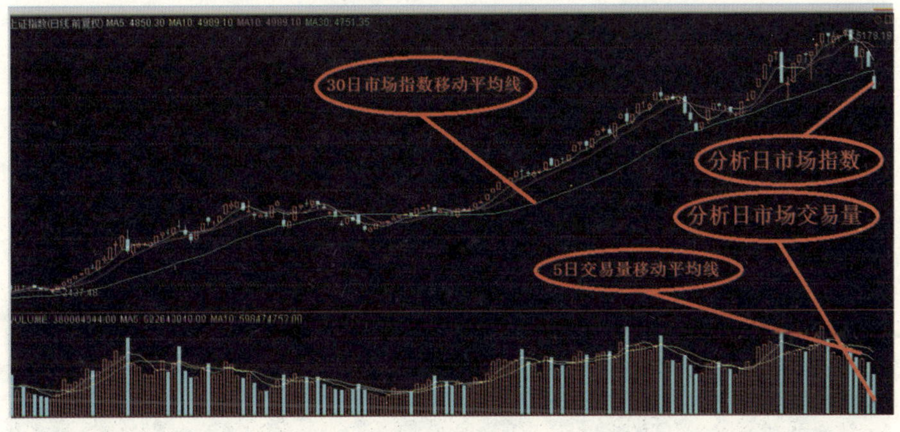

图 6.4.1　市场综合指数日 K 线

(2)日 K 线图中,“交易量未来一段时间变化趋势的可能性”$\mu\left[\frac{\mathrm{d}Q(\Delta t)}{\mathrm{d}t}\right]$。计算方法是式(6.1.6),式中各项的取值如下:

①$\mu[Q(t)]$的取值。与式(6.2.26)的定义相近——时价位于周期的高位区域,价格主要移动平均线趋势是上升方向,当日成交量不大于前日之量,取

$$\mu[Q(t)]=0.5 \tag{6.4.5}$$

②$\mu\left[\frac{\mathrm{d}Q(t)}{\mathrm{d}t}\right]$的取值。与式(6.2.33)的定义相同,取

$$\mu\left[\frac{\mathrm{d}Q(t)}{\mathrm{d}t}\right]=0 \tag{6.4.6}$$

③$\mu\left[\frac{\mathrm{d}^2Q(t)}{\mathrm{d}t^2}\right]$的取值。与式(6.2.35)的定义相同,取

$$\mu\left[\frac{\mathrm{d}^2Q(t)}{\mathrm{d}t^2}\right]=0 \tag{6.4.7}$$

将式(6.4.5)、式(6.4.6)和式(6.4.7)的取值代入式(6.1.6),得

$$\mu\left[\frac{\mathrm{d}Q(\Delta t)}{\mathrm{d}t}\right]=0.25 \tag{6.4.8}$$

(3)日K线图中,“市场综合指数未来一段时间变化趋势的可能性”$\mu\left[\frac{\mathrm{d}y_1(\Delta t)}{\mathrm{d}t}\right]$。计算方法是式(6.1.4)。将式(6.4.4)和式(6.4.8)的结论代入式(6.1.4),得

$$\mu\left[\frac{\mathrm{d}y_1(\Delta t)}{\mathrm{d}t}\right]=0.43<0.5,\text{属性为“- -”} \tag{6.4.9}$$

2. 周K线图中,“市场综合指数未来一段时间变化趋势的可能性”$\mu\left[\frac{\mathrm{d}y_2(\Delta t)}{\mathrm{d}t}\right]$。

(1)周K线图中,“价格未来一段时间变化趋势的可能性”$\mu\left[\frac{\mathrm{d}P(\Delta t)}{\mathrm{d}t}\right]$。计算方法是式(6.1.5),市场综合指数周K线(见图6.4.2)是式中各项取值的重要依据。

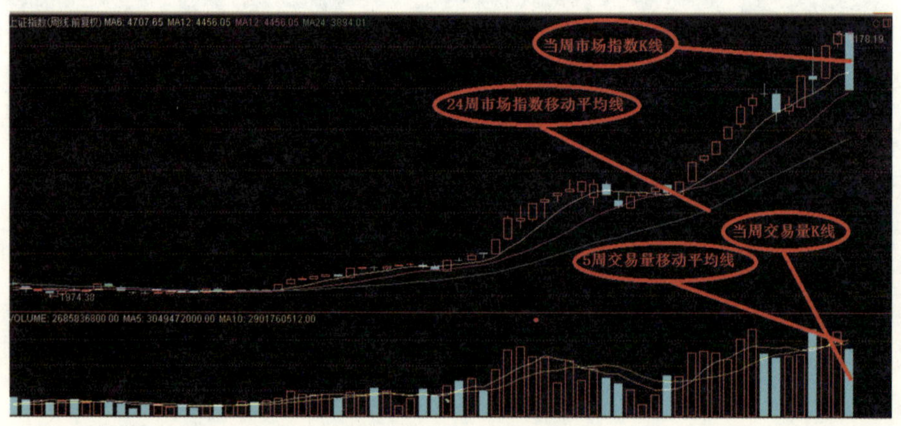

图6.4.2 市场综合指数周K线

①$\mu[P(t)]$的取值。与式(6.2.5)的定义相近——时价位于周期的高位区域,价格主要移动平均线趋势是上升方向,成交量小于前周之量,取

$$\mu[P(t)]=0.5 \tag{6.4.10}$$

②$\mu\left[\frac{\mathrm{d}P(t)}{\mathrm{d}t}\right]$的取值。与式(6.2.12)的定义相同，取

$$\mu\left[\frac{\mathrm{d}P(t)}{\mathrm{d}t}\right]=1 \tag{6.4.11}$$

③$\mu\left[\frac{\mathrm{d}^2P(t)}{\mathrm{d}t^2}\right]$的取值。与式(6.2.18)的定义相近，取

$$\mu\left[\frac{\mathrm{d}^2P(t)}{\mathrm{d}t^2}\right]=1 \tag{6.4.12}$$

将式(6.4.10)、式(6.4.11)和式(6.4.12)的取值代入式(6.1.5)，得

$$\mu\left[\frac{\mathrm{d}P(\Delta t)}{\mathrm{d}t}\right]=0.75 \tag{6.4.13}$$

(2)周 K 线图中，“交易量未来一段时间变化趋势的可能性”$\mu\left[\frac{\mathrm{d}Q(\Delta t)}{\mathrm{d}t}\right]$。计算方法是式(6.1.6)，各项的取值如下：

①$\mu[Q(t)]$的取值。6 周交易量移动平均线态势，与式(6.2.26)的定义相近——时价位于周期的高位区域，价格主要移动平均线趋势是上升方向，成交量不大于前周之量，取

$$\mu[Q(t)]=0.5 \tag{6.4.14}$$

②$\mu\left[\frac{\mathrm{d}Q(t)}{\mathrm{d}t}\right]$的取值。与式(6.2.34)的定义相同，取

$$\mu\left[\frac{\mathrm{d}Q(t)}{\mathrm{d}t}\right]=0.5 \tag{6.4.15}$$

③$\mu\left[\frac{\mathrm{d}^2Q(t)}{\mathrm{d}t^2}\right]$的取值。与式(6.2.41)的定义相同，取

$$\mu\left[\frac{\mathrm{d}^2Q(t)}{\mathrm{d}t^2}\right]=0.5 \tag{6.4.16}$$

将式(6.4.14)、式(6.4.15)和式(6.4.16)的取值代入式(6.1.6)，得

$$\mu\left[\frac{\mathrm{d}Q(\Delta t)}{\mathrm{d}t}\right]=0.5 \tag{6.4.17}$$

(3)周 K 线图中，“市场综合指数未来一段时间变化趋势的可能性”$\mu\left[\frac{\mathrm{d}y_2(\Delta t)}{\mathrm{d}t}\right]$。计算方法是式(6.1.4)。将式(6.4.13)和式(6.4.17)的结论代入式(6.1.4)，可得

$$\mu\left[\frac{\mathrm{d}y_2(\Delta t)}{\mathrm{d}t}\right]=0.59>0.5\text{，属性为“—”} \tag{6.4.18}$$

3. 月K线图中,“市场综合指数未来一段时间变化趋势的可能性”$\mu\left[\frac{\mathrm{d}y_3(\Delta t)}{\mathrm{d}t}\right]$。

(1)月K线图中,“价格未来一段时间变化趋势的可能性”$\mu\left[\frac{\mathrm{d}P(\Delta t)}{\mathrm{d}t}\right]$。计算方法是式(6.1.5),市场综合指数月K线(见图6.4.3)是式中各项取值的重要依据。

①$\mu[P(t)]$的取值。与式(6.2.5)的定义相近——时价位于周期的高位区域,价格主要移动平均线趋势是上升方向,成交量小于前月之量,取

$$\mu[P(t)]=0.5 \tag{6.4.19}$$

②$\mu\left[\frac{\mathrm{d}P(t)}{\mathrm{d}t}\right]$的取值。与式(6.2.12)的定义相同,取

$$\mu\left[\frac{\mathrm{d}P(t)}{\mathrm{d}t}\right]=1 \tag{6.4.20}$$

③$\mu\left[\frac{\mathrm{d}^2P(t)}{\mathrm{d}t^2}\right]$的取值。与式(6.2.19)的定义相近,取

$$\mu\left[\frac{\mathrm{d}^2P(t)}{\mathrm{d}t^2}\right]=0.75 \tag{6.4.21}$$

将式(6.4.19)、式(6.4.20)和式(6.4.21)的取值代入式(6.1.5),得

$$\mu\left[\frac{\mathrm{d}P(\Delta t)}{\mathrm{d}t}\right]=0.69 \tag{6.4.22}$$

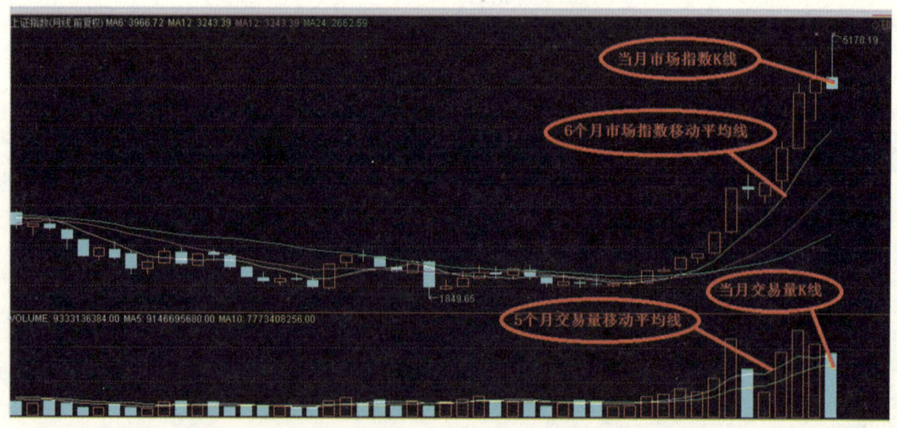

图6.4.3 市场综合指数月K线

(2)月 K 线图中，"交易量未来一段时间变化趋势的可能性"$\mu\left[\frac{\mathrm{d}Q(\Delta t)}{\mathrm{d}t}\right]$。计算方法是式(6.1.6)，式中各项的取值如下：

①$\mu[Q(t)]$的取值。与式(6.2.26)的定义相近——时价位于周期的高位区域，价格主要移动平均线趋势是上升方向，成交量不大于前月之量，取

$$\mu[Q(t)]=0.5 \tag{6.4.23}$$

②$\mu\left[\frac{\mathrm{d}Q(t)}{\mathrm{d}t}\right]$的取值。与式(6.2.32)的定义相同，取

$$\mu\left[\frac{\mathrm{d}Q(t)}{\mathrm{d}t}\right]=1 \tag{6.4.24}$$

③$\mu\left[\frac{\mathrm{d}^2Q(t)}{\mathrm{d}t^2}\right]$的取值。与式(6.2.40)的定义相同，取

$$\mu\left[\frac{\mathrm{d}^2Q(t)}{\mathrm{d}t^2}\right]=0.5 \tag{6.4.25}$$

将式(6.4.23)、式(6.4.24)和式(6.4.25)的取值代入式(6.1.6)，得

$$\mu\left[\frac{\mathrm{d}Q(\Delta t)}{\mathrm{d}t}\right]=0.5 \tag{6.4.26}$$

(3)月 K 线图中，"市场综合指数未来一段时间变化趋势的可能性"$\mu\left[\frac{\mathrm{d}y_3(\Delta t)}{\mathrm{d}t}\right]$。计算方法是式(6.1.4)。将式(6.4.22)和式(6.4.26)的结论代入式(6.1.4)，得

$$\mu\left[\frac{\mathrm{d}y_3(\Delta t)}{\mathrm{d}t}\right]=0.57>0.5,\text{属性为“—”} \tag{6.4.27}$$

4. 市场综合指数未来一段时间变化趋势的可能性$\mu\left[\frac{\mathrm{d}Y(\Delta t)}{\mathrm{d}t}\right]$。计算方法是式(6.1.3)。将式(6.4.9)、式(6.4.18)和式(6.4.27)的结论代入式(6.1.3)，得

$$\mu\left[\frac{\mathrm{d}Y(\Delta t)}{\mathrm{d}t}\right]=0.54>0.5 \tag{6.4.28}$$

式(6.4.28)的含义是："上证指数未来一段时间变化趋势的可能性"是，两者近乎相等，上升的可能性略大于下降的可能性。

以上是"X 三要素周期结构模型"的"函数式"表示。若用"图像式"表示，则有：

(1)第一重要等级因素是"周 K 线市场综合指数未来一段时间变化趋势的

可能性”，为0.59，大于0.5，属性为“—”；

(2)第二重要等级因素是“日K线市场综合指数未来一段时间变化趋势的可能性”，为0.43，小于0.5，属性为“--”；

(3)第三重要等级因素是“月K线市场综合指数未来一段时间变化趋势的可能性”，为0.57，大于0.5，属性为“—”。

综上可见，“X三要素周期结构模型”的“图像式”表示的“二元三维图像”是一个弱式的☲。这表示，当下“上证指数”在“X三要素周期结构图”中的“相对位置”，是弱式周期上升的前中期阶段；未来一段时间的变化趋势是走向不确定的可能性较大。

二、“证券自身未来一段时间变化趋势的可能性”$\mu\left[\frac{\mathrm{d}X(\Delta t)}{\mathrm{d}t}\right]$

1. 日K线图中，“证券自身未来一段时间变化趋势的可能性”$\mu\left[\frac{\mathrm{d}x_1(\Delta t)}{\mathrm{d}t}\right]$。

(1)日K线图中，“价格未来一段时间变化趋势的可能性”$\mu\left[\frac{\mathrm{d}P(\Delta t)}{\mathrm{d}t}\right]$。计算方法是式(6.1.5)，中国建设银行日K线(见图6.4.4)是式中各项取值的重要依据。

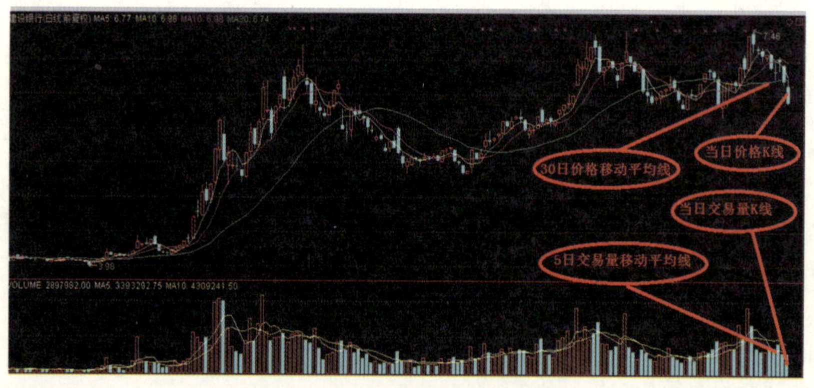

图6.4.4　中国建设银行日K线

①$\mu[P(t)]$的取值。与式(6.2.7)的定义相同——时价位于周期的高位区域，价格主要移动平均线趋势是水平方向，成交量小于前日之量，取

$$\mu[P(t)]=0 \tag{6.4.29}$$

②$\mu\left[\frac{\mathrm{d}P(t)}{\mathrm{d}t}\right]$的取值。与式(6.2.14)的定义相同，取

$$\mu\left[\frac{\mathrm{d}P(t)}{\mathrm{d}t}\right]=0.5 \tag{6.4.30}$$

③$\mu\left[\frac{\mathrm{d}^2P(t)}{\mathrm{d}t^2}\right]$的取值。与式(6.2.21)的定义相近，取

$$\mu\left[\frac{\mathrm{d}^2P(t)}{\mathrm{d}t^2}\right]=0.5 \tag{6.4.31}$$

将式(6.4.29)、式(6.4.30)和式(6.4.31)的取值代入式(6.1.5)，得

$$\mu\left[\frac{\mathrm{d}P(\Delta t)}{\mathrm{d}t}\right]=0.25 \tag{6.4.32}$$

(2)日 K 线图中，"交易量未来一段时间变化趋势的可能性"$\mu\left[\frac{\mathrm{d}Q(\Delta t)}{\mathrm{d}t}\right]$。计算方法是式(6.1.6)，式中各项的取值如下：

①$\mu[Q(t)]$的取值。与式(6.2.28)的定义相近——时价位于周期的高位区域，价格主要移动平均线趋势是水平方向，当日成交量小于前日之量，取

$$\mu[Q(t)]=0 \tag{6.4.33}$$

②$\mu\left[\frac{\mathrm{d}Q(t)}{\mathrm{d}t}\right]$的取值。与式(6.2.34)的定义相同，取

$$\mu\left[\frac{\mathrm{d}Q(t)}{\mathrm{d}t}\right]=0.5 \tag{6.4.34}$$

③$\mu\left[\frac{\mathrm{d}^2Q(t)}{\mathrm{d}t^2}\right]$的取值。与式(6.2.41)的定义相同，取

$$\mu\left[\frac{\mathrm{d}^2Q(t)}{\mathrm{d}t^2}\right]=0.5 \tag{6.4.35}$$

将式(6.4.33)、式(6.4.34)和式(6.4.35)的取值代入式(6.1.6)，得

$$\mu\left[\frac{\mathrm{d}Q(\Delta t)}{\mathrm{d}t}\right]=0.25 \tag{6.4.36}$$

(3)日 K 线图中，"证券自身未来一段时间变化趋势的可能性"$\mu\left[\frac{\mathrm{d}x_1(\Delta t)}{\mathrm{d}t}\right]$。计算方法是式(6.1.4)。将式(6.4.32)和式(6.4.36)的结论代入式(6.1.4)，得

$$\mu\left[\frac{\mathrm{d}x_1(\Delta t)}{\mathrm{d}t}\right]=0.25<0.5\text{，属性为“--”} \tag{6.4.37}$$

2. 周 K 线图中，"证券自身未来一段时间变化趋势的可能性"$\mu\left[\frac{\mathrm{d}x_2(\Delta t)}{\mathrm{d}t}\right]$。

(1)周K线图中,“价格未来一段时间变化趋势的可能性”$\mu\left[\frac{\mathrm{d}P(\Delta t)}{\mathrm{d}t}\right]$。计算方法是式(6.1.5),中国建设银行周K线(见图6.4.5)是式中各项取值的重要依据。

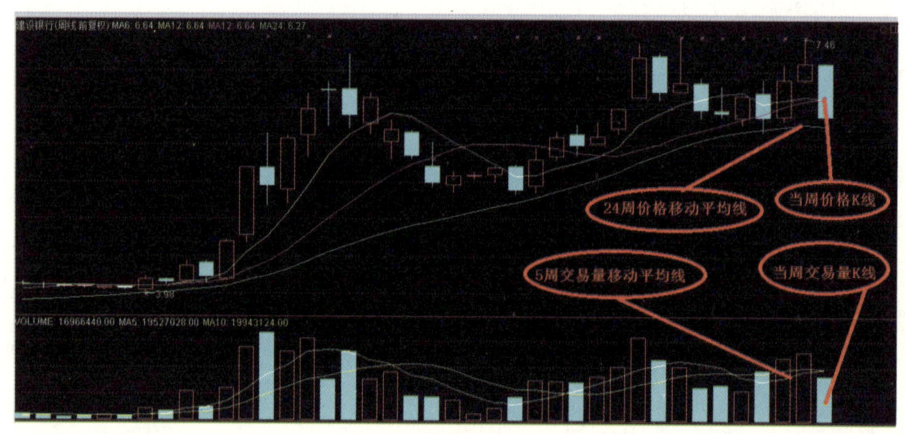

图6.4.5　中国建设银行周K线

①$\mu[P(t)]$的取值。与式(6.2.7)的定义相近——时价位于周期的高位区域,价格主要移动平均线趋势是水平方向,当周成交量小于前周之量,取

$$\mu[P(t)]=0 \tag{6.4.38}$$

②$\mu\left[\frac{\mathrm{d}P(t)}{\mathrm{d}t}\right]$的取值。与式(6.2.14)的定义相同,取

$$\mu\left[\frac{\mathrm{d}P(t)}{\mathrm{d}t}\right]=0.5 \tag{6.4.39}$$

③$\mu\left[\frac{\mathrm{d}^2P(t)}{\mathrm{d}t^2}\right]$的取值。与式(6.2.21)的定义相近,取

$$\mu\left[\frac{\mathrm{d}^2P(t)}{\mathrm{d}t^2}\right]=0.5 \tag{6.4.40}$$

将式(6.4.38)、式(6.4.39)和式(6.4.40)的取值代入式(6.1.5),得

$$\mu\left[\frac{\mathrm{d}P(\Delta t)}{\mathrm{d}t}\right]=0.25 \tag{6.4.41}$$

(2)周K线图中,“交易量未来一段时间变化趋势的可能性”$\mu\left[\frac{\mathrm{d}Q(\Delta t)}{\mathrm{d}t}\right]$。计算方法是式(6.1.6),式中各项的取值如下:

①$\mu[Q(t)]$的取值。与式(6.2.28)的定义相近——时价位于周期的高位区域,价格主要移动平均线趋势是水平方向,当周成交量小于前周之量,取

$$\mu[Q(t)]=0 \tag{6.4.42}$$

②$\mu\left[\frac{\mathrm{d}Q(t)}{\mathrm{d}t}\right]$的取值。与式(6.2.34)的定义相近,取

$$\mu\left[\frac{\mathrm{d}Q(t)}{\mathrm{d}t}\right]=0.5 \tag{6.4.43}$$

③$\mu\left[\frac{\mathrm{d}^2Q(t)}{\mathrm{d}t^2}\right]$的取值。与式(6.2.41)的定义相近,取

$$\mu\left[\frac{\mathrm{d}^2Q(t)}{\mathrm{d}t^2}\right]=0.5 \tag{6.4.44}$$

将式(6.4.42)、式(6.4.43)和式(6.4.44)的取值代入式(6.1.6),可得

$$\mu\left[\frac{\mathrm{d}Q(\Delta t)}{\mathrm{d}t}\right]=0.25 \tag{6.4.45}$$

(3)周 K 线图中,“证券自身未来一段时间变化趋势的可能性”$\mu\left[\frac{\mathrm{d}x_2(\Delta t)}{\mathrm{d}t}\right]$。计算方法是式(6.1.4)。将式(6.4.41)和式(6.4.45)的结论代入式(6.1.4),得

$$\mu\left[\frac{\mathrm{d}x_2(\Delta t)}{\mathrm{d}t}\right]=0.25<0.5,\text{属性为“--”} \tag{6.4.46}$$

3. 月 K 线图中,“证券自身未来一段时间变化趋势的可能性”$\mu\left[\frac{\mathrm{d}x_3(\Delta t)}{\mathrm{d}t}\right]$。

(1)月 K 线图中,“价格未来一段时间变化趋势的可能性”$\mu\left[\frac{\mathrm{d}P(\Delta t)}{\mathrm{d}t}\right]$。计算方法是式(6.1.5),中国建设银行月 K 线(见图 6.4.6)是式中各项取值的重要依据。

①$\mu[P(t)]$的取值。时价位于周期的高位区域,价格主要移动平均线(6 个月)趋势是非上升方向,当月成交量不小于前月之量——此情况是非典型状况,取

$$\mu[P(t)]=0.5 \tag{6.4.47}$$

②$\mu\left[\frac{\mathrm{d}P(t)}{\mathrm{d}t}\right]$的取值。与式(6.2.13)的定义相同,取

$$\mu\left[\frac{\mathrm{d}P(t)}{\mathrm{d}t}\right]=0 \tag{6.4.48}$$

③$\mu\left[\frac{\mathrm{d}^2P(t)}{\mathrm{d}t^2}\right]$的取值。与式(6.2.15)的定义相近,取

$$\mu\left[\frac{\mathrm{d}^2P(t)}{\mathrm{d}t^2}\right]=0 \tag{6.4.49}$$

将式(6.4.47)、式(6.4.48)和式(6.4.49)的取值代入式(6.1.5),得

$$\mu\left[\frac{\mathrm{d}P(\Delta t)}{\mathrm{d}t}\right]=0.25 \tag{6.4.50}$$

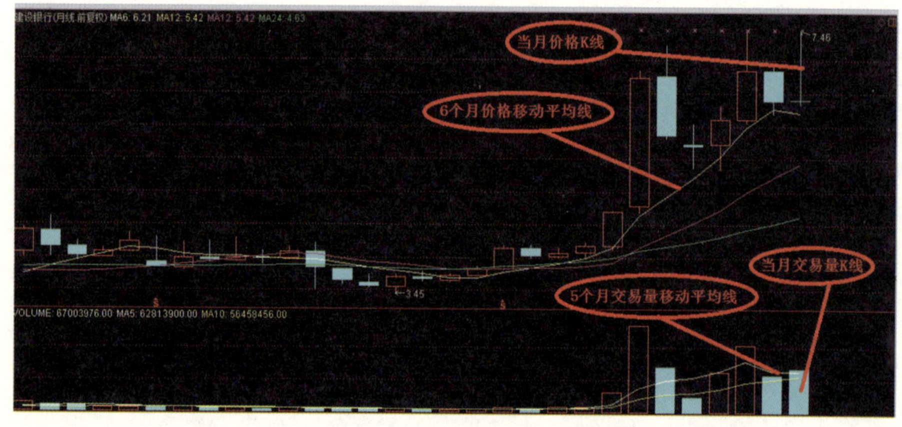

图 6.4.6 中国建设银行月 K 线

(2)月 K 线图中,"交易量未来一段时间变化趋势的可能性"$\mu\left[\frac{\mathrm{d}Q(\Delta t)}{\mathrm{d}t}\right]$。计算方法是式(6.1.6)。式中各项的取值如下:

①$\mu[Q(t)]$的取值。时价位于周期的高位区域,价格主要移动平均线趋势是非上升方向,当月成交量不小于前月之量——此情况是非典型状况,取

$$\mu[Q(t)]=0.5 \tag{6.4.51}$$

②$\mu\left[\frac{\mathrm{d}Q(t)}{\mathrm{d}t}\right]$的取值。与式(6.2.33)的定义相同,取

$$\mu\left[\frac{\mathrm{d}Q(t)}{\mathrm{d}t}\right]=0 \tag{6.4.52}$$

③$\mu\left[\frac{\mathrm{d}^2Q(t)}{\mathrm{d}t^2}\right]$的取值。与式(6.2.41)的定义相近,取

$$\mu\left[\frac{\mathrm{d}^2Q(t)}{\mathrm{d}t^2}\right]=0.5 \tag{6.4.53}$$

将式(6.4.51)、式(6.4.52)和式(6.4.53)的取值代入式(6.1.6),可得

$$\mu\left[\frac{\mathrm{d}Q(\Delta t)}{\mathrm{d}t}\right]=0.38 \tag{6.4.54}$$

(3)月 K 线图中,“证券自身未来一段时间变化趋势的可能性”$\mu\left[\frac{\mathrm{d}x_3(\Delta t)}{\mathrm{d}t}\right]$。计算方法是式(6.1.4)。将式(6.4.50)和式(6.4.54)的结论代入式(6.1.4),得

$$\mu\left[\frac{\mathrm{d}x_3(\Delta t)}{\mathrm{d}t}\right]=0.33<0.5,\text{属性为“--”} \tag{6.4.55}$$

4.“证券自身未来一段时间变化趋势的可能性”$\mu\left[\frac{\mathrm{d}X(\Delta t)}{\mathrm{d}t}\right]$。计算方法是式(6.1.2)。将式(6.4.37)、式(6.4.46)和式(6.4.55)的结论代入式(6.1.2),得

$$\mu\left[\frac{\mathrm{d}X(\Delta t)}{\mathrm{d}t}\right]=0.26<0.5 \tag{6.4.56}$$

式(6.4.56)的数学逻辑含义是:“中国建设银行自身未来一段时间变化趋势的可能性”是,下降的可能性大于上升的可能性。

若用“图像式”表示,则有:

(1)第一重要等级因素是“周 K 线未来一段时间变化趋势的可能性”,为 0.25,小于 0.5,属性为“--”。

(2)第二重要等级因素是“日 K 线未来一段时间变化趋势的可能性”,为 0.25,小于 0.5,属性为“--”。

(3)第三重要等级因素是“月 K 线未来一段时间变化趋势的可能性”,为 0.33,小于 0.5,属性为“--”。

由上可见,“图像式”表示的“二元三维图像”是☷。这表示,当下中国建设银行自身在“X 三要素周期结构图”中的“相对位置”,是周期下降的后期阶段;未来一段时间的变化趋势是逐渐向不确定性方向发展。

三、“证券价格未来一段时间变化趋势的可能性”$\mu\left[\frac{\mathrm{d}Z(\Delta t)}{\mathrm{d}t}\right]$

计算方法是式(6.1.1)。将式(6.4.28)和式(6.4.56)的结论代入式(6.1.1),得

$$\mu\left[\frac{\mathrm{d}Z(\Delta t)}{\mathrm{d}t}\right]=0.34 \tag{6.4.57}$$

式(6.4.57)是“综合模糊技术分析”最重要的结论。其计算过程详见表 6.4.1。式(6.4.57)的含义是,综合“中国建设银行自身未来一段时间变化趋势的可

能性”与“市场综合指数未来一段时间变化趋势的可能性”的分析，“中国建设银行未来一段时间变化趋势的可能性”是，下降的可能性大于上升的可能性。这是数学逻辑的分析结论。

从辩证逻辑的角度看，“市场综合指数未来一段时间变化趋势的可能性”的“二元三维图像”是弱式的☲。这表示，当下“上证指数”在“X 三要素周期结构图”中的“相对位置”，是弱式周期上升的前中期阶段，未来一段时间的变化趋势是弱式的上升的可能性大于下降的可能性。“中国建设银行自身未来一段时间变化趋势的可能性”的“二元三维图像”是☷。这表示，当下中国建设银行自身在“X 三要素周期结构图”中的“相对位置”，是周期下降的后期阶段；未来一段时间的变化趋势是逐渐向不确定性方向发展。

综合分析，“中国建设银行未来一段时间变化趋势的可能性”是，下降的可能性大于上升的可能性。

表 6.4.1　中国建设银行“综合模糊技术分析”逻辑计算(2015.6.19)

序号	因素名称	隶属度	第一级权重	第二级权重	第三级权重	$x(t)$		$\frac{dx(t)}{dt}$		$\frac{d^2x(t)}{dt^2}$	
						权重 α	隶属度	权重 β	隶属度	权重 γ	隶属度
一	证券自身未来一段时间变化趋势的可能性	0.26	0.7								
1	日K线未来一段时间变化趋势的可能性	0.25		0.286							
(1)	日K线价格未来一段时间变化趋势的可能性	0.25			0.35	0.5	0	0.25	0.5	0.25	0.5
(2)	日K线交易量未来一段时间变化趋势的可能性	0.25			0.65	0.5	0	0.25	0.5	0.25	0.5
2	周K线未来一段时间变化趋势的可能性	0.25		0.571							
(1)	周K线价格未来一段时间变化趋势的可能性	0.25			0.35	0.5	0	0.25	0.5	0.25	0.5
(2)	周K线交易量未来一段时间变化趋势的可能性	0.25			0.65	0.5	0	0.25	0.5	0.25	0.5

续表

序号	因素名称	隶属度	第一级权重	第二级权重	第三级权重	$x(t)$		$\frac{dx(t)}{dt}$		$\frac{d^2x(t)}{dt^2}$	
						权重 α	隶属度	权重 β	隶属度	权重 γ	隶属度
3	月 K 线未来一段时间变化趋势的可能性	0.33		0.143							
(1)	月 K 线价格未来一段时间变化趋势的可能性	0.25			0.35	0.5	0.5	0.25	0	0.25	0
(2)	月 K 线交易量未来一段时间变化趋势的可能性	0.38			0.65	0.5	0.5	0.25	0	0.25	0.5
二	市场综合指数未来一段时间变化趋势的可能性	0.54	0.3								
1	日 K 线未来一段时间变化趋势的可能性	0.43		0.286							
(1)	日 K 线价格未来一段时间变化趋势的可能性	0.75			0.35	0.5	0.5	0.25	1	0.25	1
(2)	日 K 线交易量未来一段时间变化趋势的可能性	0.25			0.65	0.5	0.5	0.25	0	0.25	0
2	周 K 线未来一段时间变化趋势的可能性	0.59		0.571							
(1)	周 K 线价格未来一段时间变化趋势的可能性	0.75			0.35	0.5	0.5	0.25	1	0.25	1
(2)	周 K 线交易量未来一段时间变化趋势的可能性	0.50			0.65	0.5	0.5	0.25	0.5	0.25	0.5
3	月 K 线未来一段时间变化趋势的可能性	0.57		0.143							
(1)	月 K 线价格未来一段时间变化趋势的可能性	0.69			0.35	0.5	0.5	0.25	1	0.25	0.75
(2)	月 K 线交易量未来一段时间变化趋势的可能性	0.50			0.65	0.5	0.5	0.25	0.5	0.25	0.5
三	证券价格未来一段时间变化趋势的可能性	0.34									

第 7 章　宏观经济和证券价格的关系

宏观经济包括宏观经济状况和宏观经济政策两方面内容。宏观经济从三个不同方面影响证券价格的变化：其一，宏观经济状况影响总产出的变化，总产出的变化影响着企业效益的预期，企业效益的预期影响到证券价格的预期；其二，宏观经济状况决定了货币政策，货币政策影响着利率的升降，利率的升降影响必要收益率的预期，必要收益率的预期也影响到证券价格的预期；其三，宏观经济状况决定了货币政策，货币政策影响着货币供给的变化，货币供给的变化影响进入证券市场资金数量的预期，进入证券市场资金数量的预期又影响到证券价格的预期。本章的重点是，应用“综合模糊理论”分析宏观经济与证券价格之间的关系。其中：第 1 节讨论描述宏观经济状况的主要指标——总产出增长率、通货膨胀率和利率及其之间的逻辑关系；第 2 节主要讨论货币政策、国际因素、财政政策对内生性经济要素的影响；第 3 节讨论货币政策、财政政策影响证券价格的机制；第 4 节是本章的重点，综合分析宏观经济影响证券价格的方法；第 5 节通过案例，展示如何应用“综合模糊理论”，综合分析宏观经济影响证券价格的方法。

第 1 节　内生性经济要素及其之间关系

内生性经济要素是主要由宏观经济系统自身决定的元素，如总产出增长率、失业率、总物价水平、实际利率等。内生性经济因素所处态势，是制定宏观经济政策的理论依据。

内生性经济要素之间的逻辑关系，是分析宏观经济与证券价格之间关系的基础。*IS-LM* 模型和总需求-总供给分析，是主流经济学解释内生性经济要素之间逻辑关系常用的、主要的分析工具。

IS-LM 模型和总需求-总供给分析的特点是：有解释力，但是预测功用较差。

原因何在？

一个理论的逻辑关系、层次结构越复杂，其有效性就越差。从数学角度分析，哥德尔不完全定理表明：任何形式系统都是不完善的。即：任何形式系统，总有某些问题从形式系统的公理出发不能解答，且相容性在该系统内不可证明。这就是说，一个理论的逻辑关系、层次结构越复杂，其数学逻辑的有效性就越差。从哲学方面分析，现象间的逻辑关系都是对客观存在的有限的、主观的认识。换言之，一个理论的逻辑关系、层次结构越复杂，主观认识就越远离客观实际。

IS-LM 模型包含了 7 个、4 层的逻辑关系。第一层逻辑关系是数学基本结构关系；第二层逻辑关系包括总产出函数、总需求函数、货币需求函数、货币供给函数 4 个逻辑关系；第三层逻辑关系包括产品市场的总产出等于总需求、货币市场的均衡 2 个逻辑关系；第四层只有产品市场和货币市场同时达到均衡 1 个逻辑关系。

总需求-总供给分析则含有至少 10 个、7 层逻辑关系。总需求曲线（*AD*）由 *IS-LM* 模型得出。即总需求-总供给分析的前 7 个、4 层逻辑关系，与 *IS-LM* 模型相同；第五层只有 LM 曲线与物价水平 1 个逻辑关系；第六层逻辑关系包括总需求函数（*AS*）与总供给函数（*AD*）2 个逻辑关系；第七层只有总需求函数等于总供给函数 1 个逻辑关系。

综上所论，*IS-LM* 模型和总需求-总供给分析的逻辑关系、层次结构的复杂性，是其预测功用较差的重要原因。

IS-LM 模型和总需求-总供给分析是横截面数据，某一时刻或时间，在 *Y-i*、*Y-P* 图中只是一点，*IS*、*LM* 以及 *AS*、*AD* 线是不存在的，或根本无法确定。这是 *IS-LM* 模型和总需求-总供给分析预测功用较差的根本原因。

本节的主要工作是应用“综合模糊理论”，建立与证券价格密切相关的总产出增长率（或失业率）、总物价水平、实际利率等内生性经济变量之间的逻辑关系。

一、总产出增长率

1. 基本概念。总产出是一个国家在一年内生产的所有最终产品和服务的市场价值，是重要的宏观经济要素。广泛使用的总产出指标是国内生产总值（Gross Domestic Product，GDP）。

总产出增长率[①]即GDP增长率，是最重要的宏观经济变量。原因是：其一，宏观经济具有高度的不确定性，在不确定条件下，决策依据是决策对象未来一段时间变化趋势的可能性。换言之，我们很难准确预测未来某时期GDP的具体数值，只能判断未来一段时间GDP变化趋势的可能性，即GDP增长率。其二，总产出增长率是影响物价水平、利率的变化趋势的最重要因素。

2. 总产出增长率与各个组成部分间的逻辑关系。经济学一般将总产出划分为4个组成部分：消费支出 C（Consumer Expenditure）、计划投资支出 I（Planned Investment Spending）、政府支出 G（Government Spending）和净出口 NX（Net Export）。设 Y 为总产出增长率，即GDP增长率，记作

$$Y=f(C,I,G,NX)\text{②} \tag{7.1.1}$$

依据总产出的组成原理，总产出增长率 Y 与各个组成部分的逻辑关系是：

（1）在其他条件不变的情况下，总产出增长率 Y 与消费支出增长率 C 正相关，记作

$$\frac{\partial Y}{\partial C}>0 \tag{7.1.2}$$

（2）在其他条件不变的情况下，总产出增长率 Y 与计划投资增长率 I 正相关，记作

$$\frac{\partial Y}{\partial I}>0 \tag{7.1.3}$$

（3）在其他条件不变的情况下，总产出增长率 Y 与政府支出增长率 G 正相关，记作

$$\frac{\partial Y}{\partial G}>0 \tag{7.1.4}$$

（4）在其他条件不变的情况下，总产出增长率 Y 与净出口增长率 NX 正相关，记作

---

① 增长率的定义：某一变量变化的百分数。记作：增长率 $=(\frac{x_t}{x_{t-1}}-1)\times 100$。式中：$x$ 表示某一变量，t 表示当期，$t-1$ 表示前一期。增长率有同期增长率和环比增长率之分。在没有特别说明的情况下，本书所称"增长率"皆指同期增长率。此外，分析问题时，不是使用总产出、总收入、物价水平的绝对量，而是其增长率指标。

② 说明：本书所用符号的含义与一般经济学不完全相同。一般经济学将 Y 设为总产出，记作 $Y=C+I+G+NX$。本书中 Y 的含义是总产出增长率。

$$\frac{\partial Y}{\partial (NX)}>0 \tag{7.1.5}$$

3. 总产出增长率的结构特征。辩证逻辑公理表明：周期性变化是事物发展变化的基本规律。据此设：总产出增长率的结构特征是按照“X 单因素周期结构图”的规律发展变化的。

二、通货膨胀率

1. 基本概念。在经济社会中，商品和服务的平均价格称为“总体物价水平”(Aggregate Price Level)，简称“物价水平”，也是重要的宏观经济变量。通货膨胀(Inflation)即物价水平的持续上涨，影响着个人、企业和政府的决策。通货膨胀率(Inflation Rate)就是物价水平的变动率，通常用年度变动的百分比来计量，是量度物价水平的重要参数。通货膨胀率与其他经济变量之间的逻辑关系是经济学的重要问题，也是政治家、经济决策者们关心的重要问题。

通货膨胀率与总产出增长率之间的逻辑关系，是宏观经济中最重要的关系。主流经济学研究物价水平与总产出之间关系的主要分析工具是“总需求-总供给分析”。但是，对政策预期是否影响短期供给曲线，以及预料之外和预料之中的政策预期，对短期供给曲线影响程度的不同认识，关于物价水平与总产出之间的关系，就有 3 个主要的不同学派：传统经济学模型、新古典经济学模型、新凯恩斯主义模型。这 3 个学派的共性问题是，都含有至少 10 个、7 层逻辑关系，即理论的有效性较低。后两个模型考虑了市场对政策的预期因素，这符合人的行为选择具有“趋利避害”性的“人性公理”假定。

我们的分析方法是：

(1)以总产出增长率时间序列图为基础，根据“X 单因素周期结构图”的原理，判断“总产出增长率当前处于周期的相对位置”以及分析“其未来一段时间变化趋势的可能性”。

(2)依据“总产出增长率当前处于周期的相对位置”以及“其未来一段时间变化趋势的可能性”的分析，按照人的行为选择具有“趋利避害”性的“人性公理”假定，分析物价水平“未来一段时间变化趋势的可能性”。

(3)依据对“不完全知识、非对称信息”的认识基础，分析政策预期的效果。

2. 政策的预期效果分析。控制物价水平是宏观经济政策的重要目标，政策能否达到预期效果,首先应讨论这个问题。

我们的认识论观念是:在市场中,完全知识、对称信息是个别、偶然现象,不完全知识、非对称信息则是多数、普遍现象。据此,可以得出如下推断:

(1)市场完全预期到政策变化或完全预期不到政策变化,是个别、偶然现象。换言之,传统经济学模型、新古典经济学模型之核心假设条件——政策预期对短期总供给曲线完全没有影响,或工资和价格水平相对于预期价格水平具有完全的弹性,是个别、偶然现象。

(2)在市场中,一部分人预料到政策变化,另一部分人没有预料到政策变化,是多数、普遍现象。换言之,政策变化所引起的短期总供给曲线的变动,介于短期总供给曲线完全不动,与市场完全预期到政策变化所导致的短期总供给曲线的变动的幅度之间,是多数、普遍现象。因此从非对称信息方面分析,新凯恩斯主义模型比新古典经济模型的适用范围更广。

(3)由(1)(2)可以推断出,积极干预的政策行为,有效的可能性很大,但有效性的程度难于准确估计。

3. 总产出增长率的趋势判断。总产出增长率即 GDP 增长率,是影响通货膨胀率"未来一段时间变化趋势可能性"的重要因素。分析总产出增长率"未来一段时间变化趋势可能性"的方法,是第 3 章第 1 节的"X 单因素周期结构模型"。数据来源是国家统计局公布的公开信息。按照"X 单因素周期结构模型",便可判断"总产出增长率当前处于周期的相对位置",以及"未来一段时间变化趋势的可能性"。

4. 通货膨胀率与总产出增长率之间的逻辑关系。通货膨胀率与总产出增长率之间的逻辑关系是:依据"总产出增长率当前处于周期的相对位置,以及未来一段时间变化趋势的可能性"的判断,按照人的行为选择具有"趋利避害"性的"人性公理"假定,分析物价水平(以通货膨胀率来度量)"未来一段时间变化趋势的可能性"。具体是:

(1)总产出增长率 Y 位于"X 单因素周期结构图"中的 $O \rightarrow A$ 区间。即经济处于周期上升的初期阶段,此阶段市场需求稳步增加,市场供给不小于市场需求,供需双方都预期经济会持续上升。此阶段,人的行为选择在"趋利避害"之"人性公理"下,即尽可能地争取较大利益的驱动下,物价水平即通货膨胀率未来一段时间处于非下降趋势的可能性极大,记作

$$\mu\left[\frac{\mathrm{d}\pi(\Delta t)}{\mathrm{d}t}\geqslant 0 \mid \frac{\mathrm{d}Y}{\mathrm{d}t}>0 \cap \frac{\mathrm{d}^2 Y}{\mathrm{d}t^2}=0\right]\to 1 \tag{7.1.6}$$

式中，$\frac{\mathrm{d}\pi(\Delta t)}{\mathrm{d}t}\geqslant 0$ 表示通货膨胀率未来一段时间将处于非下降趋势；其他符号的含义同前。

(2)总产出增长率 Y 位于"X 单因素周期结构图"中的 $A\to B$ 区间。即经济处于周期上升的加速阶段，此阶段市场需求急增，市场需求不小于市场供给，市场情绪高涨，常常显露出非理性行为。此阶段，人的行为选择在"趋利避害"之"人性公理"下，即尽可能地争取最大利益的驱动下，物价水平即通货膨胀率，未来一段时间呈现上升趋势的可能性极大，记作

$$\mu\left[\frac{\mathrm{d}\pi(\Delta t)}{\mathrm{d}t}>0 \mid \frac{\mathrm{d}Y}{\mathrm{d}t}>0 \cap \frac{\mathrm{d}^2 Y}{\mathrm{d}t^2}>0\right]\to 1 \tag{7.1.7}$$

式中，$\frac{\mathrm{d}\pi(\Delta t)}{\mathrm{d}t}>0$ 表示通货膨胀率未来一段时间将呈现上升趋势；其他符号的含义同前。

(3)总产出增长率 Y 位于"X 单因素周期结构图"中的 $B\to C$ 区间。即经济处于周期上升的减速阶段，此阶段市场需求趋缓，市场供、需大约相等。该阶段，人的行为选择在"趋利避害"之"人性公理"下，即尽可能地争取较大利益的驱动下，物价水平未来一段时间大致保持不变的可能性极大，记作

$$\mu\left[\frac{\mathrm{d}\pi(\Delta t)}{\mathrm{d}t}=0 \mid \frac{\mathrm{d}Y}{\mathrm{d}t}>0 \cap \frac{\mathrm{d}^2 Y}{\mathrm{d}t^2}<0\right]\to 1 \tag{7.1.8}$$

式中，$\frac{\mathrm{d}\pi(\Delta t)}{\mathrm{d}t}=0$ 表示物价水平未来一段时间大致保持不变；其他符号的含义同前。

(4)总产出增长率 Y 位于"X 单因素周期结构图"中的 $C\to D$ 区间。即经济处于周期下降的初期阶段，此阶段市场需求增长率呈现非上升趋势，市场供、需大约相等。此阶段，人的行为选择在"趋利避害"之"人性公理"下，即尽可能地争取较大利益的驱动下，物价水平未来一段时间大致保持不变的可能性较大，记作

$$\mu\left[\frac{\mathrm{d}\pi(\Delta t)}{\mathrm{d}t}=0 \mid \frac{\mathrm{d}Y}{\mathrm{d}t}<0 \cap \frac{\mathrm{d}^2 Y}{\mathrm{d}t^2}=0\right]>0.5 \tag{7.1.9}$$

(5)总产出增长率 Y 位于"X 单因素周期结构图"中的 $D\to E$ 区间。即经济处于周期下降的加速阶段，此时市场需求不旺，悲观情绪渐浓，市场供给大于市

场需求。此阶段,人的行为选择在“趋利避害”之“人性公理”下,即尽可能地争取较大利益的驱动下,物价水平即通货膨胀率未来一段时间呈现下降趋势的可能性极大,记作

$$\mu\left[\frac{d\pi(\Delta t)}{dt}<0 \mid \frac{dY}{dt}<0 \cap \frac{d^2Y}{dt^2}<0\right]\to 1 \tag{7.1.10}$$

式中,$\frac{d\pi(\Delta t)}{dt}<0$ 表示通货膨胀率未来一段时间将呈现下降趋势;其他符号的含义同前。

(6)总产出增长率 Y 位于“X 单因素周期结构图”中的 $E\to F$ 区间。即经济处于周期下降的减速阶段。此阶段市场需求仍不旺,市场供给大于市场需求的格局没有改变,但是,市场悲观情绪渐淡,人们逐渐感受到当下是市场“底”的可能性较大,于是增大原材料、半成品的库存者逐渐增多。人的行为选择在“趋利避害”之“人性公理”下,即尽可能地争取较大利益的驱动下,物价水平即通货膨胀率未来一段时间处于非上升趋势的可能性较大,记作

$$\mu\left[\frac{d\pi(\Delta t)}{dt}\leqslant 0 \mid \frac{dY}{dt}<0 \cap \frac{d^2Y}{dt^2}>0\right]>0.5 \tag{7.1.11}$$

式中,$\frac{d\pi(\Delta t)}{dt}\leqslant 0$ 表示通货膨胀率未来一段时间将处于非上升趋势;其他符号的含义同前。

以上分析可进一步简化为以下两种情况:

(1)总产出增长率 Y 位于“X 单因素周期结构图”中的周期上升阶段。此阶段,人的行为选择在“趋利避害”之“人性公理”下,即尽可能地争取较大利益的驱动下,物价水平即通货膨胀率未来一段时间处于非下降趋势的可能性极大,记作

$$\mu\left[\frac{d\pi(\Delta t)}{dt}\geqslant 0 \mid \frac{dY}{dt}>0\right]\to 1 \tag{7.1.12}$$

(2)总产出增长率 Y 位于“X 单因素周期结构图”中的周期下降阶段。该阶段,人的行为选择在“趋利避害”之“人性公理”下,即尽可能地争取较大利益的驱动下,物价水平即通货膨胀率未来一段时间处于非上升趋势的可能性较大,记作

$$\mu\left[\frac{d\pi(\Delta t)}{dt}\leqslant 0 \mid \frac{dY}{dt}<0\right]>0.5 \tag{7.1.13}$$

方法比较。以上分析方法定名为“综合模糊的总产出-总物价水平”分析法,是一个只有 2 层、1 个关系的逻辑体系。第一层逻辑关系是“辩证逻辑公理”“人

性公理”;第二层逻辑关系是由“辩证逻辑公理”推论而得的“X 单因素周期结构图”;1个逻辑关系是通货膨胀率未来一段时间变化趋势的可能性,与当下总产出增长率 Y 位于周期相对位置的关系。与之相比,“总需求-总供给分析”则含有至少10个、7层逻辑关系。

从理论的有效性与其逻辑关系、层次结构复杂性的关系方面看,“综合模糊的总产出-总物价水平”分析法,比“总需求-总供给分析”的适用范围更广,有效性更好。

三、利率

1. 基本概念。

(1)到期收益率(Yield to Maturity)就是使从某一债务工具上获得的所有未来回报的现值,与其今天价值相等的利率,记作

$$V=\sum_{t=1}^{n}\frac{F_t}{(1+i)^t} \tag{7.1.14}$$

式中,V 为某一债务工具当前的价值;F_t 为某一债务工具未来 t 时刻所获得的回报或现金流;i 就是到期收益率。

要说明的是,到期收益率是最精确的反映利率的指标。

(2)名义利率与实际利率。名义利率是不考虑通货膨胀因素情况下的利率,是借款者借用资金实际支付的成本,也是贷款者让渡资金使用权的收入。与此对应的是,考虑通货膨胀因素影响的利率,则定义为“实际利率”。这里又有两种情况。第一种情况是,根据实际通货膨胀率调整的利率,称为“事后实际利率”,它描述的是贷款人的事后真实收益水平。第二种情况对经济决策更为重要,它依据的是预期通货膨胀率,定义为“事前实际利率”。本书所讨论的实际利率,在没有特别说明的情况下,皆指的是事前实际利率。

名义利率与实际利率的关系。欧文·费雪(Irving Fisher)方程①给出了名义利率与实际利率的大体关系:名义利率等于实际利率加上预期通货膨胀率,记作

$$i=i_r+\pi^e \tag{7.1.15}$$

---

① 精确的费雪方程式是 $i=i_r+\pi^e+i_r\times\pi^e$。

式中，i 为名义利率，中央银行是市场名义利率的最重要决定者；i_r 为实际利率，资金供求双方是被动接受者；π^e 为预期通货膨胀率。

(3)实际利率的意义，体现在如下方面：

①在衡量借款和贷款的动力及货币市场松紧程度方面，实际利率，特别是贷款实际利率，比名义利率更有意义。即实际利率越低，借款动力就越大，而贷款的动力就越小。

②名义利率接近于零时，货币政策仍可能是紧缩的。原因是，若名义利率接近于零，而预期通货膨胀率为负，则实际利率可能很高，是紧缩的货币政策态势。

③名义利率接近于零时，货币政策也可以是有效的。理由是，当名义利率接近于零时，实施宽松的货币政策，意味着基础货币量和货币供给量的增加，会提高通货膨胀的预期，此时实际利率将低于名义利率，也就是，实际利率是负的，这有助于经济的复苏或增长。

④实际利率具有主观性。名义利率是现实、可知的；而预期通货膨胀率则是未来的，具有主观性，依据“综合模糊理论”的认识观点，一般只能判断其未来一段时间变化趋势的可能性。因此，实际利率是主观的，在现实世界中，是不可直接观察的经济变量，只能分析未来一段时间变化趋势的可能性。

2. 名义利率与总产出增长率的关系。IS-LM 模型是主流经济学解释名义利率与总产出增长率的逻辑关系常用的主要的分析工具。该方法存在的问题，上文已有论及，此处不再讨论。

本书的方法定名为“综合模糊的总产出-名义利率”分析法。名义利率与总产出增长率之间的逻辑关系是，依据“总产出增长率当前处于周期的相对位置，以及未来一段时间变化趋势的可能性”的分析，按照人的行为选择具有“趋利避害”的“人性公理”，分析名义利率“未来一段时间变化趋势的可能性”。具体是：

(1)总产出增长率 Y 位于“X 单因素周期结构图”中的 $O\rightarrow C$ 区间，即经济处于周期上升阶段。此处可再分为两种情况：

①货币供给量不小于货币需求量。此时，人的行为选择在“趋利避害”之“人性公理”下，即尽可能地争取较大利益的驱动下，名义利率未来一段时间处于非下降趋势的可能性极大，记作

$$\mu\left[\frac{\mathrm{d}i(\Delta t)}{\mathrm{d}t}\geqslant 0 \mid \frac{\mathrm{d}Y}{\mathrm{d}t}>0, M_s\geqslant M_d\right]\rightarrow 1 \tag{7.1.16}$$

式中，$\frac{di(\Delta t)}{dt} \geqslant 0$ 表示名义利率未来一段时间将处于非下降趋势；M_s 为货币供给量；M_d 为货币需求量。

②货币供给量小于货币需求量。此时，人的行为选择在“趋利避害”之“人性公理”下，即尽可能地争取较大利益的驱动下，名义利率未来一段时间处于上升趋势的可能性极大，记作

$$\mu\left[\frac{di(\Delta t)}{dt} > 0 \mid \frac{dY}{dt} > 0, M_s < M_d\right] \to 1 \tag{7.1.17}$$

式中，$\frac{di(\Delta t)}{dt} > 0$ 表示通货膨胀率未来一段时间将处于上升趋势；其他符号的含义同前。

(2)总产出增长率 Y 位于“X 单因素周期结构图”中的 $C \to F$ 区间，即经济处于周期下降阶段。此时，一般情况是货币供给量不小于货币需求量，人的行为选择在“趋利避害”之“人性公理”下，即尽可能地争取较大利益的驱动下，名义利率未来一段时间处于非上升趋势的可能性极大，记作

$$\mu\left[\frac{di(\Delta t)}{dt} \leqslant 0 \mid \frac{dY}{dt} < 0, M_s \geqslant M_d\right] \to 1 \tag{7.1.18}$$

式中，$\frac{di(\Delta t)}{dt} \leqslant 0$ 表示名义利率未来一段时间将处于非上升趋势；其他符号的含义同前。

综上分析，可概括为：总产出增长率 Y 位于周期上升阶段时，名义利率是非下降趋势；总产出增长率 Y 位于周期下降阶段时，名义利率是非上升趋势。

3. 实际利率与总产出增长率、通货膨胀率的关系。实际利率与名义利率、通货膨胀率之间的逻辑关系，可以转换成另一种表达方式，记作

$$i_r = i - \pi^e \tag{7.1.19}$$

式中，π^e 是预期通货膨胀率，按照我们的认识信念：能够准确预期未来通货膨胀率是一个小概率事件，换言之，能够准确预期未来实际利率，也是一个小概率事件；只能根据名义利率、通货膨胀率未来一段时间变化趋势的可能性，分析实际利率未来一段时间变化趋势的可能性。因此，式(7.1.19)可转换为另一种表达方式，记作

$$i_r = i - \pi \tag{7.1.20}$$

$$或\frac{di_r(\Delta t)}{dt}=\frac{di(\Delta t)}{dt}-\frac{d\pi(\Delta t)}{dt} \tag{7.1.21}$$

要说明的是，式(7.1.19)中是预期通货膨胀率π^e，是未来的；而式(7.1.20)和式(7.1.21)中则是实际通货膨胀率π，是当下的。

式(7.1.21)表明，实际利率未来一段时间的变化趋势，由名义利率和通货膨胀率未来一段时间的变化趋势共同决定。名义利率和通货膨胀率未来一段时间的变化趋势，与总产出增长率Y的当下趋势密切相关，根据总产出增长率Y位于周期的不同阶段，分为两种情况，因此，实际利率未来一段时间的变化趋势，也被动地分为两种情况：

(1)总产出增长率Y位于"X单因素周期结构图"中的$O \to C$区间，即经济处于周期上升阶段。此阶段，根据通货膨胀率、名义利率与总产出增长率之间的逻辑关系，即式(7.1.12)、式(7.1.16)和式(7.1.17)，可推出实际利率的如下论断：

①总产出增长率在周期上升阶段的趋势。总产出增长率Y、通货膨胀率π，可认为是经济中的内生变量；而名义利率则不然，其并非是完全内生变量，原因是，中央银行是市场名义利率的最重要决定者，货币政策的一个目标是名义利率在一段时间内的相对稳定性，即$\mu\left[\frac{di(\Delta t)}{dt}=0 \mid \frac{dY}{dt}>0\right]\to 1$。因此，式(7.1.21)就成为

$$\frac{di_r(\Delta t)}{dt}=-\frac{d\pi(\Delta t)}{dt}\leqslant 0 \tag{7.1.22}$$

式(7.1.22)表明：总产出增长率Y位于周期上升阶段时，实际利率处于非上升趋势。

②提高名义利率的条件。综上，经济处于周期上升阶段时，内生变量具有如下特征：

a. 总产出增长率处于上升趋势；

b. 通货膨胀率处于非下降趋势；

c. 名义利率处于非下降趋势；

d. 实际利率处于非上升趋势。

此阶段，人的行为选择在"趋利避害"之"人性公理"下，即资金供需双方在尽可能地争取各自较大利益的驱动下，实际利率应不低于总产出增长率的水平，记作

$$i_r=i-\pi\geqslant Y \tag{7.1.23}$$

由式(7.1.23)，得

$$i \geqslant Y+\pi \tag{7.1.24}$$

换言之，如果

$$i < Y+\pi \tag{7.1.25}$$

即经济处于周期上升阶段，若名义利率小于总产出增长率和通货膨胀率之和，提高名义利率的可能性就很大。式(7.1.25)就是提高名义利率的条件。

③实际利率的趋势变化是经济趋势发生改变的征兆之一。式(7.1.22)表明：总产出增长率 Y 位于周期上升阶段时，实际利率处于非上升趋势。换言之，当实际利率由非上升趋势转变为上升趋势时，即通货膨胀率的变化趋势从上升变为下降时，意味着总产出增长率由周期上升阶段转变为周期下降阶段。

(2)总产出增长率 Y 位于“X 单因素周期结构图”中的 $C \to F$ 区间，即经济处于周期下降阶段。此阶段，根据名义利率、通货膨胀率与总产出增长率之间的逻辑关系，即式(7.1.13)和式(7.1.18)，可推出实际利率的如下论断：

①总产出增长率在经济周期下降阶段的趋势。与实际利率在经济周期上升阶段趋势的分析思路相同，但有区别的是，此阶段通货膨胀率的趋势是下降方向，式(7.1.22)变更为

$$\frac{\mathrm{d}i_r(\Delta t)}{\mathrm{d}t}=-\frac{\mathrm{d}\pi(\Delta t)}{\mathrm{d}t} \geqslant 0 \tag{7.1.26}$$

式(7.1.26)表明：总产出增长率 Y 位于周期下降阶段时，实际利率处于非下降趋势。

②降低名义利率的条件。在经济处于周期下降阶段时，主要宏观经济变量具有如下特征：

a. 总产出增长率处于下降趋势；

b. 通货膨胀率处于非上升趋势；

c. 名义利率处于非上升趋势；

d. 实际利率处于非下降趋势。

此阶段，人的行为选择在“趋利避害”之“人性公理”下，即资金供需双方在尽可能地争取各自较大利益的驱动下，实际利率应不高于总产出增长率的水平，记作

$$i_r=i-\pi \leqslant Y \tag{7.1.27}$$

由式(7.1.27),得

$$i \leqslant \pi + Y \tag{7.1.28}$$

换言之,如果

$$i > \pi + Y \tag{7.1.29}$$

即经济处于周期下降阶段,若名义利率高于总产出增长率和通货膨胀率之差,降低名义利率的可能性就很大。式(7.1.29)即是降低名义利率的条件。

③实际利率从非下降趋势变为非上升趋势,是经济由周期下降阶段转为上升阶段的征兆之一。式(7.1.26)表明:总产出增长率 Y 位于周期下降阶段时,实际利率处于非下降趋势。这意味着,当实际利率由非下降趋势转变为非上升趋势时,即通货膨胀率的趋势由下降变为上升,也即总产出增长率由周期下降阶段转变为周期上升阶段。

以上是宏观经济中内生变量间的逻辑关系。外生变量,即控制变量或参数,也是影响内生变量的重要因素,它们之间的逻辑关系如何,是下一节要讨论的问题。

第 2 节　外生性经济要素与内生性经济要素之间的关系

内生性经济要素与外生性经济要素的划分是相对而言的。所谓外生性经济要素,是指政府可调控的经济元素。如货币政策、财政政策(政府支出、税收减免)、汇率、产业政策,等等。

外生性经济要素与内生性经济要素之间的逻辑关系,是本节要讨论的问题。本节主要讨论货币政策、国际因素、财政政策对经济内生要素的影响。

一、货币政策对市场利率的影响

货币政策是政府通过货币供应量、利率等,调控经济运行的手段,对经济的影响是全方位、多层次的。货币政策目标就是货币政策调控经济运行的指向。所以,首先要了解货币政策目标是什么。

1. 货币政策目标。货币政策目标,不同学派的见解不同,不是本书重点讨论内容。此处仅给出我们持有的信念或观点:

金融市场稳定是货币政策第一重要目标。当金融市场动荡、触发金融危机时，货币政策首要目标就是稳定金融市场。这是因为，金融危机会干扰金融市场向具有生产性投资机会的人转移资金的能力，导致经济活动严重萎缩。因此，建立一个更加稳定的可以避免金融危机的金融体系是中央银行的首要目标。例如：1987 年“黑色星期一”股市崩盘、2001 年“9・11”世界贸易中心的恐怖袭击以及 2008 年发生的次贷危机，美联储都采取了类似的货币政策——通过贴现窗口，提供经济和金融系统所需的流动性；通过公开市场操作，向银行体系注入准备金和降低长期市场利率。

尽管金融危机不是经济中的常态，但是一旦发生，保持金融市场稳定却是央行压倒一切的、首要的目标。

物价稳定是货币政策第二重要目标。物价稳定之所以重要，是因为上升的物价水平(通货膨胀)会增加经济中的不确定性，危害到经济的稳定。此外，高通货膨胀损害了以前劳动力的价值，容易引起人心的不稳，从而导致政治动荡，甚至政权更替。从长远看，物价稳定会促进经济的增长以及金融和利率的稳定。这就是说，在金融市场稳定的情况下，保持物价稳定是货币政策最重要目标。

经济增长和高就业率是货币政策第三重要目标。经济增长与就业率是密切相关的，就业、投资、消费、金融资产价格等，都与经济增长紧密相关。经济增长和就业率关乎人们的幸福指数和资源的有效利用。在金融市场稳定、物价水平有效控制的情况下，经济增长和高就业率就成为货币政策最重要目标。

利率稳定是货币政策第四重要目标。利率的波动会加大金融机构的不确定性，因此，利率的稳定也促进了金融市场的稳定。

外汇市场稳定是货币政策第五重要目标。我国已是世界最大进出口贸易国，国际贸易依存度超过 60%。人民币价值的上升会削弱我国企业在国际市场的竞争力，人民币价值的下跌又会加剧国内的通货膨胀。因此，平抑外汇市场上人民币价值的剧烈波动就成为货币政策的一个重要目标。

2. 货币供给中的基本概念与相关逻辑关系。

(1)基础货币。在货币政策中，以下概念既是基础的，又是重要的。

①基础货币 MB 等于流通中的现金 C 加上银行体系的准备金总额 R，记作 $MB=C+R$。

②银行体系的准备金总额 R 等于法定准备金 RR 与超额准备金 ER 之和，

记作 $R=RR+ER$。

说明:为安全起见,银行发放贷款的金额不能超过其所拥有的超额准备金。

③基础货币还可定义为:基础货币等于借入准备金(Borrowed Reserves)与非借入基础货币(Nonborrowed Monetary Base)之和,记作 $MB=BR+MB_n$。其中:BR 是银行从中央银行获得的贷款(贴现贷款);MB_n 是非借入基础货币。之所以把非借入基础货币 MB_n 从基础货币 MB 中分离出来,是因为非借入基础货币直接处于中央银行的控制之下,而中央银行则无法控制贴现贷款的基础货币。

(2)公开市场操作。中央银行通过公开市场买卖政府证券称为"公开市场操作"(Open Market Operations)。中央银行购买证券称为"公开市场购买"(Open Market Purchase),中央银行出售证券称为"公开市场出售"(Open Market Sale)。

公开市场操作与货币供给的关系。公开市场购买对基础货币增加的金额等于公开市场购买额,在其他条件不变的情况下,导致利率(银行间隔夜准备金贷款利率)下跌;公开市场出售对基础货币减少的金额等于公开市场出售的金额,在其他条件不变的情况下,导致利率上升。

(3)货币供给的决定因素。货币供给与其影响因素之间有如下逻辑关系:

①货币供给 M_s 与基础货币 MB 之间的关系记作 $M_s=m\times MB=m\times(BR+MB_n)$。其中:$m=\dfrac{1+c}{r+e+c}$,为货币乘数,是基础货币的既定变化所引起的货币供给变化的比率;c 为现金比率;r 为法定准备金率;e 为超额准备金率。

②货币供给与法定准备金率 r 呈反向关系。如果中央银行提高法定准备金率,利率将有上升的动力;若中央银行调低法定准备金率,利率将产生下跌的力量。

③货币供给与非借入基础货币 MB_n 呈正向关系。

④货币供给与银行从中央银行获得的贷款 BR 呈正向关系。

⑤货币供给与超额准备金率 e 呈反向关系。

3. 货币供给与短期利率之间的逻辑关系。我们的观点是:在不确定的金融市场中,经济参数的增长率或变化趋势,比经济参数的绝对数量更有意义。本书使用货币供给增长率代表货币供给水平,符号的定义是:M 为货币供给增长率;

$\frac{\mathrm{d}M}{\mathrm{d}t}$为货币供给增长率的变化趋势。

货币供给与短期利率之间的逻辑关系，不是货币供给增加利率就下降，货币供给减少利率就上升这么简单、线性的关系，而是一个错综复杂的关系。在其他条件不变的情况下，货币供给与短期利率之间的逻辑关系分以下两种情况：

(1)货币供给量不小于货币需求量，即 $M_s \geqslant M_d$。此种情况又可再分两种情况：

①货币供给增长率的变化趋势是上升方向，即货币供给是逐渐宽松的。此时，人的行为选择在“趋利避害”之“人性公理”下，即尽可能地争取较大利益的驱动下，短期利率未来一段时间处于下降趋势的可能性极大，记作 $\mu\left[\frac{\mathrm{d}i(\Delta t)}{\mathrm{d}t}<0 \mid \frac{\mathrm{d}M}{\mathrm{d}t}>0, M_s \geqslant M_d\right] \rightarrow 1$。

②货币供给增长率的变化趋势是下降方向，即货币供给是逐渐趋紧的。此时，人的行为选择在“趋利避害”之“人性公理”下，即尽可能地争取较大利益的驱动下，短期利率未来一段时间处于非上升趋势的可能性较大，记作 $\mu\left[\frac{\mathrm{d}i(\Delta t)}{\mathrm{d}t} \leqslant 0 \mid \frac{\mathrm{d}M}{\mathrm{d}t}<0, M_s \geqslant M_d\right]>0.5$。

(2)货币供给量小于货币需求量，即 $M_s<M_d$。此种情况也可再分两种情况：

①货币供给增长率的变化趋势是上升方向，即货币供给是逐渐宽松的。此时，人的行为选择在“趋利避害”之“人性公理”下，即尽可能地争取较大利益的驱动下，短期利率未来一段时间处于非下降趋势的可能性较大，记作 $\mu\left[\frac{\mathrm{d}i(\Delta t)}{\mathrm{d}t} \geqslant 0 \mid \frac{\mathrm{d}M}{\mathrm{d}t}>0, M_s<M_d\right]>0.5$。

②货币供给增长率的变化趋势是下降方向，即货币供给是逐渐趋紧的。此时，人的行为选择在“趋利避害”之“人性公理”下，即尽可能地争取较大利益的驱动下，短期利率未来一段时间处于上升趋势的可能性极大，记作 $\mu\left[\frac{\mathrm{d}i(\Delta t)}{\mathrm{d}t}>0 \mid \frac{\mathrm{d}M}{\mathrm{d}t}<0, M_s<M_d\right] \rightarrow 1$。

可见，在其他条件不变的情况下，货币供给与短期利率之间的逻辑关系就有四种的情况。利率未来一段时间变化趋势的可能性，由当下货币供给增长率、货币供给增长率的变化趋势共同决定。

4.货币供给量与货币需求量的序关系判断。货币供给量大于、等于、小于货币需求量的关系，就是货币供给量与货币需求量的序关系，是影响货币供给与短期利率之间逻辑关系的重要因素。货币供给量容易知道，货币需求量现实中存在但难于准确度量。这个问题不解决，前面讨论的货币供给与短期利率之间的逻辑关系，就无法具体落实。因此，货币供给量与货币需求量的序关系，需要通过其他现象来间接推断。

货币供给量与货币需求量的序关系，直接影响利率的态势。所以，使用利率的态势来间接反映货币供给量与货币需求量的序关系。

本书认识论的重要信念之一是：周期变化是事物发展变化的基本规律，人的行为选择具有“趋利避害”性。这就是说，资金的供需双方按照“趋利避害”性选择自己的行为，利率的态势按照“X 单因素周期结构图”的规律变化。在“X 单因素周期结构图”中，利率有以下几种态势：

(1)$O \to A$ 阶段，利率的态势是匀速上升。在其他条件不变的情况下，以“趋利避害”作为人的行为选择准则推测，此种情况可能的序关系是：货币供给量 M_s 不大于货币需求量 M_d，即 $M_s \leqslant M_d$。

(2)$A \to B$ 阶段，利率的态势是加速上升。在其他条件不变的情况下，以“趋利避害”作为人的行为选择准则推测，此种情况可能的序关系是：货币供给量 M_s 小于货币需求量 M_d，即 $M_s < M_d$。

(3)$B \to C$ 阶段，利率的态势是减速上升。在其他条件不变的情况下，以“趋利避害”作为人的行为选择准则推测，此种情况可能的序关系是：货币供给量 M_s 不小于货币需求量 M_d，即 $M_s \geqslant M_d$。

(4)$C \to F$ 阶段，利率的态势是下降趋势。在其他条件不变的情况下，以“趋利避害”作为人的行为选择准则推测，此种情况可能的序关系是：货币供给量 M_s 大于货币需求量 M_d，即 $M_s > M_d$。

通过利率在周期中的态势，可推测出货币供给量与货币需求量之间可能的序关系。

5.货币政策工具与货币供给和利率之间的关系。中央银行采取货币政策工具来控制货币供给和利率。准备金市场是决定利率(银行间隔夜准备金贷款利率)的市场。货币政策工具与货币供给和利率之间的逻辑关系是：

(1)公开市场操作与货币供给和利率之间的逻辑关系。公开市场操作是最重要的货币政策工具，是决定利率和基础货币变动的最主要因素。基础货币又是货币供给波动的主要来源。公开市场操作的预期效果是：

①公开市场购买，扩大准备金和基础货币规模，增加货币供给。如果货币供给增长率的趋势是上升方向，在其他条件不变的情况下，所引起的短期利率的变化可分两种情况：

其一，当下货币供给量不小于货币需求量，即 $M_s \geqslant M_d$。此时，人的行为选择在"趋利避害"之"人性公理"下，即尽可能地争取较大利益的驱动下，短期利率未来一段时间处于下降趋势的可能性极大，记作 $\mu\left[\frac{\mathrm{d}i(\Delta t)}{\mathrm{d}t}<0 \mid \frac{\mathrm{d}M}{\mathrm{d}t}>0, M_s \geqslant M_d\right] \to 1$。

其二，当下货币供给量小于货币需求量，即 $M_s < M_d$。此时，人的行为选择在"趋利避害"之"人性公理"下，即尽可能地争取较大利益的驱动下，短期利率未来一段时间处于非下降趋势的可能性较大，记作 $\mu\left[\frac{\mathrm{d}i(\Delta t)}{\mathrm{d}t} \geqslant 0 \mid \frac{\mathrm{d}M}{\mathrm{d}t}>0, M_s < M_d\right] > 0.5$。

综上所述，可得论断是：公开市场购买，短期利率并非一定会下降；特别是在当下货币供给量小于货币需求量及货币供给增长率非正的情况下，短期利率未来一段时间的变化趋势变得更加不确定。

②公开市场出售，缩小准备金和基础货币规模，降低货币供给。若货币供给增长率的趋势是下降的，在其他条件不变的情况下，所引起的短期利率的变化也可再分两种情况：

其一，当下货币供给量不小于货币需求量，即 $M_s \geqslant M_d$。此时，人的行为选择在"趋利避害"之"人性公理"下，即尽可能地争取较大利益的驱动下，短期利率未来一段时间处于非上升趋势的可能性较大，记作 $\mu\left[\frac{\mathrm{d}i(\Delta t)}{\mathrm{d}t} \leqslant 0 \mid \frac{\mathrm{d}M}{\mathrm{d}t}<0, M_s \geqslant M_d\right] > 0.5$。

其二，当下货币供给量小于货币需求量，即 $M_s < M_d$。此时，人的行为选择在"趋利避害"之"人性公理"下，即尽可能地争取较大利益的驱动下，短期利率未来一段时间处于上升趋势的可能性极大，记作 $\mu\left[\frac{\mathrm{d}i(\Delta t)}{\mathrm{d}t}>0 \mid \frac{\mathrm{d}M}{\mathrm{d}t}<0, M_s < M_d\right] \to 1$。

由上所述，可得启示是：公开市场出售，短期利率并非一定会上升。

(2)贴现政策与货币供给和利率之间的关系。中央银行向商业银行发放贴现贷款的设施是贴现窗口(Discount Window)。贴现政策除了作为影响准备金、基础货币和货币供给的一种工具以外，更重要的作用是，通过担当最后贷款人

(Lender of Last Resort),利用贴现工具来避免金融危机,是成功地制定货币政策极为重要的要求。

财务健康的银行可以按照自己的意愿在非常短的时期内(通常为隔夜)借入一级信贷便利,称为“常备贷款便利”(Standing Lending Facility)。这种贷款的利率就是贴现率 i_d,一般比银行间隔夜准备金贷款利率 i_c 高 1 个百分点。一级信贷便利即贴现率 i_d 为短期利率(银行间隔夜准备金贷款利率 i_c)设置了上限。贴现政策不是用来设定短期利率的,而是用来防止短期利率上涨过快超过中央银行目标水平的后备设施。

可见,一般情况下,贴现率 i_d 的变动不会对银行间隔夜准备金贷款利率 i_c 产生影响。

(3)法定准备金率与货币供给和利率之间的关系。法定准备金率的变动会引起货币乘数变化,从而影响货币供给。通过法定准备金率来控制货币供给和利率的政策效果是:

①提高法定准备金率,将减少既定水平基础货币可以支持的存款额,从而导致货币供给减少。货币供给减少所引起的短期利率的变化,同“公开市场出售,降低货币供给所引起短期利率的变化”。

②降低法定准备金率,将增加既定水平基础货币可以支持的存款额,从而导致货币供给增加。货币供给增加所引起的短期利率的变化,与“公开市场购买,增加货币供给所引起的短期利率的变化”相同。

要说明的是,不能把法定准备金率与货币供给和利率之间的逻辑关系,简单地理解为“提高法定准备金率会使准备金的需求增加,推动短期利率上升;降低法定准备金率会导致货币供给扩张,短期利率下跌”。货币供给和利率之间的逻辑关系是相当复杂的,不是简单的线性关系。

二、国际因素对内生性经济要素的影响

国际因素既影响本国的总产出水平,也影响本国的货币供给。我国的外贸依存度超过 60%,国际因素对经济的影响是不可不察的重要因素。

1. 汇率的意义。用一种货币表示的另一种货币的价格称为“汇率”(Exchange Rate)。如果一种货币的价值上升,就称为“升值”(Appreciation);若一种货币的价值下降,就称为“贬值”(Depreciation)。

汇率波动影响通货膨胀和产出量，是影响货币政策的重要因素。如果一国货币升值（相对于其他货币价值上升），该国商品在国外就会变得较贵，而外国商品在该国就会变得比较便宜（假定两国的国内价格保持不变），在其他条件不变的情况下，不利于该国产品的出口，货币供给相对减少；相反，如果一国货币贬值，其商品在国外就变得便宜，而外国商品在该国就变得贵，有利于该国产品的出口，货币供给相对增加。此外，进口商品价格的上升会直接推高国内价格水平和通货膨胀水平。

2. 外汇市场对货币供给的影响。同其他许多市场一样，外汇市场也同样受到政府的干预。中央银行通过国际金融交易市场买卖货币来影响本国的汇率，称为“外汇干预”（Foreign Exchange Interventions）。其中，中央银行买卖本国货币对基础货币施加了影响的，称为“非冲销性外汇干预”（Unsterilized Foreign Exchange Intervention）。伴随有对冲性公开市场操作的外汇干预，对基础货币和货币供给没有影响的，则称为“冲销性外汇干预”（Sterilized Foreign Exchange Intervention）。

中央银行在外汇市场上买卖外币资产影响汇率的过程中，特别是非冲销性干预，对本国基础货币和货币供给也同时产生影响，有以下两种情况：

(1)中央银行在外汇市场上购买本国货币，同时相应地出售外币资产的非冲销性干预，结果是：国际储备和基础货币等额减少；在其他条件不变的情况下，本国货币升值，汇率上升。

(2)中央银行在外汇市场上购买外币资产，同时相应地出售本国货币的非冲销性干预，结果是：国际储备和基础货币等额增加；在其他条件不变的情况下，本国货币贬值，汇率下降。

3. 国际收支对总产出和货币供给的影响。

(1)基本概念。一国的国际收支状况，对本国的货币政策有着重要的影响。反映国际收支状况的是国际收支平衡表（Balance of Payments），是记录一国（私人部门和政府）和外国之间与资金移动有直接关系的所有收支活动的簿记系统。在这个平衡表中，如下概念对了解国际收支状况很重要。

①经常账户（Current Account），反映了经常生产的商品和服务的国际交易。商品进口和出口的差额，即贸易净收入，称为“贸易余额”（Trade Balance）。商品进口超过出口，就会出现贸易逆差；出口超过进口，就会出现贸易顺差。

经常账户还包括以下三个项目的净额(从国外流入的现金减去流出国外的现金):投资收入、服务交易和单方面转移(赠与、补贴与对外援助)。

②资本账户(Capital Account),即资本交易(购买股票、债券,银行贷款等)的净收入,是国际收支平衡表的另外一个重要项目。

③政府国际储备的净变动额,即官方储备交易余额(Official Reserve Transactions Balance),由于国际收支平衡表必须是平衡的,经常账户加上资本账户的官方储备交易余额,应当等于国家之间为国际交易融资而转移的国际储备的净额,记作

经常账户＋资本账户＝政府国际储备的净变动额

(2)影响汇率的因素。影响汇率的因素及汇率趋势预测,是基于以下分析逻辑的:

第一,无法准确确定合理的汇率水平,只能判断未来一段时间变化趋势的可能性。

第二,影响汇率的因素皆呈周期性变化。在其他因素不变的情况下,根据每种因素在“X 单因素周期结构图”中的“相对位置”及“未来一段时间变化趋势的可能性”,以“趋利避害”作为人的行为选择准则,分析汇率“未来一段时间变化趋势的可能性”。

第三,影响因素使得本国商品相对于外国商品需求增加时,则本国货币升值的可能性就变大;影响因素使得外国商品相对于本国商品需求增加时,那么本国货币贬值的可能性就增大。

如下因素对汇率有较大影响:

①预期本国利率的变化趋势。本国利率的变化趋势与本国货币价值的变化趋势是正相关关系。即预期本国利率是上升方向,汇率的变化趋势就是上升方向;本国利率的趋势是下降方向,汇率的趋势就是下降方向。[①]

②预期外国利率的变化趋势。外国利率的变化趋势与本国货币价值的趋势是负相关关系。即预期外国利率的趋势是上升方向,汇率的趋势就是下降方向;外国利率的趋势是下降方向,汇率的趋势就是上升方向。

③预期本国物价的变化趋势。本国物价的变化趋势与本国货币价值的趋势

---

① 本书采用的汇率是每单位本国货币相当于外国货币的数量,国内货币的升值就表现为汇率的上升。

是负相关关系。即预期本国物价的趋势是上升方向，汇率的趋势就是下降方向；本国物价的趋势是下降方向，汇率的趋势就是上升方向。

④预期贸易壁垒的变化趋势。预期贸易壁垒提高，本币升值，汇率的趋势就是上升方向；反之亦然。

⑤预期进口需求的变化趋势。预期进口需求上升，本币贬值，汇率的趋势就是下降方向；预期进口需求下降，本币升值，汇率的趋势就是上升方向。

⑥预期出口需求的变化趋势。预期出口需求上升，本币升值，汇率的趋势就是上升方向；预期出口需求下降，本币贬值，汇率的趋势就是下降方向。

⑦预期生产力的变化趋势。预期生产力上升，本币升值，汇率的趋势就是上升方向；预期生产力下降，本币贬值，汇率的趋势就是下降方向。

⑧贸易净收入。贸易顺差且处于非下降趋势，本币升值，汇率的趋势就是上升方向；贸易逆差且处于非下降趋势，本币贬值，汇率的趋势就是下降方向。贸易净收入是影响两国汇率基础因素的集中体现。

⑨国家外汇储备余额。国家外汇储备余额为非下降趋势，本币升值，汇率的趋势就是上升方向；国家外汇储备余额处于下降趋势，本币贬值，汇率的趋势就是下降方向。国家外汇储备余额是影响两国汇率综合因素的集中体现。

(3)国际收支对总产出水平和货币供给的影响。一国的国际收支状况，通过如下两个方面影响本国总产出水平和货币供给：

①政府国际储备的净变动额，不仅反映本国(私人部门和政府)是增加还是减少了对外国财富的要求权，也反映基础货币和货币供给是增加还是减少了。顺差意味着：增加了对外国财富的要求权，基础货币和货币供给增加，有利于总产出水平的增加；逆差表明：减少了对外币资产的持有，基础货币和货币供给缩减，不利于总产出水平的增加。

②中央银行稳定汇率对货币供给的影响。汇率的基本稳定是中央银行目标之一。当本币高估时，中央银行为维持汇率的基本稳定，需卖出外币，买进本币，结果是：国际储备减少，基础货币收缩，货币供给减少。当本币低估时，中央银行为维持汇率的基本稳定，需卖出本币，买进外币，结果是：国际储备增加，基础货币扩张，货币供给增加，本国货币政策独立性减弱。

综上，政府国际储备的净变动额，为维持汇率的基本稳定而进行的外汇干预，是影响货币供给的主要国际因素。要说明的是，国际因素对货币供给的影响,不是中央银行主动所为,而是不得已采取的行动。

三、财政政策对内生性经济要素的影响

1. 理论分析。财政政策是为了达到宏观经济目标而设计的政府支出和税收的变动。其目的是:①阻抑商业周期的波动;②保持经济稳定增长和较高就业水平,以及避免过高的或不确定的通货膨胀。财政政策对经济的影响效果,通过经济内生要素(总产出增长率、短期利率、物价水平)未来一段时间的变化趋势来显现。

政府在宏观经济调控中,常见的是扩张性财政政策——增加政府购买或减税。扩张性财政政策的实施条件是,经济总产出即 GDP 增长率,处于周期的下降趋势;主要目的是促进经济增长,提高就业率。扩张性财政政策对经济的影响,体现在以下三个方面:

(1)对总产出增长率的影响。政府支出的增加会直接提高总需求,而税收的减少会使消费者的可支配收入增加,并通过增加消费支出,提高总需求水平。由此引起的总需求的增加会带来总产出的上升。这是扩张性财政政策影响总产出绝对数量的逻辑关系。

总产出的相对值——总产出增长率的变化趋势,对经济态势的刻画更为准确。在其他因素不变的情况下,总产出增长率当前处于周期的相对位置,以及扩张性财政政策(政府支出或税收减少)的增长率,是决定总产出增长率未来一段时间变化趋势可能性的重要因素。

扩张性财政政策一般应用在总产出增长率处于周期的下降趋势中——这是由经济自身发展规律决定的;而财政政策的增长率只有处于上升趋势时,才能有利于阻抑总产出增长率的下降趋势。因此,财政政策是否能改变总产出增长率未来一段时间的变化趋势,是一个相当复杂的问题。但有一点是肯定的,那就是,只要财政政策的增长率为正,就有利于阻抑总产出增长率的下降趋势。

财政政策的目的决定了扩张性财政政策不能从根本上改变总产出增长率的下降趋势,而只是阻抑下降趋势。

(2)对短期利率的影响。扩张性财政政策的适用条件是:总产出增长率处于周期的下降阶段,即位于“X 单因素周期结构图”中的 $C \rightarrow F$ 区间。该阶段,尽管增加政府购买或支出,具有推动短期利率上升的作用,但是,货币供给量不小于货币需求量的大格局没有根本改变,人的行为选择在“趋利避害”之“人性公理”

下，即尽可能地争取较大利益的驱动下，短期利率未来一段时间仍处于非上升趋势的可能性极大。

(3)对通货膨胀率的影响。政府筹款以备支出的各种方法称为“政府预算约束”(Government Budget Constraint)。扩张性财政政策——增加政府支出或税收减少，政府支出 G 与政府收入 T 之差 DEF 是政府预算赤字，逻辑上必须等于基础货币变化量 ΔMB 与公众手中持有的政府债券变动量 ΔB 之和，记作 $DEF = G - T = \Delta MB + \Delta B$。

扩张性财政政策的适用条件——总产出增长率位于周期的下降阶段，决定了此阶段货币供给量不小于货币需求量，增发债券来弥补财政赤字成为政府的必然选择。由于政府通过增发债券来弥补财政赤字，所以，基础货币和货币供给量都没有变化。此阶段，人的行为选择在“趋利避害”之“人性公理”下，即尽可能地争取较大利益的驱动下，通货膨胀率未来一段时间处于非上升趋势的可能性较大。

2. 讨论。财政政策对经济内生要素的影响，分析方法不同，结论有异。

IS-LM 模型解释了产品市场和货币市场同时达到均衡时的总产出与利率水平的决定过程。应用 *IS-LM* 模型分析财政政策对经济内生变量的影响结论是：总产出和利率水平与政府支出正相关，与税收负相关；换言之，扩张性财政政策的效果是总产出和利率水平都上升。

本书的分析方法——“综合模糊理论”，得出的结论是：通过扩张性财政政策，总产出的增长率由下降趋势转变为非下降趋势；短期利率未来一段时间处于非上升趋势的可能性极大。

扩张性财政政策能否达到预期效果，充分条件是：财政政策（政府支出或税收减少）的增长率为正。

由上可见，相同政策，预期效果有别。

第 3 节　货币政策、财政政策影响证券价格的机制

一、概述

证券价值理论模型是分析货币政策、财政政策影响证券价格机制的理论基

础。证券价值理论模型记作

$$V_0=\sum_{t=1}^{n}\frac{F_t}{(1+r_t)^t}$$

式中，V_0 为证券所代表资产在当前时刻($t=0$)的内在价值；n 为证券所代表资产的期限；F_t 为证券所代表资产在第 t 期的净现金流；r_t 为第 t 期的贴现率，是投资者对证券代表资产所要求的必要收益率。

由证券价值理论模型可见，货币政策、财政政策从三个不同方面分别影响证券价格的变化。货币政策通过影响货币供给和利率的升降，引起总产出的变化；财政政策通过政府支出和税收的变化，也影响总产出的变化。总产出的变化改变企业效益的预期，即改变F_t 的预期。这是第一方面。货币政策影响利率的升降，也即改变r_t 的预期。此是第二方面。货币供给的变化，直接影响进入市场的资金数量，亦即影响证券价格的预期。这是第三方面。货币政策、财政政策影响证券价格的机制正是从这三个方面展开的。

二、逻辑基础

从货币政策、财政政策到证券价格，需要中间变量来传导，对这些中间变量之间的逻辑关系，作如下规定：

除了元基公理(第 1 章逻辑基础)外，就本节讨论的问题，再加如下假设条件：

1. 在其他条件不变的情况下，未来一段时间，证券价格指数趋势$\frac{\mathrm{d}P_s(\Delta t)}{\mathrm{d}t}$与总产出水平变化趋势$\frac{\mathrm{d}Y(\Delta t)}{\mathrm{d}t}$、货币供给变化趋势$\frac{\mathrm{d}M}{\mathrm{d}t}$非负相关，与实际利率变化趋势$\frac{\mathrm{d}i_r(\Delta t)}{\mathrm{d}t}$负相关。

2. 在其他条件不变的情况下，未来一段时间，市场利率变化趋势$\frac{\mathrm{d}i(\Delta t)}{\mathrm{d}t}$与货币供给变化趋势$\frac{\mathrm{d}M}{\mathrm{d}t}$非负相关。

3. 在其他条件不变的情况下，未来一段时间，市场利率变化趋势$\frac{\mathrm{d}i(\Delta t)}{\mathrm{d}t}$与总产出增长率变化趋势$\frac{\mathrm{d}Y(\Delta t)}{\mathrm{d}t}$非负相关。

4. 扩张性货币政策的主要目标是促进经济增长，主要特征是：货币供给增长率处于上升趋势$\left(\frac{\mathrm{d}M}{\mathrm{d}t}\right)>0$，市场利率处于非上升趋势$\left(\frac{\mathrm{d}i}{\mathrm{d}t}<0\right)$，信贷条件趋宽。

三、货币政策影响证券价格的传导机制

对证券投资来讲，最有意义的是，扩张性货币政策对证券价格的传导机制，这是我们重点讨论的问题。扩张性货币政策的目的是促进经济增长，手段是增加基础货币 MB 的供给，降低市场利率 i。传导机制是：

1. 货币市场传导机制。在货币市场上，银行体系的超额准备金 ER 增加，货币供给 M 增加，银行发放的贷款金额 L 增加，贷款利率 i_L 下降。在其他条件不变的情况下，投资 I、消费 C 都有增加的可能性，结果是：总产出增长率上升的可能性增大，增加了企业提高效益的预期，亦即增加了股票价格上升预期，记作

$$\underbrace{\left\{\begin{matrix}\frac{\mathrm{d}MB}{\mathrm{d}t}>0\\ \frac{\mathrm{d}i}{\mathrm{d}t}\leqslant 0\end{matrix}\right.}_{\text{货币政策}}\Rightarrow\underbrace{\left\{\begin{matrix}\frac{\mathrm{d}M}{\mathrm{d}t}>0\\ \frac{\mathrm{d}i}{\mathrm{d}t}\leqslant 0\end{matrix}\right\}\Rightarrow\left\{\begin{matrix}\frac{\mathrm{d}L}{\mathrm{d}t}\geqslant 0\\ \frac{\mathrm{d}i_L}{\mathrm{d}t}\leqslant 0\end{matrix}\right\}}_{\text{货币市场}}\Rightarrow\underbrace{\left\{\begin{matrix}\frac{\mathrm{d}I}{\mathrm{d}t}\geqslant 0\\ \frac{\mathrm{d}C}{\mathrm{d}t}\geqslant 0\end{matrix}\right\}\Rightarrow\frac{\mathrm{d}Y}{\mathrm{d}t}\geqslant 0}_{\text{产品市场}}\Rightarrow\underbrace{\frac{\mathrm{d}P_s(\Delta t)}{\mathrm{d}t}\geqslant 0}_{\text{资本市场}}$$

2. 产品市场传导机制。扩张性货币政策提高了价格水平和通货膨胀率的预期，使得实际利率处于下降趋势，投资机会逐渐增多，总产出增长率上升，提升了企业增加效益的预期，亦即增加了股票价格上升预期，记作

$$\underbrace{\left\{\begin{matrix}\frac{\mathrm{d}MB}{\mathrm{d}t}>0\\ \frac{\mathrm{d}i}{\mathrm{d}t}\leqslant 0\end{matrix}\right.}_{\text{货币政策}}\Rightarrow\underbrace{\left\{\begin{matrix}\frac{\mathrm{d}M}{\mathrm{d}t}>0\\ \frac{\mathrm{d}i}{\mathrm{d}t}\leqslant 0\end{matrix}\right.}_{\text{货币市场}}\Rightarrow\underbrace{\left\{\begin{matrix}\frac{\partial P}{\partial M}\geqslant 0\\ \frac{\partial \pi}{\partial M}\geqslant 0\end{matrix}\right\}\Rightarrow\frac{\mathrm{d}i_r}{\mathrm{d}t}\leqslant 0}_{\text{资本市场}}\Rightarrow\underbrace{\frac{\mathrm{d}I(\Delta t)}{\mathrm{d}t}\geqslant 0\Rightarrow\frac{\mathrm{d}Y(\Delta t)}{\mathrm{d}t}\geqslant 0}_{\text{产品市场}}\Rightarrow\underbrace{\frac{\mathrm{d}P_s(\Delta t)}{\mathrm{d}t}}_{\text{资本市场}}$$

3. 资本市场传导机制。在资本市场上，扩张性货币政策从两个方面影响股票价格：一方面，扩张性货币政策使得进入资本市场的资金增加，直接提升股票价格；另一方面，市场利率趋势的下降，也增加了股票价格上升的预期。

股票价格上升的结果是：其一，托宾 q 值上升，提高企业投资的积极性；其二，增加金融财富，提高投资者的日常消费、住宅及耐用消费品等的支出。可见，扩张性货币政策在提升股票价格的同时，也提高了总产出上升预期，进一步增加

了股票价格上升预期，记作

$$\underbrace{\begin{cases}\dfrac{\mathrm{d}MB}{\mathrm{d}t}>0\\[2ex] \dfrac{\mathrm{d}i}{\mathrm{d}t}\leqslant 0\end{cases}}_{\text{货币政策}}\Rightarrow\underbrace{\begin{cases}\dfrac{\mathrm{d}M}{\mathrm{d}t}>0\\[2ex] \dfrac{\mathrm{d}i}{\mathrm{d}t}\leqslant 0\end{cases}}_{\text{货币市场}}\Rightarrow\underbrace{\begin{cases}\dfrac{\partial P_s}{\partial M}\geqslant 0\\[2ex] \dfrac{\partial P_s}{\partial i}\leqslant 0\end{cases}\Rightarrow\dfrac{\mathrm{d}P_s}{\mathrm{d}t}\geqslant 0}_{\text{资本市场}}\Rightarrow\underbrace{\begin{cases}\dfrac{\mathrm{d}I(\Delta t)}{\mathrm{d}t}\geqslant 0\\[2ex] \dfrac{\mathrm{d}C(\Delta t)}{\mathrm{d}t}\geqslant 0\end{cases}\Rightarrow\dfrac{\mathrm{d}Y(\Delta t)}{\mathrm{d}t}\geqslant 0}_{\text{产品市场}}\Rightarrow\underbrace{\dfrac{\mathrm{d}P_s(\Delta t)}{\mathrm{d}t}\geqslant 0}_{\text{资本市场}}$$

4. 国际市场传导机制。扩张性货币政策提高了价格水平和通货膨胀率的预期，使得实际利率处于下降趋势，本币价值下降，本国产品国际竞争力上升，净出口增加，总产出增长率上升，增加了企业提高效益的预期，亦即增加了股票价格上升预期，记作

$$\underbrace{\begin{cases}\dfrac{\mathrm{d}MB}{\mathrm{d}t}>0\\[2ex] \dfrac{\mathrm{d}i}{\mathrm{d}t}\leqslant 0\end{cases}}_{\text{货币政策}}\Rightarrow\underbrace{\begin{cases}\dfrac{\mathrm{d}M}{\mathrm{d}t}>0\\[2ex] \dfrac{\mathrm{d}i}{\mathrm{d}t}\leqslant 0\end{cases}}_{\text{货币市场}}\Rightarrow\underbrace{\begin{cases}\dfrac{\partial P}{\partial M}\geqslant 0\\[2ex] \dfrac{\partial \pi}{\partial M}\geqslant 0\end{cases}\Rightarrow\dfrac{\mathrm{d}i_r}{\mathrm{d}t}\leqslant 0}_{\text{资本市场}}\Rightarrow\underbrace{\dfrac{\mathrm{d}E}{\mathrm{d}t}\leqslant 0\Rightarrow\dfrac{\mathrm{d}(NX)}{\mathrm{d}t}\geqslant 0}_{\text{国际市场}}\underbrace{\dfrac{\mathrm{d}Y}{\mathrm{d}t}\geqslant 0}_{\text{产品市场}}\Rightarrow\underbrace{\dfrac{\mathrm{d}P_s(\Delta t)}{\mathrm{d}t}\geqslant 0}_{\text{资本市场}}$$

四、财政政策影响证券价格的传导机制

扩张性财政政策就是增加政府购买或减税。政府支出的增加会直接提高总需求，而税收的减少则使消费者的可支配收入增加，并通过增加消费支出提高总需求水平。由此引起的总需求的增加会带来总产出的上升。提升企业增加效益的预期，亦即增加了股票价格上升预期，记作

$$\underbrace{\begin{cases}\dfrac{\mathrm{d}G}{\mathrm{d}t}>0\\[2ex] \dfrac{\mathrm{d}T}{\mathrm{d}t}<0\end{cases}}_{\text{财政政策}}\Rightarrow\underbrace{\dfrac{\mathrm{d}C}{\mathrm{d}t}\geqslant 0\Rightarrow\dfrac{\mathrm{d}Y}{\mathrm{d}t}\geqslant 0}_{\text{产品市场}}\Rightarrow\underbrace{\dfrac{\mathrm{d}P_s(\Delta t)}{\mathrm{d}t}\geqslant 0}_{\text{资本市场}}$$

综上所述，宏观经济政策对股票价格的变化具有重要的影响；反过来，股票价格的升降又会对经济内生要素产生重要的影响。资本市场是宏观经济政策不可不重视的重要因素。

第 4 节 宏观经济影响证券价格的综合分析

宏观经济状况决定了宏观经济政策，证券价格与宏观经济政策密切相关。同时，宏观经济政策既影响国家的宏观经济状况，特别是货币政策，也直接影响证券价格。宏观经济政策对证券价格的影响是多方面的、重大的。如何综合分析宏观经济政策对证券价格的影响，是本节要讨论的问题，也是本章的核心问题。

分析表明，宏观经济政策对证券价格的影响并不是一种线性关系。也即，并非宽松货币政策、积极的财政政策，证券价格就上涨；反之亦然。原因何在？答案是：宏观经济状态决定了宏观经济政策的性质（宽松、紧缩；积极、稳健），宏观经济状态和宏观经济政策的性质同时又决定了证券价格未来一段时间变化趋势的可能性。

所谓“宏观经济状态”，就是宏观经济要素或变量在“X 单因素周期结构图”中的位置，及未来一段时间变化趋势的可能性。宏观经济的主要参数或变量是总产出增长率、物价水平（通货膨胀率）、名义利率与实际利率。其中，总产出增长率是最重要的宏观经济参数或变量，其决定影响着其他宏观经济参数或变量。

宏观经济政策的目的——保持经济的稳定增长和较高就业率，阻抑经济周期的过度波动，决定了实施宏观经济政策的主要依据是：宏观经济状态——宏观经济政策的实施条件，是影响证券价格未来一段时间变化趋势可能性的重要外部因素。下面首先讨论这个问题。

一、宏观经济状态描述与宏观经济政策的实施条件

总产出增长率是最重要的宏观经济要素或变量，其决定影响着其他宏观经济要素或变量。在“X 单因素周期结构图”中，总产出增长率的“状态”分为 6 个阶段，每个阶段的总产出增长率与通货膨胀率、利率（名义利率与实际利率）的逻辑关系，在本章第 1 节已有详论，此处不再细述，需要时直接引用结论。关于宏观经济状态的描述如下：

1. 经济处于周期上升的初期阶段。

(1)该阶段宏观经济状态的主要特征是：

①总产出增长率 Y 位于"X 单因素周期结构图"中的 $O\rightarrow A$ 区间，处于周期上升的初期阶段，或近乎匀速上升阶段，记作$\frac{dY(t)}{dt}>0\cap\frac{d^2Y(t)}{dt^2}=0$。

②通货膨胀率 π 在近 5 年[①]的平均水平上下波动，处于非下降趋势，记作$\frac{d\pi(t)}{dt}\geqslant 0\cap|\pi(t)-\bar{\pi}|<0$。式中，$\bar{\pi}$为通货膨胀率 5 年的平均水平。

③名义利率 i 处于阶段低点，处于非下降趋势，记作$\frac{di(t)}{dt}\geqslant 0\cap\inf i$。

④实际利率 i_r处于非上升趋势，记作$\frac{di_r(t)}{dt}=-\frac{d\pi(t)}{dt}\leqslant 0$。

(2)宏观经济政策的性质。此阶段是宏观经济较好的状态，根据宏观经济政策的目标，应实行中性的宏观经济政策。

中性货币政策意味着，央行认可当前的物价水平和经济增长的态势。主要特征是：货币供给增长率、市场利率、信贷条件等继续保持现有的状况不变。

中性财政政策的含义是，政府支出和减税水平的增长率基本不变。

(3)宏观经济政策对证券价格的影响。此时，实行中性宏观经济政策的可能性很大，即货币供给增长率、市场利率、政府支出和减税水平等基本不变。引而申之，中性宏观经济政策对股票价格的影响也是中性的。但是，名义利率、实际利率都位于周期的底部区域，在有利于提升股票价格上升的同时，也有利于投资、消费和净出口的增加，提高了总产出上升预期，进一步增加了股票价格上升预期。

总之，经济处于周期上升的初期阶段，股票价格指数处于非下降趋势的可能性很大，是股票投资的好时机。

2. 经济处于周期上升的加速阶段。

(1)该阶段宏观经济状态的主要特征是：

①总产出增长率 Y 位于"X 单因素周期结构图"中的 $A\rightarrow B$ 区间，处于周期上升的加速阶段，记作$\frac{dY(t)}{dt}>0\cap\frac{d^2Y(t)}{dt^2}>0$。

②通货膨胀率 π 处于上升趋势，记作$\frac{d\pi(t)}{dt}>0$。

① 大国的经济周期为 4～6 年，故选择中数 5 年作为平均水平的参考。

③名义利率 i 处于非下降趋势，记作 $\frac{di(t)}{dt} \geqslant 0$。

④实际利率 i_r 处于下降趋势，记作 $\frac{di_r(t)}{dt} = -\frac{d\pi(t)}{dt} < 0$。

(2)宏观经济政策的性质。此阶段是宏观经济开始“热”的状态，根据宏观经济政策的目标，应实行紧缩性的宏观经济政策。由此得出，开始实施紧缩性的宏观经济政策的条件是：

①总产出增长率 Y 一般不低于 5 年的平均水平，处于加速上升阶段，记作 $\frac{dY(t)}{dt} > 0 \cap \frac{d^2Y(t)}{dt^2} > 0, Y(t) \geqslant \bar{Y}$。式中，$\bar{Y}$ 为总产出增长率 5 年的平均水平。

②通货膨胀率 π 不低于 5 年的平均水平，且处于上升趋势，记作 $\frac{d\pi(t)}{dt} > 0 \cap (\pi(t) \geqslant \bar{\pi})$。

③实际利率 i_r 处于下降趋势，记作 $\frac{di_r(t)}{dt} = -\frac{d\pi(t)}{dt} < 0$。

④名义利率 i 小于总产出增长率和通货膨胀率之和时，是中央银行提高名义利率的条件，记作 $i < Y + \pi$。

⑤紧缩性财政政策的数量含义是，政府支出增长率和减税增长率均处于非上升趋势。

(3)宏观经济政策对证券价格的影响。此阶段，实行紧缩性宏观经济政策的可能性很大，即货币供应量增长率下降、市场利率上升、政府支出增长率和减税增长率都在下降。这些政策变化对股票指数的上升都具有负面作用，但总产出增长率仍然处于上升趋势——这是决定股票指数趋势的最重要因素，因此，股票指数继续保持上升趋势的可能性较大。

开始实施紧缩性的宏观经济政策，意味着距本轮周期的顶点愈来愈近，股票价格是对未来的预期，开始实施紧缩性的宏观经济政策之时，就是股票指数波动加大之始。风险偏好者在此阶段仍可买进股票。

3. 经济处于周期上升的减速阶段。

(1)该阶段宏观经济状态的主要特征是：

①总产出增长率 Y 位于“X 单因素周期结构图”中的 $B \rightarrow C$ 区间，处于周期上升的减速阶段，记作 $\frac{dY(t)}{dt} > 0 \cap \frac{d^2Y(t)}{dt^2} < 0$。

②通货膨胀率 π 处于非下降趋势的可能性很大,记作$\frac{\mathrm{d}\pi(t)}{\mathrm{d}t}\geqslant 0$。

③名义利率 i 处于本周期高点,趋势是水平方向,记作 $\sup i\cap\frac{\mathrm{d}i(t)}{\mathrm{d}t}=0$。

④实际利率 i_r 由非上升趋势转变为水平方向的可能性在增大,记作$\frac{\mathrm{d}i_r(t)}{\mathrm{d}t}\leqslant 0\Rightarrow\frac{\mathrm{d}i_r(t)}{\mathrm{d}t}=0$。

(2)宏观经济政策的性质。该阶段是宏观经济"热度"得到有效控制的状态,由于宏观经济政策影响到实体经济有一个滞后期,根据宏观经济政策的目标,此时应是结束紧缩性的宏观经济政策的时机。由此得出,结束实施紧缩性的宏观经济政策的条件是:

①总产出增长率 Y 位于"X 单因素周期结构图"中的 $B\rightarrow C$ 区间,处于周期中的减速上升阶段,记作$\frac{\mathrm{d}Y(t)}{\mathrm{d}t}>0\cap\frac{\mathrm{d}^2Y(t)}{\mathrm{d}t^2}<0$。

②通货膨胀率 π 不低于 5 年的平均水平,且趋势近乎水平,记作$\frac{\mathrm{d}\pi(t)}{\mathrm{d}t}=0\cap[\pi(t)\geqslant\bar{\pi}]$。

③实际利率 i_r 由非上升趋势转变为水平方向,记作$\frac{\mathrm{d}i_r(t)}{\mathrm{d}t}\leqslant 0\Rightarrow\frac{\mathrm{d}i_r(t)}{\mathrm{d}t}=0$。

(3)宏观经济政策对证券价格的影响。此时,仍处于实施紧缩性宏观经济政策阶段,即货币供给增长率下降、市场利率在高位、政府支出增长率和减税增长率都处于下降趋势。这些政策态势对股票指数的上升都具有负面作用;同时,总产出增长率由上升趋势转变为水平方向的可能性逐渐加大。股票价格是对未来的预期,因此,股票指数从上升趋势转向非上升趋势的可能性较大。此阶段是卖出股票的好时机。

4.经济处于周期下降的初始阶段。

(1)该阶段宏观经济状态的主要特征是:

①总产出增长率 Y 位于"X 单因素周期结构图"中的 $C\rightarrow D$ 区间,处于周期下降的初始阶段,记作$\frac{\mathrm{d}Y(t)}{\mathrm{d}t}<0\cap\frac{\mathrm{d}^2Y(t)}{\mathrm{d}t^2}=0$。

②通货膨胀率 π 处于非上升趋势,记作$\frac{\mathrm{d}\pi(t)}{\mathrm{d}t}\leqslant 0$。

③名义利率 i 处于本周期高点，且处于非上升趋势，记作 $\sup i \cap \frac{\mathrm{d}i(t)}{\mathrm{d}t} \leqslant 0$。

④实际利率 i_r 处于非下降趋势，记作 $\frac{\mathrm{d}i_r(t)}{\mathrm{d}t} \geqslant 0$。

(2)宏观经济政策的性质。该阶段是宏观经济由顶点向周期下降的开始阶段，紧缩性的宏观经济政策效果已显现，尚不需实施扩张性的宏观经济政策，是中性宏观经济政策阶段。

(3)宏观经济政策对证券价格的影响。该阶段是宏观经济由顶点向周期下降的过渡，宏观经济政策暂属中性。因此，股票指数处于下降趋势的可能性较大，是卖出股票的时机。

5. 经济处于周期下降的加速阶段。

(1)该阶段宏观经济状态的主要特征是：

①总产出增长率 Y 位于“X 单因素周期结构图”中的 $D \rightarrow E$ 区间，处于周期下降的加速阶段，记作 $\frac{\mathrm{d}Y(t)}{\mathrm{d}t} < 0 \cap \frac{\mathrm{d}^2 Y(t)}{\mathrm{d}t^2} < 0$。

②通货膨胀率 π 处于下降趋势，记作 $\frac{\mathrm{d}\pi(t)}{\mathrm{d}t} < 0$。

③名义利率 i 处于下降趋势，记作 $\frac{\mathrm{d}i(t)}{\mathrm{d}t} < 0$。

④实际利率 i_r 处于上升趋势，记作 $\frac{\mathrm{d}i_r(t)}{\mathrm{d}t} > 0$。

(2)宏观经济政策的性质。该阶段是宏观经济开始“冷”的状态，根据宏观经济政策的目标，应是实施扩张性的宏观经济政策的时机。由此得出，开始实施扩张性的宏观经济政策的条件是：

①总产出增长率 Y 处于加速下降阶段，记作 $\frac{\mathrm{d}Y(t)}{\mathrm{d}t} < 0 \cap \frac{\mathrm{d}^2 Y(t)}{\mathrm{d}t^2} < 0$。

②通货膨胀率 π 处于下降趋势，记作 $\frac{\mathrm{d}\pi(t)}{\mathrm{d}t} < 0$。

③实际利率 i_r 处于上升趋势，记作 $\frac{\mathrm{d}i_r(t)}{\mathrm{d}t} > 0$。

④名义利率 i 大于总产出增长率与通货膨胀率之差时，是中央银行降低名义利率的条件，记作 $i > Y + \pi$。

⑤扩张性财政政策的数量含义是，政府支出增长率和减税增长率均处于上

升趋势。

(3)宏观经济政策对证券价格的影响。此阶段宏观经济处于周期下降的加速阶段，尽管宏观经济政策开始扩张，但当前的主要矛盾是经济可能持续下降。因此，股票指数继续处于下降趋势的可能性较大。中小投资者卖出股票尽管很痛，但从控制风险的角度考虑，仍然是正确的选择。

6.经济处于周期下降的减速阶段。

(1)该阶段宏观经济状态的主要特征是：

①总产出增长率 Y 位于"X 单因素周期结构图"中的 $E\rightarrow F$ 区间，处于周期下降的减速阶段，记作$\frac{\mathrm{d}Y(t)}{\mathrm{d}t}<0\cap\frac{\mathrm{d}^2Y(t)}{\mathrm{d}t^2}>0$。

②通货膨胀率 π 由下降趋势转为非下降趋势，记作$\frac{\mathrm{d}\pi(t)}{\mathrm{d}t}<0\Rightarrow\frac{\mathrm{d}\pi(t)}{\mathrm{d}t}\geqslant0$。

③名义利率 i 处于阶段低点，且处于非上升趋势，记作$\frac{\mathrm{d}i(t)}{\mathrm{d}t}\leqslant0\cap\inf i$。

④实际利率 i_r 处于阶段高位，由上升趋势转为水平方向，记作 $\sup i_r\cap\left[\frac{\mathrm{d}i_r(t)}{\mathrm{d}t}>0\Rightarrow\frac{\mathrm{d}i_r(t)}{\mathrm{d}t}=0\right]$。

(2)宏观经济政策的性质。该阶段，宏观经济处于周期底部的可能性加大，是宏观经济"冷度"得到有效控制的状态，由于宏观经济政策对经济影响有一个滞后期，根据宏观经济政策的目标，此时应是结束扩张性的宏观经济政策的时机。由此得出，结束实施扩张性的宏观经济政策的条件是：

①总产出增长率 Y 由加速下降转为减速下降，记作$\frac{\mathrm{d}Y(t)}{\mathrm{d}t}<0\cap\frac{\mathrm{d}^2Y(t)}{\mathrm{d}t^2}<0\Rightarrow\frac{\mathrm{d}Y(t)}{\mathrm{d}t}<0\cap\frac{\mathrm{d}^2Y(t)}{\mathrm{d}t^2}>0$。

②通货膨胀率 π 由下降趋势转为非下降趋势，记作$\frac{\mathrm{d}\pi(t)}{\mathrm{d}t}<0\Rightarrow\frac{\mathrm{d}\pi(t)}{\mathrm{d}t}\geqslant0$。

③实际利率 i_r 由上升趋势转为非上升趋势，记作$\frac{\mathrm{d}i_r(t)}{\mathrm{d}t}>0\Rightarrow\frac{\mathrm{d}i_r(t)}{\mathrm{d}t}\leqslant0$。

(3)宏观经济政策对证券价格的影响。此处，由于经济自身的周期性规律和扩张性政策的累积效应的双重作用，经济进入周期底部区域的可能性较大。此时，扩张性政策的累积近乎达到本周期的最大值，虽然总产出增长率仍处于下降趋势，但已从加速下降转变为减速下降。股票价格是对未来的预期，因此，股票指数由下降趋势转为非下降趋势的可能性较大。此阶段可尝试性买入股票。

以上六点是宏观经济状态与宏观经济政策、股票指数之基本逻辑结构关系。

二、宏观经济影响证券价格的综合分析

宏观经济的周期结构决定了宏观经济政策。宏观经济的周期结构与宏观经济政策的联合作用简称“宏观经济”，是影响证券价格变化趋势的重要因素。宏观经济对证券价格的影响，采用综合模糊理论进行综合分析，并定义：宏观经济越有利于证券价格未来一段时间处于上升趋势的，隶属度就越高。

选用“X 三要素周期结构模型”综合分析宏观经济对证券价格的影响。按照“X 三要素周期结构模型”的符号定义习惯（详见第 3 章第 2 节），此处符号的定义是：将影响证券价格 P_s 的宏观经济因素按重要性分为 3 个等级，即第一重要等级因素 X_1——总产出增长率 Y、第二重要等级因素 X_2——通货膨胀率 π、第三重要等级因素 X_3——实际利率 i_r。

1. 隶属函数的定义。按照“越有利于证券价格未来一段时间处于上升趋势的，隶属度就越高”的原则，各个因素的隶属函数的定义如下：

(1) 总产出增长率 Y 的隶属函数的定义是：

①当下时刻处于“X 单因素周期结构图”中的“相对位置”的隶属度 $\mu[x(t)]$ 的原则是：越靠近周期底部，隶属度越小；愈趋近周期顶部，隶属度愈大。

②当下时刻“X 单因素周期结构图”中的“趋势”$\mu\left[\frac{\mathrm{d}x(t)}{\mathrm{d}t}\right]$的定义是：处于周期上升阶段时，“趋势”的隶属度为 1；处于周期下降阶段时，“趋势”的隶属度为 0；处于周期顶端、底端或方向不确定时，“趋势”的隶属度为 0.5。详见第 3 章第 1 节式(3.1.4)。

③当下时刻“X 单因素周期结构图”中的“加趋势”$\mu\left[\frac{\mathrm{d}^2x(t)}{\mathrm{d}t^2}\right]$的定义，与第 3 章第 1 节式(3.1.5)、式(3.1.6)和式(3.1.7)的定义相同。

(2) 通货膨胀率 π 的隶属函数的定义是：

①当下时刻处于“X 单因素周期结构图”中的“相对位置”的隶属度 $\mu[x(t)]$ 的原则是：越靠近周期底部，隶属度越大；愈趋近周期顶部，隶属度愈小。

②当下时刻“X 单因素周期结构图”中的“趋势”$\mu\left[\frac{\mathrm{d}x(t)}{\mathrm{d}t}\right]$的定义，与总产出

增长率 Y 相同。

③当下时刻“X 单因素周期结构图”中的“加趋势”$\mu\left[\frac{d^2x(t)}{dt^2}\right]$的定义，与第3章第1节中的式(3.1.5)、式(3.1.6)和式(3.1.7)的定义相同。

(3)实际利率 i_r 的隶属函数的定义是：

①当下时刻处于“X 单因素周期结构图”中的“相对位置”的隶属度 $\mu[x(t)]$ 的原则是：越靠近周期底部，隶属度越大；愈趋近周期顶部，隶属度愈小。

②当下时刻“X 单因素周期结构图”中的“趋势”$\mu\left[\frac{dx(t)}{dt}\right]$的定义是：处于周期上升阶段时，“趋势”的隶属度为 0；处于周期下降阶段时，“趋势”的隶属度为1；处于周期顶端、底端或方向不确定时，“趋势”的隶属度为 0.5。

③当下时刻“X 单因素周期结构图”中的“加趋势”$\mu\left[\frac{d^2x(t)}{dt^2}\right]$的定义，与第3章第1节中的式(3.1.5)、式(3.1.6)及式(3.1.7)的取值定义相反。

2.单因素分析。单一宏观经济因素对证券价格未来一段时间变化趋势影响的分析方法是“X 单因素周期结构模型”。具体来讲，就是第3章第1节中的式(3.1.3)。式中，有关隶属函数上述已定义；根据宏观经济对证券价格未来一段时间变化趋势影响的性质，各个要素的重要性权重取值是：$\alpha=0.4$，$\beta=0.3$，$\gamma=0.3$。

将相关参数的数值代入式(3.1.3)，就可得出单一宏观经济因素对证券价格未来一段时间变化趋势影响的分析结论。

3.综合分析。用“X 三要素周期结构模型”分析宏观经济因素对证券价格未来一段时间变化趋势的影响。具体来讲，就是第3章第2节中的式(3.2.3)。式中，单因素分析上一部分已给出；各个因素的重要性权重由式(3.2.5)决定。至此，把有关参数的数值代入式(3.2.3)，就可得出宏观经济因素对证券价格未来一段时间变化趋势影响的综合分析结论。

理论上，以总产出增长率为基准，在“X 单因素周期结构图”中，各阶段宏观经济对证券价格未来一段时间变化趋势影响的综合分析过程详见表7.4.1。由此表可见：

(1)总产出增长率位于“X 单因素周期结构图”中的 $E\to F$ 区间——减速下降阶段时，宏观经济对证券价格未来一段时间变化趋势影响的隶属度为0.45，趋近于0.5。这表明:宏观经济对证券价格未来一段时间变化趋势的影响是不利方面稍微占优,但又趋向模糊、不确定。

(2)总产出增长率位于"X单因素周期结构图"中的$O \to A$区间——初期上升阶段时,宏观经济对证券价格未来一段时间变化趋势影响的隶属度为0.78,是6个阶段中的最大值。这意味着:宏观经济对证券价格未来一段时间变化趋势的影响是最有利的。

(3)总产出增长率位于"X单因素周期结构图"中的$A \to B$区间——加速上升阶段时,宏观经济对证券价格未来一段时间变化趋势影响的隶属度为0.68,是6个阶段中的第二大值。这表明:宏观经济对证券价格未来一段时间变化趋势的影响是有利的方面大于不利的方面,但与$O \to A$阶段比较不确定性有所增加。

(4)总产出增长率位于"X单因素周期结构图"中的$B \to C$区间——减速上升阶段时,宏观经济对证券价格未来一段时间变化趋势影响的隶属度为0.52,趋近于0.5。这表明:宏观经济对证券价格未来一段时间变化趋势的影响是模糊、不确定的。

要说明的是,$B \to C$阶段与$E \to F$阶段的"模糊、不确定"有本质的不同。$B \to C$阶段是周期顶部区域的"模糊、不确定",而$E \to F$阶段则是周期底部区间的"模糊、不确定",相比较而言,后者的风险小于前者。

(5)总产出增长率位于"X单因素周期结构图"中的$C \to D$区间——初期下降阶段时,宏观经济对证券价格未来一段时间变化趋势影响的隶属度为0.29,是6个阶段中的最小值。这表明:宏观经济对证券价格未来一段时间变化趋势的影响是最不利的。

(6)总产出增长率位于"X单因素周期结构图"中的$D \to E$区间——加速下降阶段时,宏观经济对证券价格未来一段时间变化趋势影响的隶属度为0.35,是6个阶段中的第二小值。这表明:宏观经济对证券价格未来一段时间变化趋势的影响仍处于不利的区域,但比$C \to D$区间的有利方面有所改善。

以上是宏观经济影响证券价格未来一段时间变化趋势的主要内容,其中,表7.4.1中各个阶段综合分析中的隶属度是最重要的分析结论。

表 7.4.1 宏观经济影响证券价格的综合分析

总产出增长率的周期阶段	序号	因素名称	隶属度	因素权重	$x(t)$		$\frac{dx(t)}{dt}$		$\frac{d^2x(t)}{dt^2}$	
					权重	隶属度	权重	隶属度	权重	隶属度
$E \to F$	1	总产出增长率	0.3	0.571	0.4	0	0.3	0	0.3	1
	2	通货膨胀率	0.7	0.286	0.4	1	0.3	0.5	0.3	0.5
	3	实际利率	0.54	0.143	0.4	0.6	0.3	0.5	0.3	0.5
	4	综合分析	0.45	1						
$O \to A$	1	总产出增长率	0.68	0.571	0.4	0.2	0.3	1	0.3	1
	2	通货膨胀率	0.92	0.286	0.4	0.8	0.3	1	0.3	1
	3	实际利率	0.92	0.143	0.4	0.8	0.3	1	0.3	1
	4	综合分析	0.78	1						
$A \to B$	1	总产出增长率	0.69	0.571	0.4	0.6	0.3	1	0.3	0.5
	2	通货膨胀率	0.69	0.286	0.4	0.6	0.3	1	0.3	0.5
	3	实际利率	0.65	0.143	0.4	0.5	0.3	1	0.3	0.5
	4	综合分析	0.68	1						
$B \to C$	1	总产出增长率	0.62	0.57	0.4	0.8	0.3	1	0.3	0
	2	通货膨胀率	0.38	0.29	0.4	0.2	0.3	0.5	0.3	0.5
	3	实际利率	0.38	0.14	0.4	0.2	0.3	0.5	0.3	0.5
	4	综合分析	0.52	1						
$C \to D$	1	总产出增长率	0.4	0.57	0.4	1	0.3	0	0.3	0
	2	通货膨胀率	0.15	0.29	0.4	0	0.3	0	0.3	0.5
	3	实际利率	0.15	0.14	0.4	0	0.3	0	0.3	0.5
	4	综合分析	0.29	1						
$D \to E$	1	总产出增长率	0.35	0.57	0.4	0.5	0.3	0	0.3	0.5
	2	通货膨胀率	0.35	0.29	0.4	0.5	0.3	0	0.3	0.5
	3	实际利率	0.35	0.14	0.4	0.5	0.3	0	0.3	0.5
	4	综合分析	0.35	1						

第 5 节　案　例

本章的最重要内容是第 4 节的“宏观经济影响证券价格的综合分析”。它所回答的是，宏观经济与证券价格之间的逻辑关系。其他内容，就本章来讲，都是为此服务的。

表 7.4.1 是理论上和常规下宏观经济与证券价格之间的逻辑关系。在实践中，常出现非常规的情况。以上证指数为例，始于 2014 年 5 月，持续到 2015 年 6 月底的这一段牛市，就是非常规的牛市。换言之，这一年多的时间，宏观经济与证券价格之间是非常规关系。

本节以上证指数为例，分析宏观经济与证券价格之间的关系。

一、市场指数概况

上证指数从 2014 年 5 月最低的 1991 点，经过 13 个月的持续上升，上触 2015 年 6 月的最高点 5178，上涨了 3187 点，增长率是 160%，是一个显著的“牛市行情”，如图 7.5.1 所示。

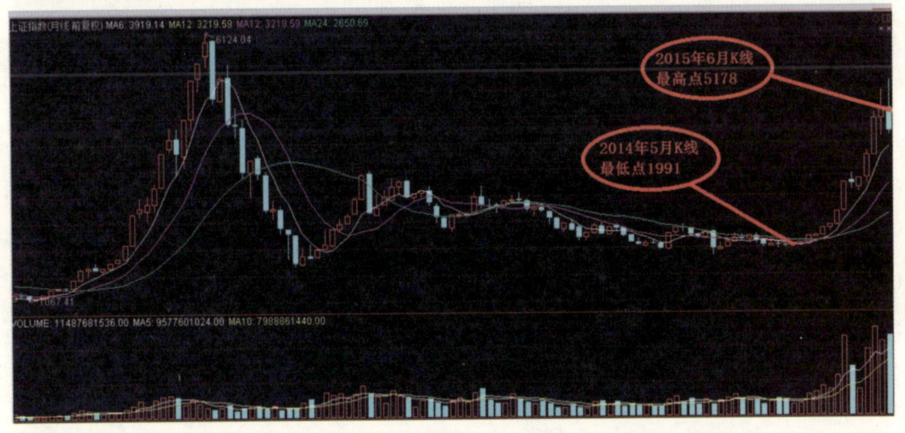

图 7.5.1　2014 年 5 月～2015 年 6 月上证指数月 K 线

二、总产出增长率的分析

我国总产出增长率——GDP 增长率的状况，以 2008 年的金融危机为界。金融危机之前，GDP 增长率的最高点出现在 2007 年的第二季度，为 14.5%。金融危机过程中的最低点，产生于 2009 年的第一季度，是 6.5%。金融危机后，GDP 增长率的最高点是 2010 年第一季度的 12.08%。之后，到 2015 年 3 月底，GDP 增长率处于下降趋势。这期间，总产出增长率的状况如图 7.5.2 所示。

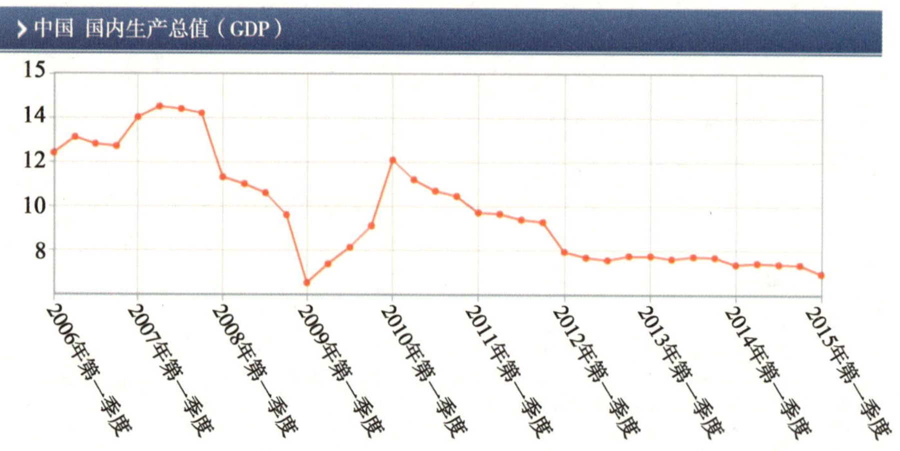

图 7.5.2 2008～2015 年我国总产出增长率的状况①

总产出增长率对上证指数未来一段时间变化趋势的影响是第一重要等级因素 X_1。

从图 7.5.2 中可以看出，自 2010 年第一季度到 2015 年 3 月，GDP 增长率处于"X 单因素周期结构图"中的下降趋势，具体是 $D\rightarrow E$ 阶段还是 $E\rightarrow F$ 阶段，尚难决定；时下位于"X 单因素周期结构图"中的"相对位置"也难确定。根据本章第 4 节总产出增长率之隶属函数的定义，可得：$\mu[X_1(t)]=0.5$，$\mu\left[\frac{\mathrm{d}X_1(t)}{\mathrm{d}t}\right]=0$，$\mu\left[\frac{\mathrm{d}X_2(t)}{\mathrm{d}t}\right]=0.5$。

根据本章第 4 节的单因素分析方法，可得第一重要等级因素 X_1——总产出

① GDP 增长率、工业品出厂价格指数(PPI)、贷款名义利率的数据和图像皆取自"东方财富网"。

增长率对上证指数未来一段时间变化趋势可能性影响的隶属度为

$$\mu\left[\frac{\mathrm{d}X_1(\Delta t)}{\mathrm{d}t}\right]=0.35<0.5,属性为“--” \tag{7.5.1}$$

三、通货膨胀分析

工业品出厂价格指数(PPI)是衡量工业企业产品出厂价格变动趋势和变动程度的指数,是反映某一时期生产领域价格变动情况的重要经济指标。该指数是价格指数,直接反映了通货膨胀状况,与股票指数的相关性较高。因此,通货膨胀状况与股票指数的关系,可由 PPI 与股票指数的关系来反映。2008～2015 年,PPI——通货膨胀状况如图 7.5.3 所示。

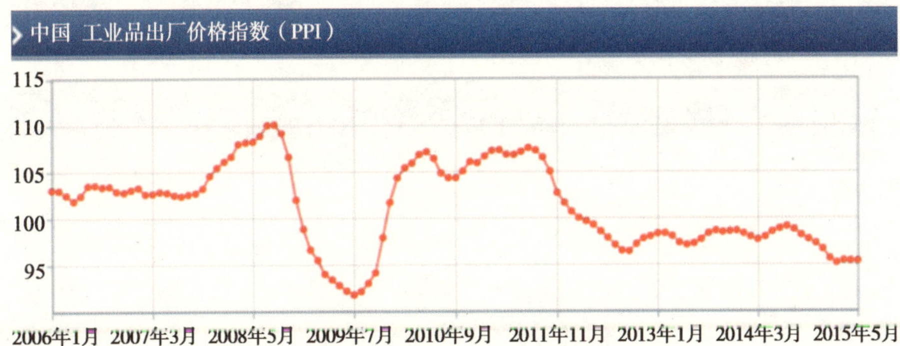

图 7.5.3　2008～2015 年我国的 PPI 状况

由图 7.5.3 可见,这段时间我国的 PPI 状况与 GDP 增长率状况大体相似。2008 年的金融危机是分界线。金融危机之前,PPI 的最高点是 2008 年 8 月的 110.06。金融危机过程中的最低点产生于 2009 年 7 月,为 91.78。2010 年 5 月～2011 年 7 月,在 104～107 之间波动。2011 年 8 月由 107.25 近乎直线下降到 2012 年 9 月的 96.44。2012 年 10 月～2015 年 5 月,呈曲折、下降状态,尤其是 2015 年 1～5 月,持续徘徊在 95 上下。2012 年 10 月～2015 年 5 月的 39 个月处于通货紧缩状态(PPI 极点滞后 GDP 2～3 个月)

通货膨胀对上证指数未来一段时间变化趋势可能性的影响是第二重要等级因素 X_2。

从图 7.5.3 中可以看出,自 2012 年 10 月至 2015 年 5 月,PPI 处于“X 单因素周期结构图”中的下降趋势,且是 $E\to F$ 阶段;时下位于“X 单因素周期结构图”中的“相对位置”是底部区域。根据本章第 4 节中通货膨胀率之隶属函数的定义，可得：$\mu[X_2(t)]=0.7$，$\mu\left[\frac{dX_2(t)}{dt}\right]=0.5$，$\mu\left[\frac{d^2X_2(t)}{dt^2}\right]=0.5$。

根据本章第 4 节的单因素分析方法，可得第二重要等级因素 X_2——通货膨胀率对上证指数未来一段时间变化趋势可能性影响的隶属度为

$$\mu\left[\frac{dX_2(\Delta t)}{dt}\right]=0.58>0.5\text{，属性为“—”} \tag{7.5.2}$$

四、实际利率分析

实际利率由名义利率和通货膨胀率共同决定。通常，统计资料中没有这个指标，使用时需要自己整理，间接获得。通货膨胀率的状况如图 7.5.3 所示。名义利率——贷款基准利率的状况如图 7.5.4 所示。

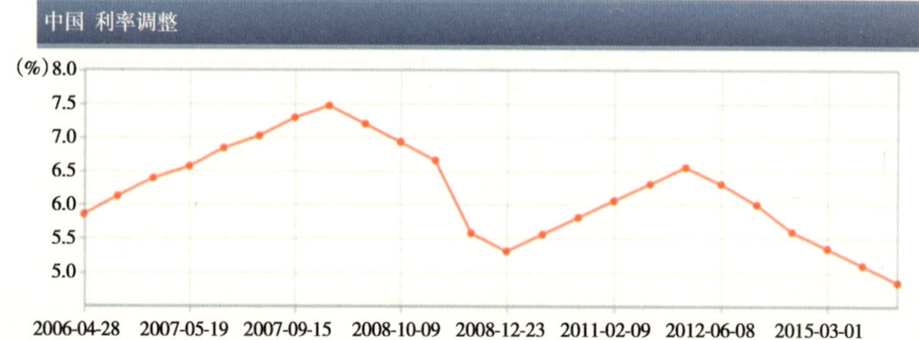

图 7.5.4　2008～2015 年我国贷款基准利率的状况

综合图 7.5.3、图 7.5.4，可以得出贷款名义利率、通货膨胀率、贷款实际利率之间的数量关系是：

(1)2008 年金融危机前，贷款基准利率的最高值是 7.47%，日期为 2007 年 12 月 21 日～2008 年 9 月 14 日；通货膨胀率的最高值是 10.06%，时间是 2008 年 8 月；贷款实际利率的最低值是－2.59%。

(2)2008 年金融危机过程中，贷款基准利率的最低值是 5.31%，日期为 2008 年 12 月 23 日～2010 年 10 月 19 日；通货膨胀率的最低值是－8.22%，时间是 2009 年 7 月；贷款实际利率的最高值是 13.53%。

(3)2008 年金融危机后，贷款基准利率的最高值是 6.56%，日期为 2011 年

7 月 7 日～2012 年 6 月 7 日；通货膨胀率的最高值是 7.06%，时间是 2011 年 7 月；贷款实际利率的最低值是－0.5%。

(4)2015 年 5 月，贷款基准利率是 5.1%，通货膨胀率为－4.61%，贷款实际利率是 9.71%。

实际利率对上证指数未来一段时间变化趋势可能性的影响是第三重要等级因素 X_3。

从图 7.5.3、图 7.5.4 中可以看出，自 2011 年 7 月至 2015 年 5 月，贷款实际利率处于"X 单因素周期结构图"中的上升趋势，具体是哪个阶段尚难断定；时下位于"X 单因素周期结构图"中的"相对位置"属于高部区域，是否为最高值也难断定。根据本章第 4 节中实际利率之隶属函数的定义，可得：$\mu[X_3(t)]=0.3$，$\mu\left[\frac{\mathrm{d}X_3(t)}{\mathrm{d}t}\right]=0$，$\mu\left[\frac{\mathrm{d}^2X_3(t)}{\mathrm{d}t^2}\right]=0.5$。

根据本章第 4 节的单因素分析方法，可得第三重要等级因素 X_3——实际利率对上证指数未来一段时间变化趋势可能性影响的隶属度为

$$\mu\left[\frac{\mathrm{d}X_3(\Delta t)}{\mathrm{d}t}\right]=0.23<0.5\text{，属性为“⚋”} \tag{7.5.3}$$

五、综合分析

根据本章第 4 节的综合分析方法，将式(7.5.1)、式(7.5.2)和式(7.5.3)的结论代入式(3.2.3)，可得出：宏观经济对证券价格未来一段时间变化趋势影响的综合分析的"函数式"结论是

$$\mu\left[\frac{\mathrm{d}P_s(\Delta t)}{\mathrm{d}t}\right]=0.4<0.5 \tag{7.5.4}$$

式(7.5.4)的综合隶属度是 0.4，由表 7.4.1 可见，到 2015 年 5 月，宏观经济对证券价格未来一段时间变化趋势的综合影响，位于"X 单因素周期结构图"中由 $D\to E$ 阶段向 $E\to F$ 阶段过渡的区域。这意味着：宏观经济对证券价格未来一段时间变化趋势的综合影响是，不利方面大于有利方面。

由式(7.5.1)、式(7.5.2)和式(7.5.3)，可得"图像式"结论——"二元三维图像"为☵。

"二元三维图像"☵在"X 三要素周期结构图"中的"相对位置"是周期下降的中期阶段；未来一段时间的变化趋势是，继续下降的可能性大于上升的可能性。

市场利率的变化趋势。由本章第 2 节知，市场利率下降的条件是：名义利率 i 大于总产出增长率 Y 与通货膨胀率 π 之和。2015 年 5 月，贷款基准利率 $i=5.1\%$，总产出增长率 Y 约为 7%，通货膨胀率 $\pi=-4.61\%$。总产出增长率 Y 与通货膨胀率 π 之和为 2.39%，小于当下的贷款基准利率 5.1%。因此，市场利率还有继续下降的空间。

综上所述，可得结论是：2014 年 5 月～2015 年 6 月上证指数的上升，不是宏观经济所为，而是其他因素使然。

第 8 章　证券价值与价格的关系

本章的主旨是讨论证券价值与其价格的关系问题。通过证券内在价值的性质、证券市场的有效性特征，根据不同的价值模型，推论出证券价值与价格的关系。最后，依据我们的认识论观点，就主流投资学的主要定价模型作出评析。

第 1 节　证券价值与价格的关系

一、证券内在价值的性质

任何证券(或资产)都有其内在价值(Intrinsic Value)，简称"价值"，这是主流金融学中一切定价理论的基础假设。定价的基本原则是：任何金融资产的内在价值都等于预期现金流的现值，记作

$$V_0 = \sum_{t=1}^{n} \frac{F_t}{(1+r_t)^t} \tag{8.1.1}$$

式中符号的含义同第 2 章第 2 节的式(2.1.5)。

关于证券内在价值的性质，我们的观点是：证券价值是主观的、不可预测的和不可检验的。[①] 然而，主流金融学的基本假设条件却是完美信息——完全信息和对称信息。以此为基础，所得结论必然是：证券价值是客观值；在完全竞争的金融市场中，投资者是同质的，对证券所代表金融资产的主观估价和市场估价近乎一致时，就达到了市场均衡。

二、证券价值与价格的关系

内在价值理论是证券基础分析的理论基础。有效市场假说(EMH)是主流

---

① 详见本书第 2 章第 2 节之"四、证券价值：主观、不可预测和不可检验"。

金融学的基石。有效市场假说的观点是:在有效市场中,证券价格完全反映了所有可得的信息,即证券价格反映了有关该证券内在价值的所有可得的信息。按照有效市场假说,证券市场价格总是围绕其内在价值上下波动,两者之间的"距离"不能太大。当证券市场价格远高于其内在价值时,证券市场价格具有向其内在价值趋近的趋势,即证券市场价格未来一段时间的变化趋势是下降方向,此时是卖出证券的时机。与此相反,当证券市场价格远低于其内在价值时,证券市场价格具有向其内在价值趋近的趋势,即证券市场价格未来一段时间的变化趋势是上升方向,此时是买入证券的时机。

关于市场的性质,我们的观点是:

(1)有效市场是个别、偶然现象,非有效市场则是多数、普遍现象;当下市场是否有效,逻辑上无法证实也无从证伪。①

(2)价值与价格的关系是非负且非线性。证券的价值与价格的关系是相当复杂的,但至少还没有观察到价值与价格是负相关关系的现象;只能确定价值与价格大概的区间范围。

根据证券价值的性质、市场的性质以及不同的证券价值模型,可推出证券价值与价格的如下关系:

1. 零增长模型(Zero Growth)。

(1)适用条件。在式(8.1.1)中,设:证券所代表资产在每期的现金流都几乎与当期现金流F_0相同,每期的贴现率也都为r,证券所代表资产的期限为无限期,则式(8.1.1)就是"零增长模型",记作

$$V_0=\sum_{t=1}^{n}\frac{F_t}{(1+r)^t}=\frac{F_0}{r} \tag{8.1.2}$$

(2)应用。由式(8.1.1)可知,在当下,准确预测证券的价值几乎是不可能的事情。然而,通过式(8.1.2)可近似估计证券所代表资产内在价值的最小上界和最大下界。具体思路是:

①未来一段时间内,设:证券所代表资产在每期的现金流都不小于当期现金流,即$F_t \geqslant F_0$;贴现率不高于数值r,即$r_t \leqslant r$。则式(8.1.3)就是证券所代表资产内在价值的最大下界,记作

---

① 详见本书第2章第2节之"五、有效市场:个别现象、无法证实也无从证伪"。

$$\inf V = \frac{F_0}{r} \tag{8.1.3}$$

式中，$\inf V$ 为证券所代表资产内在价值的最大下界，其他符号的含义同前。式(8.1.3)的含义是：当证券市场价格 P 低于其内在价值的最大下界 $\inf V$ 时，意味着该证券被市场低估，从投资价值的立场看，该证券具有投资价值，是买入的时机。

式(8.1.3)的适用领域是具有公共品性质的行业，如高速公路、港口、机场、城市供排水等行业。

②未来一段时间内，若证券所代表资产在每期的现金流都不大于当期现金流，即 $F_t \leqslant F_0$；贴现率不低于数值 r，即 $r_t \geqslant r$。则式(8.1.4)就是证券所代表资产内在价值的最小上界，记作

$$\sup V = \frac{F_0}{r} \tag{8.1.4}$$

式中，$\sup V$ 为证券所代表资产内在价值的最小上界，其他符号的含义同前。式(8.1.4)的意义是：若证券市场价格 P 高于其内在价值的最小上界 $\sup V$，表明该证券被市场高估，根据价值投资理念，此种情况出现时是卖出证券的时机。

式(8.1.4)的适用领域是与债券类似的金融产品。

2. 不变增长模型(Constant Growth)。

(1)适用条件。在式(8.1.1)中，设：证券所代表资产在每期的现金流皆以近乎不变的增长率 g 增长，则 t 时期的现金流就是 $F_t = F_{t-1}(1+g) = F_0(1+g)^t$；每期贴现率都不高于 r，即 $r_t \leqslant r$；证券所代表资产的期限为无限期。则式(8.1.5)就是所谓的“不变增长模型”，也称为“Gordon 模型”，记作

$$V_0 = \sum_{t=1}^{n} \frac{F_0(1+g)^t}{(1+r)^t} = \frac{F_0(1+g)}{r-g} = \frac{F_1}{r-g} \tag{8.1.5}$$

(2)应用。未来一段时间内，若证券所代表资产在每期的现金流都以不小于 g 的增长率增长，贴现率不高于 r，则式(8.1.6)就是证券所代表资产内在价值的最大下界，记作

$$\inf V = \frac{F_1}{r-g} \tag{8.1.6}$$

式(8.1.3)与式(8.1.6)比较，后者更乐观，属于风险偏好者；实践中，以前者确定的最大下界更有意义。两式的含义相近，不再细述。

说明:式(8.1.6)的适用条件是,增长率 g 小于贴现率 r。如果增长率 g 大于贴现率 r,意味着,证券的内在价值将为无穷大,从长远看,这个增长率是不可持续的,此时应使用多阶段增长模型。由于证券所代表资产未来每期现金流的不可预测性,不建议使用多阶段增长模型,原因是多阶段增长模型所得估价更加不确定。

3. 市盈率(Price Earnings Ratio)。

(1)定义。当前证券市场价格与当期每股收益之比,称为“市盈率”,记作

$$P/E=\frac{P_0}{E_0} \tag{8.1.7}$$

式中,P/E 为市盈率,或称“利润乘数”;P_0 为当前证券市场价格;E_0 为当期每股收益。

(2)应用。由式(8.1.7)可见,市盈率的含义是,以当期每股收益收回当前证券市场价格的投资所需要的期限。仅市盈率指标很难就证券内在价值作出评价。在实践中,常用以下方法确定合理市盈率。

①零增长模型确定的合理市盈率。设式(8.1.2)中的 $V_0=P_0$,$F_0=E_0$,则由式(8.1.2)确定的合理证券价格记为

$$P_0=\sum_{t=1}^{n}\frac{E_0}{(1+r)^t}=\frac{E_0}{r} \tag{8.1.8}$$

把式(8.1.8)代入式(8.1.7),得

$$P/E=\frac{1}{r} \tag{8.1.9}$$

式(8.1.9)就是零增长模型下的合理市盈率模型。含义是:在证券每期收益近乎相同的情况下,合理市盈率仅与选取的贴现率有关。贴现率的最大下界是无风险利率 $i_f(t)$,以短期国债市场收益率作为参考,相应市盈率的最小上界为

$$\sup(P/E)=\frac{1}{i_f(0)} \tag{8.1.10}$$

式中,$\sup(P/E)$ 为当期市盈率的最小上界;$i_f(0)$ 为当期无风险利率。

市盈率的最大下界由下式确定:

$$\inf(P/E)=\frac{1}{i_f(0)+\pi(0)+i_d(0)} \tag{8.1.11}$$

式中,$\pi(0)$ 为当期通货膨胀率;$i_d(0)$ 为当期投资者资金的机会成本所要求的风险补偿。

②不变增长模型确定的合理市盈率。设式(8.1.5)中的 $V_0=P_0$，$F_0=E_0$，则由式(8.1.5)确定的证券合理价格记为

$$P_0=\sum_{t=1}^{n}\frac{E_0\,(1+g)^t}{(1+r)^t}=\frac{E_0(1+g)}{r-g}=\frac{E_1}{r-g} \tag{8.1.12}$$

把式(8.1.12)代入式(8.1.7)，得

$$P/E=\frac{1+g}{r-g} \tag{8.1.13}$$

式(8.1.13)就是不变增长模型下的合理市盈率模型。采用与式(8.1.10)相同的分析思路，可得不变增长模型下市盈率的最小上界为

$$\sup(P/E)=\frac{1+g}{i_f(0)-g} \tag{8.1.14}$$

同式(8.1.11)的分析思路，可得不变增长模型下市盈率的最大下界为

$$\inf(P/E)=\frac{1+g}{i_f(0)+\pi(0)+i_d(0)-g} \tag{8.1.15}$$

③买入、卖出证券的时机。市盈率是确定证券市场价格合理区间的一个参考指标。当下市盈率的合理区间参考值介于其最大下界与最小上界之间，记作

$$\inf(P/E)<P/E<\sup(P/E) \tag{8.1.16}$$

由市盈率确定的买入证券时机是，当下市盈率小于其最大下界；依市盈率确定的卖出证券时机是，当下市盈率大于其最小上界。

4. 市净率(Price to Book Ratio)。

(1)定义。当前证券市场价格与当期每股账面价值(每股净资产)之比率，称“市净率”，记作

$$P/B=\frac{P_0}{B_0} \tag{8.1.17}$$

式中，P/B 为市净率；B_0 为当期每股证券账面价值，是每股净资产值。

(2)应用。由式(8.1.17)可见，市净率的含义是 1 元的账面价值(或 1 元的净资产)的市场价格。一般情况下，市净率大于 1，原因有二：

其一，在资本市场上，证券所代表的资产质量，比非资本市场的同数量的资产质量要高。原因是，资本市场有一整套信息披露管理制度和更加严格的管理监督机制：

证券发行人、上市公司全体董事、监事、高级管理人员签名，并由发行人加盖公章声明，承诺披露的信息不存在虚假记载、误导性陈述或重大遗漏，并对其真

实性、准确性、完整性承担个别和连带的法律责任。

保荐机构、主承销商之项目主办人、保荐代表人、法定代表人签名，并由公司加盖公章声明，对募集说明书的真实性、准确性、完整性进行核查，确认不存在虚假记载、误导性陈述或重大遗漏，并对其真实性、准确性和完整性承担相应的法律责任。

签字律师及所在律师事务所负责人签名，并由律师事务所加盖公章声明，确认证券发行人、上市公司披露的信息与本所出具的法律意见书和律师工作报告不存在矛盾，引用的法律意见书和律师工作报告的内容无异议；确认证券发行人、上市公司披露的信息不致因所引用内容出现虚假记载、误导性陈述或重大遗漏，并对其真实性、准确性和完整性承担相应的法律责任。

签字注册会计师及所在会计师事务所负责人签名，并由会计师事务所加盖公章声明，确认证券发行人、上市公司披露的信息与本所出具的报告不存在矛盾，引用的财务报告的内容无异议；确认证券发行人、上市公司披露的信息不致因所引用内容出现虚假记载、误导性陈述或重大遗漏，并对其真实性、准确性和完整性承担相应的法律责任。

签字的资产评估师及单位负责人签名，并由资产评估机构加盖公章声明，确认证券发行人、上市公司披露的信息与本机构出具的评估报告不存在矛盾，引用的评估报告的内容无异议；确认证券发行人、上市公司披露的信息不致因所引用内容出现虚假记载、误导性陈述或重大遗漏，并对其真实性、准确性和完整性承担相应的法律责任。

签字的评级人员及单位负责人签名，并由评级机构加盖公章声明，确认证券发行人、上市公司披露的信息与本机构出具的资信评级报告不存在矛盾，引用的资信评级报告的内容无异议；确认证券发行人、上市公司披露的信息不致因所引用内容出现虚假记载、误导性陈述或重大遗漏，并对其真实性、准确性和完整性承担相应的法律责任。

中国证监会依法对信息披露文件及公告的情况、信息披露事务管理活动进行监督，对上市公司控股股东、实际控制人和信息披露义务人的行为进行监督。

证券交易所对上市公司及其他信息披露义务人的披露信息进行监督，督促其依法及时、准确地披露信息，对证券及其衍生品种交易实行实时监控。

此外，资本市场之证券，从上市的第一天起，就置于所有市场参与者，如证券分析师、基金经理、新闻媒体、投资者及监管机构等的监督下。

虽然证券市场信息经常并不能完全达到制度设计之目的，但有一点是确定的，那就是比非证券市场资产的信息在"真实性、准确性和完整性"方面要好很多。

其二，证券投资者从资本市场获得了诸多好处。首先，获得定价信息。证券在公开市场上交易，形成市场价格，可获得市场对证券价值判断的信息。其次，创造流动性。通过资本市场，证券的原始投资者可以便利地将一种流动性较差的金融资产转换为另一种流动性较好的金融资产。最后，降低交易成本。市场的存在是为了降低交易成本，资本市场的重要功能是，为潜在的金融资产购买者和卖者，降低搜索成本和交易成本。

基于以上分析，只要证券所代表资产所创造的产品或服务，有市场需求且净资产收益率不低于社会平均贴现率水平，[①]则市净率的最大下界不小于 1，记作

$$\inf(P/B)\geqslant 1 \tag{8.1.18}$$

式(8.1.18)的含义是，只要证券所代表资产具有持续经营能力，且净资产收益率不低于社会平均贴现率水平，当出现证券市场价格不高于证券账面价值时，说明该证券市场价格被严重低估，是买入该证券的极好时机。

确定市净率的最小上界是一件困难的事情。实证的或历史的市净率最小上界容易得到，然而，理论上的市净率最小上界没有严格的逻辑依据。此处仅提供一个数学逻辑上的思路，这个思路的理论依据是契比雪夫(Chebyshev)不等式，记作

$$p\{|X-\mu|\geqslant\varepsilon\}\leqslant\frac{\sigma^2}{\varepsilon^2} \tag{8.1.19}$$

式中，X 为随机变量，在研究的问题中是市净率；$\mu=E(X)$，即随机变量 X 的数学期望；$\sigma^2=D(X)$，即随机变量 X 的方差；ε 为任意正数，设 $\varepsilon=\kappa\sigma$，则式(8.1.19)变为

$$p\{|X-\mu|\geqslant\kappa\sigma\}\leqslant\frac{1}{\kappa^2} \tag{8.1.20}$$

若取市净率右边的显著性水平为 10%，即市净率在最小上界以外的概率为

---

① 若证券所代表资产所创造的产品或服务没有市场需求，或净资产收益率低于社会平均贴现率水平，则市净率的最大下界较复杂，逻辑上难于准确量度。

10%，由式(8.1.20)，得 $\kappa=3.2$。

换言之，市净率 $X\geqslant\mu+3.2\sigma$ 的概率小于10%。根据市净率变化现象的观察，设 $\mu=\sigma$，$\mu=E(X)=E(P/B)=2$。由式(8.1.20)，得

$$\{X\geqslant 8.4 \mid p\leqslant 10\%\} \tag{8.1.21}$$

式(8.1.22)的含义是，市净率不小于8.4的概率不大于10%。也就是说，市净率大于8.4是小概率事件，风险较大。如果出现该种情况，是卖出证券的时机。

如果市净率右边的显著性水平为5%，由式(8.1.20)，得 $\kappa=4.5$。

与式(8.1.21)的方法相同，可得

$$\{X\geqslant 11 \mid p\leqslant 5\%\} \tag{8.1.22}$$

式(8.1.22)的含义是，市净率大于11是很小概率事件，风险很大。综合式(8.1.21)、式(8.1.22)，推荐的市净率最小上界为

$$\sup(P/B)=10 \tag{8.1.23}$$

式(8.1.23)的含义是，如果市净率大于10，即1元的净资产市场价格超过10元，则市场风险很大，从价值投资的角度看，是卖出证券的时机。

若市净率右边的显著性水平为1%，按照相同的方法，可得市净率的最小上界为

$$\{X\geqslant 22 \mid p\leqslant 1\%\} \tag{8.1.24}$$

式(8.1.24)的含义是，市净率大于22的概率小于1%。这是风险很大的情况。

按照相同的方法，可得市净率右边的显著性水平为0.4%时，市净率的最小上界为

$$\{X\geqslant 33 \mid p\leqslant 0.4\%\} \tag{8.1.25}$$

式(8.1.25)的含义是，市净率大于33的概率小于0.4%。这是风险极大的情况。

综上所述，确定市净率的最大下界——下确界，是具有严格逻辑依据的；而选取市净率的最小上界——上确界，仅是信念，而非严格逻辑依据。

5. 我国股票市场市净率和市盈率的概况。1998～2015年，我国股票市场市净率和市盈率的概况分别如图8.1.1、图8.1.2所示。

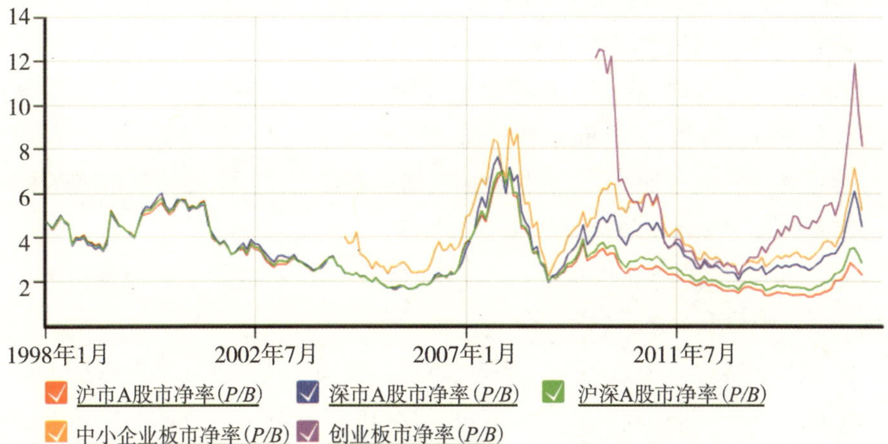

图 8.1.1　1998～2015 年 A 股主要板块的市净率走势①

图 8.1.2　2001～2015 年深沪 A 股市盈率走势②

由以上两个图可看出我国股票市场不同周期阶段对应的市净率、市盈率的最小上界与最大下界。

2001 年 6 月 14 日，沪市 A 股指数创 2245 点新高时，平均市净率为 5.15 倍，平均市盈率为 66.16 倍。

2007 年 10 月 16 日，沪市 A 股指数达 6124 点，是迄今为止的最高点，此时沪市 A 股平均市净率为 6.91 倍，平均市盈率为 69.64 倍。

---

① 图片来自 value500.com。

② 图片来自 value500.com。

2015 年 6 月 12 日，沪市 A 股指数为 5178 点，此时沪市 A 股的平均市净率为2.52倍，平均市盈率为 20.91 倍。

2005 年 6 月 6 日，沪市 A 股指数下降至局部低点 998 点，此时沪市 A 股的平均市净率为 1.7 倍，平均市盈率为 15.98 倍。

2008 年 9 月 6 日，沪市 A 股指数形成局部新低 2135 点，此时沪市 A 股的平均市净率为 2.73 倍，平均市盈率为 18.68 倍。

2014 年 5 月，沪市 A 股指数在 2000 点上下小幅波动，沪市 A 股平均市净率为 1.29 倍，平均市盈率为 9.76 倍。

中小企业板自 2004 年 6 月上市以来，市净率在 2.2 到 8.4 之间波动。

创业板从 2009 年 10 月上市以来，市净率在 2.26 到 12.53 之间波动。

沪市 A 股是我国大盘股指数的代表，由上可见，市净率的波动区间为 1.3～6.9，市盈率的波动区间为 10～69。

中小企业板、创业板则是中小盘股指数的代表，市净率在 2.2 到 12.5 之间波动。

个股与市场指数相比，波动区间更大。银行股符合“证券所代表资产所创造的产品或服务，有市场需求且净资产收益率不低于社会平均贴现率水平”的条件。2013 年 6 月～2014 年 6 月，市场指数处于局部新低，银行股的市净率皆小于 1。这是典型价值低估的案例。

2007 年 10 月，市场指数达到创立迄今的最高点时，大盘银行股代表——中国工商银行，市净率达 5.4 倍；中型银行股代表——招商银行，市净率为 10.5 倍。这些到 2015 年 7 月仍是市场的极点。

始于 2014 年 5 月的新周期上升阶段，是对中国经济转型升级的预期。2015 年创造中国股票市场当时最高价的全通教育（300359），于 2015 年 5 月 18 日的最高价达每股 500 元，市净率是 132 倍。

横截面数据分析。以 2015 年 12 月 2 日的沪市、深市交易数据为例，市净率的分布情况见表 8.1.1。由表 8.1.1 可见：①市净率小于等于 1 或大于 33，都是小概率事件，但市净率大于 33 的概率大于理论估计，是理论估计的 4～7 倍；②市净率大于 22 的概率小于 5%，这表明市场风险很高；③主板市场中，市净率大于 2 小于等于 4 是比重最大的区间，为 24%～35%；④创业板市场中，比重最大的区间是市净率大于 4 小于等于 6 及市净率大于 6 小于等于 8，都是 22%左右。

表 8.1.1　　2015年12月2日沪市、深市的市净率分布分析

	上证指数:3536			深证成指:12186			创业板指数:2613		
P/B区间	家数	分布(%)	累计(%)	家数	分布(%)	累计(%)	家数	分布(%)	累计(%)
$P/B \leqslant 1$	19	1.79	1.79	15	0.87	0.87	0	0	0
$1 < P/B \leqslant 2$	147	13.85	15.65	73	4.25	5.12	1	0.21	0.21
$2 < P/B \leqslant 4$	369	34.78	50.42	420	24.45	29.57	42	8.68	8.88
$4 < P/B \leqslant 6$	218	20.55	70.97	409	23.81	53.38	103	21.28	30.17
$6 < P/B \leqslant 8$	120	11.31	82.28	275	16.01	69.38	104	21.49	51.65
$8 < P/B \leqslant 10$	63	5.94	88.22	191	11.12	80.50	72	14.88	66.53
$10 < P/B \leqslant 12$	34	3.20	91.42	103	6.00	86.50	52	10.74	77.27
$12 < P/B \leqslant 14$	24	2.26	93.69	62	3.61	90.10	30	6.20	83.47
$14 < P/B \leqslant 22$	26	2.45	96.14	104	6.05	96.16	56	11.57	95.04
$22 < P/B \leqslant 33$	13	1.23	97.36	34	1.98	98.14	16	3.31	98.35
$P/B > 33$	28	2.64	100.00	32	1.86	100.00	8	1.65	100.00
合计	1061	100		1718	100		484	100	
均值	5			13.44			11.39		
标准差	10.36			21.02			2.74		
最大值	3165			18252			59.56		
最小值	−210.7			−1302			1.64		

6.其他比较估价比率。

(1)市值/清算价值比率(Price to Liquidation Value Ratio)(P/L),就是证券所代表资产的市场价格与其清算价值的比率。清算价值是公司破产后,出售资产清偿债务以后的剩余价值,其所有权归股东。可见,只有当市场价格不高于清算价值时,该证券才有投资价值,记作 $P/L \leqslant 1$。

(2)托宾 q 值,是证券所代表资产的市场价格与其重置成本的比率(Price to Replacement Cost Ratio)。重置成本的含义是,公司资产减去负债后的净资产的重置成本。因为重置成本无法通过市场来定价,所以,同一资产之重置成本,不同投资者会有不同的判断。只有当市场价格不高于重置成本时,该证券才有投资价值,记作$q \leqslant 1$。

7.定价方法比较。以上分析表明，证券的价值模型不同时，证券的价值与价格的关系有很大区别。哪个方法更好呢？选取方法的标准是什么？本书的观点是：所选用的方法在整个周期内的评价标准具有相对稳定性，所需数据易获得，可信度高。

证券所代表资产在每期的现金流F_t、每期选取的贴现率r_t，以及增长率 g，在整个周期内的波动性较大，所以，依据零增长模型、不变增长模型，以及市盈率(P/E)推出的证券的价值与价格关系的评价标准，稳定性较差。

市值/清算价值比率(P/L)中的清算价值是公司破产后，出售资产清偿债务以后的剩余价值；破产前，该数据难获得且可信度较差。

托宾 q 值中的重置成本无法通过市场来定价，同一资产之重置成本，不同投资者的判断有别。

市净率(P/B)仅与当前证券市场价格及当期每股净资产相关。这两个都是公开信息，易获得；证券每股净资产与每股收益相比，稳定性相对较高；当期每股净资产，来自签字注册会计师及所在会计师事务所负责人签名，并由会计师事务所加盖公章的年报，可信度比较高。

综上所述，以市净率(P/B)为基础，推荐的证券的价值与价格关系的评价准则是：

(1)如果证券所代表资产所创造的产品或服务，有市场需求且净资产收益率不低于社会平均贴现率水平，则市净率的最大下界——下确界不小于 1，记作 $\inf(P/B)\geqslant 1$。

(2)市净率的最小上界——上确界为 $\sup(P/B)=10$。

(3)市净率介于其最大下界与最小上界之间，记作 $\inf(P/B)<P/B<\sup(P/B)$。

(4)市净率大于 22 的概率小于 1%，是风险很大的情况。

(5)市净率大于 33 的概率小于 0.4%，是风险极大的情况。

主流投资学以有效市场假说——市场信息近乎完全、对称，市场价格近乎反映了证券的价值为基础。然而，本书的观点却是：市场信息——不完全和非对称，市场——非完全有效，价格与价值是非负且非线性的关系。主流投资学至今在学术界仍居于统治地位，如何评析，下一节讨论这个问题。

第2节　主流定价理论评析

主流金融理论建立在有效市场假说和完全信息的基础上。这是主流《投资学》的核心观念，滋维·博迪等著的《投资学》写道："本书的中心主题是，在发展完善的证券市场中，信息几乎达到了有效性。"[①]弗兰克·K·赖利等著的《投资学》也持有相同观点，并强调：在发达市场中，信息是近似高效的，即信息可以迅速反映到资产价格上。[②] 然而，主流金融定价理论对实践中的众多现象无法解释，预测能力较差，这是业界的共识。关于原因，简要评析如下：

一、投资组合理论

哈里·M·马科维茨(Harry Markowitz)建立的投资组合理论，被认为是现代金融学的开端。他首先推出投资组合预期收益率和预期风险的度量方法[③]，主要应用于资金在各种证券资产中的配置。

1. 主要内容简介。投资组合理论的主要内容是：

(1)假设条件。马科维茨模型的主要假设条件是：

①投资者选择的每一个投资都可以用持有期的一个预期收益率的概率分布来表示。

②投资者估计投资组合风险的基础是预期收益率的变化。

③投资者根据预期收益率和风险来进行决策，风险用预期收益率的方差来表示，其效用曲线仅由预期收益率和预期方差决定。

④证券市场是有效的，即市场上各种有价证券之预期收益率和预期方差的变动及其影响因素，投资者是掌握的或者至少是可以得知的。

⑤投资者是理性的，即对于给定的风险水平，投资者偏好高预期收益率的证

---

① [美]滋维·博迪、亚历克斯·凯恩和艾伦·J·马库斯：《投资学》，陈收、杨艳译，前言。

② 参见[美]弗兰克·K·赖利、埃德加·A·诺顿：《投资学》，李月平、陈宏伟译，序言。

③ H. M. Markowitz, "Portfolio Selection," *Journal of Finance*, 1952, 7(1): pp. 77-91; H. M. Markowitz, *Portfolio Selection: Efficient Diversification of Investment*, New York: John Wiley & Sons, 1959.

券;或者,给定预期收益率,投资者偏好选择风险程度较低的证券。

(2)预期收益率。确定预期收益率,是马科维茨投资组合理论的核心,包括单项投资的预期收益率和投资组合的预期收益率。

①单项投资的预期收益率,由证券的一组潜在收益率及每一收益率发生的概率共同来描述,记作

$$E(R_i)=\sum_{\kappa=1}^{M} p_\kappa r_\kappa \tag{8.2.1}$$

式中,$E(R_i)$为第 i 单项投资的预期收益率;r_κ为第 i 单项投资的潜在收益率,p_k为其发生的概率;m 为第 i 单项投资预期收益率发生概率的状态数。

②投资组合的预期收益率,则由单项投资预期收益率及其在资产组合中的资产比重共同决定,记作

$$E(R_p)=\sum_{i=1}^{n} w_i R_i \tag{8.2.2}$$

式中,$E(R_p)$为投资组合的预期收益率;w_i 为投资组合中第 i 项资产的比重;R_i为第 i 项资产的预期收益率。

(3)投资组合方差。在投资组合中,协方差和相关系数的关系记作

$$r_{ij}=\frac{Cov_{ij}}{\sigma_i \sigma_j} \tag{8.2.3}$$

式中,r_{ij}为证券 i 和证券 j 收益率的相关系数;Cov_{ij} 为证券 i 和证券 j 收益率的协方差;σ_i 为证券 i 收益率R_i 的标准差;σ_j为证券 j 收益率R_j的标准差。

相关系数r_{ij}的范围是-1～$+1$。$+1$ 意味着R_i和R_j之间存在完全的正相关关系,也就是说,两个证券收益率的变化趋势完全相同。-1 的含义是,两个证券收益率的变化趋势完全相反。相关关系为 0,则表明两个证券的收益率没有线性关系。相关关系给我们的启示是:投资组合在降低投资风险的同时,也降低了投资收益率。

马科维茨的贡献是,建立了投资组合方差的一般模式,记作

$$\sigma_p^2=\left(\sum_{i=1}^{n} w_i^2\sigma_i^2+\sum_{i=1}^{n}\sum_{\substack{j=1\\ j\neq i}} w_i w_j Cov_{ij}\right)^{1/2} \tag{8.2.4}$$

式中,σ_p^2 为投资组合的方差;σ_i^2 为证券 i 收益率的方差;其他符号的含义同前。

该模型表明,投资组合方差是单项证券方差的加权平均与所有资产协方差的加权平均之和的函数。投资组合方差不仅包括单项证券的方差,也包括投资

组合内任意两个证券的协方差。可进一步证明，在包含大量证券的投资组合中，该模型减少了方差加权平均和的数值。

(4)有效组合边界。马科维茨提出的有效组合边界的概念，即包括所有最优组合的包络线。其含义是：风险水平一定时，收益最高的投资组合集合；或者说，收益水平一定时，风险最低的投资组合集合。由于每个人的风险—收益效用不同，所以选择的投资组合有差异。

2.简评。

(1)马科维茨投资组合理论的主要贡献是：首次把数理方法引入金融问题研究中，以统计学为基础，应用数学方法，提出了通过优化投资组合方法，可有效地分散投资风险的思想。投资组合理论将风险划分为系统性风险和非系统性风险。组合投资使系统性风险趋于市场平均水平，分散化投资可减少非系统性风险。

(2)马科维茨理论还存在如下几方面异议：

首先，理论模型的适用条件是有效市场，本质是确定性分析方法。马科维茨理论认为，预期收益率和标准差是考察证券投资组合性质的重要指标，并假设：投资者掌握或者至少可以知道市场上各种证券之预期收益率和预期方差的变动及其影响因素。分析表明，能预测未来投资收益率和方差是个别、偶然现象，不能预测未来投资收益率和方差则是多数、普遍现象。马科维茨理论还假设，投资者对每一个投资在持有期可能的收益率及其概率分布是已知的。这意味着，马科维茨理论通过概率将不确定的问题转化为了确定性的问题。资本市场的本质特征是不确定性，把不确定的问题转化为确定性的问题，失去了资本市场最本质的特性。

其次，马科维茨理论暗含的假设条件是，不同投资者拥有相同的信息。资本市场之所以得以持续存在，就是因为不同投资者对同一证券有不同的认识，才形成了市场交易。如果投资者对相同证券的认识一致，就不会产生交易。这一假设不符合资本市场的特征。

最后，马科维茨理论用过去的数据资料，估计预期收益和风险，其实质是，假设历史会完全简单地重复。实践表明，历史上没有完全相同的周期，每一时期都有其特殊矛盾。

综上所述，马科维茨理论的具体模型具有严格的使用条件，只有基本满足模型条件的情况，其结论才有意义。

二、资本资产定价模型

资本资产定价模型(Capital Asset Pricing Model,CAPM)在主流金融学中的地位很高,被认为是现代金融学的基石,[①]是威廉·F·夏普(William F. Sharpe,1964)[②]、约翰·林特纳(John Lintner,1965)[③]和简·莫森(Jan Mossin,1966)[④]在马科维茨均值-方差组合投资理论的基础上,提出的基于风险资产的期望收益均衡的预测模型。

1. 主要内容简介。该模型的主要内容如下:

(1)模型的假设条件。资本资产定价模型是基于以下主要假设条件建立的:

①所有投资者均是理性的:投资者依据马科维茨资产组合的期望收益率和方差选择证券组合。

②同质期望或信念:所有投资者对所有证券的均值、方差,以及证券间的相关性,都具有相同的预期。

③不考虑证券交易费用。

④完全的资本市场:资本和信息自由流动、所有资产完全可分、投资者是价格制定者、所有资产数目一定等。

⑤存在无风险资产:投资者可在无风险利率下进行无限制的借贷。

⑥资本市场处于均衡状态。均衡的一个基本原则是所有投资者的收益与风险的比率都相等。

(2)模型的含义。资本资产定价模型具有如下意义:

①所有投资者都按照所有可交易资产的市场资产组合(M)的比例,来复制自己的风险资产组合。

②所有投资者都选择市场组合,作为自己的最优风险资产组合;投资者之间的不同,体现在投资于最优风险资产组合的数量,与投资于无风险资产数量的比例不同而已。

---

① 参见[美]滋维·博迪、亚历克斯·凯恩和艾伦·J·马库斯:《投资学》,陈收、杨艳译,第279页。

② W. F. Sharpe, "Capital Asset Prices: A Theory of Market Equilibrium," *Journal of Finance*, 1964(3): pp. 425-442.

③ J. Lintner, "The Valuation of Risk Assets and the Selection of Risky Investments in Stock Portfolios and Capital Budgets," The *Review of Economics and Statistics*, 1965, 47(1): pp. 13-37.

④ J. Mossin, "Equilibrium in a Capital Asset Market," *Econometrica*, 1966, 34(4): pp. 768-783.

③个别证券的风险溢价，与市场资产组合的风险溢价成正比，与该证券对市场组合方差的贡献程度成正比，记作

$$E(r_i)-r_f=\beta_i[E(r_M)-r_f] \tag{8.2.5}$$

式中，$E(r_i)-r_f$为个别证券 i 的风险溢价；$E(r_i)$为个别证券 i 的期望收益率；r_f为无风险利率；$E(r_M)-r_f$为市场资产组合 M 的风险溢价；$E(r_M)$为市场资产组合 M 的期望收益率；β_i 为个别证券 i 对市场组合方差的贡献程度，称为“贝塔系数”，记作

$$\beta_i=\frac{Cov(r_i\ r_M)}{\sigma_M^2} \tag{8.2.6}$$

式中，σ_M^2 为市场组合的方差，$Cov(r_i\ r_M)$为证券 i 和市场组合 M 收益率的协方差。

式(8.2.5)就是资本资产定价模型的最普通形式，即“期望收益—贝塔”关系，与“收益—风险”等式。

2.评价。

(1)资本资产定价模型的地位面临挑战。影响金融资产内在价值的两大主要因素是：资产在未来每期所获得的现金流，以及投资者对资产所要求的必要收益率，即贴现率。资本资产定价模型最主要的应用，就是确定投资者对资产定价过程中所要求的必要收益率。主流金融学的信念是：在均衡、有效市场中，资产在未来每期所获得的现金流是可知的，资产定价的主要矛盾是确定投资者对资产所要求的必要收益率。

资本资产定价模型的地位面临两方面挑战：其一，适用范围的局限。资本资产定价模型是建立在均衡、有效市场的基础上的，而均衡、有效市场则是个别、偶然现象，不具备普遍应用价值；况且，当下市场是否均衡、有效，逻辑上既不能证实，也不能证伪。其二，舍本取末。在资产定价过程中，资产在未来每期所获得的现金流比贴现率的意义更大。资产在未来每期所获得的现金流是资产定价的主要矛盾，且难于准确预测。资本资产定价模型则假设其可知，而重点研究资产定价中的次要矛盾——贴现率。这是避重就轻的研究方法。

(2)资本资产定价模型本身也面临挑战。资本资产定价模型研究的主要问题是个别证券(或资产)的期望收益率，与之相关的主要影响因素有无风险利率、市场资产组合的期望收益率，以及个别证券对市场组合方差的贡献程度。模型

最重要的假设条件是：在市场资产组合中，所有证券（或资产）的潜在收益率及其概率分布是已知的。研究表明，能准确预测证券（或资产）的潜在收益率及其概率分布是个别、偶然现象，不能准确预测证券（或资产）的潜在收益率及其概率分布则是多数、普遍现象。这意味着，资本资产定价模型之最重要的假设条件在现实中只是个别、偶然现象，不具备普适意义。

总之，资本资产定价模型至多仅适用于现实中的个别、偶然现象，不具备普遍应用价值。如果说资本资产定价模型是现代金融学的基石，那么，现代金融学这座大厦就建立在虚无缥缈的基石之上。2008 年发生在美国的金融危机，以及 2015 年 7 月我国沪深证券指数的剧烈波动都说明了这个问题。

三、套利定价理论

1. 套利定价理论简介。套利定价理论（Arbitrage Pricing Theory，APT）由史蒂芬·A·罗斯（Stephen A. Ross）提出。① 与资本资产定价模型类似，APT 也是一个决定资产价格的均衡模型，作为描述资本资产价格形成机制的一种新方法，其理论基础是一价法则：在均衡市场上，两种性质相同的商品不能以不同的价格出售。

（1）APT 的基础是以下基本假定：

①证券收益能用单因素模型表示。

②有足够多的证券来分散掉不同的风险。

③市场完全竞争，即市场不存在摩擦，市场不允许有持续的套利机会。

（2）APT 模型。所谓“套利”，就是投资者利用同一物质资产或证券的不同价格，来获得无风险收益的行为。投资者实现套利机会的手段是建立套利组合。套利模型的实现条件是：

①资金或财富不变，换言之，实施套利组合不需额外资金。

②系统性风险不变，即套利组合不承担因素风险。

③套利组合具有正的预期收益率。

依据套利定价理论，承担相同因素风险的证券或证券组合，就应该具有相同

---

① S. A. Ross, "Return, Risk and Arbitrage," in I. Friend and J. Bicksler (eds.), *Risk and Return in Finance*, Cambridge, MA: Ballinger, 1976.

的期望收益率，此时期望收益率与因素风险的关系，则由期望收益率和因素敏感性的线性函数所反映。任意证券 i 预期收益率与主要因素 j 之间的关系记作

$$E(r_i)=r_f+\sum_{j=1}^{n}\lambda_{ij}b_j \tag{8.2.7}$$

式(8.2.7)就是资本资产套利定价模型。式中，$E(r_i)$为个别证券 i 的期望收益率；r_f为无风险利率；λ_{ij}为证券 i 对主要因素 j 的灵敏度；b_j是主要因素 j 的因子风险。

2. 套利定价理论简评。

(1)与资本资产定价模型一样，套利定价理论最主要的应用，就是确定投资者对资产定价过程中所要求的必要收益率。

(2)套利定价理论与资本资产定价模型的不同点是：

①资本资产定价模型依赖于均值—方差分析；套利定价理论用套利概念定义均衡，不需要市场组合的存在性，假定收益率与一组因子线性相关，这组因子代表证券收益率的一些基本因素。

②如果套利定价模型只有一个风险因素，则套利定价模型就成为资本资产定价模型。因此，资本资产定价模型是套利定价模型的特例，套利定价理论被认为是一种广义的资本资产定价模型。

③多因素资本资产定价模型指出市场风险是一个系统性风险；套利定价理论没有对系统性风险作出明确的规定，并认为在经济体系中，有些风险无法经由多元化投资加以分散。

(3)套利定价理论的主要优点是：

①提出了通过建立套利组合实现超额收益的一种思想。

②与资本资产定价模型相比，假设条件少，计算方便，更接近市场实际。

(4)套利定价理论存在的主要不足是：

①没有指明影响证券收益的主要的因素是什么，及其重要性如何。

②与资本资产定价模型一样，没有对资产定价中的主要矛盾——资产在未来每期所获得的现金流展开研究。此外，在资产定价实践中，人们更关注资本资产价格的变化趋势，即贴现率的变化趋势，而不是资本资产价格本身对资产定价的影响。

总之，套利定价理论与资本资产定价模型一样，没有从根本上解决资产定价的核心问题。

四、行为金融学

资产组合理论、资本资产定价模型与套利定价理论等构成了传统主流金融理论(Conventional Financial Theory)的基础。其范式涉及两个非常重要的假设:一是完全理性假设,即决策者按期望效用理论来选择;二是市场有效性假设,即市场信息是完美的。分析表明,这两个假设在现实中至多是个别、偶然现象,不具备普适意义。

为了修正传统金融理论的不足,产生了行为金融理论(Behavioral Finance Theory)。该理论认识到,个体在进行复杂决策时,存在非理性的行为。这些非理性行为主要有两类:其一,决策者通常不会正确处理信息,结果是,对未来收益率的概率分布产生错误推断。其二,即使给定概率分布,投资者的决策也往往不一致或非系统最优。行为金融的基础理论是前景理论(Prospect Theory)。[①] 与预期效用理论的公理化形式不同,前景理论是描述式的。行为金融理论的研究,由投资者"应该怎样作决策"转变到"实际是怎样作决策的",试图揭示投资者心理因素影响决策的行为以及市场定价的规律。

行为金融理论还不是一个成熟的学派。迄今为止还没能整合成一个系统的分析框架,尚未突破传统金融理论的分析范式;在心理学、社会学等其他学科与传统金融理论的结合上,还没有太多标志性的案例。另外,该理论的许多观点来自实验心理学,而实验室与现实生活有较大差别。[②]

然而,不可否认的是,行为金融理论可解释市场中的一些现象。如下现象的解释对投资者的市场定价和投资决策具有指导意义。

(1)预测错误(Forecasting Errors)。卡尼曼(Kahneman)和特维斯基(Tversky)的一系列心理实验表明:作预测时,相对于先前的信念而言,人们过于关注近期的经验,而且在信息不确定的情况下,容易作出极端的预测。[③] 德邦特(De Bondt)和塞勒(Thaler)认为,市盈率效应可以通过极端收益期望来解释:当

① D. Kahneman and A. Tversky, "Prospect Theory: An Analysis of Decision under Risk," *Econometrica*, 1979, 47(2): pp. 263-291.

② 参见李心丹:《行为金融学——理论及中国的证据》,第 211 页。

③ D. Kahneman and A. Tversky, "On the Psychology of Prediction," *Psychology Review*, 1973, 80(4): pp. 237-251; D. Kahneman and A. Tversby, "Subjective Probability: A Judgment of Representativeness," *Cognitive Psychology*, 1972, 3(3): pp. 430-454.

公司近期运行较好时，预测其未来收益，一般会高于其实际情况，此时会形成高市盈率状态；当公司实际情况低于市场预期时，市盈率往往会低估公司实际情况。①

（2）过度自信（Overconfidence）。② 在金融市场上，人们通常会高估自己的信念或预测，而低估自己的认知偏差。

（3）样本大小的忽视和代表性（Sample Size Neglect and Representativeness）。③代表性的理念是：不考虑样本大小，认为小样本与大样本一样具有代表性，把基于小样本所得的结论，用于外推较远的未来。

（4）框定偏差（Framing）。④ 人们的决策似乎受到框定选择方式的影响。例如：人们更加看中财富的变化量而不是最终量；人们面临条件相当的损失时倾向于冒险赌博，而面临条件相当的盈利时倾向于接受确定性盈利；盈利带来的快乐与等量的损失带来的痛苦不相等，后者大于前者；等等。

（5）心里账户（Mental Accounting）。⑤ 心里账户是一种特殊框架偏差形式，也有助于解释股票价格的趋势。当股市上升后，人们会把投资视为从“资本利得账户”中获得资金，此时，人们变得更能容忍风险，以更低的贴现率贴现未来的现金流，这样就进一步推动了股票价格的上涨。

（6）后悔厌恶（Regret Aversion）与处置效应（Disposition Effect）。⑥ 所谓“后悔”，就是一个人因为作了某个决策，而使自己失去原本更好的结果而带来的

---

① W. F. M. De Bondt and R. H. Thaler, “Do Security Analysts Overreact?” *American Economic Review*, 1990, 80(2): pp. 52-57.

② B. M. Barber and T. Odean, “Boys will be Boys : Gender, Overconfidence, and Common Stock Investment,” The *Quarterly Journal of Economics*, 2001, 116(1): pp. 262-292.

③ 参见[美]滋维・博迪、亚历克斯・凯恩和艾伦・J・马库斯：《投资学》，陈收、杨艳译，第 386 页。

④ D. Kahneman and A. Tversky, “Prospect Theory: An Analysis of Decision under Risk,” *Econometrica*, 1979, 47(2): pp. 263-291.

⑤ H. Shefrin and M. Statman, “The Disposition to Sell Winners too Early and Ride Losers too Long: Theory and Evidence,” *Journal of Finance*, 1985, 40(3): pp. 777-790; T. Odea, “Are Investors Reluctant to Realize Their Losses?” *Journal of Finance*, 1998, 53(5): pp. 1775-1798.

⑥ D. Kahneman, P. Slovic, and A. Tversky (eds.), *Judgment under Uncertainty: Heuristics and Biases*, Cambridge: Cambridge University Press, 1982; H. Shefrin and M. Statman, “The Disposition to Sell Winners too Early and Ride Losers too Long: Theory and Evidence,” *Journal of Finance*, 1985, 40(3): pp. 777-790; H. Shefrin, *Beyond Greed and Fear Understanding Behavioral Finance and the Psychology of Investing*, Oxford: Oxford University Press, 1999.

痛苦。心理学研究发现,在股票投资中存在“后悔”现象。后悔对一个人来讲,不仅有经济损失,还有自责的感受。一个股票投资者卖出一个盈利的股票而产生的成就感,会随着该股票的继续上涨而逐渐下降,并会产生后悔卖出太早的想法。心理学实验表明,人们会倾向于避免后悔现象,即“后悔厌恶”。

心理学还注意到了“处置效应”现象。在资本市场上,股票投资者为了避免后悔,会倾向于继续持有已经亏损且继续下降的股票,而急于卖出现已盈利且处在上升期的股票。

(7)沉没成本效应(Sunk Cost Effect)。[①] 与“后悔厌恶”类似,在股票市场中也存在“沉没成本效应”现象。所谓“沉没成本效应”,就是人们在进行股票投资决策时,通常把已经持有股票的成本作为影响决策的一个因素。沉没成本效应可以解释股票市场中投资者会继续持有已经亏损的股票,甚至进一步增加对该股票投入的现象。

以上是对现行主流金融定价理论的基本认识和简要评价。

附　录

资金的时间价值和投资项目经济评价判据不是本书重点讨论内容,但由于它对理解资产定价有很好的帮助,因此以附录方式处理,便于读者参阅。

附录 8.1　资金的时间价值

一、利息与利率

传统金融理论有三大支柱——资金的时间价值、资产定价理论和风险管理。可见,资金的时间价值在传统金融理论中具有重要的地位。

所谓“资金的时间价值”,就是资金经历一定时间的运转和投资所增加的价值,也称“货币的时间价值”。与此相关的重要概念就是利息与利率。

---

① R. Thaler, “Toward a Positive Theory of Consumer Choice,” *Journal of Economic Behavior and Organization*, 1980, 1(1): pp. 39-60; H. R. Arkes and C. Blumer, “The Psychology of Sunk Cost,” *Organizational Behavior and Human Decision Processes*, 1985, 35(1): pp. 124-140.

1.利息与利率。利息的含义是:使用资金所付出的代价,或放弃使用资金所得到的补偿。如果将一笔资金存入银行,这笔资金就称为“本金”;经过一段时间后,储户在本金之外,还可得到一笔利息。这个过程记作

$$F_n=P+I_n \tag{F8.1.1}$$

式中,F_n 为本金和;P 为本金;I_n 为利息;n 为计算利息的周期数,是指计算利息的时间单位,如年、月、日等。

利率是计算利息的依据。利率的含义是:单位本金经过一个计息周期后的增值率。也就是一个计息周期所得的利息额与本金之比,一般以百分数表示,记作

$$i=\frac{I_1}{P}\times 100 \tag{F8.1.2}$$

式中,i 为利率;I_1 为一个计息周期的利息。

2.单利与复利。单利的含义是:每期均按原始本金计息。此种情况下,利息与时间是线性关系,不论计息期数为多大,只有本金计息,而利息不再计利息。单利计息时的利息记作

$$I_n=P\times n\times i \tag{F8.1.3}$$

n 个计息周期后的本金和记作

$$F_n=P(1+i\times n) \tag{F8.1.4}$$

所谓“复利”,就是将本期利息转为下一期的本金,下期按本期本金和利息之总额计息。在复利计息的情况下,除本金计息外,利息也再计利息。复利计息的 n 个计息周期后的本金和记作

$$F_n=P\ (1+i)^n \tag{F8.1.5}$$

3.名义利率和有效利率。利率一般用年利率表示,这个年利率就是名义年利率。当利率的时间单位与计息期不一致时,就出现了名义利率和有效利率的概念。有效利率是指计息期的利率。当计息期为一年时,此时的有效利率称为“年有效利率”;当计息期短于一年时,每一计息期的有效利率乘以上一年的计息期数所得的年利率,称为“年名义利率”。通常说的年利率都是指名义利率。例如,每三个月计息一次,计息利率为2%,则年利率为2%×4=8%。

(1)离散式复利。按期(年、月、日)计息的方法称为“离散式复利”。若名义利率为 i,一年计息次数为 n 次,每次计息的利率为 i/n,则年末本利和记作

$$F=P\left(1+\frac{i}{n}\right)^{n} \quad (\text{F8.1.6})$$

根据定义，利息与本金之比为“年有效利率”，记作

$$i_{年有效}=\left(1+\frac{i}{n}\right)^{n}-1 \quad (\text{F8.1.7})$$

(2)连续式复利。按瞬时计息的方式称为“连续复利”。此种情况下，复利可以在一年中按无限期多次计算，年有效利率记作

$$i_{年有效}=\lim_{n\to\infty}\left(1+\frac{i}{n}\right)^{n}-1=e^{i}-1 \quad (\text{F8.1.8})$$

就整个社会而言，资金确实是在不停地运动，每时每刻都在通过生产和流通增值，从理论上讲应按连续复利计息，但实际中多为离散式复利计息。

二、现金流量图

1. 现金流量的含义。一个投资项目所引起的现金流出量和现金流入量的总称就是现金流量。现金流出量是一个投资项目所引起的现金支出的增加额；现金流入量则是一个投资项目所引起的现金流入的增加额。现金流入量减去现金流出量的差额就定义为“现金净流量”，或称“净现金流量”。因为现金流量要在一个较长的时间内产生，受到资金时间价值的影响，一定数量的现金在不同时期的价值是不同的，所以，研究现金流量及其发生的时期，对于更好地评价投资项目有着重要的意义。

2. 现金流量图：就是把现金净流量绘入一时间坐标图中，表示出现金净流量与相应时间的对应关系的图形。附图 8.1.1 表示的是按复利计算时借款人和贷

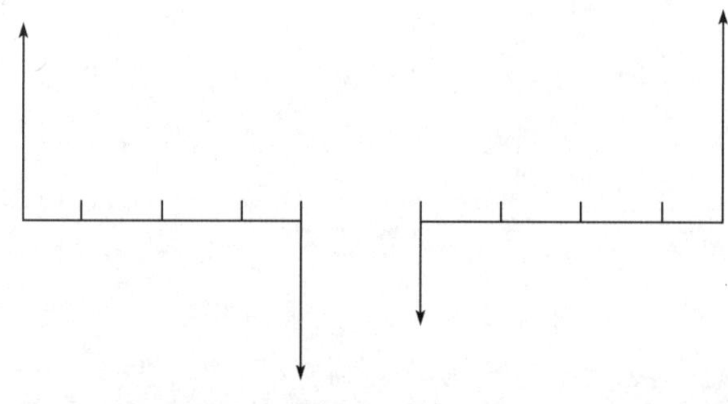

(a)借款人现金流量图　　(b)贷款人现金流量图

附图 8.1.1　两种立脚点的现金流量图

款人的现金流量图。对现金流量图有如下几点说明：

(1)水平线是时间刻度，时间的推移是自左向右，每一格代表一个时间单位(年、月、日)。刻度上的数字表示时间推移到的单位数。注意：第 n 格的终点和第 $n+1$ 格的起点是重合的。

(2)箭头表示现金净流量的方向，向下的箭头表示现金净流量为负值，向上的箭头表示现金净流量为正值，箭头的长短与现金净流量的大小成比例。

(3)现金流量图与立脚点有关，附图 8.1.1(a)是借款人的立脚点，附图8.1.1(b)是贷款人的立脚点。

三、常用的资金的时间价值模型

在资金的时间价值模型中，符号的定义如下：

i——利率、收益率；

P——本金或现在值，即相对于将来值的任何较早时间的价值；

F——本利和，或称“将来值”“终值”，即相对于现在值的任何以后时间的价值；

A——年金，或称“等额年值”，是 n 次等额支付系列中的一次支付，在各个计息期末实现；

n——计算利息的周期数。

它们之间的逻辑关系是：现在值＋复息利息＝将来值；将来值－复息利息＝现在值。

1. 已知现值求终值模型。该模型的含义是：已知本金或现在值 P，利率 i，则 n 期期末本利和——终值 F 记作

$$F=P\ (1+i)^n=P(F/Pi,n) \tag{F8.1.9}$$

2. 已知终值求现值模型。该模型的含义是：已知未来第 n 期期末终值 F，利率 i，则本金或现在值 P 记作

$$P=\frac{F}{(1+i)^n}=F(P/Fi,n) \tag{F8.1.10}$$

3. 已知年金求终值模型。该模型的含义是：已知连续若干期期末等额收付的现金流量 A，利率 i，则 n 期期末本利和——终值 F 记作

$$F=A\left[\frac{(1+i)^n-1}{i}\right]=A(F/Ai,n) \tag{F8.1.11}$$

4.已知终值求年金模型。该模型的含义是:已知未来第 n 期期末一次性终值 F,利率 i,则这 n 期内每期期末等额支付的年金 A 记作

$$A=F\left[\frac{i}{(1+i)^n-1}\right]=F(A/Fi,n) \tag{F8.1.12}$$

5.已知现值求年金模型。该模型的含义是:已知本金或现在值 P,利率 i,则这 n 期内每期期末等额支付的年金 A 记作

$$A=P\left[\frac{i\,(1+i)^n}{(1+i)^n-1}\right]=P(A/Pi,n) \tag{F8.1.13}$$

6.已知年金求现值模型。该模型的含义是:已知 n 期内每期期末等额支付的年金 A,利率 i,则本金或现在值 P 记作

$$P=A\left[\frac{(1+i)^n-1}{i\,(1+i)^n}\right]=A(P/Ai,n) \tag{F8.1.14}$$

附录 8.2 投资项目经济评价判据

净现值(Net Present Value,NPV)和内部收益率(Internal Rate of Return,IRR)是投资项目经济评价的重要判据,现简要介绍如下:

一、净现值法

1.净现值定义。投资项目在不同时间产生的净现金流,按某一规定的收益率 r,折现为现值(0 年),然后求其代数和。设投资项目的有效期为 n,第 t 期期末产生的净现金流为F_t,则该项目的净现值(NPV)记作

$$NPV=\sum_{t=1}^{n}\frac{F_t}{(1+r)^t} \tag{F8.2.1}$$

2.评价判据。若 $NPV\geqslant 0$,则说明在规定收益率为 r 的条件下,投资项目在经济效益方面是可以接受的,否则拒绝该投资项目。

二、内部收益率法

1.内部收益率定义。投资项目在投资活动有效期内,使净现金流的净现值等于零的收益率,称为“内部收益率”(IRR),记作

$$NPV=\sum_{t=1}^{n}\frac{F_t}{(1+IRR)^t}=0 \tag{F8.2.2}$$

2. 评价判据。内部收益率的经济含义是：投资项目在有效期内，投资资金的年平均收益率（复利）。设 i_0 为基准内部收益率，若 $IRR > i_0$，则投资项目在经济效益方面是可以接受的，否则拒绝该投资项目。

三、说明

1. 内部收益率与净现值的关系。内部收益率与净现值相比，其显著特点是：不需要预先知道收益率。一般情况下，两者有一致的评价结论：当内部收益率大于基准内部收益率时，净现值也大于零。

2. 应用价值。计算内部收益率和净现值，需要预测未来 n 期期末的净现金流 F_t。能够准确预测一个时期的净现金流是个别、偶然现象，而要准确预测 n 个时期的净现金流，可能性就更小。因此，内部收益率和净现值的意义是，为投资项目经济评价提供一种思想和分析问题的视角，但其具体数据仅仅是一个参考，不可作为决策的最终依据。

第9章　财务分析

公司财务报表从资金流的视角反映公司的物流——经营状况。公司财务信息是影响公司股票定价的重要因素。公司发行债券的定价,财务信息是更重要的影响因素。可见,股票定价和债券定价,财务信息都是重要的影响因素。因此,把财务分析安排在基本分析篇中。本章主要回答如下问题:

1. 公司提供的主要财务报表有哪些?各自包括什么信息?
2. 股票定价需要的主要财务指标是什么?
3. 债券定价需要的主要财务指标是什么?
4. 如何综合评价一个公司的财务状况?

第1节　财务分析依据

以下方面是财务分析依据,或称"影响财务分析的因素"。

一、法规依据

财政部制定的国家统一的会计制度是构建财务报表的基础。《企业会计准则——基本准则》第四条指出:

> 企业应当编制财务会计报告(又称财务报告,下同)。财务会计报告的目标是向财务会计报告使用者提供与企业财务状况、经营成果和现金流量等有关的会计信息,反映企业管理层受托责任履行情况,有助于财务会计报告使用者作出经济决策。
>
> 财务会计报告使用者包括投资者、债权人、政府及其有关部门和社会公众等。

财务会计报告是企业对外提供的反映企业某一特定日期的财务状况和某一会计期间的经营成果、现金流量等会计信息的文件,包括会计报表、附注和其他应当在财务会计报告中披露的相关信息和资料。《企业会计制度》第一百五十四条规定:

企业向外提供的会计报表包括：

(一)资产负债表；

(二)利润表；

(三)现金流量表；

(四)资产减值准备明细表；

(五)利润分配表；

(六)股东权益增减变动表；

(七)分部报表；

(八)其他有关附表。

《企业会计准则——基本准则》第四十四条指出："会计报表至少应当包括资产负债表、利润表、现金流量表等报表。"这表明，资产负债表、利润表、现金流量表是主要的财务报表，这是财务分析的主要依据。

二、资产负债表

资产负债表是反映企业在某一特定日期的财务状况的会计报表。资产负债表反映的是资产、负债和所有者权益三项会计要素之间的逻辑关系，记作

$$资产=负债+所有者权益 \tag{9.1.1}$$

《企业财务会计报告条例》第九条对资产、负债和所有者权益的定义及列示，作了如下规定：

(一)资产，是指过去的交易、事项形成并由企业拥有或者控制的资源，该资源预期会给企业带来经济利益。在资产负债表上，资产应当按照其流动性分类分项列示，包括流动资产、长期投资、固定资产、无形资产及其他资产。银行、保险公司和非银行金融机构的各项资产有特殊性的，按照其性质分类分项列示。

(二)负债，是指过去的交易、事项形成的现时义务，履行该义务预期会导致经济利益流出企业。在资产负债表上，负债应当按照其流动性分类分项列示，包括流动负债、长期负债等。银行、保险公司和非银行金融机构的各项负债有特殊性的，按照其性质分类分项列示。

(三)所有者权益，是指所有者在企业资产中享有的经济利益，其金额为资产减去负债后的余额。在资产负债表上，所有者权益应当按照实收资本(或者股本)、资本公积、盈余公积、未分配利润等项目分项列示。

表 9.1.1 列示了中国建设银行 2014 年的资产负债表。[①]

表 9.1.1　　中国建设银行有限公司资产负债表

2014 年 12 月 31 日(除特别注明外,以人民币百万元列示)

		本集团		本行	
	附注	2014 年	2013 年	2014 年	2013 年
一、资产					
现金及存放中央银行款项	6	2 610 781	2 475 001	2 600 028	2 469 497
存放同业款项	7	266 461	321 286	280 848	328 640
贵金属		47 931	35 637	47 931	35 637
拆出资金	8	248 525	152 065	247 606	233 574
以公允价值计量且其变动计入当期损益的金融资产	9	332 235	364 050	320 452	356 854
衍生金融资产	10	13 769	18 910	9 880	16 503
买入返售金融资产	11	273 751	281 447	273 444	280 959
应收利息	12	91 495	80 731	88 930	79 025
客户贷款和垫款	13	9 222 910	8 361 361	8 876 246	8 025 415
可供出售金融资产	14	926 170	760 292	844 914	714 745
持有至到期投资	15	2 298 663	2 100 538	2 294 723	2 095 741
应收款项债券投资	16	170 801	189 737	154 576	182 252
对公司的投资	17	—	—	26 794	22 004
对联营和合营企业的投资	18	3 084	2 624	—	—
固定资产	20	151 607	135 678	141 880	127 810
土地使用权	21	15 758	15 731	15 341	15 682
无形资产	22	2 043	2 053	1 506	1 549
商誉	23	2 696	1 610	—	—
递延所得税资产	24	39 436	38 448	38 115	39 093
其他资产	25	26 014	26 011	56 569	58 417
资产总计		16 744 130	15 363 210	16 319 783	15 083 397

① 本书所涉及的中国建设银行的财务数据,皆源自“中国建设银行 2014 年年报”。

续表

	附注	本集团		本行	
		2014 年	2013 年	2014 年	2013 年
二、负债					
向中央银行借款	28	91 216	79 157	90 409	78 733
同业及其他金融机构存放款项	29	1 004 118	692 095	1 008 746	704 487
拆入资金	30	202 402	155 917	152 152	122 479
以公允价值计量且其变动计入当期损益的金融负债	31	296 009	380 380	292 642	377 731
衍生金融负债	10	12 373	19 872	10 612	16 796
卖出回购金融资产	32	181 528	61 873	177 256	55 457
客户存款	33	12 898 675	12 223 037	12 654 493	12 055 777
应付职工薪酬	34	34 535	34 080	33 234	32 938
应交税费	35	62 644	60 209	61 881	59 693
应付利息	36	185 874	153 627	184 627	152 946
预计负债	37	7 068	5 014	5 399	5 014
已发行债务证券	38	431 652	357 540	367 504	322 406
递延所得税负债	24	401	138	43	—
其他负债	39	83 272	65 942	48 549	40 339
负债合计		15 491 767	14 288 881	15 087 547	14 024 796
三、股东权益					
股本	40	250 011	250 011	250 011	250 011
资本公积	41	135 118	135 118	135 109	135 109
其他综合收益	42	－1 668	－25 067	3 143	－20 041
盈余公积	43	130 515	107 970	130 515	107 970
一般风险准备	44	169 496	153 835	165 916	150 675
未分配利润	45	558 705	444 084	547 542	434 877
归属于本行股东权益合计		1 242 179	1 065 951	1 232 236	1 058 601
少数股东权益		10 184	8 378	—	—
股东权益合计		1 252 363	1 074 329	1 232 236	1 058 601
负债和股权权益合计		16 744 130	15 363 210	16 319 783	15 083 397

三、利润表

利润表是反映企业在一定会计期间的经营成果的会计报表，是对各项收入、费用以及构成利润的各个项目分类的列示。收入、费用和利润三项会计要素之间的逻辑关系记作

$$利润=收入-费用 \tag{9.1.2}$$

《企业财务会计报告条例》第十条对收入、费用和利润的定义及列示，作了如下规定：

(一)收入，是指企业在销售商品、提供劳务及让渡资产使用权等日常活动中所形成的经济利益的总流入。收入不包括为第三方或者客户代收的款项。在利润表上，收入应当按照其重要性分项列示。

(二)费用，是指企业为销售商品、提供劳务等日常活动所发生的经济利益的流出。在利润表上，费用应当按照其性质分项列示。

(三)利润，是指企业在一定会计期间的经营成果。在利润表上，利润应当按照营业利润、利润总额和净利润等利润的构成分类分项列示。

表 9.1.2 列示了中国建设银行 2014 年的利润表。

表 9.1.2　　中国建设银行利润表

2014 年 12 月 31 日(除特别注明外，以人民币百万元列示)

		本集团		本行	
	附注	2014 年	2013 年	2014 年	2013 年
一、营业收入		570 470	508 608	542 271	492 581
利息净收入	46	437 398	389 544	428 440	383 811
利息收入		739 126	646 253	721 179	636 987
利息支出		−301 728	−256 709	−292 739	−253 176
手续费及佣金净收入	47	108 517	104 283	106 171	102 476
手续费及佣金收入		112 238	107 432	109 580	105 415
手续费及佣金支出		−3 721	−3 149	−3 409	−2 939
投资收益	48	6 020	6 318	4 084	5 601

续表

		本集团		本行	
	附注	2014 年	2013 年	2014 年	2013 年
其中：对联营和合营企业的投资收益		245	60	—	—
公允价值变动损失	49	−263	−1 325	−75	−1 096
汇兑收益		1 768	1 810	2 692	945
其他业务收入	50	17 030	7 978	959	844
二、营业支出		−273 223	−230 636	−249 031	−218 121
营业税金及附加		−34 983	−31 648	−34 655	−31 385
业务及管理费	51	−159 825	−148 692	−153 471	−143 832
资产减值损失	52	−61 911	−43 209	−59 905	−42 176
其他业务成本	53	−16 504	−7 087	−1 000	−728
三、营业利润		297 247	277 972	293 240	274 460
加：营业外收入	54	3 160	2 737	2 943	2 583
减：营业外支出	55	−1 321	−903	−1 172	−890
四、利润总额		299 086	279 806	295 011	276 153
减：所得税费用	56	−70 839	−64 684	−69 557	−63 634
五、净利润		228 247	215 122	225 454	212 519
归属于本行股东净利润		227 830	214 657	225 454	212 519
少数股东损益		417	465		
六、其他综合收益	42	23 701	−23 422	23 184	−22 434
归属于本行股东的其他综合收益的税后净额		23 401	−23 371	23 184	−22 434
最终不计入损益		−270	454	−270	454
补充退休福利重新计量的金额		−294	443	−294	443
其他		24	11	24	11
最终计入金额		23 671	−23 825	23 454	−22 888
可供出售金融资产产生的利得(损失)金额		33 954	−28 282	33 505	−25 181

续表

	附注	本集团		本行	
		2014 年	2013 年	2014 年	2013 年
减:可供出售金融资产产生的所得税影响		－8 463	7 157	－8 414	7 051
前期计入其他综合收益当期转入损益的净额		－1 639	－1 188	－1 528	－1 223
现金流量套期净收益/(损失)		138	－148	149	－148
外币报表折算差额		－319	－1 364	－258	－387
归属于少数股东的其他综合收益的税后净额		300	－51		
七、综合收益总额		251 948	191 700	248 638	190 085
归属于本行股东的综合收益		251 231	191 286		
归属于少数股东的综合收益		717	414		
八、基本和稀释每股收益(人民币元)		0.91	0.86		

四、现金流量表

《企业财务会计报告条例》第十一条对现金流量表的定义及列示,作了如下规定:

现金流量表是反映企业一定会计期间现金和现金等价物(以下简称现金)流入和流出的报表。现金流量表应当按照经营活动、投资活动和筹资活动的现金流量分类分项列示。其中,经营活动、投资活动和筹资活动的定义及列示应当遵循下列规定:

(一)经营活动,是指企业投资活动和筹资活动以外的所有交易和事项。在现金流量表上,经营活动的现金流量应当按照其经营活动的现金流入和流出的性质分项列示;银行、保险公司和非银行金融机构的经营活动按照其经营活动特点分项列示。

(二)投资活动,是指企业长期资产的购建和不包括在现金等价物范围内的投资及其处置活动。在现金流量表上,投资活动的现金流量应当按照其投资活动的现金流入和流出的性质分项列示。

（三）筹资活动，是指导致企业资本及债务规模和构成发生变化的活动。在现金流量表上，筹资活动的现金流量应当按照其筹资活动的现金流入和流出的性质分项列示。

现金流量表中，各个项目间的逻辑关系记作

现金及现金等价物净增加额＝经营活动产生的现金流量净额＋投资活动产生的现金流量净额＋筹资活动产生的现金流量净额＋汇率变动对现金的影响额　(9.1.3)

表9.1.3列示了中国建设银行2014年的现金流量表。

表9.1.3　　中国建设银行现金流量表

2014年12月31日（除特别注明外，以人民币百万元列示）

		本集团		本行	
	附注	2014年	2013年	2014年	2013年
一、经营活动现金流量					
客户存款和同业及其他金融机构存放款项净增加额		947 653	613 017	880 761	544 890
向中央银行借款净增加额		11 605	73 116	11 222	72 804
拆入资金净增加额		36 256	38 816	25 656	47 712
卖出回购金融资产净增加额		119 467	59 603	121 799	54 566
已发行存款证净增加额		42 992	96 865	36 327	78 914
拆出资金净减少额		—	—	36 766	—
买入返售金融资产净减少额		12 707	35 238	7 515	35 665
收取的利息、手续费及佣金的现金		838 405	739 438	818 618	729 203
以公允价值计量且其变动计入当期损益的金融资产净减少额		33 362	—	37 510	—
以公允价值计量且其变动计入当期损益的金融负债净增加额		—	343 129	—	343 198
收到的其他与经营活动有关的现金		29 517	16 765	4 079	3 455
经营活动现金流入小计		2 071 964	2 015 987	1 980 253	1 910 407

续表

	附注	本集团		本行	
		2014 年	2013 年	2014 年	2013 年
客户贷款和垫款净增加额		−883 158	−1 116 433	−897 316	−941 785
存放中央银行和同业款项净增加额		−184 773	−33 915	−193 662	−33 070
拆出资金净增加额		−74 969	−51 108	—	−123 751
支付的利息、手续费及佣金的现金		−265 542	−221 788	−256 916	−218 357
支付给职工以及为职工支付的现金		−91 537	−85 653	−88 063	−83 026
支付的各项税费		−112 422	−94 714	−110 499	−93 574
以公允价值计量且其变动计入当期损益的金融资产净增加额		—	−332 614	—	−337 130
以公允价值计量且其变动计入当期损益的金融负债净减少额		−84 371	—	−85 089	—
支付的其他与经营活动有关的现金		−58 241	−33 833	−38 534	−47 704
经营活动现金流出小计		−1 755 013	−1 970 058	−1 670 079	−1 878 397
经营活动产生的现金流量净额	57(1)	316 951	45 929	310 174	32 010
二、投资活动现金流量					
收回投资收到的现金		503 662	730 160	471 403	733 716
收取的现金股利		504	461	123	505
处置固定资产和其他长期资产收回的现金净额		2 030	1 851	1 617	1 593
因收购收到的现金净额		—	—	2 496	—
投资活动现金流入小计		506 196	732 472	475 639	735 814
三、投资支付的现金		−810 304	−971 998	−736 947	−940 865
购建固定资产和其他长期资产支付的现金		−35 490	−38 406	−32 566	−33 553
取得子公司、联营和合营企业支付的现金净额		−4 289	−250	−4 790	−3 828

续表

	附注	本集团		本行	
		2014 年	2013 年	2014 年	2013 年
对子公司增资支付的现金		—	—	—	−1 500
投资活动现金流出小计		−850 083	−1 010 654	−774 303	−979 746
投资活动所用的现金流量净额		−343 887	−278 182	−298 664	−243 932
四、汇率变动对现金及现金等价物的影响		2 731	−3 353	3 554	−3 309
五、现金及现金等价物净减少额	57(2)	−87 055	−308 147	−64 533	−287 750
加：年初现金及现金等价物余额		440 773	748 920	444 706	732 456
六、年末现金及现金等价物余额	57(3)	353 718	440 773	380 173	444 706

五、财务报表质量考察

一家公司在业务相同的情况下，根据会计准则，可用不同的方法确定收入与支出项目。这意味着，公司在遵守会计准则的情况下，可能得到不同的会计收益。少数企业决策者，为了一己之私，蓄意进行财务造假的案例屡见不鲜。可见，投资者、债权人在作决策之前，不仅要对目标企业的财务报表进行分析，而且更要考察财务报表的质量。财务报表的质量比财务指标更为重要，原因是显而易见的，一份质量差的财务报表可能误导投资者和债权人。一般从如下方面考察企业财务报表的质量。

1. 主营业务收入的意义更大。利润表中的收入，按《企业会计准则》的定义，包括销售商品收入、提供劳务收入和让渡资产使用权收入。其中，让渡资产使用权而发生的收入包括利息收入和使用费收入。对股票定价最有意义的是企业主营业务收入，偶然发生的收入对股票定价的意义不大。

2. 营业利润是分析的重点。利润是企业在一定会计期间的经营成果，包括营业利润、利润总额和净利润。其中：

营业利润＝主营业务收入－主营业务成本－主营业务税金及附加
－营业费用－管理费用－财务费用＋其他业务利润 (9.1.4)

利润总额＝营业利润＋投资收益＋补贴收入＋营业外收入－营业外支出 (9.1.5)

净利润＝利润总额－所得税 (9.1.6)

由式(9.1.4)～式(9.1.6)可以看出：

①所得税是政府无偿、定例地从企业的经营成果中征收的经济利益，是非企业能力所为。

②投资收益是企业对外投资所取得的收益净额。

③补贴收入是指企业按规定实际收到的退还的增值税，或按销量或工作量等依据国家规定的补助定额计算并按期给予的定额补贴，以及属于国家财政扶持的领域而给予的其他形式的补贴。

④营业外收入和营业外支出是企业发生的与其生产经营活动无直接关系的各项收入和各项支出。

由上所述，可得如下两点启示：

①投资收益、补贴收入、营业外收入、营业外支出、所得税等，是企业发生的与其主要生产经营活动无直接关系的各项收入和各项支出。

②营业利润是与企业主要生产经营活动直接相关的经营成果，与股票定价的相关性较大。

3.固定资产折旧费和无形资产摊销费是企业的免税现金流。按照税法规定，固定资产折旧费和无形资产摊销费可以自应税经济利益中抵扣，是企业收回资产账面价值的过程。这就是说，企业虽然没有利润，但仍可通过固定资产折旧费和无形资产摊销费的方式收回投资。从理论上讲，企业当期产生的净现金流记作

净现金流＝净利润＋固定资产折旧费和无形资产摊销费 (9.1.7)

由此有如下两点启示：

①固定资产折旧费和无形资产摊销费是企业免所得税的现金流。

②企业可以通过调节固定资产折旧费和无形资产摊销费，来调节当期净利润的多少。

因此，在股票定价和债券定价时，对于企业财务报告中的固定资产折旧费和

无形资产摊销费部分,不可不察。主要从如下方面分析:

第一,与固定资产折旧有关的信息:

①固定资产的标准、分类、计价方法和折旧方法。

②各类固定资产的使用寿命、预计净残值和折旧率。

③固定资产的增减变动情况,包括期初和期末各类固定资产账面总金额及累计折旧总额,以及各类扩建、处置及其他调节项目的金额。

④当期确认的固定资产减值损失及当期转回的固定资产减值损失。

⑤在建工程的期初、期末数额及增减变动情况。

⑥暂时闲置的固定资产账面价值。

⑦已提足折旧仍继续使用的固定资产账面价值。

⑧已退废和准备处置的固定资产账面价值。

⑨与固定资产折旧有关的其他重要信息。

第二,与无形资产摊销有关的信息:

①各类无形资产的摊销年限。

②各类无形资产当期期初和期末账面余额、变动情况及其原因。

③当期确认的无形资产减值准备。

④对于土地使用权的摊销年限、期初和期末账面余额、土地使用权的取得方式和取得成本等。

4. 关联交易存玄机。企业与关联方有交易的,应分析其交易是否符合有关法规的规定,是否按照独立企业之间的交易计价结算,是否存在投资者或者经营者利用关联交易非法转移企业的经济利益或者操纵关联企业的利润。考察要素主要包括交易的金额或相应比例、未结算项目的金额或相应比例、定价方法等。

5. 资产减值准备显示财务数据的质量。在资产负债表中,各项资产是减去其减值准备后的净额。在利润表中,各项资产减值准备反映在营业外支出项目里。可见,资产减值反映了企业资产和利润数据的质量。

企业是否对各项资产,根据谨慎性原则要求,合理地计提资产损失或者减值准备。重点考察企业各项资产损失或者减值准备的计提标准及实际执行情况。主要考察的项目有短期投资跌价准备、坏账准备、存货跌价准备,及长期投资、固定资产和无形资产减值准备等。

6. 或有事项有风险。或有事项是企业过去的交易或事项形成的一种状况,其结果需通过未来不确定事项的发生或不发生予以证实。或有事项有两种类型:或有负债和或有资产。

影响股票和债券定价的主要方面是或有负债。或有负债是企业过去的交易或事项形成的潜在义务,其存在需通过未来不确定事项的发生或不发生予以证实。企业可能形成的或有负债有:①已贴现商业承兑汇票形成的或有负债;②未决诉讼、仲裁形成的或有负债;③为其他单位提供债务担保形成的或有负债;④应收账款;等等。

7. 现金流量在股票和债券定价中的意义主要体现在如下方面:

(1)现金流量是企业财力状况、经营成果的反映。受利益驱动,中国和外国、过去与现在,企业财务造假屡见不鲜。如何识破财务造假,是投资者必备的素质。从技术的视角看,资产负债表和利润表容易造假;而现金流量表,特别是综合结果——“现金和现金等价物”,造假难度较大。从对财务造假的案例分析看,一个共同特征是:利润表经营成果较好,甚至是特别优秀,而现金流量表中的“现金和现金等价物”相对较差,甚至很差。因此,现金流量表是判断企业财务是否造假的重要依据。

(2)现金流量是企业现金分红的现实性的考量。在资产负债表中,“所有者权益”中的“未分配利润”项目是企业能否现金分红的可能性的反映,而现金流量表则是企业能否现金分红的现实性的反映。一般情况下,净现金流好的企业现金分红的可能性较大,反之亦然。因此,现金流量表是推测企业能否现金分红的主要依据。

第2节 财务指标分析

一、概述

1. 财务比率分析的主要依据是三张主要的财务报表:资产负债表、利润表和现金流量表。这三张报表是企业过去到现在,财力状况、经营成果和现金流量的反映。财务分析的本质是通过对企业过去经营成果的分析,来对企业未来作出预测。

2. 财务分析的主要参照物。

(1)宏观经济指标。财务分析的第一个目标，就是看企业是否能达到全社会平均水平。在众多宏观经济指标中，GDP 增长率和银行贷款利率最为重要。GDP 增长率代表的是全社会财富的平均增长率，银行贷款利率则是社会资金成本的反映。

(2)所在行业和业内主要竞争对比。股票定价理论表明：在一个长期稳定增长的行业中，具有产业竞争优势的企业的股票，可以确定其股票价值的下限。因此，企业所处行业分析，主要看销售收入增长率和营业利润增长率及净资产收益率是否能达到社会平均水平。业内主要竞争分析的主要目的是：在超过社会平均水平的长期稳定增长的行业中，以销售收入增长率、营业利润增长率和净资产收益率为依据，遴选出“具有产业竞争优势的企业”。这是财务分析最主要的目的。

(3)指标的时空性。财务分析是通过对过去数据的分析，预测未来趋势的变化。指标的时空性含义包括两点：其一，通过时间序列分析，确定其“趋势”和“加趋势”，对预测未来更重要；其二，时间序列的参数至少是 3 个周期(即 3 个会计年度)，一般以 5 个会计年度为好。

3. 财务分析的主要指标。选择财务分析的主要指标时，既要考虑能全面、系统地反映企业的财力状况和经营成果，也要尽量简单、明了。在股票定价和债券定价中，常用的财务指标的定义、计算方法及评价标准如下：

二、偿债能力分析

偿债能力是企业偿还未来各种到期债务的能力。管理人员、债权人和投资者都十分重视企业的偿债能力。资产负债表是分析偿债能力的主要依据。偿债能力可分为短期偿债能力和长期偿债能力，各指标的定义、计算方法、评价标准如下：

1. 速动比率(Quick Ratio)，也称为“酸性测试比率”(Acid Test Ratio)，是企业速动资产与流动负债的比率，记作

$$速动比率=\frac{速动资产}{流动负债} \tag{9.2.1}$$

该指标的应用，关键是速动资产的确定，一般教材中采用下式表示：

$$速动资产=现金+可变现有价证券+应收账款$$

现金和可变现有价证券是企业可控因素，而应收账款虽然所有权归企业所有，但何时可有效掌控，则由债务人决定。所以，速动资产的确定应根据具体情况灵活掌握，以实际有效控制为原则。

评价标准。理论上，速动比率不小于1，企业就不存在短期偿还债务的风险。在实践中，该指标的范围较大。一般而言，规模大、信用好的企业，速动比率可以小于1；相反，规模小、信用不良的企业，如果该指标小于1，则不能预期偿还债务的风险就较大。

特别提示：根据对财务造假企业的研究，发现它们有一个共同现象，就是：成长性、效益性指标较好的企业，若速动比率在0.3以下，则财务造假的可能性就较大。

2. 负债比率 (Debt Ratio)，又称“资产负债率”，表示企业资产总额中，债权人提供的资金所占的比重，以及企业资产对债权人权益的保障程度，是企业负债总额与资产总额的比率，记作

$$负债比率=\frac{负债总额}{有效资产总额}\times 100\% \tag{9.2.2}$$

计算负债比率的关键因素是有效资产总额的确定。资产负债表中的期末资产总额，有一些项目是有其名而无其实，从控制风险的视角看，有效的资产才是有意义的。如何确定有效资产总额，取决于分析者的专业素养，以及分析者对企业信息的了解程度。

评价标准。负债比率越小，表明企业的长期偿债能力越强，也意味着企业对债权人资金的利用程度越低。企业资产负债率过高，债权人的权益就存在更大风险，如果资产负债率超过1，则表明企业资不抵债。从控制企业长期风险的角度分析，理论上，负债总额以不大于所有者的有效权益为好，换言之，负债比率以不超过50%为好。

三、成长性分析

成长性是影响股票价值或价格的重要因素之一，也会影响到企业的偿债能力。分析成长性的主要依据是利润表。

成长性也就是增长率，它有两种比较方式，即同比增长率和环比增长率。本书研究成长性的方法是，以同比增长率为基础，综合考虑其“趋势”和“加趋势”。增长率记作

$$增长率=(\frac{当期数值}{基期数值}-1)\times100\% \qquad (9.2.3)$$

指标选取。考察企业增长率的主要财务指标有：

(1)主营业务销售收入增长率。主营业务销售收入是企业利润的主要源泉，主营业务销售收入增长率反映了企业主营业务未来的发展趋势。

(2)营业利润增长率。营业利润是与企业主要生产经营活动直接相关的经营成果，营业利润增长率是企业未来主要利润发展趋势的体现。

评价标准。GDP增长率是判断企业成长性的主要依据。如果企业的主营业务销售收入增长率和营业利润增长率持续大于GDP增长率，则表明企业的成长性超过了全社会平均水平；否则，企业的成长性就落后于全社会平均水平。理论和实践表明，持续增长率约为GDP增长率2倍的企业，则是较好的企业；持续增长率高于GDP增长率3倍的企业，则属于高速成长、优秀的企业。

四、盈利能力分析

盈利能力是企业利用社会资源获取利润的能力。选取度量盈利能力指标的原则是：既要满足投资者和债权人的要求，又要便于全社会比较，还要简单、易于计算。据此，选用的度量盈利能力的主要指标是：

1.总资产利润率(Return on Total Asset)，是企业利润总额与企业资产平均总额的比率，记作

$$总资产利润率=\frac{利润总额}{资产平均总额}\times100\% \qquad (9.2.4)$$

评价标准。该指标越高，表明企业的资产利用效益越好，整个企业的获利能力越强，经营管理水平越高。该指标的比较标准是行业平均水平。如果企业的总资产利润率高于行业平均水平，则表明该企业的资产盈利能力超过社会平均水平；反之亦然。

2.净资产收益率(Return on Equity)，是企业净利润总额与企业净资产平均总额的比率，记作

$$净资产收益率=\frac{净利润总额}{净资产平均总额}\times100\% \qquad (9.2.5)$$

评价标准。该指标反映了投资者实际获得的投资收益的水平。长期银行贷款利率是该指标相对较好的比较标准。企业净资产收益率大于长期银行贷款利

率，就意味着该企业股东获得的投资收益率超过社会平均水平；反之，表明该企业股东获得的投资收益率低于社会平均水平。理论和实践表明，净资产收益率约为 2 倍长期银行贷款利率的企业，则是盈利良好的企业；大于 3 倍长期银行贷款利率的企业，则属于盈利能力极好的企业。

五、现金流分析

现金流分析的主要目的有两个：一是考察企业实现利润的质量；二是预测企业现金分红的可能性。现金流分析选取的主要指标是：

1. 每股现金及现金等价物净增加额。定义、计算方法记作

$$\text{每股现金及现金等价物净增加额}=\frac{\text{期末现金及现金等价物净增加额}}{\text{期末普通股股数}} \tag{9.2.6}$$

评价标准。每股现金及现金等价物净增加额大于每股未分配利润时，则企业现金分红的可能性较大。

2. 每股经营投资净增加额。定义、计算方法记作

$$\text{每股经营投资净增加额}=\frac{\begin{array}{c}\text{期末现金及现金等价物净增加额}-\\\text{期末筹资活动产生的现金流量净额}\end{array}}{\text{期末普通股股数}} \tag{9.2.7}$$

指标选取说明。选取该指标的主要目的是考察企业实现利润的质量。理论上，经营活动产生的现金流量和投资活动产生的现金流量是很清楚的。在实践中，为了实现某种目的，有财务造假嫌疑的企业常用的方法就是，对经营活动产生的现金流量和投资活动产生的现金流量的一些项目进行调整。相比较，对筹资活动产生的现金流量的项目进行调整的可能性较小。现金流量表的结构表明：现金及现金等价物净增加额与筹资活动产生的现金流量净额之差和净利润之比的大小，可以较好地反映企业形成利润的质量。

评价标准。企业形成利润的质量好坏，以每股经营投资净增加额—收益比作为评价标准。每股经营投资净增加额—收益比的定义、计算方法记作

$$\text{每股经营投资净增加额—收益比}=\frac{\text{每股经营投资净增加额}}{\text{每股收益}} \tag{9.2.8}$$

判断方法是：如果每股经营投资净增加额—收益比趋近于 1，则表明企业形成利润的质量好，形成的利润基本得到了实现；若每股经营投资净增加额—收益

比趋近于0,就意味着企业形成的利润基本没有得到实现,形成利润的质量差,财务存在风险,甚至怀疑是否有财务造假的嫌疑。

六、其他指标分析

从财务报告中还可以得出一些对股票定价有用的指标,它们是:

1. 每股收益,也称“每股利润”或“每股盈余”,是股份公司中每股所取得的利润(Earnings Per Share,EPS),记作

$$每股收益=\frac{净利润总额-优先股股利}{普通股股数} \tag{9.2.9}$$

评价标准。每股收益反映企业盈利能力的大小,每股收益越高,表明企业的盈利能力越强。然而,每股收益小的股票,是否一定不如每股收益大的股票,答案显然是否定的。在逻辑上找不到判断每股收益高低的依据。设计每股收益这个指标的主要目的是计算市盈率。

2. 市盈率,是上市公司普通股每股市场价格与每股收益的比率,记作

$$市盈率=\frac{普通股每股市场价格}{普通股每股收益} \tag{9.2.10}$$

评价标准。设计市盈率指标主要是为股票定价服务的。公式含义的一种解释是:上市公司股票以现行价格买入,按当前的每股收益计算,多少年可收回投资。一种直观理解就是,市盈率越低,就越具有投资价值。

这种观点一定对吗?答案是:不一定。由股票的内在价值模型可知,影响股票价值的因素,除了每股收益外,还有资金最低要求收益率和每股收益的成长性。只有在未来资金的最低要求收益率不变及每股收益没有成长性的情况下,“市盈率越低,越具有投资价值”的观点才是正确的。在实践中,每股收益不变化的公司很少,所以,应用该指标给股票定价时,要特别注意适用条件。

3. 每股净资产,是企业期末净资产(即股东权益)与期末普通股总数的比值,记作

$$每股净资产=\frac{期末净资产总额}{期末普通股总数} \tag{9.2.11}$$

评价标准。该指标在逻辑上没有确定的标准,设计它的主要目的是计算市净比率。

4. 市净率,是每股市场价格与每股净资产的比值,记作

$$市净率=\frac{每股市场价格}{每股净资产} \tag{9.2.12}$$

评价标准。市净率的含义是企业1元的账面净资产在市场上的价格。一上市公司,如果其产品或服务在可预见的未来具有市场需求,逻辑上,其市净率就应大于1。原因有二:其一,上市公司的财务数据质量一般高于非上升公司。上升公司要满足监管部门和交易所的一系列相关要求;同时,上市公司是公众公司,备受社会公众的监督。所以,上市公司的财务数据质量一般较高。其二,上市公司的股权具有流动性。同一公司,上市和不上市的一个重要区别,就是上市以后其股权可以在二级市场流通。流通性好的资产,应获得一个市场溢价。

市净率的下限评价标准容易确定,而上限则没有严格的逻辑依据。市净率的下限评价标准是:若某上市公司的产品或服务在可预见的未来具有市场需求,当其市净率不大于1时,则该公司股票的市场价格低于其价值。市净率的上限难以找到严格的逻辑依据,仅从概率分布的视角分析,大概结论是:上市公司的市净率大于10是小概率事件。

说明:①市净率和市盈率都是大概估计股票的市场价格是否被高估或低估的评价标准,相比较,市净率比市盈率更直观、更具可比性。②市净率的计算,从理论上讲,以重置成本或可变现净值代替每股净资产更准确一些。中小投资者由于资金规模及人才的局限,以每股净资产计算市净率即可。资金规模大的投资者,或者企业并购时,建议采用重置成本或可变现净值计算市净率。

以上是企业财务指标分析的主要内容。

第3节 财务指标评价

本节的主旨是讨论如下问题:

1. 一个企业的财务指标不仅有好的一方面,也有一般的方面,还存在差的方面,如何评价该企业的财务状况?

2. 一个企业的财务指标数值较好,而财务质量指标存在嫌疑,如何评价?

3. 同一企业,债权人和投资者的目标不同,评价标准有别,如何进行财务评价?

这些都是财务指标的综合评价问题，方法是“综合模糊理论”。该方法首先要确定的问题是单项指标评价标准。所谓“单项指标评价标准”，就是建立单项指标评价隶属函数的过程。根据各个指标的特点，依据建立隶属函数的原则，分别建立各个具体指标的隶属函数，并对“未来一段时间变化趋势的可能性”作出分析。

财务指标分为“量”的指标与“质”的指标。所谓“量”的指标，就是从数量上反映财务“好”或“坏”的指标。“质”的指标就是从质量上反映财务“真”或“假”的指标。下面就“量”与“质”的指标的选取与评价标准进行论述。

一、“量”指标的选取与评价标准

1. 速动比率。

(1)评价隶属函数。根据速动比率(QR)的定义和评价标准，建立的评价隶属函数是：

①速动比率(QR)不小于 1 时，隶属度等于 1，记作

$$\mu(QR \geqslant 1) = 1 \qquad (9.3.1.1)$$

②速动比率(QR)等于 0 时，隶属度等于 0，记作

$$\mu(QR = 0) = 0 \qquad (9.3.1.2)$$

③速动比率(QR)大于 0 小于 1 时，隶属度记作

$$\mu(0 < QR < 1) = QR \qquad (9.3.1.3)$$

(2)“未来一段时间变化趋势可能性”的分析。根据式(3.1.3)，速动比率未来一段时间变化趋势的可能性 $\mu\left[\frac{\mathrm{d}x(\Delta t)}{\mathrm{d}t}\right]$，由表 9.4.1 或表 9.4.2 来确定。表中：$x(t)$代表当期速动比率，其当下处于“X 单因素周期结构图”中的“相对位置”的隶属度$\mu[x(t)]$，由式(9.3.1.1)、式(9.3.1.2)和式(9.3.1.3)决定；$\frac{\mathrm{d}x(t)}{\mathrm{d}t}$是当期速动比率的变化趋势，其隶属函数的取值方法与式(3.1.4)相同；$\frac{\mathrm{d}^2x(t)}{\mathrm{d}t^2}$是当期速动比率的“加趋势”，其隶属函数的取值方法与式(3.1.5)、式(3.1.6)和式(3.1.7)一致；$\underline{G}$是信息的下隶属度，$\overline{G}$是信息的上隶属度，详见式(3.1.10)。

上市公司分别公布季报、半年报和年报，所以“未来一段时间”可以取一个季度、半年或一年，具体根据投资或债权期限决定。表中的权重大小仅供参考。

2. 负债比率。

(1)评价隶属函数。根据负债比率(DR)的定义和评价标准,建立的评价隶属函数是:

①负债比率(DR)不大于50%时,隶属度等于1,记作

$$\mu(DR \leqslant 50\%)=1 \tag{9.3.2.1}$$

②负债比率(DR)超过100%时,隶属度等于0,记作

$$\mu(DR>100\%)=0 \tag{9.3.2.2}$$

③负债比率(DR)大于50%,不大于100%时,隶属度记作

$$\mu(50\%<DR \leqslant 100\%)=2-DR/50\% \tag{9.3.2.3}$$

(2)“未来一段时间变化趋势可能性”的分析。根据式(3.1.3),负债比率未来一段时间变化趋势的可能性$\mu\left[\frac{\mathrm{d}x(\Delta t)}{\mathrm{d}t}\right]$,由表9.4.1或表9.4.2来确定。表中:$x(t)$代表当期负债比率,其当下处于“X单因素周期结构图”中的“相对位置”的隶属度$\mu[x(t)]$,由式(9.3.2.1)、式(9.3.2.2)和式(9.3.2.3)确定;$\frac{\mathrm{d}x(t)}{\mathrm{d}t}$是当期负债比率的变化趋势,其隶属函数的取值方法与式(3.1.4)相反;$\frac{\mathrm{d}^2x(t)}{\mathrm{d}t^2}$是当期负债比率的“加趋势”,其隶属函数的取值方法与式(3.1.5)、式(3.1.6)和式(3.1.7)相反;$\underline{G}$是信息的下隶属度,$\overline{G}$是信息的上隶属度,详见式(3.1.10)。

“未来一段时间”可以取一个季度、半年或一年,具体根据投资或债权期限决定。表中的权重大小仅供参考。

3. 增长率。

(1)评价隶属函数。根据增长率(GR)的定义和评价标准,建立的增长率评价隶属函数是:

①增长率(GR)小于0时,隶属度等于0,记作

$$\mu(GR<0)=0 \tag{9.3.3.1}$$

②增长率(GR)小于6%,不小于0时,隶属度记作

$$\mu(0 \leqslant GR<6\%)=GR/12\% \tag{9.3.3.2}$$

③增长率(GR)不低于6%小于12%[①]时,隶属度记作

① 12%是我国未来一段时间2倍GDP增长率的大约数值。

$$\mu(6\% \leqslant GR < 12\%) = GR/30\% + 0.3 \tag{9.3.3.3}$$

④增长率(GR)不低于12%小于24%时，隶属度记作

$$\mu(12\% \leqslant GR < 24\%) = GR/40\% + 0.4 \tag{9.3.3.4}$$

⑤增长率(GR)不低于24%[①]时，隶属度等于1，记作

$$\mu(GR \geqslant 24\%) = 1 \tag{9.3.3.5}$$

(2)"未来一段时间变化趋势可能性"的分析。根据式(3.1.3)，增长率未来一段时间变化趋势的可能性$\mu\left[\frac{\mathrm{d}x(\Delta t)}{\mathrm{d}t}\right]$，由表9.4.1或表9.4.2来确定。表中：$x(t)$代表当期主营业务销售收入增长率，其当下处于"X单因素周期结构图"中的"相对位置"的隶属度$\mu[x(t)]$，由式(9.3.3.1)至式(9.3.3.5)确定；$\frac{\mathrm{d}x(t)}{\mathrm{d}t}$是当期增长率的变化趋势，其隶属函数与式(3.1.4)相同；$\frac{\mathrm{d}^2x(t)}{\mathrm{d}t^2}$是当期增长率的"加趋势"，其隶属函数与式(3.1.5)、式(3.1.6)和式(3.1.7)相同；$\underline{G}$是信息的下隶属度，$\overline{G}$是信息的上隶属度，详见式(3.1.10)。

"未来一段时间"可以取一个季度、半年或一年，具体根据投资或债权期限决定。表中的权重大小仅供参考。

4. 总资产利润率。

(1)评价隶属函数。根据总资产利润率(RA)的定义和评价标准，构建的评价隶属函数是：

①总资产利润率(RA)不低于同行业平均水平$\overline{RA}$时，隶属度等于1，记作

$$\mu(RA \geqslant \overline{RA}) = 1 \tag{9.3.4.1}$$

②总资产利润率(RA)小于等于0时，隶属度等于0，记作

$$\mu(RA \leqslant 0) = 0 \tag{9.3.4.2}$$

③总资产利润率(RA)大于0，小于同行业平均水平$\overline{RA}$时，隶属度记作

$$\mu(0 < RA < \overline{RA}) = RA/\overline{RA} \tag{9.3.4.3}$$

(2)"未来一段时间变化趋势可能性"的分析。根据式(3.1.3)，总资产利润

---

① 说明：6%是我国未来一段时间GDP增长率的大约数值；24%是我国未来一段时间4倍GDP增长率的大约数值。此处设定：增长率大致服从正态分布，且均值与标准差几乎相等。以下若没有特别说明，皆同此。

率未来一段时间变化趋势的可能性$\mu\left[\frac{\mathrm{d}x(\Delta t)}{\mathrm{d}t}\right]$，由表9.4.1或表9.4.2来确定。表中：$x(t)$代表当期总资产利润率，其当下处于“$X$单因素周期结构图”中的“相对位置”的隶属度$\mu[x(t)]$，由式(9.3.4.1)、式(9.3.4.2)和式(9.3.4.3)确定；$\frac{\mathrm{d}x(t)}{\mathrm{d}t}$是当期总资产利润率的变化趋势，$\frac{\mathrm{d}^2x(t)}{\mathrm{d}t^2}$是当期总资产利润率的“加趋势”，它们的隶属函数、“未来一段时间”的取值长度，以及各要素的权重大小，与增长率相同。

5.净资产利润率。

(1)评价隶属函数。根据净资产收益率的(RE)定义和评价标准，构建的评价隶属函数是：

①净资产收益率(RE)不低于1年期银行贷款利率的4倍，即$RE\geqslant 20\%$[①]时，隶属度等于1，记作

$$\mu(RE\geqslant 20\%)=1 \tag{9.3.5.1}$$

②净资产收益率(RE)不低于1年期银行贷款利率的2倍，小于1年期银行贷款利率的4倍，即$10\%\leqslant RE<20\%$时，隶属度记作

$$\mu(10\%\leqslant RE<20\%)=3RE+0.4 \tag{9.3.5.2}$$

③净资产收益率(RE)不低于1年期银行贷款利率，小于1年期银行贷款利率的2倍，即$5\%\leqslant RE<10\%$时，隶属度记作

$$\mu(5\%\leqslant RE<10\%)=RE/25\%+0.3 \tag{9.3.5.3}$$

④净资产收益率(RE)大于0，但小于1年期银行贷款利率，即$0<RE<5\%$时，隶属度记作

$$\mu(0<RE<5\%)=RE/10\% \tag{9.3.5.4}$$

⑤净资产收益率(RE)非正，即$RE\leqslant 0$时，隶属度等于0，记作

$$\mu(RE\leqslant 0)=0 \tag{9.3.5.5}$$

(2)“未来一段时间变化趋势可能性”的分析。根据式(3.1.3)，净资产收益率未来一段时间变化趋势的可能性$\mu\left[\frac{\mathrm{d}x(\Delta t)}{\mathrm{d}t}\right]$，由表9.4.1或表9.4.2来确定。表中：$x(t)$代表当期净资产收益率，其当下处于“$X$单因素周期结构图”中的“相

---

① 说明：20%是我国1年期银行贷款利率4倍的大概水平。

对位置”的隶属度 $\mu[x(t)]$，由式(9.3.5.1)至式(9.3.5.5)确定；$\frac{dx(t)}{dt}$是当期净资产收益率的变化趋势，$\frac{d^2x(t)}{dt^2}$是当期净资产收益率的“加趋势”，它们的隶属函数、“未来一段时间”的取值长度，以及各要素的权重大小，与增长率相同。

二、“质”指标的选取与评价标准

1. 主营业务收入。

(1)评价隶属函数。根据主营业务收入的定义和评价标准，构建的评价隶属函数是：

①主营业务收入(*POR*)与营业总收入(*OR*)比率，简称“主营业务收入—营业总收入比”，不低于 90%，即 $POR/OR \geqslant 90\%$时，隶属度取 1，记作

$$\mu(POR/OR \geqslant 90\%)=1 \tag{9.3.6.1}$$

②主营业务收入—营业总收入比低于 50%，即 $POR/OR < 50\%$时，隶属度取 0，记作

$$\mu(POR/OR < 50\%)=0 \tag{9.3.6.2}$$

③主营业务收入—营业总收入比不低于 50%小于 90%，即 $50\% \leqslant POR/OR < 90\%$时，隶属度记作

$$\mu(50\% \leqslant POR/OR < 90\%)=(POR/OR-0.5)/0.4 \tag{9.3.6.3}$$

(2)“未来一段时间变化趋势可能性”的分析。根据式(3.1.3)，主营业务收入未来一段时间变化趋势的可能性 $\mu\left[\frac{dx(\Delta t)}{dt}\right]$，由表 9.4.1 或表 9.4.2 来确定。表中：$x(t)$代表当期主营业务收入—营业总收入比，当下处于“*X* 单因素周期结构图”中的“相对位置”的隶属度 $\mu[x(t)]$，由式(9.3.6.1)、式(9.3.6.2)和式(9.3.6.3)确定；$\frac{dx(t)}{dt}$是当期主营业务收入—营业总收入比的变化趋势，$\frac{d^2x(t)}{dt^2}$是当期主营业务收入—营业总收入比的“加趋势”，它们的隶属函数、“未来一段时间”的取值长度，以及权重的取值，与增长率相同。

2. 营业利润。

(1)评价隶属函数。根据营业利润(*OP*)的定义和评价标准，建立的评价隶属函数是：

①营业利润(OP)与利润总额(TP)的比率，简称“营业利润—利润总额比”，不低于 90%时，隶属度取 1，记作

$$\mu(OP/TP \geqslant 90\%)=1 \tag{9.3.7.1}$$

②营业利润—利润总额比低于 50%时，隶属度取 0，记作

$$\mu(OP/TP < 50\%)=0 \tag{9.3.7.2}$$

③营业利润—利润总额比不低于 50%，小于 90%，即 $50\% \leqslant OP/TP < 90\%$ 时，隶属度记作

$$\mu(50\% \leqslant OP/TP < 90\%)=(OP/TP-0.5)/0.4 \tag{9.3.7.3}$$

(2)“未来一段时间变化趋势可能性”的分析。根据式(3.1.3)，营业利润未来一段时间变化趋势的可能性 $\mu\left[\frac{\mathrm{d}x(\Delta t)}{\mathrm{d}t}\right]$，由表 9.4.1 或表 9.4.2 来确定。表中：$x(t)$代表当期营业利润—利润总额比，当下处于“X 单因素周期结构图”中的“相对位置”的隶属度 $\mu[x(t)]$，由式(9.3.7.1)、式(9.3.7.2)和式(9.3.7.3)确定；$\frac{\mathrm{d}x(t)}{\mathrm{d}t}$是当期营业利润—利润总额比的变化趋势，$\frac{\mathrm{d}^2x(t)}{\mathrm{d}t^2}$是当期营业利润—利润总额比的“加趋势”，它们的隶属函数、“未来一段时间”的取值长度，以及各要素的权重大小，与增长率相同。

3. 固定资产折旧和无形资产摊销。

(1)评价隶属函数。固定资产折旧费和无形资产摊销费是企业免所得税的现金流，也是企业调节当期利润的方法之一。根据固定资产折旧和无形资产摊销(DI)的定义，构建的评价隶属函数是：

①当期固定资产折旧和无形资产摊销(DI)符合有关法规要求者，隶属度取 1。

②当期固定资产折旧和无形资产摊销(DI)变动较大或不符合有关法规要求者，视对当期形成利润的影响程度，依据“设立隶属函数的原则”适度赋值。

(2)“未来一段时间变化趋势可能性”的分析。根据式(3.1.3)，固定资产折旧和无形资产摊销未来一段时间变化趋势的可能性 $\mu\left[\frac{\mathrm{d}x(\Delta t)}{\mathrm{d}t}\right]$，由表 9.4.1 或表 9.4.2 来确定。表中，$x(t)$代表当期固定资产折旧和无形资产摊销，其当下处于“X 单因素周期结构图”中的“相对位置”的隶属度 $\mu[x(t)]$，由(1)中的①②确定。表中的权重安排仅供参考。

4. 关联交易。

(1)评价隶属函数。根据关联交易的定义和评价标准，构建的评价隶属函数是：

①当期关联交易符合有关法规要求，定价合理、关联交易金额占营业收入比例[简称“关联交易—营业收入比”(CT)]不大于10%者，隶属度取1。

②定价合理、关联交易—营业收入比(CT)超过10%者，隶属度记作

$$\mu(10\% < CT < 100\%) = (1 - CT)/90\% \tag{9.3.8}$$

③定价不合理或关联交易不符合有关法规要求者，隶属度取0。

(2)“未来一段时间变化趋势可能性”的分析。根据式(3.1.3)，关联交易未来一段时间变化趋势的可能性 $\mu\left[\frac{\mathrm{d}x(\Delta t)}{\mathrm{d}t}\right]$，由表9.4.1或表9.4.2来确定。表中，$x(t)$代表当期关联交易—营业收入比，其当下时刻处于“$X$单因素周期结构图”中的“相对位置”的隶属度 $\mu[x(t)]$，由(1)中的①②确定。表中的权重安排仅供参考。

5. 资产减值准备。

(1)评价隶属函数。资产减值准备反映了企业资产和利润数据的质量。根据资产减值准备的定义和评价标准，构建的评价隶属函数是：

①根据谨慎性原则的要求，合理地计提资产损失减值准备者，隶属度取1。

②当期资产减值准备计提波动较大或不符合有关法规要求者，视对当期企业资产和利润数据的影响程度，依据“设立隶属函数的原则”适度赋值。

(2)“未来一段时间变化趋势可能性”的分析。根据式(3.1.3)，资产减值准备未来一段时间变化趋势的可能性 $\mu\left[\frac{\mathrm{d}x(\Delta t)}{\mathrm{d}t}\right]$，由表9.4.1或表9.4.2来确定。表中，$x(t)$代表当期资产减值准备，当下处于“$X$单因素周期结构图”中的“相对位置”的隶属度 $\mu[x(t)]$，由(1)中的①②确定。“未来一段时间”的取值长度，以及要素的权重安排，与关联交易相同。

6. 或有负债。

(1)评价隶属函数。根据或有负债的定义，构建的评价隶属函数是：

①当期或有负债符合有关法规要求，或有负债金额占净资产比例[简称“或有负债—净资产比”(CL)]不大于10%者，隶属度取1。

②或有负债—净资产比(CL)超过10%者，隶属度记作

$$\mu(10\% < CL < 100\%) = (1 - CL)/90\% \tag{9.3.9}$$

(2)“未来一段时间变化趋势可能性”的判断。根据式(3.1.3),或有负债未来一段时间变化趋势的可能性 $\mu\left[\frac{\mathrm{d}x(\Delta t)}{\mathrm{d}t}\right]$,由表 9.4.1 或表 9.4.2 来确定。表中,$x(t)$代表当期或有负债—净资产比,其当下处于“X 单因素周期结构图”中的“相对位置”的隶属度 $\mu[x(t)]$,由(1)中的①②确定。“未来一段时间”的取值长度,以及要素的权重安排,与关联交易相同。

7. 现金流量。

(1)评价隶属函数。根据现金流量的定义和评价标准,构建的评价隶属函数是:

①经营投资净现增加额—净利润比(OC)不低于 1,即 $OC \geqslant 1$ 时,隶属度取 1,记作

$$\mu(OC \geqslant 1) = 1 \tag{9.3.10.1}$$

②经营投资净现增加额—净利润比(OC)不大于 0,即 $OC \leqslant 0$ 时,隶属度取 0,记作

$$\mu(OC \leqslant 0) = 0 \tag{9.3.10.2}$$

③经营投资净现增加额—净利润比(OC)高于 0 小于 1,即 $0 < OC < 1$ 时,隶属度记作

$$\mu(0 < OC < 1) = OC \tag{9.3.10.3}$$

(2)“未来一段时间变化趋势可能性”的分析。根据式(3.1.3),现金流量未来一段时间变化趋势的可能性 $\mu\left[\frac{\mathrm{d}x(\Delta t)}{\mathrm{d}t}\right]$,由表 9.4.1 或表 9.4.2 来确定。表中:$x(t)$代表当期经营投资净现增加额—净利润比,其当下处于“X 单因素周期结构图”中的“相对位置”的隶属度 $\mu[x(t)]$,由式(9.3.10.1)、式(9.3.10.2)和式(9.3.10.3)确定;$\frac{\mathrm{d}x(t)}{\mathrm{d}t}$是当期经营投资净现增加额—净利润比的变化趋势,$\frac{\mathrm{d}^2x(t)}{\mathrm{d}t^2}$是当期经营投资净现增加额—净利润比的“加趋势”,它们的隶属函数、“未来一段时间”的取值长度,以及要素的权重安排,与增长率相同。

以上是财务综合分析所选取的单项指标及其评价标准——评价隶属函数的主要内容。

第 4 节　财务综合分析

财务综合分析是依据已有企业财务数据，选用适宜的方法，为债权人和投资者的投资决策服务。换言之，就是对企业偿债能力的变化趋势和股票价格的变化趋势，从财务方面作出综合分析。

财务综合分析包含两个层次的综合分析：其一，财务指标“量”和“质”的综合分析；其二，财务指标“量”和“质”的本身又存在综合分析问题——财务指标“量”的综合分析与财务指标“质”的综合分析。现分述如下：

一、财务指标“量”的综合分析

财务指标“量”的综合分析，就是对财务指标“量”的“未来一段时间变化趋势可能性”的分析，记作 $\mu\left[\frac{\mathrm{d}X(\Delta t)}{\mathrm{d}t}\right]$。方法是“$X$ 三要素周期结构模型”中的式(3.2.3)，该方法的主要内容有两个：

1. 影响因素的选取及其评价。根据本书的信念，选取的影响财务“量”指标的因素是：

(1)偿债能力，以 x_1 表示。代表性指标有速动比率和资产负债率，分别记作 x_{11}，x_{12}。

(2)盈利能力，以 x_2 表示。代表性指标有总资产利润率和净资产收益率，分别记作 x_{21}，x_{22}。

(3)成长性，以 x_3 表示。代表性指标有主营业务收入增长率和营业利润增长率，分别记作 x_{31}，x_{32}。

影响财务“量”指标的代表性指标的评价，在本章第 3 节已经给出。下面要做的工作就是，确定影响因素的重要性权重。

2. 影响因素重要性权重的确定。为便于表述，各影响因素重要性权重的定义如下：

①偿债能力，重要性权重以 κ_1 表示。代表性指标速动比率、资产负债率的重要性权重分别记作 κ_{11}，κ_{12}。

②盈利能力，重要性权重以 κ_2 表示。代表性指标总资产利润率、净资产收益率的重要性权重分别记作 κ_{21}, κ_{22}。

③成长性，重要性权重以 κ_3 表示。代表性指标主营业务收入增长率、营业利润增长率的重要性权重分别记作 κ_{31}, κ_{32}。

确定影响因素的重要性权重，重要的工作是，确定各影响因素的重要性排序。财务分析的目的之一是为债权人和投资者的决策服务。债权人和投资者在企业中的地位不同，对企业的期望就有差异。债权人仅要求企业按时偿还债务即可，投资者则更关心企业价值。因此，同一企业，债权人和投资者的评价有所不同，体现在确定各影响因素重要性排序上有差异。本书的观点是：

(1)债权人立场的影响因素的重要性排列顺序是：

①偿债能力重要于盈利能力，盈利能力重要于成长性，记作 $\kappa_1 > \kappa_2 > \kappa_3$。由式(3.2.5)，有

$$\kappa_1 = 0.571, \quad \kappa_2 = 0.286, \quad \kappa_3 = 0.143 \tag{9.4.1}$$

②偿债能力中，速动比率比资产负债率重要；盈利能力中，净资产收益率比总资产利润率重要；成长性中，营业利润增长率比主营业务收入增长率重要。记作 $\kappa_{11} > \kappa_{12}, \kappa_{21} < \kappa_{22}, \kappa_{31} < \kappa_{32}$。依据式(3.4.5)的原理，可有

$$\kappa_{11} = 0.65, \kappa_{12} = 0.35; \quad \kappa_{21} = 0.35, \kappa_{22} = 0.65; \quad \kappa_{31} = 0.35, \kappa_{32} = 0.65 \tag{9.4.2}$$

(2)投资者的立场，特别是公开上市公司的投资者，影响因素的重要性排列顺序是：

①成长性重要于盈利能力，盈利能力重要于偿债能力，记作 $\kappa_1 < \kappa_2 < \kappa_3$。由式(3.2.5)，有

$$\kappa_1 = 0.143, \quad \kappa_2 = 0.286, \quad \kappa_3 = 0.571 \tag{9.4.3}$$

②偿债能力中，速动比率比资产负债率重要；盈利能力中，总资产利润率比净资产收益率重要；成长性中，主营业务收入增长率比营业利润增长率重要。记作 $\kappa_{11} > \kappa_{12}, \kappa_{21} > \kappa_{22}, \kappa_{31} > \kappa_{32}$。依据式(3.4.5)的原理，可有

$$\kappa_{11} = 0.65, \kappa_{12} = 0.35; \quad \kappa_{21} = 0.65, \kappa_{22} = 0.35; \quad \kappa_{31} = 0.65, \kappa_{32} = 0.35 \tag{9.4.4}$$

3.财务指标"量"的综合分析。至此，就可进行财务指标"量"的综合分析了，其中：

(1)偿债能力综合分析——偿债能力未来一段时间变化趋势的可能性是

$$\mu\left[\frac{\mathrm{d}X_1(t)}{\mathrm{d}t}\right]=\sum_{i=1}^{2}\kappa_{1i}\cdot\mu\left[\frac{\mathrm{d}x_{1i}(\Delta t)}{\mathrm{d}t}\right] \tag{9.4.5}$$

(2)盈利能力综合分析——盈利能力未来一段时间变化趋势的可能性是

$$\mu\left[\frac{\mathrm{d}X_2(t)}{\mathrm{d}t}\right]=\sum_{i=1}^{2}\kappa_{2i}\cdot\mu\left[\frac{\mathrm{d}x_{2i}(\Delta t)}{\mathrm{d}t}\right] \tag{9.4.6}$$

(3)成长性综合分析——成长性未来一段时间变化趋势的可能性是

$$\mu\left[\frac{\mathrm{d}X_3(t)}{\mathrm{d}t}\right]=\sum_{i=1}^{2}\kappa_{3i}\cdot\mu\left[\frac{\mathrm{d}x_{3i}(\Delta t)}{\mathrm{d}t}\right] \tag{9.4.7}$$

(4)财务指标“量”的综合分析——财务“量”指标未来一段时间变化趋势的可能性是

$$\mu\left[\frac{\mathrm{d}X(\Delta t)}{\mathrm{d}t}\right]=\sum_{i=1}^{3}\kappa_{i}\cdot\mu\left[\frac{\mathrm{d}x_{i}(\Delta t)}{\mathrm{d}t}\right] \tag{9.4.8}$$

财务指标“量”的综合分析过程详见表 9.4.1 和表 9.4.2。

二、财务指标“质”的综合分析

与财务指标“量”的综合分析方法相同，财务指标“质”的综合分析的主要内容如下：

1. 影响因素的选取与评价。根据本书的信念，选取影响财务指标“质”的因素是：

(1)现金流量，代表性指标是经营投资净现增加额—净利润比，以 y_1 表示，重要性权重记作λ_1，反映的是经营成果——利润的质量。

(2)或有负债，代表性指标是或有负债—净资产比，记作y_2，重要性权重记作λ_2，反映的是企业权益资产的安全程度。

(3)资产减值准备，记作y_3，重要性权重记作λ_3，反映的是企业资产和利润的质量。

(4)关联交易，代表性指标是关联交易—营业收入比，记作y_4，重要性权重记作λ_4，反映的是企业业务的稳定性和形成利润的质量。

(5)固定资产折旧和无形资产摊销，记作y_5，重要性权重记作λ_5，反映的是企业形成利润的质量。

(6)营业利润，代表性指标是营业利润—利润总额比，记作y_6，重要性权重记作λ_6,反映的是企业业务的稳定性和形成利润的质量。

(7)主营业务收入,代表性指标是主营业务收入—营业总收入比,记作y_7,重要性权重记作λ_7,反映的是企业业务的稳定性和形成利润的质量。

2.影响因素重要性权重的确定。各影响因素的重要性排列顺序(本书观点)是:

(1)第一重要性指标是经营投资净现增加额—净利润比y_1。

(2)第二重要性指标是或有负债—净资产比y_2、资产减值准备y_3、关联交易—营业收入比y_4。

(3)第三重要性指标是固定资产折旧和无形资产摊销y_5、营业利润—利润总额比y_6、主营业务收入—营业总收入比y_7。

影响因素的权重排序为:$\lambda_1>\lambda_2=\lambda_3=\lambda_4>\lambda_5=\lambda_6=\lambda_7$。由式(3.4.5)的原理,可得

$$\lambda_1=0.19,\quad \lambda_2=\lambda_3=\lambda_4=0.15,\quad \lambda_5=\lambda_6=\lambda_7=0.12 \tag{9.4.9}$$

3.财务指标“质”的综合分析。将各个影响财务“质”因素的评价、重要性权重,代入式(3.4.2),得财务指标“质”的综合分析结果是

$$\mu\left[\frac{\mathrm{d}Y(\Delta t)}{\mathrm{d}t}\right]=\sum_{i=1}^{7}\lambda_i\cdot\mu\left[\frac{\mathrm{d}y_i(\Delta t)}{\mathrm{d}t}\right] \tag{9.4.10}$$

三、财务综合分析

财务综合分析是对财务指标“量”的综合分析和“质”的综合分析的辩证统一,以符号$\mu\left[\frac{\mathrm{d}Z(\Delta t)}{\mathrm{d}t}\right]$表示。根据财务综合分析的性质,财务综合分析与财务指标“量”的综合分析和“质”的综合分析的逻辑关系定义式记作

$$\mu\left[\frac{\mathrm{d}Z(\Delta t)}{\mathrm{d}t}\right]=\min\left\{\mu\left[\frac{\mathrm{d}X(\Delta t)}{\mathrm{d}t}\right],\mu\left[\frac{\mathrm{d}Y(\Delta t)}{\mathrm{d}t}\right]\right\} \tag{9.4.11}$$

式(9.4.11)的含义是:财务综合分析的结果,取决于财务指标“量”的综合分析与“质”的综合分析之较小者。

债权人、投资者的目标不同,进行财务综合分析时,影响因素的重要性权重有区别。它们的财务综合分析模型详见表9.4.1和表9.4.2。

表 9.4.1　　**债权人财务综合分析模型**

序号	因素名称	隶属度	第一级权重	第二级权重	第三级权重	$x(t)$		$\frac{\mathrm{d}x(t)}{\mathrm{d}t}$		$\frac{\mathrm{d}^2x(t)}{\mathrm{d}t^2}$		$G(x)$	
						权重	隶属度	权重	隶属度	权重	隶属度	$\underline{G}$	$\overline{G}$
一	财务“量”指标的综合分析		1										
1	偿债能力			0.571									
(1)	速动比率				0.65	0.5		0.25		0.25			
(2)	资产负债率				0.35	0.5		0.25		0.25			
2	盈利能力			0.286									
(1)	总资产利润率				0.35	0.5		0.25		0.25			
(2)	净资产收益率				0.65	0.5		0.25		0.25			
3	成长性			0.143									
(1)	主营业务收入增长率				0.35	0.5		0.25		0.25			
(2)	营业利润增长率				0.65	0.5		0.25		0.25			
二	财务“质”指标的综合分析		1										
1	经营投资净现增加额—净利润比				0.19	0.5		0.25		0.25			
2	或有负债—净资产比				0.15	1		0		0			
3	资产减值准备				0.15	1		0		0			
4	关联交易				0.15	1		0		0			
5	固定资产折旧和无形资产摊销				0.12	1		0		0			
6	营业利润—利润总额比				0.12	0.5		0.25		0.25			
7	主营业务收入—营业总收入比				0.12	0.5		0.25		0.25			
三	财务指标综合分析												

表 9.4.2　　投资者财务综合分析模型

序号	因素名称	隶属度	第一级权重	第二级权重	第三级权重	$x(t)$		$\frac{dx(t)}{dt}$		$\frac{d^2x(t)}{dt^2}$		$G(x)$	
						权重	隶属度	权重	隶属度	权重	隶属度	$\underline{G}$	$\overline{G}$
一	财务“量”指标的综合分析		1										
1	偿债能力			0.143									
(1)	速动比率				0.65	0.5		0.25		0.25			
(2)	资产负债率				0.35	0.5		0.25		0.25			
2	盈利能力			0.286									
(1)	总资产利润率				0.65	0.5		0.25		0.25			
(2)	净资产收益率				0.35	0.5		0.25		0.25			
3	成长性			0.571									
(1)	主营业务收入增长率				0.65	0.5		0.25		0.25			
(2)	营业利润增长率				0.35	0.5		0.25		0.25			
二	财务“质”指标的综合分析		1										
1	经营投资净现增加额—净利润比				0.19	0.5		0.25		0.25			
2	或有负债—净资产比				0.15	1		0		0			
3	资产减值准备				0.15	1		0		0			
4	关联交易				0.15	1		0		0			
5	固定资产折旧和无形资产摊销				0.12	1		0		0			
6	营业利润—利润总额比				0.12	0.5		0.25		0.25			
7	主营业务收入—营业总收入比				0.12	0.5		0.25		0.25			
三	财务指标综合分析												

四、关于财务分析的评价

1. 财务分析是债权人、投资者作决策时，必须要做的功课，这是一切分析的基础，不可不重视。

2. 财务分析具有局限性。原因有二：其一，财务报表的质量，换言之，就是财务报表中数据的可靠性，债权人和投资者很难准确掌握。如果财务报表的数据失真较大，分析意义何在呢？其二，财务分析的实质是对过去经营成果的分析，对债权人和投资者来讲，最有意义的是企业未来的发展态势。若企业未来的发展与过去比较有较大变化，财务分析又有何意义呢？

第 5 节　案　例

本章第 2 节到第 4 节的内容，主要适用对象是一般工商企业。银行有其特殊性，在财务分析过程中，指标选取与评价标准和一般工商企业有区别。本节的主旨有二：其一，讨论银行在财务分析中的指标选取与评价标准的特殊性；其二，以中国建设银行为例，展示银行财务分析的主要内容、过程和方法。

一、银行财务分析的特殊性

在财务分析中，银行与一般工商企业比较，特殊性在于：偿债能力指标完全不同，盈利能力指标有所区别——以平均资产回报率替换总资产利润率。其他指标的定义、评价标准和隶属函数，与一般工商企业完全一致，本节仅讨论银行特有的指标。

1. 偿债能力分析。反映银行偿债能力的指标，不是速动比率和负债比率，而是核心一级资本充足率和拨备覆盖率，各指标的定义、计算方法、评价标准如下：

(1)核心一级资本充足率，是指商业银行持有的符合有关法规规定的核心一级资本与风险加权资产之间的比率，记作

$$\text{核心一级资本充足率}=\frac{\text{核心一级资本}-\text{对应资本扣减项}}{\text{风险加权资产}} \tag{9.5.1}$$

核心一级资本、对应资本扣减项、风险加权资产的定义、计算方法，参

见《商业银行资本管理办法(试行)》。

评价标准在《商业银行资本管理办法(试行)》中有详细规定(见表 9.5.1)。

表 9.5.1　　过渡期内分年度资本充足率要求　　单位:%

银行类别	项 目	2013 年	2014 年	2015 年	2016 年	2017 年	2018 年
系统重要性银行	核心一级资本充足率	6.5	6.9	7.3	7.7	8.1	8.5
其他银行	核心一级资本充足率	5.5	5.9	6.3	6.7	7.1	7.5

根据核心一级资本充足率的定义和监管要求,构建的隶属函数是:

①核心一级资本充足率符合有关法规要求,即核心一级资本充足率不小于对应年份的监管要求时,隶属度取 1。

②核心一级资本充足率小于对应年份的监管要求时,隶属度取 0。

根据式(3.1.3),分析核心一级资本充足率"未来一段时间变化趋势的可能性"。核心一级资本充足率当下时刻处于"X 单因素周期结构图"中的"相对位置"的隶属度$\mu[x(t)]$,由构建的隶属函数确定,其重要性权重为 1;趋势及"加趋势"的重要性权重皆是 0。核心一级资本充足率"未来一段时间变化趋势可能性"的计算见表 9.5.2。

表 9.5.2　核心一级资本充足率"未来一段时间变化趋势可能性"的计算

$\mu\left[\frac{dx(\Delta t)}{dt}\right]$	$x(t)$		$\frac{dx(t)}{dt}$		$\frac{d^2x(t)}{dt^2}$		$G(x)$	
	权重	隶属度	权重	隶属度	权重	隶属度	$\underline{G}$	$\overline{G}$
	1		0		0			

(2)拨备覆盖率,是指客户贷款和垫款的减值损失准备余额除以不良贷款总额。构建的隶属函数是:

①拨备覆盖率不小于 100%时,隶属度取 1。

②拨备覆盖率小于 100%时,隶属度取 0。

由式(3.1.3),分析拨备覆盖率"未来一段时间变化趋势的可能性"。拨备覆盖率当下时刻处于“X 单因素周期结构图”中的“相对位置”的隶属度 $\mu[x(t)]$，由构建的隶属函数确定，其重要性权重为 1；趋势及“加趋势”的重要性权重皆是 0。拨备覆盖率“未来一段时间变化趋势可能性”的计算见表 9.5.3。

表 9.5.3　　拨备覆盖率“未来一段时间变化趋势可能性”的计算

$\mu\left[\frac{dx(\Delta t)}{dt}\right]$	$x(t)$		$\frac{dx(t)}{dt}$		$\frac{d^2x(t)}{dt^2}$		$G(x)$	
	权重	隶属度	权重	隶属度	权重	隶属度	$\underline{G}$	$\overline{G}$
	1		0		0			

2. 盈利能力分析。银行一般选用平均资产回报率，作为衡量企业资产利用效率、经营管理水平的综合指标。平均资产回报率的定义是：

$$\text{平均资产回报率}=\text{净利润除以年初和年末资产总额的平均值} \tag{9.5.2}$$

平均资产回报率的评价标准、评价隶属函数，与总资产利润率的思路、方法相近，此处不再细述。

下面以中国建设银行为例，展示银行财务分析的主要内容、过程、方法。若没有特别说明，数据、资料都来自中国建设银行 2014 年年报。

二、财务指标评价

1.“量”指标的评价。

(1)偿债能力的评价。偿债能力指标——核心一级资本充足率、拨备覆盖率的观察数据见表 9.5.4。

表 9.5.4　　偿债能力指标　　单位：%

指标名称	2014 年	2013 年
核心一级资本充足率	12.12	10.73
拨备覆盖率	222.33	268.22

①由表 9.5.1 可见，中国建设银行——系统重要性银行，2014 年过渡期内核心一级资本充足率的要求是 6.9%，实际数据是 12.12%，高于监管要求。依据表 9.5.2 构建的隶属函数，2014 年核心一级资本充足率的隶属度取 1。由表

9.5.2 计算核心一级资本充足率“未来一段时间变化趋势可能性”，其中，信息的上、下隶属度都取 1。核心一级资本充足率“未来一段时间变化趋势可能性”的计算详见表 9.5.11。

②由表 9.5.4 可见，拨备覆盖率是 222.33%，大于 100%。依据表 9.5.3 构建的隶属函数，2014 年拨备覆盖率的隶属度取 1。由表 9.5.3 计算拨备覆盖率“未来一段时间变化趋势的可能性”，其中，信息的上、下隶属度都取 1。拨备覆盖率“未来一段时间变化趋势可能性”的计算详见表 9.5.11。

(2)盈利能力的评价。盈利能力指标——平均资产回报率、净资产收益率的观察数据见表 9.5.5。

表 9.5.5　盈利能力指标　单位：%

指标名称	2014 年	2013 年	2012 年
平均资产回报率	1.42	1.47	1.47
净资产收益率	19.74	21.23	21.98

平均资产回报率的评价基准是同行业平均水平，与中国建设银行处于同一水平的银行是中国工商银行、中国银行和中国农业银行。这四大银行的观察数据见表9.5.6。

表 9.5.6　四大银行的平均资产回报率　单位：%

银行名称	2014 年	2013 年	2012 年
中国工商银行	1.40	1.44	1.45
中国银行	1.22	1.23	1.19
中国农业银行	1.18	1.20	1.16
中国建设银行	1.42	1.47	1.47
平均值	1.31	1.34	1.32

由表 9.5.6 可见，中国建设银行在同水平公司中，平均资产回报率是最高者，依据式(9.3.4.1)，当下处于“X 单因素周期结构图”中的“相对位置”的隶属度取值为 1。

由表 9.5.5 可见，平均资产回报率呈非上升状态。由表 9.3.3 计算平均资产回报率“未来一段时间变化趋势的可能性”，其中，趋势、“加趋势”的隶属度由式(9.3.4.1)、式(9.3.4.2)和式(9.3.4.3)确定；信息的上、下隶属度都取1。平均资产回报率“未来一段时间变化趋势可能性”的计算详见表9.5.11。

(3)成长性的评价。成长性的主要评价指标是主营业务收入增长率和营业利润增长率，观察数据见表9.5.7。

表9.5.7　　成长性指标　　单位：%

指标名称	2014年	2013年	2012年
主营业务收入增长率	12.16	10.38	16.03
营业利润增长率	6.93	11.06	14.98

主营业务收入增长率当下处于“X单因素周期结构图”中的“相对位置”的隶属度，由式(9.3.3.4)确定，是0.7；趋势呈曲折下降方向，所以，趋势的隶属度取值为0，“加趋势”的隶属度取值为0.5。信息的上、下隶属度都取1。主营业务收入增长率“未来一段时间变化趋势可能性”的计算详见表9.5.11。

营业利润增长率当下处于“X单因素周期结构图”中的“相对位置”的隶属度，由式(9.3.3.3)确定，为0.53；趋势呈近乎直线下降方向，所以，趋势和“加趋势”的隶属度都取值为0。信息的上、下隶属度都取1。营业利润增长率“未来一段时间变化趋势可能性”的计算详见表9.5.11。

2.“质”指标的评价。

(1)反映主营业务收入“质”的指标是主营业务收入—营业总收入比，观察数据见表9.5.8。

表9.5.8　　主营业务收入—营业总收入比

指标名称	2014年	2013年	2012年
营业总收入(百万元)	570 470	508 608	460 746
主营业务收入(百万元)	545 915	493 827	446 709
主营业务收入—营业总收入比(%)	95.70	97.09	96.95

注：主营业务收入＝利息净收入＋手续费及佣金净收入。

由表9.5.8可见，主营业务收入—营业总收入比当下处于“X单因素周期结构图”中的“相对位置”的隶属度，由式(9.3.6.1)确定，是1；趋势呈近乎水平方向，所以，趋势和“加趋势”的隶属度都取值为0.5。信息的上、下隶属度都取1。主营业务收入—营业总收入比“未来一段时间变化趋势可能性”的计算详见表9.5.11。

(2)营业利润—利润总额比是反映利润“质”的指标，观察数据见表9.5.9。

表 9.5.9　　营业利润—利润总额比

指标名称	2014年	2013年	2012年
营业利润(百万元)	297 247	277 972	250 286
利润总额(百万元)	299 086	279 806	251 439
营业利润—利润总额比(%)	99.39	99.34	99.54

由表9.5.9可见，营业利润—利润总额比当下处于“X单因素周期结构图”中的“相对位置”的隶属度，由式(9.3.7.1)确定，为1；趋势呈近乎水平方向，所以，趋势和“加趋势”的隶属度都取值为0.5。信息的上、下隶属度都取1。营业利润—利润总额比“未来一段时间变化趋势可能性”的计算详见表9.5.11。

(3)当期固定资产折旧和无形资产摊销基本稳定，符合有关法规，当下处于“X单因素周期结构图”中的“相对位置”的隶属度取1。信息的上、下隶属度都取1。当期固定资产折旧和无形资产摊销“未来一段时间变化趋势可能性”的计算详见表9.5.11。

(4)反映关联交易“质”的指标是关联交易—营业收入比。由2014年年报逐项统计，得关联交易量约为343亿元，是营业收入570 4.7亿元的6%。当下处于“X单因素周期结构图”中的“相对位置”的隶属度取1。信息的上隶属度取1，下隶属度取0.6。关联交易—营业收入比“未来一段时间变化趋势可能性”的计算详见表9.5.11。

(5)计提的资产减值准备是否符合谨慎性原则，难以确定。依据“设立隶属函数的原则”，当下处于“X单因素周期结构图”中的“相对位置”的隶属度取0.5。资产减值准备“未来一段时间变化趋势可能性”的计算详见表9.5.11。

(6)或有负债—净资产比是反映资产“质”的指标。由2014年年报逐项统计，或有负债约为909 034 3亿元，净资产是125 23.66亿元，或有负债—净资产比为72.58%。当下处于“X单因素周期结构图”中的“相对位置”的隶属度，由式(9.3.9)确定，为0.3。信息的上隶属度取1，下隶属度取0.6。或有负债—净资产比“未来一段时间变化趋势可能性”的计算详见表 9.5.11。

(7)经营投资净现增加额—净利润比是反映现金流量“质”的指标，观察数据见表 9.5.10。

表 9.5.10　　经营投资净现增加额—净利润比

指标名称	2014 年	2013 年	2012 年
经营投资净现增加额(百万元)	−269.36	−232 2.53	212 9.58
经营活动产生的现金流量净额(百万元)	316 9.51	459.29	368 8.13
净利润(百万元)	228 2.47	215 1.22	193 6.02
现金及现金等价物净额(百万元)	−870.55	−308 1.47	190 4.57
年末现金及现金等价物净余额(百万元)	353 7.18	440 7.73	748 9.20
经营投资净现增加额—净利润比(%)	−11.80	−107.96	109.99
经营现金流量净额—净利润比(%)	138.86	21.35	190.50

由表 9.5.10 可见，中国建设银行的现金流状况逐渐变差，2014 年，经营投资净现增加额—净利润比下降到−11.80%，当下处于“X 单因素周期结构图”中的“相对位置”的隶属度，由式(9.3.10.1)确定，为 0；趋势是减速下降方向，所以，趋势的隶属度取值为 0，“加趋势”的隶属度取值为 0.5。信息的上、下隶属度都取 1。经营投资净现增加额—净利润比“未来一段时间变化趋势可能性”的计算详见表 9.5.11。

三、财务综合分析

财务综合分析的方法、步骤，与本章第 4 节完全相同，详见表 9.5.11、表 9.5.12，所得结论如下：

1. 财务指标“量”的综合分析结论是：

(1)偿债能力综合分析，即偿债能力未来一段时间变化趋势的可能性是：投资者立场和债权人立场的隶属度都为 1。

(2)盈利能力综合分析，即盈利能力未来一段时间变化趋势的可能性是：投资者立场和债权人立场的隶属度都为 0.5。

(3)成长性综合分析，即成长性未来一段时间变化趋势的可能性是：投资者立场的隶属度为 0.4，债权人立场的隶属度为 0.34。

(4)财务指标“量”的综合分析,即财务“量”指标未来一段时间变化趋势的可能性是:投资者立场的隶属度为0.52,债权人立场的隶属度为0.76。

综上,所得结论是:从财务指标“量”方面分析,中国建设银行适合债权投资,股权投资处于模糊不清、不确定的阶段。

2.财务指标“质”的综合分析结论。由表9.5.11或表9.5.12可见,财务指标“质”的综合评价隶属度为0.55。主要原因是:最重要指标——现金流指标,当期值及趋势都是向不利的方向发展。经营活动产生的现金流量净额,趋势是下降方向,表明经营环境逐渐恶化;经营投资净现增加额—净利润比,当期值为负,趋势是下降方向,意味着,投资增加量超过经营活动产生的现金流量,未来的不确定性增加;现金及现金等价物净额,当期值为负,趋势是下降方向;年末现金及现金等价物净余额,趋势是下降方向,表明公司创造利润的资源在逐渐减少。然而,现金流指标的隶属度为0.13,趋近于0,从辩证逻辑的角度分析,未来一段时间的变化趋势是,继续下降的可能性减小,水平方向或由下降转为上升的可能性增大。现金流指标皆呈减速下降趋势就说明了这一点。

影响财务指标“质”的第二个重要指标——或有负债—净资产比,也是处于不利状态,隶属度为0.24,意味着,未来一段时间继续下降的可能性很大,部分或有负债变成实有负债的可能性在增大,公司经营风险在增大。或有负债—净资产比大,是银行的重要特点。或有负债变成实有负债的可能性,与国家的整体经济形势密切相关,国家整体经济形势的趋势是上升方向时,或有负债变成实有负债的可能性就变小,反之亦然。时下,我国正处于经济转型之际,新的增长动力尚未形成,原有经济结构的增长趋势在下降。中国建设银行的不良贷款率,由2013年的0.99%上升到2014年的1.19%,就证明了以上的分析。

3.财务综合分析结论。财务综合分析是财务指标“量”的综合分析和“质”的综合分析的综合,由表9.5.11、表9.5.12可见,投资者立场的财务综合分析隶属度为0.52,债权人立场的财务综合分析隶属度为0.55。

表 9.5.11 债权人财务综合分析模型

序号	因素名称	隶属度	第一级权重	第二级权重	第三级权重	$x(t)$		$\frac{dx(t)}{dt}$		$\frac{d^2x(t)}{dt^2}$		$G(x)$	
						权重	隶属度	权重	隶属度	权重	隶属度	$\underline{G}$	$\overline{G}$
一	财务"量"指标的综合分析	0.76	1										
1	偿债能力	1		0.571									
(1)	核心一级资本充足率	1			0.65	1	1	0		0		1	1
(2)	拨备覆盖率	1			0.35	1	1	0		0		1	1
2	盈利能力	0.5		0.286									
(1)	平均资产回报率	0.5			0.35	0.5	1	0.25	0	0.25	0	1	1
(2)	净资产收益率	0.5			0.65	0.5	1	0.25	0	0.25	0	1	1
3	成长性	0.34		0.143									
(1)	主营业务收入增长率	0.48			0.35	0.5	0.7	0.25	0	0.25	0.5	1	1
(2)	营业利润增长率	0.27			0.65	0.5	0.5	0.25	0	0.25	0	1	1
二	财务"质"指标的综合分析	0.55	1										
1	经营投资净现增加额—净利润比	0.13			0.19	0.5	0	0.25	0	0.25	0.5	1	1
2	或有负债—净资产比	0.24			0.15	1	0.3	0		0		0.6	1
3	资产减值准备	0.5			0.15	1	0.5	0		0		1	1
4	关联交易—营业收入比	0.8			0.15	1	1	0		0		0.6	1
5	固定资产折旧和无形资产摊销	1			0.12	1	1	0		0		1	1
6	营业利润—利润总额比	0.75			0.12	0.5	1	0.25	0.5	0.25	0.5	1	1
7	主营业务收入—营业总收入比	0.75			0.12	0.5	1	0.25	0.5	0.25	0.5	1	1
三	财务指标综合分析	0.55											

表 9.5.12　　投资者财务综合分析模型

序号	因素名称	隶属度	第一级权重	第二级权重	第三级权重	$x(t)$		$\frac{\mathrm{d}x(t)}{\mathrm{d}t}$		$\frac{\mathrm{d}^2x(t)}{\mathrm{d}t^2}$		$G(x)$	
						权重	隶属度	权重	隶属度	权重	隶属度	$\underline{G}$	$\overline{G}$
一	财务“量”指标的综合分析	0.52	1										
1	偿债能力	1		0.143									
(1)	核心一级资本充足率	1			0.65	1		0		0		1	1
(2)	拨备覆盖率	1			0.35	1		0		0		1	1
2	盈利能力	0.5		0.286									
(1)	平均资产回报率	0.5			0.65	0.5	1	0.25	0	0.25	0	1	1
(2)	净资产收益率	0.5			0.35	0.5	1	0.25	0	0.25	0	1	1
3	成长性	0.4		0.571									
(1)	主营业务收入增长率	0.48			0.65	0.5	0.7	0.25	0	0.25	0.5	1	1
(2)	营业利润增长率	0.27			0.35	0.5	0.5	0.25	0	0.25	0	1	1
二	财务“质”指标的综合分析	0.55	1										
1	经营投资净现增加额—净利润比	0.13			0.19	0.5	0	0.25	0	0.25	0.5	1	1
2	或有负债—净资产比	0.24			0.15	1	0.3	0		0		0.6	1
3	资产减值准备	0.5			0.15	1	0.5	0		0		1	1
4	关联交易—营业收入比	0.8			0.15	1	1	0		0		0.6	1
5	固定资产折旧和无形资产摊销	1			0.12	1	1	0		0		1	1
6	营业利润—利润总额比	0.75			0.12	0.5	1	0.25	0.5	0.25	0.5	1	1
7	主营业务收入—营业总收入比	0.75			0.12	0.5	1	0.25	0.5	0.25	0.5	1	1
三	财务指标综合分析	0.52											

第 3 篇　专　题

本书的结构逻辑是:第 1 篇“方法论”是第 2 篇“基本分析”的基础,第 1 篇、第 2 篇同时是第 3 篇“专题”的基础。换言之,第 1 篇、第 2 篇就是为第 3 篇服务的。

本篇的主要工作是,应用第 1 篇的思想和方法、第 2 篇的具体方法和研究结论,建立股票、债券,以及基金、期货、期权等金融产品和衍生证券的定价新方法。其中,股票、债券的定价是最基础、最重要的,原因是:基金、期货、期权等衍生证券的定价,最终都要转化为标的物——股票、债券的定价。

第 10 章　股票定价

本章研究的重点问题是股票“价值”和股票价格“未来一段时间变化趋势可能性”的分析，方法是“X 三要素周期结构模型”。其中：第 2 节、第 3 节和第 4 节分别是消费垄断性、高增长性及非增长性的股票“价值”分析；第 5 节构建了不确定条件下的股票定价模型——分析“股票价格未来一段时间变化趋势的可能性”，并给出买入、卖出股票的量化准则。

第 1 节　概　论

一、股票定价的意义

1. 股票定价的意义。简要说来，股票定价的主要意义有三个：其一，股票是主要金融投资产品。一方面，股票定价决定了公司融资的可能性与成本；另一方面，股票定价影响二级市场投资者的收益水平。其二，股票是股指期货、权证以及融资融券等金融衍生品的标的物。其三，股票定价影响金融市场的稳定，甚至是社会的安定。这三方面都会对国家宏观经济产生重要影响。因此，股票定价的研究，对金融市场的参与者——公司、投资者、中介服务机构、政府，都是不可不察的。

2. 实业投资与股票投资的比较。两者的主要相同之处有两个：第一，判断投资价值的依据（未来每期净现金流的现值之和）相同；第二，未来每期净现金流很难准确预测。两者既有区别又相互联系。首先，两者取得投资收益的方式不同。实业投资收益来自未来每期净利润与提取的固定资产折旧、无形资产摊销费之和。股票投资收益取决于未来每期的现金红利和出售股票的收入。其次，两者又相互联系。实业投资是股票投资的基础，股票投资未来每期的现金红利，由实业投资未来每期净利润所决定。最后，两者收益的性质有联系又有区别。实业投资收益中的未来每期净利润和提取的固定资产折旧、无形资产摊销费，是相对实在的。而影响股票价格变化的因素则相对复杂很多：

(1)除了实业投资的当期净现金流外，对实业投资的未来每期净现金流的预期，是影响股票价格变化的重要因素。

(2)股票价格是一种货币现象，货币现象是货币价格—利率及货币可得性—货币供应量的体现，利率、货币供应量是货币政策的体现，决定货币政策的基础是国家的宏观经济态势。所以，宏观经济态势、利率和货币供应量是影响股票价格变化的另一个重要因素。

(3)股票价格由市场参与者决定，在一段时间内，市场参与者对某一股票或某类股票的主流认同趋势，决定了这一股票或这一类股票在这段时间的变化趋势。因此，市场参与者的主流认同趋势是决定股票价格变化的第三个重要因素。

二、股票定价的方法

股票价格的起起伏伏、涨涨跌跌就在人们的面前，但很少有人能够较为准确地认识、把握它的变化规律。近一个世纪以来，研究者进行了广泛探索，现已发表或正在使用的股票投资决策的理论、方法，不可胜数，也莫衷一是。“综合模糊理论”是本书股票定价的方法，以下内容是股票定价的理论基础、前提条件：

1. 净现值模型：未来每期净现金流的现值之和，是分析股票“价值”和股票价格的理论基础。净现值模型记作

$$V_0 = \sum_{t=1}^{n} \frac{F_t}{(1+r_t)^t}$$

式中，V_0 是股票所代表资产在当前时刻($t=0$)的内在价值；n 是股票所代表资产的期限；F_t 为股票所代表资产在第 t 期的净现金流；r_t 是第 t 期的贴现率，是投资者对股票所代表资产所要求的必要收益率。

2. 信息的不完全性。具体说来就是，未来每期净现金流——F_t 能准确预测是个别、偶然现象，不能准确预测是多数、普遍现象。这一观点的含义是：准确预测股票价值几乎是不可能的。

3. 信息的非对称性。这一观点的含义是：同一股票，不同投资者具有相同的认识是个别、偶然现象，不同投资者的认识有差异则是多数、普遍现象。这是股票市场存在的重要原因之一。

4. 相互反射性。股票市场的参与者，对某一股票、市场的认识，影响该股票、市场的变化；反过来，某一股票、市场的变化，同时会影响到参与者对它的认识。市场参与者与股票市场的变化，两者是相互影响的。

5. 资本市场的非完全有效性。这一观点的含义有三个：其一，股票价格等于其价值是个别、偶然现象，股票价格与其价值不相等则是多数、普遍现象。其二，股票市场当下是否有效，无法证实也无从证伪。其三，当下股票价格的变化与其“价值”的相关性并非很强，较长时间（如 5 年左右）内股票价格的变化与其价值的相关性并非不很强。

6. 股票价格的变化有其基本规律：对立统一规律、量质互变规律、物极必反规律、周期变化规律。具体说来就是：

（1）对立统一的含义是：任何因素对股票价格的变化都具有两面性，既包含有利于上涨的方面，也含有不利于价格上升的方面。当有利方面占主导地位时，价格变化的总趋势是上升方向；相反，若不利于价格上升的方面处于主要地位，则股票价格的总趋势是下降方向。

（2）量质互变的含义有两个：其一，在股票市场中，成交量的变化决定了价格的变化；其二，价格变化也是一个由量变到质变的过程。

（3）物极必反的含义也有两个：其一，当下价格远离其价值时，价格的变化趋势就会朝着相反的方向改变。其二，当市场极度疯狂时，不是买入时机，而是卖出时刻；相反，当市场极度悲观时，则是买入股票的好时机。

（4）周期变化就是，股票价格及影响股票价格的因素，皆呈现周期性变化的结构特征。

7. 不确定性是股票市场的本质特征。在不确定条件下，人们无法准确预测未来某一时刻股票价格的确切数值，决策依据是：判断当下价格位于周期的相对位置，及分析股票价格未来一段时间变化趋势的可能性。

8. 投资者的理性与非理性。股票投资者皆趋利而来，在投资之前，理性的成分是主导，投资过程中，尤其在暂时亏损面前，常常表现出非理性的行为。例如，不按计划操作、判断失误不能及时止损等，都是常见的非理性行为，也是多数投资者产生亏损的重要原因。

总之，本书的观点与主流投资学有根本差别：主流投资学的研究对象是有效市场、完美信息、确定状态的股票市场，而本书的研究对象是非有效市场、不完全信息、非对称信息和不确定状态的股票市场。

与股票的“价值”概念相比，股票价格则是一个客观存在的实在，在资本市场上看得见，判断正确与否，可以通过市场来检验。本章的主旨是，构建不确定条件下的股票定价模型——“股票价格未来一段时间变化趋势的可能性”。分析表明，股票价格比股票“价值”作为投资决策依据更为科学，可更好地控制投资风险。

本章研究的重点问题是，股票“价值”和股票价格“未来一段时间变化趋势可能性”的分析，方法是“X 三要素周期结构模型”。其中：

第一重要等级因素是市场参与者的主流认同趋势，是技术分析的范畴，是第 4 章、第 5 章和第 6 章研究的问题，本章不再叙述，只采用其研究结论。

第二重要等级因素是宏观经济态势、利率和货币供应量与股票价格的关系，是第 7 章研究的问题，本章直接引用其分析结论。

第三重要等级因素是股票所代表的实业资产的当期净现金流及其未来每期净现金流的预期，属于股票“价值”的范畴。关于股票“价值”，本书的观点是：股票“价值”是主观、不可预测和不可检验的。① 然而，分析表明，股票“价值”的确是影响股票价格的一个不可缺少的重要因素。如何对现实中看不见、无法证实也无从证伪的股票“价值”作出分析，是本章要研究的一个重要问题。

三、本章的写作安排

本章的写作安排是：第 2 节、第 3 节和第 4 节分别是消费垄断性、高增长性及非增长性的股票“价值”分析；第 5 节构建了不确定条件下的股票定价模型——分析“股票价格未来一段时间变化趋势的可能性”，并给出买入、卖出股票的量化准则。

第 2 节 消费垄断性股票“价值”分析

关于股票“价值”的观点，在第 2 章已经给出：股票的内在价值是主观、不可

① 详见本书第 2 章第 1 节。

预测和不可检验的；不确定性是资本市场的本质特征；在不确定条件下，人们无法准确预测未来某一时刻股票价值的确切数值，只能判断当下股票"价值"位于周期的相对位置，以及未来一段时间变化趋势的可能性。

在不确定条件下，股票"价值"的分析方法是"X 三要素周期结构模型"。

股票所属行业不同，"X 三要素周期结构模型"中所选取的影响因素有别。我们仅讨论对股票投资有较大意义的三类行业：消费垄断性行业、高增长性行业及非增长性行业。本节首先分析消费垄断性行业的股票"价值"。

消费垄断性行业的含义是：未来收益具有稳定成长性。巴菲特是迄今世界上最伟大的投资家之一，他的投资风格是此种类型的典型代表。其投资理念，主要见著于每年的致股东公开信中，是 50 多年来投资生涯的总结和精华。在 1989 年的致股东公开信中，他说：我们的投资理念非常简单，就是寻找具有持续竞争优势并且由一群既能干又全心全意为股东服务的人来管理的企业。根据我们的研究、实践、实证分析以及信念，选取影响此类股票的 3 个最重要因素，它们分别是：

一、第一重要等级因素 X_1：消费垄断性行业

消费垄断性行业具有以下主要特征：

(1)产品具有长期(如 10 年)稳定增长的市场需求。

(2)被顾客认定为找不到其他类似的替代品。

(3)与宏观经济形势变化的相关性不大。

(4)容易调升价格而不会失去市场占有率或销售量。

(5)投入产出比高。

(6)行业比决策者更重要。

按照"X 三要素周期结构模型"的思想，就是要对影响因素 X_1"未来一段时间变化趋势的可能性"$\mu\left[\frac{\mathrm{d}X_1(\Delta t)}{\mathrm{d}t}\right]$作出分析。此处，第一重要等级因素 X_1 又包含 6 个"二级影响因素"，分别记作：x_{11}，产品的周期与增长性；x_{12}，产品的可替代性；x_{13}，与宏观经济的相关性；x_{14}，产品的定价特征；x_{15}，投入产出特征；x_{16}，行业与决策者的关系。

此处，"二级影响因素"是最基本的影响因素，依照"X 三要素周期结构模型"

的思想，采用式(3.1.3)对“二级影响因素”“未来一段时间变化趋势的可能性” $\mu\left[\frac{\mathrm{d}x_{1k}(\Delta t)}{\mathrm{d}t}\right]$($k=1,2,3,\cdots,6$)作出分析。根据本问题的性质，在式(3.1.3)中，当下时刻 t，x_{1k}($k=1,2,3,\cdots,6$)在“X 单因素周期结构图”中的“趋势”$\frac{\mathrm{d}x(t)}{\mathrm{d}t}$、“加趋势”$\frac{\mathrm{d}^2x(t)}{\mathrm{d}t^2}$的重要性贡献(权重)较小，故取

$$\alpha=1,\quad \beta=0,\quad \gamma=0 \tag{10.2.1}$$

x_{1k}($k=1,2,3,\cdots,6$)在当下时刻 t 的隶属度 $\mu[x(t)]$ 的取值定义如下：

(1)产品具有长期(如 10 年)稳定增长的市场需求时，$\mu[x_{11}(t)]=1$；否则，$\mu[x_{11}(t)]=0$。

(2)被顾客认定为找不到其他类似的替代品时，$\mu[x_{12}(t)]=1$；否则，$\mu[x_{12}(t)]=0$。

(3)与宏观经济形势变化的相关性不大时，$\mu[x_{13}(t)]=1$；否则，$\mu[x_{13}(t)]=0$。

(4)容易调升价格而不会失去市场占有率或销售量时，$\mu[x_{14}(t)]=1$；否则，$\mu[x_{14}(t)]=0$。

(5)投入产出比高时，$\mu[x_{15}(t)]=1$；否则，$\mu[x_{15}(t)]=0$。

(6)行业比决策者更重要时，$\mu[x_{16}(t)]=1$；否则，$\mu[x_{16}(t)]=0$。

将 $\mu[x_{1k}(t)]$($k=1,2,3,\cdots,6$)的定义及式(10.2.1)代入式(3.1.3)，可得到各个“二级影响因素”“未来一段时间变化趋势的可能性”，记作

$$\mu\left[\frac{\mathrm{d}x_{1k}(\Delta t)}{\mathrm{d}t}\right]=\mu[x_{1k}(t)]\cdot G[x_{1k}(t)],\quad k=1,2,3,\cdots,6 \tag{10.2.2}$$

第一重要等级因素 X_1 自身就包含 6 个“二级影响因素”，因此，X_1“未来一段时间变化趋势的可能性”$\mu\left[\frac{\mathrm{d}X_1(\Delta t)}{\mathrm{d}t}\right]$，本身也是一个综合分析的问题，由式(3.4.2)给出。“二级影响因素”$x_{1k}(t)$的重要性权重 w_{1k}，暂以各因素的重要性程度相同考虑，则有

$$w_{1k}=\frac{1}{n}=\frac{1}{6} \tag{10.2.3}$$

将式(10.2.2)、式(10.2.3)代入式(3.4.2)中，就可得出 X_1“未来一段时间变化趋势可能性”的隶属度，记作

$$\mu\left[\frac{\mathrm{d}X_1(\Delta t)}{\mathrm{d}t}\right]=\sum_{k=1}^{6} w_{1k}\cdot\mu\left[\frac{\mathrm{d}x_{1k}(\Delta t)}{\mathrm{d}t}\right] \tag{10.2.4}$$

$\mu\left[\frac{\mathrm{d}X_1(\Delta t)}{\mathrm{d}t}\right]$的性质，由第 3 章第 2 节中“影响因素性质的确定”的定义给出。

这部分内容的许多思想来自巴菲特等投资者的实践和认识，以附录形式将它们安排在本节最后，供读者参悟。

二、第二重要等级因素 X_2：持续竞争优势

1.“二级影响因素”的选取。巴菲特认为，资本主义的“动力学”决定了竞争对手会不断进攻那些高回报的商业“城堡”，一家真正伟大的公司必须有一条坚固持久的“护城河”，来保护它的高投资回报。这个“护城河”就是企业综合、持续的竞争优势，通常体现在以下方面：

(1)产品简单、易了解。投资绝大多数是在不完全信息情况下作出的。“产品简单、易了解”的本质是在不确定条件下，追求“确定性”。换言之，就是只做自己了解的事情。

(2)行业的领导者。企业规模、产品研发、市场营销、管理模式等，在行业里居于前三位，至多不能超过前五位。

(3)在技术、管理、品牌、营销、成本控制、特许经营权等方面，具有竞争优势。

(4)优良的综合财务指标。

(5)合理的价格水平。

2.“二级影响因素”性质的分析。此处，第二重要等级因素 X_2 包含 5 个“二级影响因素”，分别记作：x_{21}，产品的复杂性；x_{22}，行业地位；x_{23}，竞争优势；x_{24}，财务指标；x_{25}，价格水平。与第一重要等级因素 X_1 的分析思路相同，对第二重要等级因素 X_2 中“二级影响因素”之“未来一段时间变化趋势的可能性” $\mu\left[\frac{\mathrm{d}x_{2k}(\Delta t)}{\mathrm{d}t}\right]$($k=1,2,3,4,5$)的分析如下：

(1)产品的复杂性 x_{21}，当下时刻 t，在“X 单因素周期结构图”中的“趋势” $\mu\left[\frac{\mathrm{d}x(t)}{\mathrm{d}t}\right]$、“加趋势”$\mu\left[\frac{\mathrm{d}^2x(t)}{\mathrm{d}t^2}\right]$，重要性贡献(权重)并不重要，故其“未来一段时间变化趋势可能性”的隶属度 $\mu\left[\frac{\mathrm{d}x_{21}(\Delta t)}{\mathrm{d}t}\right]$，与 $\mu\left[\frac{\mathrm{d}x_{11}(\Delta t)}{\mathrm{d}t}\right]$的分析方法完全相同。

(2)行业地位 x_{22}、竞争优势 x_{23},“未来一段时间变化趋势可能性”的分析:当下时刻 t,处于“X 单因素周期结构图”中的“相对位置”的隶属度 $\mu[x(t)]$比较重要,取 $\alpha=0.5$,则 $\beta=\gamma=0.25$。$\mu[x(t)]$依据“设立隶属函数的原则”取值(详见第 3 章第 1 节);“趋势”$\mu\left[\frac{\mathrm{d}x(t)}{\mathrm{d}t}\right]$按照式(3.1.4)取值;“加趋势”$\mu\left[\frac{\mathrm{d}^2x(t)}{\mathrm{d}t^2}\right]$的取值原则是式(3.1.5)、式(3.1.6)和式(3.1.7)。

(3)财务指标 x_{24}“未来一段时间变化趋势的可能性”是一个相对复杂的独立子系统,由表 9.4.2 确定。

(4)价格水平 x_{25}“未来一段时间变化趋势可能性”的分析:当下处于“X 单因素周期结构图”中的“相对位置”的隶属度 $\mu[x(t)]$比较重要,取 $\alpha=0.5$,则 $\beta=\gamma=0.25$。市净率 P/B 是分析$\mu[x(t)]$的主要依据,由式(8.1.21)和式(8.1.30),$\mu[x(t)]$的定义是:

①$\mu[P/B\leqslant 1]=1$; (10.2.5.1)

②$\mu[P/B\geqslant 10]=0$; (10.2.5.2)

③$\mu[1<P/B<10]=(10-P/B)/9$。 (10.2.5.3)

“趋势”隶属度 $\mu\left[\frac{\mathrm{d}x(t)}{\mathrm{d}t}\right]$的取值方向与式(3.1.4)相反;“加趋势”隶属度 $\mu\left[\frac{\mathrm{d}^2x(t)}{\mathrm{d}t^2}\right]$的取值方向与式(3.1.5)、式(3.1.6)和式(3.1.7)相反。

3.第二重要等级因素的综合分析。第二重要等级因素的综合分析,就是对 X_2“未来一段时间变化趋势可能性”$\mu\left[\frac{\mathrm{d}X_2(\Delta t)}{\mathrm{d}t}\right]$的综合分析,由式(3.4.2)给出。该模型中,“二级影响因素”x_{2k}的重要性权重w_{2k},暂以各因素的重要性程度相同考虑,则有

$$w_{2k}=\frac{1}{n}=0.2 \tag{10.2.6}$$

将以上“二级影响因素”“未来一段时间变化趋势的可能性”及其重要性权重代入式(3.4.2)中,就可得出 X_2“未来一段时间变化趋势可能性”的隶属度,记作

$$\mu\left[\frac{\mathrm{d}X_2(\Delta t)}{\mathrm{d}t}\right]=\sum_{k=1}^{5} w_{2k}\cdot\mu\left[\frac{\mathrm{d}x_{2k}(\Delta t)}{\mathrm{d}t}\right] \tag{10.2.7}$$

$\mu\left[\frac{\mathrm{d}X_2(\Delta t)}{\mathrm{d}t}\right]$的性质,由第 3 章第 2 节中“影响因素性质的确定”的定义给出。

三、第三重要等级因素 X_3：稳定的经营历史与优秀的管理团队

1."二级影响因素"的选取。消费垄断行业的特点，决定了投资该类企业时，只有长期投资才能获得较好的回报。要长期投资一个企业，就要考察这个企业是否有长期稳定的经营历史与优秀的管理团队。重点关注：

(1)主要产品是否持续稳定。

(2)管理文化是否一贯连续。

(3)决策层更替是否制度化。

(4)经营期限是否不短于 30 年，且有良好的分红记录。

(5)管理团队的知识、年龄结构是否合理，且管理能力强。

(6)主要决策者是否理性、忠诚，始终以股东利益为先。

2."二级影响因素"的分析。此处，第三重要等级因素 X_3 包含 6 个"二级影响因素"，分别记作：x_{31}，产品的持续稳定性；x_{32}，管理文化的连贯性；x_{33}，决策层更替制度化；x_{34}，经营期限与分红记录；x_{35}，管理团队；x_{36}，主要决策者。对第三重要等级因素 X_3 中"二级影响因素""未来一段时间变化趋势可能性"$\mu\left[\frac{\mathrm{d}x_{3k}(\Delta t)}{\mathrm{d}t}\right]$ $(k=1,2,3,\cdots,6)$的分析如下：

(1)产品的持续稳定性 x_{31}"未来一段时间变化趋势可能性"$\mu\left[\frac{\mathrm{d}x_{31}(\Delta t)}{\mathrm{d}t}\right]$的分析：根据式(3.1.3)，由表 10.2.1 来确定。表中，$x(t)$代表当期产品的持续稳定性，当下处于"X 单因素周期结构图"中的"相对位置"的隶属函数定义为：

①如果产品的种类持续稳定，则隶属度 $\mu[x_{31}(t)]=1$。

②若产品的种类非持续稳定，则依据"设立隶属函数的原则"适度赋值。

表 10.2.1 中，$\underline{G}$是信息的下隶属度，$\overline{G}$是信息的上隶属度，详见式(3.1.9)；"未来一段时间"(时间长度为 Δt)取半年或一年；权重安排仅供参考。

(2)管理文化的连贯性 x_{32}"未来一段时间变化趋势可能性"$\mu\left[\frac{\mathrm{d}x_{32}(\Delta t)}{\mathrm{d}t}\right]$的分析：根据式(3.1.3)，由表 10.2.1 确定。表中，$x(t)$代表当期管理文化的连贯性，当下处于"X 单因素周期结构图"中的"相对位置"的隶属函数定义为：

①如果管理文化的连贯性较好，则隶属度 $\mu[x_{32}(t)]=1$。

②若管理文化是非连贯的，依据"设立隶属函数的原则"适度赋值。

(3)决策层更替制度化 x_{33}“未来一段时间变化趋势可能性”$\mu\left[\frac{\mathrm{d}x_{33}(\Delta t)}{\mathrm{d}t}\right]$的分析:根据式(3.1.3),由表 10.2.1 确定。表中,$x(t)$代表当期决策层更替制度化,当下处于“X 单因素周期结构图”中的“相对位置”的隶属函数定义为:

①若决策层更替制度化,则隶属度 $\mu[x_{33}(t)]=1$。

②如果决策层更替非制度化,则依据“设立隶属函数的原则”适度赋值。

(4)经营期限与分红记录 x_{34}“未来一段时间变化趋势可能性”$\mu\left[\frac{\mathrm{d}x_{34}(\Delta t)}{\mathrm{d}t}\right]$的分析:根据式(3.1.3),由表 10.2.1 确定。表中,$x(t)$代表当期经营期限与分红记录,当下处于“X 单因素周期结构图”中的“相对位置”的隶属函数定义为:

①如果经营期限不短于 30 年,且有良好的分红纪录,则隶属度 $\mu[x_{34}(t)]=1$。

②若经营期限短于 30 年,股息率低于社会平均水平,则依据“设立隶属函数的原则”适度赋值。

(5)管理团队 x_{35}“未来一段时间变化趋势可能性”$\mu\left[\frac{\mathrm{d}x_{35}(\Delta t)}{\mathrm{d}t}\right]$的分析:根据式(3.1.3),由表 10.2.1 确定。表中,$x(t)$代表当期管理团队,当下处于“X 单因素周期结构图”中的“相对位置”的隶属函数定义为:

①如果当期管理团队的结构合理,管理能力强,则隶属度 $\mu[x_{35}(t)]=1$。

②若当期管理团队的结构不合理,管理能力不强,则依据“设立隶属函数的原则”适度赋值。

(6)主要决策者 x_{36}“未来一段时间变化趋势可能性”$\mu\left[\frac{\mathrm{d}x_{36}(\Delta t)}{\mathrm{d}t}\right]$的分析:根据式(3.1.3),由表 10.2.1 确定。表中,$x(t)$代表当期主要决策者,当下处于“X 单因素周期结构图”中的“相对位置”的隶属函数定义为:

①如果现任主要决策者理性、忠诚,始终以股东利益为先,则隶属度 $\mu[x_{36}(t)]=1$。

②若现任主要决策者并非理性、忠诚,始终以股东利益为先,则依据“设立隶属函数的原则”适度赋值。

3.第三重要等级因素的综合分析。第三重要等级因素的综合分析,就是对 X_3“未来一段时间变化趋势可能性”$\mu\left[\frac{\mathrm{d}X_3(\Delta t)}{\mathrm{d}t}\right]$的分析,由式(3.4.2)给出。在该式中,“二级影响因素”x_{3k}的重要性权重w_{3k},暂以各因素的重要性程度相同考

虑，则有

$$w_{3k}=\frac{1}{n}=\frac{1}{6} \tag{10.2.8}$$

将以上"二级影响因素""未来一段时间变化趋势的可能性"及其重要性权重代入式(3.4.2)中，就可得出 X_3"未来一段时间变化趋势可能性"的隶属度，记作

$$\mu\left[\frac{\mathrm{d}X_3(\Delta t)}{\mathrm{d}t}\right]=\sum_{k=1}^{6} w_{3k}\cdot\mu\left[\frac{\mathrm{d}x_{3k}(\Delta t)}{\mathrm{d}t}\right] \tag{10.2.9}$$

$\mu\left[\frac{\mathrm{d}X_3(\Delta t)}{\mathrm{d}t}\right]$的性质，由第 3 章第 2 节中"影响因素性质的确定"的定义给出。

四、综合分析

综合分析方法是"X 三要素周期结构模型"。消费垄断性行业股票"价值""未来一段时间变化趋势的可能性"，以符号 $\mu\left[\frac{\mathrm{d}Y(\Delta t)}{\mathrm{d}t}\right]$表示，计算方法是式(3.2.3)。在该式中，单因素分析：第一重要等级因素 X_1"未来一段时间变化趋势的可能性"$\mu\left[\frac{\mathrm{d}X_1(\Delta t)}{\mathrm{d}t}\right]$，第二重要等级因素 X_2"未来一段时间变化趋势的可能性"$\mu\left[\frac{\mathrm{d}X_2(\Delta t)}{\mathrm{d}t}\right]$，以及第三重要等级因素 X_3"未来一段时间变化趋势的可能性"$\mu\left[\frac{\mathrm{d}X_3(\Delta t)}{\mathrm{d}t}\right]$，分别由式(10.2.4)、式(10.2.7)和式(10.2.9)给出。

第一重要等级因素 X_1、第二重要等级因素 X_2 及第三重要等级因素 X_3 的重要性权重分别记作κ_1，κ_2 和κ_3，由式(3.2.5)可知

$$\kappa_1=0.571,\quad \kappa_2=0.286,\quad \kappa_3=0.143 \tag{10.2.10}$$

至此，把相关参数的数值代入式(3.2.3)，就可得出消费垄断性行业股票"价值""未来一段时间变化趋势的可能性"$\mu\left[\frac{\mathrm{d}Y(\Delta t)}{\mathrm{d}t}\right]$，其分析过程详见表 10.2.1。

表 10.2.1　　消费垄断性股票"价值"的综合分析模型

序号	因素名称	隶属度	第一级权重 κ_i	第二级权重 w_{ik}	$x(t)$		$\frac{dx(t)}{dt}$		$\frac{d^2x(t)}{dt^2}$		$G(x)$	
					权重 α	隶属度 $\mu[x(t)]$	权重 β	隶属度 $\mu\left[\frac{dx(t)}{dt}\right]$	权重 γ	隶属度 $\mu\left[\frac{d^2x(t)}{dt^2}\right]$	$\underline{G}$	$\overline{G}$
一	第一重要等级因素 X_1	$\mu\left[\frac{dX_1(\Delta t)}{dt}\right]$	0.571	1								
1	产品的周期与增长性 x_{11}	$\mu\left[\frac{dx_{11}(\Delta t)}{dt}\right]$		0.17	1		0		0			
2	产品的可替代性 x_{12}	$\mu\left[\frac{dx_{12}(\Delta t)}{dt}\right]$		0.17	1		0		0			
3	与宏观经济的相关性 x_{13}	$\mu\left[\frac{dx_{13}(\Delta t)}{dt}\right]$		0.17	1		0		0			
4	产品的定价特征 x_{14}	$\mu\left[\frac{dx_{14}(\Delta t)}{dt}\right]$		0.17	1		0		0			
5	投入产出特征 x_{15}	$\mu\left[\frac{dx_{15}(\Delta t)}{dt}\right]$		0.16	1		0		0			
6	行业与决策者的关系 x_{16}	$\mu\left[\frac{dx_{16}(\Delta t)}{dt}\right]$		0.16	1		0		0			
二	第二重要等级因素 X_2	$\mu\left[\frac{dX_2(\Delta t)}{dt}\right]$	0.286	1								
1	产品的复杂性 x_{21}	$\mu\left[\frac{dx_{21}(\Delta t)}{dt}\right]$		0.2	1		0		0			
2	行业地位 x_{22}	$\mu\left[\frac{dx_{22}(\Delta t)}{dt}\right]$		0.2	0.5		0.25		0.25			
3	竞争优势 x_{23}	$\mu\left[\frac{dx_{23}(\Delta t)}{dt}\right]$		0.2	0.5		0.25		0.25			
4	财务指标 x_{24}	$\mu\left[\frac{dx_{24}(\Delta t)}{dt}\right]$		0.2	0		0		0			
5	价格水平 x_{25}	$\mu\left[\frac{dx_{25}(\Delta t)}{dt}\right]$		0.2	0.5		0.25		0.25			
三	第三重要等级因素 X_3	$\mu\left[\frac{dX_3(\Delta t)}{dt}\right]$	0.143	1								
1	产品的持续稳定性 x_{31}	$\mu\left[\frac{dx_{31}(\Delta t)}{dt}\right]$		0.17	1		0		0			
2	管理文化的连贯性 x_{32}	$\mu\left[\frac{dx_{32}(\Delta t)}{dt}\right]$		0.17	1		0		0			
3	决策层更替制度化 x_{33}	$\mu\left[\frac{dx_{33}(\Delta t)}{dt}\right]$		0.17	1		0		0			
4	经营期限与分红记录 x_{34}	$\mu\left[\frac{dx_{34}(\Delta t)}{dt}\right]$		0.17	1		0		0			
5	管理团队 x_{35}	$\mu\left[\frac{dx_{35}(\Delta t)}{dt}\right]$		0.16	1		0		0			
6	主要决策者 x_{36}	$\mu\left[\frac{dx_{36}(\Delta t)}{dt}\right]$		0.16	1		0		0			
四	综合分析结果	$\mu\left[\frac{dY(\Delta t)}{dt}\right]$	1									

附录　垄断性行业特征解释的摘要

巴菲特 1980 年致股东公开信摘要：

当一个经历辉煌的经营阶层遇到一个逐渐没落的夕阳工业，往往是后者占了上风。[①]

巴菲特 1981 年致股东公开信摘要：

第一类是你买到的（不管是有意或无意的）是那种特别能够适应通货膨胀的公司，通常它们又具备了两种特征：一是很容易去调涨价格（即使是当产品需求平缓而产能未充分利用也一样）且不怕会失去市场占有率或销货量；一种是只要增加额外少量的资本支出，便可以使营业额大幅增加（虽然增加的原因大部分是因为通货膨胀而非实际增加产出的缘故）。近十几年来，只要符合以上两种条件（虽然这种情况不多），即使是能力普通的经理人也能使这项购并案圆满成功。[②]

巴菲特 1987 年致股东公开信摘要：

先前提到《财富》杂志的研究，可以充分支持我的论点，在 1977 年到 1986 年间，总计 1000 家中只有 25 家能够达到连续 10 年平均股东权益报酬率 20%，且没有一年低于 15%的双重标准，而这些优质企业同时也是股票市场上的宠儿。在所有的 25 家中，有 24 家的表现超越普 500 指数。

这些财富之星可能让你大开眼界。首先，相对于本身支付利息的能力，他们所运用的财务杠杆极其有限，一家真正好的公司是不需要借钱的；其次，除了有一家是所谓的高科技公司，另外少数几家属于制药业以外，大多数的公司产业相当平凡普通，现在销售的大部分产品或服务与 10 年前大致

① 转引自凯恩：《股神巴菲特给股民的忠告》，中国经济出版社 2011 年版，第 54 页。

② 转引自德群：《巴菲特全书》，汕头大学出版社 2016 年版，第 241 页。

相同(虽然数量或是价格、或是两者都有,比以前高很多)。这些公司的记录显示,充分运用现有产业地位,或是专注在单一领导的产品品牌上,通常是创造企业暴利的不二法门。①

巴菲特 1991 年致股东公开信摘要:

符合以下特定条件的产品或服务,一家公司可以归为具有"经济特许权(economic franchises)"的企业:(1)它确有需要或需求;(2)被顾客认定为找不到其他类似的替代品;(3)不受价格上的管制。一家公司到底有没有具有以上三个特点而形成"经济特许权",可以从它"是否能积极地为本身所提供的产品与服务制定价格的能力,从而赚取更高的资本报酬率来衡量,更重要的是具"经济特许权"企业比较能够容忍不当的管理,无能的经理人虽然会降低"经济特许权"企业的获利能力,但是并不会造成致命的伤害。

……

相对的,一般事业想要获取高报酬就只有靠着节省成本或是当其所提供的产品或服务供需不均之时,但是这种供给不足的情况通常维持不了多久,倒是通过优良的管理,一家公司却可以长期维持低成本的营运,但即使是如此,还是会面临竞争对手持续不断的攻击,而不像特许事业,一般事业有可能因为管理不善而倒闭。②

第 3 节　高增长性股票"价值"分析

一、概述

所谓"高增长企业",就是企业为市场提供了新的产品或服务,且主营业务收入和营业利润增长率不小于 3 倍 GDP 增长率。高增长企业在经过高增长以后,

---

① 转引自文彦编著:《巴菲特全书》,中国华侨出版社 2013 年版,第 231 页。

② 转引自张海燕:《投资伟大的企业——解读巴菲特致股东的信》,经济日报出版社 2010 年版,第 72~73 页。

其未来市场存在高度不确定性。因此，无法确定其股票价值的下限，亦无法推测其股票价值的上限，只能依据当下的状态，分析未来一段时间变化趋势的可能性。高增长企业股票的投资策略只能是趋势投机，无法长期投资。

巴菲特在 1989 年致股东公开信中，对高增长企业的发展给出如下的解释：

> 我们对"持续性"的评判标准，使我们排除了许多处在发展迅速且变化不断行业里的公司。虽然资本主义的"创造性破坏"对于社会发展很有利，但它排除了投资的确定性。一道需要不断重复开挖的护城河，最后根本就等于没有护城河。①

与消费垄断性行业的企业比较，高增长企业一般是高新技术或新型行业，产品更新换代的周期较短，企业的历史一般不长，无法对经营决策者的人品、经营管理能力作出评价，较为有效、可观察的指标是企业的定期财务报告。

高增长性行业股票"价值"的分析方法是"X 三要素周期结构模型"。与消费垄断性行业股票"价值"的分析思路相同，首先要做的工作是，选取影响此类股票的 3 个重要因素，并作出分析。现论述如下：

二、第一重要等级因素 X_1：新技术、新产品或服务

新技术、新产品或服务的主要特征是：

(1)政府政策鼓励、支持、扶持的(新)技术、(新)产品或服务。

(2)符合文明社会发展方向的新技术、新产品或服务。

按照"X 三要素周期结构模型"的思想，对影响因素 X_1"未来一段时间变化趋势的可能性"$\mu\left[\frac{\mathrm{d}X_1(t)}{\mathrm{d}t}\right]$作出分析。此处，第一重要等级因素 X_1 包含 2 个"二级影响因素"，分别记作：x_{11}，企业的技术、产品或服务与政府政策方向的一致性；x_{12}，企业的技术、产品或服务与文明社会发展方向的一致性。

因此，"二级影响因素"是最基本的影响因素，依照"X 三要素周期结构模型"的思想，首先采用式(3.1.3)分析"二级影响因素""未来一段时间变化趋势的可

① 转引自张海燕：《投资伟大的企业——解读巴菲特致股东的信》，第 115 页。

能性”$\mu\left[\frac{\mathrm{d}x_{1k}(\Delta t)}{\mathrm{d}t}\right]$（$k=1,2$）。

1. x_{11}“未来一段时间变化趋势可能性”$\mu\left[\frac{\mathrm{d}x_{11}(\Delta t)}{\mathrm{d}t}\right]$的分析：根据式(3.1.3)，由表10.3.1来确定。表中，$x(t)$代表当期企业的技术、产品或服务与政府政策方向的一致性，当下处于“X单因素周期结构图”中的“相对位置”的隶属函数定义为：

(1)如果企业的技术、产品或服务符合政府政策鼓励、支持、扶持方向，则隶属度$\mu[x_{11}(t)]=1$。

(2)若企业的技术、产品或服务与政府政策方向不一致，则依据“设立隶属函数的原则”适度赋值。

表10.3.1中，“未来一段时间”(时间长度为Δt)取一季度，至多半年；权重安排仅供参考。

2. x_{12}“未来一段时间变化趋势可能性”$\mu\left[\frac{\mathrm{d}x_{12}(\Delta t)}{\mathrm{d}t}\right]$的分析：根据式(3.1.3)，由表10.3.1来确定。表中，$x(t)$代表当期企业的技术、产品或服务与文明社会发展方向的一致性，当下处于“X单因素周期结构图”中的“相对位置”的隶属函数定义为：

(1)如果企业的技术、产品或服务与文明社会的发展方向一致，则隶属度$\mu[x_{12}(t)]=1$。

(2)若企业的技术、产品或服务与文明社会的发展方向不一致，则依据“设立隶属函数的原则”适度赋值。

$\frac{\mathrm{d}x(t)}{\mathrm{d}t}$是当下企业的技术、产品或服务与文明社会发展方向的一致性的变化趋势，隶属度按照式(3.1.4)取值；$\frac{\mathrm{d}^2x(t)}{\mathrm{d}t^2}$是当下企业的技术、产品或服务与文明社会发展方向的一致性的“加趋势”，隶属度的取值原则是式(3.1.5)至式(3.1.7)。权重安排仅供参考。

第一重要等级因素X_1自身包含2个“二级影响因素”，因此，X_1“未来一段时间变化趋势的可能性”$\mu\left[\frac{\mathrm{d}X_1(t)}{\mathrm{d}t}\right]$，本身也是一个综合分析的问题。根据$x_{11}$和$x_{12}$的性质特征，第一重要等级因素$X_1$的综合分析定义式记作

$$\mu\left[\frac{\mathrm{d}X_1(t)}{\mathrm{d}t}\right]=\min\left\{\mu\left[\frac{\mathrm{d}x_{11}(\Delta t)}{\mathrm{d}t}\right],\mu\left[\frac{\mathrm{d}x_{12}(\Delta t)}{\mathrm{d}t}\right]\right\} \tag{10.3.1}$$

三、第二重要等级因素 X_2：竞争优势

1.“二级影响因素”的选取。与分析消费垄断性行业的竞争优势的思路相似，选取的影响高增长性行业竞争优势的“二级影响因素”的特征是：

(1)产品简单、易了解。此项的本质是在高度不确定条件下，追求“确定性”——投资者尽可能只做自己了解的事情。

(2)行业领导者。企业规模、产品研发、市场营销、管理模式等，在行业里居于前三位，至多不能超过前五位。

(3)在技术、管理、品牌、营销、成本控制、特许经营权等方面，具有竞争优势。

(4)优良的综合财务指标。

(5)合理的价格水平。

2.“二级影响因素”的分析。第二重要等级因素 X_2 包含5个“二级影响因素”，分别记作：x_{21}，产品的复杂性；x_{22}，行业地位；x_{23}，竞争优势；x_{24}，财务指标；x_{25}，价格水平。第二重要等级因素 X_2 中“二级影响因素”“未来一段时间变化趋势可能性”$\mu\left[\frac{\mathrm{d}x_{2k}(\Delta t)}{\mathrm{d}t}\right]$$(k=1,2,3,4,5)$（产品的复杂性 x_{21}、行业地位 x_{22}、竞争优势 x_{23}、财务指标 x_{24}、价格水平 x_{25}）的分析方法与本章第2节的对应项相同。

3.第二重要等级因素的综合分析。第二重要等级因素的综合分析，就是对 X_2“未来一段时间变化趋势可能性”$\mu\left[\frac{\mathrm{d}X_2(\Delta t)}{\mathrm{d}t}\right]$的分析，由式(3.4.2)给出。在该式中，“二级影响因素”$x_{2k}(k=1,2,3,4,5)$的重要性权重分别设为$w_{2k}(k=1,2,3,4,5)$。根据高增长性股票的特点，再假定：财务指标 x_{24} 为第一重要等级因素，产品的复杂性 x_{21} 和行业地位 x_{22} 为第二重要等级因素，竞争优势 x_{23} 与价格水平 x_{25} 为第三重要等级因素，则有“二级影响因素”的重要性排序是$w_{24}>w_{21}=w_{22}>w_{23}=w_{25}$。按表3.4.1中的模型，可得

$$w_{24}=0.28,\quad w_{21}=w_{22}=0.21,\quad w_{23}=w_{25}=0.15 \tag{10.3.2}$$

将以上“二级影响因素”“未来一段时间变化趋势的可能性”及其重要性权重代入式(3.4.2)中，就可得出 X_2“未来一段时间变化趋势可能性”的隶属度，记作

$$\mu\left[\frac{\mathrm{d}X_2(\Delta t)}{\mathrm{d}t}\right]=\sum_{k=1}^{5} w_{2k}\cdot\mu\left[\frac{\mathrm{d}x_{2k}(\Delta t)}{\mathrm{d}t}\right] \tag{10.3.3}$$

$\mu\left[\frac{\mathrm{d}X_2(\Delta t)}{\mathrm{d}t}\right]$的性质，由第 3 章第 2 节中“影响因素性质的确定”的定义给出。

四、第三重要等级因素 X_3：经营稳定性与管理团队

1.“二级影响因素”的选取。高增长性行业的主要特点是，产品的生命周期相对较短，经营历史并非很长。与经营稳定性、管理团队相关的因素，重点关注如下内容：

(1)主要产品的持续稳定性。

(2)建立有效的治理结构，管理团队结构合理，管理能力强。

(3)主要决策者理性、忠诚，始终以股东利益为先。

2.“二级影响因素”的分析。第三重要等级因素 X_3 包含 3 个“二级影响因素”，分别记作：x_{31}，产品的稳定性；x_{32}，治理结构与管理团队；x_{33}，主要决策者。对第三重要等级因素 X_3 中“二级影响因素”“未来一段时间变化趋势可能性”$\mu\left[\frac{\mathrm{d}x_{3k}(\Delta t)}{\mathrm{d}t}\right]$ $(k=1,2,3)$的分析如下：x_{31}“未来一段时间变化趋势可能性”$\mu\left[\frac{\mathrm{d}x_{31}(\Delta t)}{\mathrm{d}t}\right]$的分析方法，与本章第 2 节中的 x_{31} 相同；x_{32}“未来一段时间变化趋势可能性”$\mu\left[\frac{\mathrm{d}x_{32}(\Delta t)}{\mathrm{d}t}\right]$的分析方法，与本章第 2 节中的 x_{35} 相近；x_{33}“未来一段时间变化趋势可能性”$\mu\left[\frac{\mathrm{d}x_{33}(\Delta t)}{\mathrm{d}t}\right]$的分析方法，与本章第 2 节中的 x_{36} 一致。

3.第三重要等级因素的综合分析。第三重要等级因素的综合分析，就是对 X_3“未来一段时间变化趋势可能性”$\mu\left[\frac{\mathrm{d}X_3(\Delta t)}{\mathrm{d}t}\right]$的分析，由式(3.4.2)给出。在该式中，“二级影响因素”$x_{3k}(k=1,2,3)$的重要性权重分别记作$w_{3k}(k=1,2,3)$。根据高增长性股票的特点，再假定：产品的持续稳定性 x_{31} 为第一重要等级因素，治理结构与管理团队 x_{32} 和主要决策者 x_{33} 为第二重要等级因素，则“二级影响因素”的重要性排序是$w_{31}>w_{32}=w_{33}$。按表 3.4.1 中的模型，可得

$$w_{31}=0.44,\quad w_{32}=w_{33}=0.28 \tag{10.3.4}$$

将以上“二级影响因素”“未来一段时间变化趋势的可能性”及其重要性权重代入式(3.4.2)中，就可得出 X_3“未来一段时间变化趋势可能性”的隶属度，记作

$$\mu\left[\frac{\mathrm{d}X_3(\Delta t)}{\mathrm{d}t}\right]=\sum_{k=1}^{3} w_{3k}\cdot\mu\left[\frac{\mathrm{d}x_{3k}(\Delta t)}{\mathrm{d}t}\right] \tag{10.3.5}$$

$\mu\left[\frac{\mathrm{d}X_3(\Delta t)}{\mathrm{d}t}\right]$的性质，由第 3 章第 2 节中“影响因素性质的确定”的定义给出。

五、综合分析

综合分析方法是“X 三要素周期结构模型”。高增长性行业的股票“价值”“未来一段时间变化趋势的可能性”，以符号 $\mu\left[\frac{\mathrm{d}Y(\Delta t)}{\mathrm{d}t}\right]$表示，计算方法是式(3.2.3)。在该式中，单因素分析：第一重要等级因素 X_1“未来一段时间变化趋势的可能性”$\mu\left[\frac{\mathrm{d}X_1(\Delta t)}{\mathrm{d}t}\right]$，第二重要等级因素 X_2“未来一段时间变化趋势的可能性”$\mu\left[\frac{\mathrm{d}X_2(\Delta t)}{\mathrm{d}t}\right]$，第三重要等级因素 X_3“未来一段时间变化趋势的可能性”$\mu\left[\frac{\mathrm{d}X_3(\Delta t)}{\mathrm{d}t}\right]$，分别由式(10.3.1)、式(10.3.3)和式(10.3.5)给出。

第一重要等级因素 X_1、第二重要等级因素 X_2 及第三重要等级因素 X_3 的重要性权重分别记作κ_1，κ_2 和κ_3，由式(3.2.5)可知

$$\kappa_1=0.571,\quad \kappa_2=0.286,\quad \kappa_3=0.143 \tag{10.3.6}$$

至此，把相关参数的数值代入式(3.2.3)，就可得出高增长性行业的股票“价值”“未来一段时间变化趋势的可能性”$\mu\left[\frac{\mathrm{d}Y(\Delta t)}{\mathrm{d}t}\right]$，其分析过程详见表 10.3.1。

表 10.3.1　　　　　高增长性股票“价值”的综合分析模型

序号	因素名称	隶属度	第一级权重 κ_i	第二级权重 w_{ik}	$x(t)$		$\frac{dx(t)}{dt}$		$\frac{d^2x(t)}{dt^2}$		$G(x)$	
					权重 α	隶属度 $\mu[x(t)]$	权重 β	隶属度 $\mu\left[\frac{dx(t)}{dt}\right]$	权重 γ	隶属度 $\mu\left[\frac{d^2x(t)}{dt^2}\right]$	$\underline{G}$	$\overline{G}$
一	第一重要等级因素 X_1	$\mu\left[\frac{dX_1(\Delta t)}{dt}\right]$	0.571	1								
1	政府政策 x_{11}	$\mu\left[\frac{dx_{11}(\Delta t)}{dt}\right]$		1	1		0		0			
2	社会发展方向 x_{12}	$\mu\left[\frac{dx_{12}(\Delta t)}{dt}\right]$		1	1		0		0			
二	第二重要等级因素 X_2	$\mu\left[\frac{dX_2(\Delta t)}{dt}\right]$	0.286	1								
1	产品的复杂性 x_{21}	$\mu\left[\frac{dx_{21}(\Delta t)}{dt}\right]$		0.21	1		0		0			
2	行业地位 x_{22}	$\mu\left[\frac{dx_{22}(\Delta t)}{dt}\right]$		0.21	0.5		0.25		0.25			
3	竞争优势 x_{23}	$\mu\left[\frac{dx_{23}(\Delta t)}{dt}\right]$		0.15	0.5		0.25		0.25			
4	财务指标 x_{24}	$\mu\left[\frac{dx_{24}(\Delta t)}{dt}\right]$		0.28	0		0		0			
5	价格水平 x_{25}	$\mu\left[\frac{dx_{25}(\Delta t)}{dt}\right]$		0.15	0.5		0.25		0.25			
三	第三重要等级因素 X_3	$\mu\left[\frac{dX_3(\Delta t)}{dt}\right]$	0.143	1								
1	产品的持续稳定性 x_{31}	$\mu\left[\frac{dx_{31}(\Delta t)}{dt}\right]$		0.44	1		0		0			
2	治理结构与管理团队 x_{32}	$\mu\left[\frac{dx_{32}(\Delta t)}{dt}\right]$		0.28	1		0		0			
3	主要决策者 x_{33}	$\mu\left[\frac{dx_{33}(\Delta t)}{dt}\right]$		0.28	1		0		0			
四	综合分析结果	$\mu\left[\frac{dY(\Delta t)}{dt}\right]$	1									

第 4 节　非增长性股票“价值”分析

所谓“非增长性股票”，是指产品市场不断萎缩，或者产品未来根本没有市场需求的公司的股票。此类公司未来有三种发展可能性：第一，通过自身努力使产品升级换代，或者吐故纳新生产适合市场需求的新产品；第二，走并购之路，使公司获得新生；第三，继续维持现状，直至退市、破产清算。不管发生哪种可能性，此类股票未来都会有根本性的变化。

本节仅从投资者立场分析问题——从公开信息中，通过分析、研究，推测非增长性股票未来发展的可能性，寻找投资机会。第一种情况，由于信息的非对称性，一般投资者难于把握，不是我们讨论的重点。第三种情况，重要的是如何避免其发生，没有投资机会，也不是本节讨论的问题。本节重点讨论的是第二种情况——有并购可能性的股票"价值"分析，通过公开信息，寻找具有并购可能性的股票的投资机会。

分析方法是"X 三要素周期结构模型"。首先要做的工作是，选取影响此类股票的 3 个重要因素，并分别作出分析。

一、第一重要等级因素 X_1：产品市场非增长

此类股票的主要特征是：在产品市场上，有类似的替代品可供替代；或者，产品与文明社会的发展方向相悖；再者，属于政府政策限制，甚至是禁止的产品。

按照"X 三要素周期结构模型"的思想，影响因素 X_1"未来一段时间变化趋势可能性" $\mu\left[\frac{\mathrm{d}X_1(\Delta t)}{\mathrm{d}t}\right]$的分析方法是式(3.1.3)，由表 10.4.1 来确定。表中，$x(t)$代表当期产品市场的非增长性，当下处于"X 单因素周期结构图"中的"相对位置"的隶属函数定义为：

(1)如果产品有类似的替代品可供替代，或产品与文明社会的发展方向相悖，或属于政府政策限制、禁止的产品，则隶属度 $\mu[X_1(t)]=1$。

(2)若产品不属于(1)中的情况，则依据"设立隶属函数的原则"适度赋值。

"未来一段时间"(时间长度为 Δt)取半年或一年。权重安排仅供参考。

第一重要等级因素 X_1"未来一段时间变化趋势的可能性"记作

$$\mu\left[\frac{\mathrm{d}X_1(\Delta t)}{\mathrm{d}t}\right]=\mu[X_1(t)] \tag{10.4.1}$$

$\mu\left[\frac{\mathrm{d}X_1(\Delta t)}{\mathrm{d}t}\right]$的性质，由第 3 章第 2 节中"影响因素性质的确定"的定义给出。

二、第二重要等级因素 X_2：并购优势

1.“二级影响因素”的选取。并购优势就是被并购公司对并购公司来讲具有吸引力的优势，也就是并购公司之所以选择该公司，而不选择其他公司的原因。并购优势在通常情况下体现在如下方面：

(1)公司规模：一般说来，规模较小的公司，更宜发生并购事项。

(2)有价资产：在技术、管理、品牌、营销、成本控制、特许经营权、行业专属管理能力等方面具有竞争优势，是引发并购的重要有价资产。

(3)财务状况：是决定并购进程的重要因素。若公司最近三年连续亏损，且在其后一个年度内仍无法恢复盈利，此时公司近期发生并购的可能性就比较大。

(4)价格水平：当下价格水平也是影响并购成败的重要因素。

2.“二级影响因素”的分析。第二重要等级因素 X_2 包含 4 个“二级影响因素”，分别记作：x_{21}，公司规模；x_{22}，有价资产；x_{23}，财务状况；x_{24}，价格水平。对“二级影响因素”“未来一段时间变化趋势可能性”$\mu\left[\frac{\mathrm{d}x_{2k}(\Delta t)}{\mathrm{d}t}\right]$ $(k=1,2,3,4)$的分析如下：

(1)公司规模 x_{21}、有价资产 x_{22}“未来一段时间变化趋势可能性”的分析：根据式(3.1.3)，由表 10.4.1 来确定。表中，“趋势”$\frac{\mathrm{d}x(t)}{\mathrm{d}t}$、“加趋势”$\frac{\mathrm{d}^2x(t)}{\mathrm{d}t^2}$并不重要，故其重要性权重定为 0；$x(t)$ 当下处于“X 单因素周期结构图”中的“相对位置”的隶属函数很难设立确切定义，只能依据“设立隶属函数的原则”适度赋值。

(2)财务状况 x_{23}。投资与并购的立场不同，对公司财务状况的评价两者是相反的。此处，财务状况 x_{23}“未来一段时间变化趋势的可能性”$\mu\left[\frac{\mathrm{d}x_{23}(\Delta t)}{\mathrm{d}t}\right]$记作

$$\mu\left[\frac{\mathrm{d}x_{23}(\Delta t)}{\mathrm{d}t}\right]=1-\text{表 9.4.1 的综合结论} \tag{10.4.2}$$

(3)价格水平 x_{24}“未来一段时间变化趋势可能性”$\mu\left[\frac{\mathrm{d}x_{24}(\Delta t)}{\mathrm{d}t}\right]$的分析：根据式(3.1.3)，由表 10.4.1 来确定。表中，$x(t)$是当下价格水平，处于“X 单因素周期结构图”中的“相对位置”的隶属函数定义为：

①如果公司股票的市场价格与其重置成本的比率——托宾 q 值不大于 1，

则隶属度 $\mu[x_{24}(t)|q\leqslant 1]=1$。

②如果公司的托宾 q 值大于 1，则隶属度 $\mu[x_{24}(t)|q>1]=0$。

$\frac{\mathrm{d}x(t)}{\mathrm{d}t}$是当下股票价格的变化趋势，其隶属函数与式(3.1.4)的取值方向相反；$\frac{\mathrm{d}^2x(t)}{\mathrm{d}t^2}$是当下股票价格的“加趋势”，其隶属函数与式(3.1.5)、式(3.1.6)和式(3.1.7)的取值方向相反；$\underline{G}$是信息的下隶属度，$\overline{G}$是信息的上隶属度，详见式(3.1.9)。“未来一段时间”(时间长度为 Δt)取半年或一年。权重安排仅供参考。

3. 第二重要等级因素的综合分析。第二重要等级因素的综合分析，就是对 X_2“未来一段时间变化趋势可能性”$\mu\left[\frac{\mathrm{d}X_2(\Delta t)}{\mathrm{d}t}\right]$的分析，由式(3.4.2)给出。在该式中，“二级影响因素”$x_{2k}(k=1,2,3,4)$的重要性权重记作$w_{2k}(k=1,2,3,4)$。根据并购的特点，暂假定 4 个因素同等重要，即

$$w_{21}=w_{22}=w_{23}=w_{24}=0.25 \tag{10.4.3}$$

将以上“二级影响因素”“未来一段时间变化趋势的可能性”及其重要性权重代入式(3.4.2)中，就可得出 X_2“未来一段时间变化趋势可能性”的隶属度，记作

$$\mu\left[\frac{\mathrm{d}X_2(\Delta t)}{\mathrm{d}t}\right]=\sum_{k=1}^{4}w_{2k}\cdot\mu\left[\frac{\mathrm{d}x_{2k}(\Delta t)}{\mathrm{d}t}\right] \tag{10.4.4}$$

$\mu\left[\frac{\mathrm{d}X_2(\Delta t)}{\mathrm{d}t}\right]$的性质，由第 3 章第 2 节中“影响因素性质的确定”的定义给出。

三、第三重要等级因素 X_3：股东与员工

1.“二级影响因素”的选取和分析。公司股权结构和股东利益目标以及高管和核心员工的利益诉求，对并购发生的可能性及并购过程的顺利与否，都具有重要的影响，分别记作：x_{31}，股权结构与股东利益；x_{32}，高管、员工的利益。根据式(3.1.3)，由表 10.4.1 来确定 x_{31}，x_{32}“未来一段时间变化趋势的可能性”。表中，“趋势”$\frac{\mathrm{d}x(t)}{\mathrm{d}t}$、“加趋势”$\frac{\mathrm{d}^2x(t)}{\mathrm{d}t^2}$并不重要，故其重要性权重定为 0；$x(t)$当下处于“$X$ 单因素周期结构图”中的“相对位置”的隶属函数，难于给出确切定义，依据“设立隶属函数的原则”，从是否有利于实现并购的角度，给影响因素赋隶属度——并购过程中，在股权结构与股东利益追求、高管和员工利益诉求等方面，

越有利于并购方者，赋隶属度越大，反之亦然。

2. 第三重要等级因素的综合分析。由式(3.4.2)，分析第三重要等级因素 X_3“未来一段时间变化趋势的可能性”$\mu\left[\frac{\mathrm{d}X_3(\Delta t)}{\mathrm{d}t}\right]$。$x_{31}$，$x_{32}$ 的重要性权重分别记作 w_{31}，w_{32}，且有

$$w_{31}=0.7,\quad w_{32}=0.3 \tag{10.4.5}$$

将以上“二级影响因素”“未来一段时间变化趋势的可能性”及其重要性权重代入式(3.4.2)中，就可得出 X_3“未来一段时间变化趋势可能性”的隶属度，记作

$$\mu\left[\frac{\mathrm{d}X_3(\Delta t)}{\mathrm{d}t}\right]=\sum_{k=1}^{2} w_{3k}\cdot\mu\left[\frac{\mathrm{d}x_{3k}(\Delta t)}{\mathrm{d}t}\right] \tag{10.4.6}$$

$\mu\left[\frac{\mathrm{d}X_3(\Delta t)}{\mathrm{d}t}\right]$的性质，由第 3 章第 2 节中“影响因素性质的确定”的定义给出。

四、综合分析

本部分内容和分析方法，与本章第 3 节之“五、综合分析”相同。并购性股票“价值”“未来一段时间变化趋势可能性”$\mu\left[\frac{\mathrm{d}Y(\Delta t)}{\mathrm{d}t}\right]$的分析过程详见表 10.4.1。

表 10.4.1　　并购性股票“价值”的综合分析模型

序号	因素名称	隶属度	第一级权重 κ_i	第二级权重 w_{ik}	$x(t)$		$\frac{\mathrm{d}x(t)}{\mathrm{d}t}$		$\frac{\mathrm{d}^2x(t)}{\mathrm{d}t^2}$		$G(x)$	
					权重 α	隶属度 $\mu[x(t)]$	权重 β	隶属度 $\mu\left[\frac{\mathrm{d}x(t)}{\mathrm{d}t}\right]$	权重 γ	隶属度 $\mu\left[\frac{\mathrm{d}^2x(t)}{\mathrm{d}t^2}\right]$	G	$\overline{G}$
一	第一重要等级因素 X_1	$\mu\left[\frac{\mathrm{d}X_1(\Delta t)}{\mathrm{d}t}\right]$	0.571	1								
二	第二重要等级因素 X_2	$\mu\left[\frac{\mathrm{d}X_2(\Delta t)}{\mathrm{d}t}\right]$	0.286	1								
1	公司规模 x_{21}	$\mu\left[\frac{\mathrm{d}x_{21}(\Delta t)}{\mathrm{d}t}\right]$		0.25	1		0		0			
2	有价资产 x_{22}	$\mu\left[\frac{\mathrm{d}x_{22}(\Delta t)}{\mathrm{d}t}\right]$		0.25	1		0		0			
3	财务指标 x_{23}	$\mu\left[\frac{\mathrm{d}x_{23}(\Delta t)}{\mathrm{d}t}\right]$		0.25								

续表

序号	因素名称	隶属度	第一级权重 κ_i	第二级权重 w_{ik}	$x(t)$		$\frac{dx(t)}{dt}$		$\frac{d^2x(t)}{dt^2}$		$G(x)$	
					权重 α	隶属度 $\mu[x(t)]$	权重 β	隶属度 $\mu\left[\frac{dx(t)}{dt}\right]$	权重 γ	隶属度 $\mu\left[\frac{d^2x(t)}{dt^2}\right]$	$\underline{G}$	$\overline{G}$
4	价格水平 x_{24}	$\mu\left[\frac{dx_{24}(\Delta t)}{dt}\right]$		0.25	0.5		0.25		0.25			
三	第三重要等级因素 X_3	$\mu\left[\frac{dX_3(\Delta t)}{dt}\right]$	0.143	1								
1	股权结构与股东利益 x_{31}	$\mu\left[\frac{dx_{31}(\Delta t)}{dt}\right]$		0.7	1		0		0			
2	高管、员工的利益 x_{32}	$\mu\left[\frac{dx_{32}(\Delta t)}{dt}\right]$		0.3	1		0		0			
四	综合分析结果	$\mu\left[\frac{dY(\Delta t)}{dt}\right]$	1									

第 5 节　不确定条件下的股票定价方法

当下，股票的市场价格是可观察的客观实在，从投资者的角度来讲，股票的价格未来是涨还是跌更有意义。不同学派对此形成了不同的信念。目前，在学术界占主导地位的仍是“有效市场”学派，该学派的核心观点是：市场价格反映了股票的价值，股票未来的市场价格不可预测——市场信息近乎完全、对称。巴菲特、索罗斯等著名投资家，姑且称为“实务派”，尽管他们的理念、方法各异，但有一点是一致的，那就是都反对“有效市场”假说。本书也不赞成“有效市场”假设，而是将巴菲特、索罗斯等著名投资家的成功经验，融入“综合模糊理论”中，建立一种新的不确定条件下的股票定价方法，定名为“综合模糊股票定价方法”，该方法的具体内容如下：

一、基本信念

股票定价的信念除了“第 2 章认识论”的基本观点外，还有如下几点：

1. 股票的市场价格是可观察的客观实在，股票的“价值”是不可观察的主观信念。

2. 短期，股票的市场价格与其内在价值可能不一致；长期，股票的市场价格与其内在价值的相关性较高。

巴菲特在1987年致股东公开信中指出："短期间市场或许会忽略一家经营成功的企业，但最后这些公司终将获得市场的肯定。就像格雷厄姆所说的：'短期而言，股票市场是一个投票机，但长期来说，它却是一个称重器。'"

3. 市场是否有效，无法证实也无从证伪。换言之，技术分析在股票定价中是有意义的。

索罗斯关于股票市场价格的思考，颇有见谛，摘录如下：

> 我不相信股票价格是潜在价值的被动反映，更不相信这种反映倾向于符合潜在的价值。……我将股票价格的变化看成是一个历史过程的一个部分，并且我着重于考察参与者的预期和事件过程的相互影响，以及这种影响作为因果因素在这一过程中所起的作用。
>
> ……这样，我就用另外两个主张取代了"市场永远正确"的迷信：
>
> 1. 市场总是表现出某种偏向；
>
> 2. 市场能够影响它所预期的事件。
>
> ……
>
> ……主流偏向只能是一个象征性的概念，可能不得不引入其他模型，但在股票市场中，参考者的偏向在股票买进和卖出交易中找到了表达形式。其他条件相同时，正的偏向导致价格上涨，负的偏向导致下跌，因此，主流偏向是一种可观察的现象。[①]
>
> ……
>
> ……股票价格取决于两个因素：基本趋势和主流偏向，这两者又反过来受股票价格的影响。股票价格和这两个因素之间的相互作用不存在常数关系：在一个函数中的自变量到了另一个函数中就成为因变量。
>
> ……
>
> ……"基本因素"即使对于股票市场来说也是相当模糊的，但至少我们没有理由怀疑股价在一定程度上是与基本因素相关联的。
>
> 我先讲一下将我的理念架构运用于金融市场的两个基本原则。第一，

① [美]乔治·索罗斯：《金融炼金术》，孙忠、侯纯译，第21～23、44页。

市场价格总是扭曲其背后的基本面。扭曲的程度可能微不足道，也可能十分严重。这与有效市场假说针锋相对，有效市场假说认为市场价格准确地反映所有存在的信息。

第二，金融市场不会单纯消极地反映内在现实，它也有积极的作用：能够影响其所应该反映的所谓基本面。行为金融学见略了这一点。它只注重反射过程的一半，即金融资产的错误定价，而没有论及错误定价对基本面的影响。[①]

4. 货币政策——利率和货币供应量的预期调整方向，是一国宏观经济状况的综合体现，对股票价格具有重要的影响。货币政策对股票价格的影响主要体现在两个方面：其一，货币政策影响企业的效益水平——间接影响股票价格；其二，货币政策影响进入资本市场的资金量——直接影响股票价格。

二、不确定条件下的股票定价方法

由第2章的认识论知：在不确定的金融市场中，股票定价的依据是，判断“股票价格当前处于周期的相对位置”，以及分析“未来一段时间（时间长度为 Δt）变化趋势的可能性”。

综合模糊股票定价法的分析方法是“X 三要素周期结构模型”，并设股票价格在当下时刻(t)为 $Y(t)$，影响股票价格的所有因素按重要性分为3个等级：第一重要等级因素为 X_1、第二重要等级因素为 X_2、第三重要等级因素为 X_3。当下，股票价格与影响因素之间的关系记作

$$Y(t)=F(X_1,X_2,X_3) \tag{10.5.1}$$

股票价格“未来一段时间（时间长度为 Δt）变化趋势可能性”的分析方法是式(3.2.3)，记作

$$\mu\left[\frac{\mathrm{d}Y(\Delta t)}{\mathrm{d}t}\right]=\sum_{i=1}^{3}\kappa_i\cdot\mu\left[\frac{\mathrm{d}X_i(\Delta t)}{\mathrm{d}t}\right] \tag{10.5.2}$$

式中，$\kappa_i(i=1,2,3)$ 是影响因素 $X_i(i=1,2,3)$ 对股票价格 Y，在“未来一段时间（时间长度为 Δt）变化趋势可能性”的重要性权重（贡献），由式(3.2.5)可知

$$\kappa_1=0.571,\quad \kappa_2=0.286,\quad \kappa_3=0.143 \tag{10.5.3}$$

① ［美］乔治·索罗斯：《超越金融：索罗斯的哲学》，宋嘉译，第21～22页。

依据本书的基本信念，从中小投资者的角度思考，在式(10.5.1)中，选取第一重要等级因素 X_1、第二重要等级因素 X_2、第三重要等级因素 X_3 分别为：

(1)第一重要等级因素 X_1，是综合技术分析，由表 6.1.1 给出“未来一段时间变化趋势的可能性”，记作

$$\mu\left[\frac{\mathrm{d}X_1(\Delta t)}{\mathrm{d}t}\right] \tag{10.5.4}$$

(2)第二重要等级因素 X_2，是宏观经济影响证券价格的综合分析，由表7.4.1给出“未来一段时间变化趋势的可能性”，记作

$$\mu\left[\frac{\mathrm{d}X_2(\Delta t)}{\mathrm{d}t}\right] \tag{10.5.5}$$

(3)第三重要等级因素 X_3，是股票“价值”分析，由表 10.2.1、表 10.3.1 或表 10.4.1 给出“未来一段时间变化趋势的可能性”，记作

$$\mu\left[\frac{\mathrm{d}X_3(\Delta t)}{\mathrm{d}t}\right] \tag{10.5.6}$$

将式(10.5.3)至式(10.5.6)代入式(10.5.2)，可得出综合分析的股票价格“未来一段时间(时间长度为 Δt)变化趋势的可能性”。

当下股票价格处于周期的相对位置，由 $\mu\left[\frac{\mathrm{d}X_1(\Delta t)}{\mathrm{d}t}\right]$，$\mu\left[\frac{\mathrm{d}X_2(\Delta t)}{\mathrm{d}t}\right]$和$\mu\left[\frac{\mathrm{d}X_3(\Delta t)}{\mathrm{d}t}\right]$之性质确定的“二元三维图像”决定。

综合分析结论 $\mu\left[\frac{\mathrm{d}Y(\Delta t)}{\mathrm{d}t}\right]$的意义如下：

(1) $\left|\mu\left[\frac{\mathrm{d}Y(\Delta t)}{\mathrm{d}t}\right]-0.5\right|<\varepsilon$，表明综合分析的隶属度在 0.5 左右，趋近于 0.5；含义是股票价格“未来一段时间(时间长度为 Δt)的变化趋势”是：可能上升，也可能下降，方向不明。

(2)$\mu\left[\frac{\mathrm{d}Y(\Delta t)}{\mathrm{d}t}\right]<0.5$，意味着股票价格“未来一段时间(时间长度为 Δt)的变化趋势”是：下降的可能性大于上升的可能性。

(3)$\mu\left[\frac{\mathrm{d}Y(\Delta t)}{\mathrm{d}t}\right]>0.5$，表明股票价格“未来一段时间(时间长度为 Δt)的变化趋势”是：上升的可能性大于下降的可能性。

(4)$\mu\left[\frac{\mathrm{d}Y(\Delta t)}{\mathrm{d}t}\right]\geqslant 0.7$，含义是股票价格“未来一段时间(时间长度为 Δt)的

变化趋势”是：上升的可能性较大，下降的可能性则较小，是建议的买入股票标准。

(5)$0.85\leqslant\mu\left[\frac{dY(\Delta t)}{dt}\right]\leqslant1$，对应的“二元三维图像”是☰，仅从隶属度的角度来讲，是投资的好时机；然而，从辩证逻辑的角度看，则是“盛极而衰”之象，要特别注意风险的控制。

(6)$0\leqslant\mu\left[\frac{dY(\Delta t)}{dt}\right]\leqslant0.2$，对应的“二元三维图像”为☷，表象看是高风险之处，实则为“否极泰来”之兆，是可以开始买入股票的时机。

以上是股票定价分析的主要内容。

第6节　案　例

本节的主要目的是，通过案例加深理解本章所建立的股票定价方法。

一、说明

1.研究对象：中国建设银行股票定价。

2.时间基点：2015年6月。

3.“未来一段时间”(时间长度为Δt)为6个月，即从2015年6月到2015年12月。

二、中国建设银行股票定价分析

综合模糊股票定价法的实质是：判断“股票价格当前处于周期的相对位置”，以及分析“未来一段时间(时间长度为Δt)变化趋势的可能性”。具体方法是“X三要素周期结构模型”，其首要工作是确定影响股票价格的3个等级因素及“未来一段时间(时间长度为Δt)变化趋势可能性”的分析。按照本章第5节的方法，则有：

1.第一重要等级因素X_1，是综合技术分析，由表6.4.1给出中国建设银行“未来一段时间变化趋势的可能性”为

$$\mu\left[\frac{\mathrm{d}X_1(\Delta t)}{\mathrm{d}t}\right]=0.37\text{，性质隶属于“--”} \tag{10.6.1}$$

2.第二重要等级因素 X_2，是宏观经济影响证券价格的综合分析，由式(7.5.4)给出“未来一段时间变化趋势的可能性”为

$$\mu\left[\frac{\mathrm{d}X_2(\Delta t)}{\mathrm{d}t}\right]=0.4\text{，性质隶属于“--”} \tag{10.6.2}$$

3.第三重要等级因素 X_3，是股票“价值”分析。中国建设银行属于“消费垄断性行业”，“未来一段时间变化趋势的可能性”由表 10.2.1 给出。第三重要等级因素又可再分为 3 个等级因素，其中：

(1)第一重要等级因素 x_1，消费垄断性行业。该因素又可再分为 6 个子因素。其中：

①x_{11}，产品的周期与增长性。中国建设银行的主要营业收入来源是利息净收入和手续费及佣金净收入，两者占营业收入的比重大于 95%。这两项业务至少未来 10 年具有市场需求且稳定增长。依据隶属度的定义，当下在“X 单因素周期结构图”中的“相对位置”的隶属度取值为 1。

②x_{12}，产品的可替代性。中国建设银行的主要业务虽然其他银行也可以从事，但是，该银行具有规模和整体管理优势。依据隶属度的定义，当下在“X 单因素周期结构图”中的“相对位置”的隶属度取值为 0.7。

③x_{13}，与宏观经济的相关性。银行的主要业务与宏观经济的相关性较大。依据隶属度的定义，当下在“X 单因素周期结构图”中的“相对位置”的隶属度取值为 0。

④x_{14}，产品的定价特点。虽然银行在业务定价方面居于主导地位，但是，政府监管、行业竞争等因素，也决定了其不能随意调升价格。依据隶属度的定义，当下在“X 单因素周期结构图”中的“相对位置”的隶属度取值为 0.7。

⑤x_{15}，投入产出特点。银行业具有规模效应特点，投入产出比高。依据隶属度的定义，当下在“X 单因素周期结构图”中的“相对位置”的隶属度取值为 1。

⑥x_{16}，行业与决策者的关系。银行业的特性决定了行业比决策者更重要。依据隶属度的定义，当下在“X 单因素周期结构图”中的“相对位置”的隶属度取值为 1。

(2)第二重要等级因素 x_2，持续竞争优势。该因素又可再分为 5 个子因素。其中：

①x_{21}，产品的复杂性。银行业属于“易了解”行业，然而，不良资产状况却难于掌控。依据隶属度的定义，当下在“X 单因素周期结构图”中的“相对位置”的隶属度取值为 0.6。

②x_{22}，行业地位。中国建设银行的企业规模、产品研发、市场营销、管理模式等，在行业里居于前四位，态势总体是上升方向。依据隶属度的定义，当下在“X 单因素周期结构图”中的“相对位置”的隶属度取值为 1。“趋势”的隶属度取值为 1，“加趋势”的隶属度取值为 0.5。

③x_{23}，竞争优势。中国建设银行在技术、管理、品牌、营销、成本控制、特许经营权等方面，具有竞争优势，态势总体是上升方向。依据隶属度的定义，当下在“X 单因素周期结构图”中的“相对位置”的隶属度取值为 0.7。“趋势”的隶属度取值为 1，“加趋势”的隶属度取值为 0.5。

④x_{24}，财务指标。由表 9.5.12 给出，隶属度是 0.52。

⑤x_{25}，价格水平。2015 年 6 月中旬，中国建设银行的市净率约为 1.15，态势总体是上升方向。依据隶属度的定义，当下在“X 单因素周期结构图”中的“相对位置”的隶属度取值约为 1。“趋势”的隶属度取值为 0，“加趋势”的隶属度取值为 0.5。

(3)第三重要等级因素 x_3，有稳定的经营历史与优秀的管理团队。该因素又可再分为 6 个子因素，其中：

①x_{31}，产品的持续稳定性。中国建设银行的主要产品持续稳定。依据隶属度的定义，当下在“X 单因素周期结构图”中的“相对位置”的隶属度取值为 1。

②x_{32}，管理文化的连贯性。该行的管理文化是否一贯连续，无法断定。依据隶属度的定义，当下在“X 单因素周期结构图”中的“相对位置”的隶属度取值为 0.5。

③x_{33}，决策层更替制度化。该行的决策层更替已制度化。依据隶属度的定义，当下在“X 单因素周期结构图”中的“相对位置”的隶属度取值为 1。

④x_{34}，经营期限与分红记录。该行的经营期限大于 30 年，有分红记录。依据隶属度的定义，当下在“X 单因素周期结构图”中的“相对位置”的隶属度取值为 0.7。

⑤x_{35}，管理团队。该行当期管理团队结构合理，管理能力强。依据隶属度的定义，当下在“X 单因素周期结构图”中的“相对位置”的隶属度取值为 1。

⑥x_{36}，主要决策者。现任主要决策者的个性不了解。依据隶属度的定义，当下在“X 单因素周期结构图”中的“相对位置”的隶属度取值为 0.5。

中国建设银行股票“价值”的分析方法是“X 三要素周期结构模型”。分析结构、逻辑关系详见表 10.6.1。

由表 10.6.1 可见，中国建设银行股票“价值”“未来一段时间变化趋势可能性”的隶属度为

$$\mu\left[\frac{\mathrm{d}X_3(\Delta t)}{\mathrm{d}t}\right]=0.72\text{，性质隶属于“—”} \tag{10.6.3}$$

将式(10.5.3)和式(10.6.1)至式(10.6.3)代入式(10.5.2)，可得综合分析的中国建设银行股票价格“未来一段时间(2015 年 6 月～2015 年 12 月)变化趋势可能性”的隶属度为

$$\mu\left[\frac{\mathrm{d}Y(\Delta t)}{\mathrm{d}t}\right]=0.43 \tag{10.6.4}$$

由式(10.6.1)、式(10.6.2)和式(10.6.3)得出的“二元三维图像”是

$$☶ \tag{10.6.5}$$

式(10.6.4)和式(10.6.5)是综合分析的中国建设银行股票价格“未来一段时间(2015 年 6 月～2015 年 12 月)变化趋势可能性”结论的两种表达方式。

式(10.6.4)的分析基础是数学逻辑。综合结论的隶属度是 0.43，小于 0.5，但趋近于 0.5。综合结论的含义是：中国建设银行股票价格“未来一段时间”(2015 年 6 月～2015 年 12 月)变化趋势的方向不确定，下降的可能性偏大。

式(10.6.5)的含义是：中国建设银行股票价格当前在“X 三要素周期结构图”中的“相对位置”，是周期下降的后中期阶段；“未来一段时间”(2015 年 6 月～2015 年 12 月)的变化趋势是：继续下降的可能性大于上升的可能性。

综合两种表达方式，结论是：中国建设银行股票价格“未来一段时间”(2015 年 6 月～2015 年 12 月)下降的可能性大于上升的可能性。

表 10.6.1　　中国建设银行股票"价值"分析

序号	因素名称	隶属度	第一级权重 κ_i	第二级权重 w_{ik}	$x(t)$		$\frac{dx(t)}{dt}$		$\frac{d^2x(t)}{dt^2}$		$G(x)$	
					权重 α	隶属度 $\mu[x(t)]$	权重 β	隶属度 $\mu\left[\frac{dx(t)}{dt}\right]$	权重 γ	隶属度 $\mu\left[\frac{d^2x(t)}{dt^2}\right]$	$\underline{G}$	$\overline{G}$
一	第一重要等级因素 X_1	0.73	0.571	1								
1	产品的周期与增长性 x_{11}	1		0.17	1	1	0		0		1	1
2	产品的可替代性 x_{12}	0.7		0.17	1	0.7	0		0		1	1
3	与宏观经济的相关性 x_{13}	0		0.17	1	0	0		0		1	1
4	产品的定价特征 x_{14}	0.7		0.17	1	0.7	0		0		1	1
5	投入产出特征 x_{15}	1		0.16	1	1	0		0		1	1
6	行业与决策者的关系 x_{16}	1		0.16	1	1	0		0		1	1
二	第二重要等级因素 X_2	0.67	0.286	1								
1	产品的复杂性 x_{21}	0.6		0.2	1	0.6	0		0		1	1
2	行业地位 x_{22}	0.88		0.2	0.5	1	0.25	1	0.25	0.25	1	1
3	竞争优势 x_{23}	0.73		0.2	0.5	0.7	0.25	1	0.25	0.25	1	1
4	财务指标 x_{24}	0.52		0.2							1	1
5	价格水平 x_{25}	0.63		0.2	0.5	1	0.25	0	0.25	0.5	1	1
三	第三重要等级因素 X_3	0.76	0.143	1								
1	产品的持续稳定性 x_{31}	1		0.17	1	1	0		0		1	1
2	管理文化的连贯性 x_{32}	0.5		0.17	1	0.5	0		0		1	1
3	决策层更替制度化 x_{33}	1		0.17	1	1	0		0		1	1
4	经营期限与分红记录 x_{34}	0.7		0.17	1	0.7	0		0		1	1
5	管理团队 x_{35}	0.85		0.16	1	1	0		0		0.7	1
6	主要决策者 x_{36}	0.5		0.16	1	0.5	0		0		1	1
四	综合分析结果	0.72	1									

第 11 章　债券定价

通常的观念是,债券的投资收益率是可以准确估计的,其实不然,可以准确估计债券收益率的只有一种情况,那就是,债券距到期日的时间小于债券付息周期的时间。本章的重点工作是建立不确定条件下的债券定价方法,主要解决如下问题:

1. 债券定价的主要特点是什么?

2. 常用的债券收益率计算方法有哪些?

3. 影响债券定价的主要因素是什么?

4. 建立不确定条件下的债券定价模型,这是本章的重点内容。

第 1 节　债券定价的特点

债券定价的特点由债券的结构特征决定:

一、债券的结构信息

债券是以借贷协议形式发行的证券,是借者的“借据”,到期还本付息。在这张“借据”中,与定价有关的信息有:

(1)债券名称或公司名称:是债券发行人综合信息的体现,影响债券的安全性、息票利率水平。

(2)债券类型:财政部发行的、可在交易所交易的国债,企业发行的、可在交易所交易的企业债,是我们重点分析的对象。债券类型影响债券的安全性及息票利率水平。

(3)发行量(元):影响债券的流动性。

(4)发行面值(元):影响债券每期的息票收入水平。

(5)发行价格(元):影响持有债券的数量和收益水平。

(6)计息方式：有固定利率、浮动利率之别，影响债券每期的息票收入水平。

(7)票面利率(%)：也称“息票利率”，是年名义利率，影响证券每期的息票收入水平。

(8)付息方式：常见的有每年付息一次、半年付息一次或到期一次还本付息三种方式。

(9)信用评级：影响债券的票面利率水平。

(10)担保人：影响债券的安全性及票面利率水平。

(11)提前赎回条件：设立提前赎回条件的，实质是锁定了债券收益水平，对债券持有者是不利的。

(12)发行日期：就是首次购买证券的时间。

(13)期限(年)：从债券发行日到最后一期付息还本的时间。期限越长，价格的波动性就越大。

(14)到期日：最后一期付息还本的时间。距到期日的时间愈长，估计持有证券收益率的难度就愈大。

(15)购买日：购买现货债券并成功交易的日期。债券现货实行净价交易，不含有应计利息，买入日既影响买入证券的实际价格，也影响到期收益率水平，对到期日较短的交易，更是如此。

二、债券定价的主要特点

1. 债券价值与其他金融资产的价值一样，内在价值等于预期现金流的现值。根据债券的结构特点，债券价值模型记作

$$V_0=\sum_{t=0}^{n}\frac{C_t}{(1+r)^t}+\frac{P_M}{(1+r)^n}$$

式中，V_0 为债券在当前时刻($t=0$)的内在价值；n 为债券距到期日的付息期数；C_t 为债券每期的息票收入；P_M 为债券面值；r 为投资者对债券所要求的必要收益率。

债券价值模型是债券定价分析的元基。

2. 债券定价的主要特点是：

(1)与股票比较，债券有确定的到期日，每期的息票收入是提前约定的；与股票定价比较，债券定价的风险是相对可控的。

(2)市场利率是引起债券价格波动的最主要的不确定因素，债券价值或价格，与投资者对所要求的必要收益率或市场利率呈反方向变动。

(3)息票收入的再投资收益率具有不确定性，这是影响“到期收益率”不确定性的重要因素。

(4)债券价格的波动性与到期期限正相关。

(5)市场利率下降引发的债券价格上升的幅度，要大于等量市场利率上升带来的债券价格下降的幅度。

(6)债券收益率是债券投资决策的重要决策依据，持有债券的期限不同，债券收益率的含义就有所差异，此问题至关重要，下一节专门讨论。

第2节　确定的债券收益率模型

收益率是债券投资决策的重要决策依据。债券投资与投资其他金融产品的最大不同，就是投资债券时，可估算出收益率的大致范围。常用的衡量收益率的方法有如下4种：

一、当期收益率

当期收益率就是债券年息票收入与当前市场价格之比，记作

$$r=\frac{C}{P} \tag{11.2.1}$$

式中，r 为债券当期收益率；C 为债券年息票利息收入；P 为债券当前市场价格。

要说明的是：该指标适用于要求从投资组合中获得当期现金流的投资者。然而，此指标不包括资本利得或损失，对关心总收益的投资者，意义不大。

二、到期收益率

到期收益率(Promised Yield to Maturity)是债券在到期日前得到的所有现金流的现值与购买价格相等时的收益率。估价模型有两种情况：

(1)每年付息一次的债券到期收益率估算模型，记作

$$P=\sum_{t=0}^{n}\frac{C_t}{(1+r_M)^t}+\frac{P_M}{(1+r_M)^n} \tag{11.2.2}$$

(2)半年付息一次的债券到期收益率估算模型,记作

$$P=\sum_{t=0}^{2n}\frac{C_t/2}{(1+r_M/2)^t}+\frac{P_M}{(1+r_{M/2})^{2n}} \tag{11.2.3}$$

式中,r_M 为到期收益率;P_M 为债券面值;C_t 为按债券面值和票面利率计算的年名义息票收入;P 为债券购买价格;n 为距到期日的年数。

要说明的是:到期收益率模型是确定性条件模型,暗含的假设是,债券持有期间,所有利息收入以到期收益率 r_M 再投资。现实情况是:利息收入的再投资收益率难以准确估计,特别是距到期日的年数较长时,更难以准确估计。

三、期限收益率

期限收益率(Horizon Yield),也称"实现收益率",是债券在到期日之前卖出得到的所有现金流的现值与买入价格相等时的收益率。

期限收益率模型是到期收益率模型的变形,在到期收益率模型中,将债券面值 P_M 换成债券卖出价格 P_f,债券距到期日的年数 n 变为债券距卖出日的年数 $m(m<n)$,就得到期限收益率估价模型:

(1)每年付息一次的债券期限收益率估计模型,记作

$$P=\sum_{t=0}^{M}\frac{C_t}{(1+r_Y)^t}+\frac{P_f}{(1+r_Y)^{2m}} \tag{11.2.4}$$

(2)半年付息一次的债券期限收益率估计模型,记作

$$P=\sum_{t=0}^{M}\frac{C_{t/2}}{(1+r_{Y/2})^t}+\frac{P_f}{(1+r_{Y/2})^{2m}} \tag{11.2.5}$$

式中,r_Y 为期限收益率;其他符号的含义同前。

要说明的是,期限收益率估算模型也是确定性模型,暗含以下两个重要假设:

(1)债券卖出之前的利息收入的再投资收益率与期限收益率相同。

(2)债券卖出时的价格能够准确预测。

在实际中,这两项假设能够符合预期的概率很小,换言之,期限收益率估计模型对投资的指导意义不大。

四、承诺赎回收益率

有提前赎回条款的债券,在到期日前,发行人可提前赎回发行的债券。由于

赎回价格和期限都是给定的，所以，估算赎回收益率的原理和方法与到期收益率模型完全相同。常用模型有：

(1)每年付息一次的债券承诺赎回收益率(Promised Yield to Call)估计模型，记作

$$P=\sum_{t=0}^{n}\frac{C_t}{(1+r_C)^t}+\frac{P_C}{(1+r_C)^n} \tag{11.2.6}$$

(2)半年付息一次的债券承诺赎回收益率估计模型，记作

$$P=\sum_{t=0}^{2n}\frac{C_t/2}{(1+r_C/2)^t}+\frac{P_C}{(1+r_C/2)^{2n}} \tag{11.2.7}$$

式中，r_C为承诺赎回收益率；P_C为债券赎回价格；其他符号的含义同前。

债券承诺赎回收益率估计模型与到期收益率模型要说明的问题相同，此处不再叙述。

以上 4 个收益率模型是投资学中的常见模型，其本质是确定条件下的收益率估计模型。然而，在实践中，常见的情况是，利息收入的再投资收益率及债券卖出时的价格，在债券投资前不能准确估计是常态、多数、普遍情况，这是本书研究的重点问题。

第 3 节　影响债券定价的主要因素

收益率是债券投资的主要决策参考指标。发行人、债券类型、发行面值、票面利率、计息方式、付息方式、发行日期、期限、到期日、发行价格、提前赎回条件、担保人等都是已知信息。而市场利率未来一段时间的变化趋势，则是债券定价中未知、重要的信息。上述信息中，以下几项尤为重要，不可不察。

1. 市场利率未来一段时间的变化趋势，从两个方面影响债券投资收益率：其一，债券利息收入的再投资收益率与市场利率未来一段时间的变化趋势高度正相关；其二，债券市场价格与市场利率未来一段时间的变化趋势高度负相关。债券利息收入的再投资收益率及债券市场价格是影响债券收益率的重要变量。市场利率未来一段时间的变化趋势可能性的分析，参阅第 7 章第 4 节相关内容。

2. 期限效应就是距到期日的期限长短对债券收益率的影响。其也有两方面的作用：其一，距到期日的期数长短，决定了债券收益率波动幅度的大小。距到

期日的期数越长，市场利率变化的可能性就越大，债券价格波动的可能性就越大，债券收益率的波动性亦越大；反之，越趋近到期日，市场利率的变化越可预测，债券价格就越稳定。其二，投资者的资金性质及偏好，决定了到期日长短是影响可选债券的重要因素。一般而言，短期性的资金，或流动性要求较高的资金，只能投资于距到期日的期数较短的债券；换言之，若收益率与期限发生矛盾，期限是主要矛盾。

3. 安全性。债券在发行时就约定了支付本金和利息的时间，一般而言，债券投资的安全性是较高的。然而，债券发行人也有违约现象发生，一旦发生，对投资者的影响将是巨大的。债券的性质决定了债券的安全性，不同性质的债券安全性不同：

(1)国债：是中央政府为筹集财政资金而发行的一种政府债券，是中央政府向投资者出具的、承诺在一定时期支付利息和到期偿还本金的债权债务凭证。国债是政府信用发行的债券，是公认的安全性最高的投资品种。

(2)债券回购交易：是债券买卖双方在成交的同时就约定于未来某一时间以某一价格双方再进行反向交易的行为。债券回购券种只能是国库券和经中国人民银行批准发行的金融债券。债券回购交易的安全性与国债相近。

(3)企业债券、公司债券：是企业、公司依照法定程序发行并约定在一定期限内还本付息的有价证券。它们的安全性由其自身经营的性质、担保人的状况决定。通常情况下，企业、公司自身有稳定的经营现金流，担保人有政府背景或是金融机构，这种债券的安全性较高。企业债券、公司债券的安全性相对复杂，投资时要具体情况具体分析。

收益率与安全性发生矛盾时，安全性是主要矛盾。

4. 流动性：是债券随时变现的性质。流动性好意味着能够以较快的速度将债券兑换成货币。对资产流动性要求较高的投资者，特别是期限投资者，债券的流动性是必须慎察的一个重要因素。收益率与流动性发生矛盾时，流动性是主要矛盾。

5. 提前赎回条款：是债券发行人在债券到期之前，按约定的赎回价格部分或全部偿还债务的行为。该条款有利于降低发行人的融资成本。当市场利率降低时，发行人可以发行更低利率的债券，以取代先前发行的较高利率的债券，从而降低融资成本。对投资者来讲，提前赎回条款意味着，面临承受较低再投资收益率的风险。因此，有提前赎回条款的债券，在市场利率下降时，会增大债券投资的不确定性。

总之，市场利率未来一段时间的变化趋势、距到期日的期限、安全性、流动性、提前赎回条款等，是影响债券定价的主要因素，也是引发债券收益率不确定的主要原因。

在不确定条件下，如何给债券定价，这是下节要讨论的，也是本章的重点问题。

第 4 节　不确定条件下的债券定价模型

债券定价的核心是确定债券投资收益率。有确定收益率的债券投资是少数、个别现象，在多数、普遍情况下，债券投资收益率是不确定的。其中，不确定条件下的到期收益率、承诺赎回收益率以及期限收益率，是本书重点研究的问题。

一、不确定的到期收益率估计模型

1. 已知与未知条件。

(1)估计到期收益率的已知条件有：

①债券持有日至到期日，投资者可得到债券面值 P_m 及从购买债券至到期日的所有息票收入。

②购买债券日至到期日的付息期数。

③购买债券的价格 P 虽然可知，但需要计算才能获得。债券实现“净价交易”，所以债券价格包括如下三方面内容：

a. 债券净价 P_1：是投资者申报购买的成交价格，是已知的。

b. 应计利息 P_2：可通过计算获得，记作

$$P_2 = C \times \frac{t}{365} \tag{11.4.1}$$

式中，t=购买债券日期－上次债券付息日期；C 为按债券面值和票面利率计算的年名义息票收入。

c. 债券交易费用 P_3：是已知的，则购买债券的价格 P 记作

$$P=P_1+P_2+P_3 \tag{11.4.2}$$

(2)分析到期收益率中的不确定性因素是利息收入的再投资收益率。

2. 分析方法。对利息收入的再投资收益率的认识不同，就有不同的分析思路。一种理想化方法是：所有利息收入的再投资收益率等于到期收益率，是复利模型；另一种则是比较现实的思路，即每一期利息收入的再投资收益率不同且不确定，是单利模型。本书采用后一种分析思路。

(1)不确定的每年付息一次债券到期收益率估算模型。为论述方便，符号的含义定义如下：n 为购买债券日至到期日的计息期数；t 为购买债券日至到期日的时间(年)；r_i 为第 i 期息票收入的再投资收益率(单利)；P_m 为债券面值；r_M 为年到期收益率。根据到期收益率的含义，可得如下关系式：

$$P(1+t\,r_M)=C[1+(n-1)r_1]+C[1+(n-2)r_2]+\cdots+C[1+(n-n)r_n]+P_m \tag{11.4.3}$$

式中，$r_1,r_2,\cdots,r_i,\cdots,r_n$ 不可知且不确定。通常来说，债券投资人多是风险厌恶型，即假设：息票收入的再投资收益率(单利)非负，亦即 $r_i\geqslant 0$。将这一假设代入式(11.4.3)，可得如下关系式：

$$P(1+t\,r_M)\geqslant nC+P_M \tag{11.4.4}$$

由此可得，到期收益率的下确界模型是

$$\inf\, r_M=\frac{1}{t}[\frac{1}{P}(nC+P_M)-1] \tag{11.4.5}$$

式(11.4.5)的含义是：在债券购买价格为 P、购买债券日至到期日的计息年数为 n、债券面值为 P_M、年息票收入为 C 的条件下，到期收益率的最大下界。

到期收益率的最小上界可否估计？答案是否定的。

(2)不确定的半年付息一次债券到期收益率估计模型。式(11.4.5)适用于付息方式为每年付息一次。半年付息一次的付息方式的到期收益率下限的分析思路，与式(11.4.5)相同，只是模型中符号的含义稍有差异。此处直接给出半年付息一次的等价到期收益率的最大下界模型为

$$\inf\, r_M=\frac{1}{t}[\frac{1}{P}(\frac{nC}{2}+P_M)-1] \tag{11.4.6}$$

二、不确定的承诺赎回收益率估计模型

有提前赎回条款的债券，由于赎回价格和期限是给定的，所以，估计不确定

条件下赎回收益率的原理和方法，与不确定的到期收益率模型完全相同。在式(11.4.5)和式(11.4.6)中，将债券面值 P_M 变为赎回价格 P_C，n 的含义是购买债券日至赎回日的计息年数或期数，即得到不确定的每年付息一次债券承诺赎回收益率估计模型及不确定的半年付息一次债券承诺赎回收益率估计模型。

三、不确定的期限收益率分析方法

1. 估计期限收益率的已知与未知条件。债券在到期日之前卖出，是期限交易的最主要特点。因此，估计期限收益率的已知条件有：债券面值 P_M、息票收入 C、距到期日的年数 n 及按式(11.4.2)确定的购买债券价格 P。未知条件比估计到期收益率时增多，分别是：

(1)债券持有期内的付息次数 m，$m<n$。

(2)债券的卖出价格 P_f。

(3)债券持有时间 t。

(4)利息收入的再投资收益率 r_i。

2. 不确定的期限收益率分析方法。根据期限收益率的含义，有如下关系式：

$$P(1+tr_Y)=C[1+(m-1)r_1]+C[1+(m-2)r_2]+\cdots+C[1+(m-m)r_n]+P_f \tag{11.4.7}$$

式(11.4.7)中，有 4 个变量是未知或不确定的，所以，无法对期限收益率的上下界作出分析。然而，由该式可以作出如下推断：

(1)息票收入及其再投资收益非负，记作

$$C[1+(m-1)r_1]+C[1+(m-2)r_2]+\cdots+C[1+(m-m)r_n]\geqslant 0 \tag{11.4.8}$$

(2)买入期限交易的前提条件是：预期债券的卖出价格 P_f，大于债券购买价格 P；引而申之，在未来一段时间内，投资者预期债券市场的价格趋势是上升方向，记作

$$\lim_{t\to 0}\frac{P_f-P}{t}>0 \tag{11.4.9}$$

(3)期限交易的债券购买时机是：市场利率由上升趋势转为下降趋势的区域，也就是市场利率周期峰值的右侧区域。

(4)期限交易的债券卖出时机是：市场利率从下降趋势转为非下降趋势的区域，也就是市场利率周期谷底的左侧区域。

(3)(4)的推论依据是,债券市场价格的变化趋势与市场利率的变化趋势呈反向关系。市场利率位于周期顶部区域,是债券市场价格处于低位的时期,未来一段时间内,债券市场价格转为上升趋势的可能性很大,债券期限交易获利的可能性增大;市场利率趋于周期谷底时,债券市场价格徘徊在周期顶部区域,未来一段时间内,债券市场价格转为非上升趋势的可能性增大,是期限交易卖出债券的好时机。

不确定的债券期限收益率分析的本质是,推测市场利率处于周期的"相对位置"。这部分内容详见第 7 章第 4 节相关内容。

四、案例

案例选取不确定的半年付息一次债券到期收益率估计模型的应用,详见表11.4.1。

表 11.4.1　　到期收益率下确界的估算模型

债券代码	010603	债券简称	06 国债(3)
债券全称	2006 年记账式(三期)国债		
发行人	财政部		
国债性质	实名制记账式	发行方式	挂牌分销、场外分销
发行量(亿元)	340.00	发行价格	100.00
发行日期	2006-03-27	上市日期	2006-04-05
交易市场	上海证券交易所	交易单位	手
每张面值(元)	100.00	期限(年)	10.00
付息方式	半年付息一次	票面利率(%)	2.80
计息方式	固定利率	付息日期	03-27,09-27
兑付方式	一次还本		
起息日期	2006-03-27	到期日期	2016-03-27
购买债券日	2015-08-20	债券净价(元)	100.65
债券价格(元)	102.29	到期收益率下确界(%)	0.82

注:债券价格由式(11.4.2)确定,到期收益率的下确界由式(11.4.6)确定。

第12章　证券投资基金定价

本章的主旨是，根据证券投资基金的特点，应用“综合模糊理论”，建立股票基金、债券基金的定价模型。

第1节　证券投资基金的特点

证券投资基金是通过发行基金单位，集中投资者的资金，由基金托管人托管，由基金管理人管理和运用资金，从事股票、债券及其衍生品种等金融工具投资。可见，证券投资基金是一种利益共享、风险共担的集合证券投资方式。影响证券投资基金定价的主要因素是：

一、可投资的品种

我国的证券投资基金法规定，基金财产应当用于下列投资：

1. 上市交易的股票、债券。

2. 国务院证券监督管理机构规定的其他证券及其衍生品种。

二、证券投资基金的种类

证券投资基金的种类众多，不同视角就有不同的分类方式。本书以投资策略为依据进行分类。

1. 按照基金的运作方式分类。以基金的运作方式为依据，基金可以采用封闭式、开放式或者其他方式：

(1)封闭式基金，是指基金份额总额在基金合同期限内固定不变，基金份额持有人不得申请赎回的基金。

(2)开放式基金，是指基金份额总额不固定，基金份额可以在基金合同约定的时间和场所申购或者赎回的基金。其中，LOF(Listed Open-ended Fund)是一种特殊的开放式基金——在交易所上市交易的开放式证券投资基金，也称为“上市型开放式基金”。LOF 的投资者既可以通过基金管理人或其委托的销售机构，以基金净值进行基金的申购、赎回，也可以通过交易所市场以交易系统撮合成交价进行基金的买入、卖出。

2. 按照基金的投资品种分类。我国《证券投资基金运作管理办法》第二十九条规定：

> 基金合同和基金招募说明书应当按照下列规定载明基金的类别：
>
> （一）百分之六十以上的基金资产投资于股票的，为股票基金；
>
> （二）百分之八十以上的基金资产投资于债券的，为债券基金；
>
> （三）仅投资于货币市场工具的，为货币市场基金；
>
> （四）投资于股票、债券和货币市场工具，并且股票投资和债券投资的比例不符合第（一）项、第（二）项规定的，为混合基金。

《证券投资基金运作管理办法》第三十条规定：

> 基金名称显示投资方向的，应当有百分之八十以上的非现金基金资产属于投资方向确定的内容。

指数基金是按指数化的方式进行投资的基金，也就是选择一定的市场指数进行跟踪，被动地投资于市场，使得基金的收益与这个市场指数的收益一致。

交易型开放式指数证券投资基金（Exchange Traded Fund，ETF），简称“交易型开放式指数基金”，又称“交易所交易基金”，是一种跟踪“标的指数”变化且在证券交易所上市交易的基金。投资人可以像买卖股票那么简单地去买卖“标的指数”的 ETF，获得与该指数基本相同的报酬率。ETF 是一种特别的开放式基金，既吸收了封闭式基金可以当日实时交易的优点，投资者可以像买卖封闭式基金或者股票一样，在二级市场买卖 ETF 份额；同时，也具备开放式基金可自由申购赎回的优点，投资者可以像买卖开放式基金一样，向基金管理公司申购或赎回 ETF 份额。

三、收益分配

《证券投资基金运作管理办法》中，与基金定价相关的条款如下：

第十七条 开放式基金份额的申购、赎回价格，依据申购、赎回日基金份额净值加、减有关费用计算。开放式基金份额的申购、赎回价格具体计算方法应当在基金合同和招募说明书中载明。

开放式基金份额净值，应当按照每个开放日闭市后，基金资产净值除以当日基金份额的余额数量计算。具体计算方法应当在基金合同和招募说明书中载明。

第三十五条 封闭式基金的收益分配，每年不得少于一次，封闭式基金年度收益分配比例不得低于基金年度已实现收益的百分之九十。

开放式基金的基金合同应当约定每年基金收益分配的最多次数和基金收益分配的最低比例。

第三十六条 基金收益分配应当采用现金方式。

开放式基金的基金份额持有人可以事先选择将所获分配的现金收益，按照基金合同有关基金份额申购的约定转为基金份额；基金份额持有人事先未作出选择的，基金管理人应当支付现金。

以上诸款是制定投资基金策略时不可不考察的基本因素。

第2节 证券投资基金定价

以下两点对证券投资基金定价是重要的：

第一，投资基金的特点。证券投资基金的本质是一种集合证券投资方式，证券投资基金的市场特性由其投资的品种的市场特性决定。股票基金，60%以上的基金资产是股票，市场特性与单只股票的性质类似，资产中股票的比重越大，股票类型越集中，市场特性与股票性质的相近度就越大。债券基金，80%以上的基金资产投资于债券，市场特性与单只债券性质的相近度很大。

第二，基金份额净值与市场价格的关系。基金份额净值是投资基金定价的重要参考指标，然而，两者在多数情况下有一个偏差。这个偏差的一般规律是：股票指数处于上升趋势时，股票基金在市场价格升水基金份额净值；股票指数处于下降趋势时，股票基金的市场价格贴水基金份额净值；债券指数处于上升趋势时，债券基金的市场价格升水基金份额净值；债券指数处于下降趋势时，债券基金的市场价格贴水基金份额净值。

本节重点讨论不确定条件下的股票基金和债券基金的定价方法。

一、股票基金的定价方法

基本信念与股票相同或相近，详见第 10 章第 5 节。

由第 2 章的认识论知：在不确定的金融市场中，股票基金的定价依据是，判断股票基金价格当前处于周期的相对位置，以及分析未来一段时间（时间长度为 Δt）股票基金价格变化趋势的可能性。

不确定条件下股票基金的定价方法是"X 三要素周期结构模型"。设股票基金价格在当下时刻（t）为 $Y(t)$，影响股票基金价格最重要的 3 个因素分别为第一重要等级因素 X_1、第二重要等级因素 X_2、第三重要等级因素 X_3。股票基金价格"未来一段时间（时间长度为 Δt）变化趋势的可能性"由式（3.2.3）确定，记作

$$\mu\left[\frac{\mathrm{d}Y(\Delta t)}{\mathrm{d}t}\right]=\sum_{i=1}^{3}\kappa_i\cdot\mu\left[\frac{\mathrm{d}X_i(\Delta t)}{\mathrm{d}t}\right] \tag{12.2.1}$$

式中，$\kappa_i(i=1,2,3)$是影响因素 $X_i(i=1,2,3)$对股票基金价格 Y，在"未来一段时间（时间长度为 Δt）变化趋势可能性"的重要性权重（贡献），由式（3.2.5）可知

$$\kappa_1=0.571,\quad \kappa_2=0.286,\quad \kappa_3=0.143 \tag{12.2.2}$$

在式（12.2.1）中，依据本书的基本信念，从中小投资者的角度思考，选取第一重要等级因素 X_1、第二重要等级因素 X_2 及第三重要等级因素 X_3 分别为：

1. 第一重要等级因素 X_1，是综合技术分析，由表 6.1.1 给出"未来一段时间变化趋势的可能性"，记作

$$\mu\left[\frac{\mathrm{d}X_1(\Delta t)}{\mathrm{d}t}\right] \tag{12.2.3}$$

2. 第二重要等级因素 X_2，是宏观经济影响股票基金价格的综合分析，由表 7.4.1给出"未来一段时间变化趋势的可能性"，记作

$$\mu\left[\frac{\mathrm{d}X_2(\Delta t)}{\mathrm{d}t}\right] \tag{12.2.4}$$

3. 第三重要等级因素 X_3，是基金评价。主要内容是：

（1）基金管理公司的治理结构 x_{31}。基金管理公司的治理结构合理者，取 $\mu[x_{31}(t)]=1$；否则取 $\mu[x_{31}(t)]=0$。

（2）股东、高级管理人员、基金经理的稳定性 x_{32}。股东、高级管理人员、基金

经理稳定的，取 $\mu[x_{32}(t)]=1$；否则取 $\mu[x_{32}(t)]=0$。

(3)投资管理和研究能力 x_{33}。根据基金管理公司的投资管理和研究能力，依据“隶属度取值的原则”给 $\mu[x_{33}(t)]$赋值。

(4)信息披露和风险控制能力 x_{34}。信息披露及时、充分，风险控制能力强的，取$\mu[x_{34}(t)]=1$；否则取 $\mu[x_{34}(t)]=0$。

(5)基金合同约定的投资方向、投资范围、投资理念的一贯性 x_{35}。基金的投资方向、投资范围、投资理念与合同约定的一贯性好者，取 $\mu[x_{35}(t)]=1$；否则取 $\mu[x_{35}(t)]=0$。

(6)根据基金评价的性质，各影响因素的当下属性最重要，趋势及“加趋势”的取值相对是次要矛盾。定义第三重要等级因素 X_3，即基金评价“未来一段时间变化趋势的可能性”，记作

$$\mu\left[\frac{\mathrm{d}X_3(\Delta t)}{\mathrm{d}t}\right]=\sum_{k=1}^{5} w_{3k}\cdot\mu[x_{3k}(t)] \tag{12.2.5}$$

式中，$w_{3k}(k=1,2,3,4,5)$是影响因素 $x_{3k}(k=1,2,3,4,5)$对 $\mu\left[\frac{\mathrm{d}X_3(\Delta t)}{\mathrm{d}t}\right]$在“未来一段时间(时间长度为 Δt)变化趋势可能性”的重要性权重，暂假定各影响因素同等重要，即$w_{3k}=0.2$。

将式(12.2.2)至式(12.2.5)代入式(12.2.1)，就可得出多因素综合分析的股票基金价格“未来一段时间(时间长度为 Δt)变化趋势的可能性”$\mu\left[\frac{\mathrm{d}Y(\Delta t)}{\mathrm{d}t}\right]$。

当下股票基金价格处于周期的“相对位置”，由 $\mu\left[\frac{\mathrm{d}X_1(\Delta t)}{\mathrm{d}t}\right]$，$\mu\left[\frac{\mathrm{d}X_2(\Delta t)}{\mathrm{d}t}\right]$和$\mu\left[\frac{\mathrm{d}X_3(\Delta t)}{\mathrm{d}t}\right]$之性质决定。综合分析结论 $\mu\left[\frac{\mathrm{d}Y(\Delta t)}{\mathrm{d}t}\right]$的含义，参阅第 10 章第 5 节相关内容。

二、债券基金的定价方法

第 11 章第 4 节已讨论过：单只债券的到期收益率和期限收益率，在多数情况下是不确定的。由于债券基金是多只债券的集合，则债券基金的到期收益率和期限收益率在多数情况下也是不确定的。因此，债券基金的定价与股票基金的定价是类同的，所以，对股票基金的基本信念，同样适用于债券基金。债券基金的定价方法、选用模型与股票基金相同：

1. 影响债券基金“未来一段时间变化趋势可能性”的第一重要等级因素 X_1，是综合技术分析，由表 6.1.1 给出“未来一段时间变化趋势的可能性”，记作

$$\mu\left[\frac{dX_1(\Delta t)}{dt}\right] \tag{12.2.6}$$

2. 影响债券基金“未来一段时间变化趋势可能性”的第二重要等级因素 X_2，是宏观经济对债券基金价格的综合分析。基础是表 7.4.1，赋值原则与股票基金相反，则可得出“未来一段时间变化趋势的可能性”，记作

$$\mu\left[\frac{dX_2(\Delta t)}{dt}\right]=1-\text{表 7.4.1 的综合分析结果} \tag{12.2.7}$$

3. 影响债券基金“未来一段时间变化趋势可能性”的第三重要等级因素 X_3，是基金评价。分析方法与股票基金完全相同，即为式(12.2.5)。

将式(12.2.2)、式(12.2.5)、式(12.2.6)和式(12.2.7)代入式(12.2.1)，就可得出多因素综合分析的债券基金价格“未来一段时间(时间长度为 Δt)变化趋势的可能性”。其他部分的内容、方法、步骤与股票基金相同。

第 13 章　衍生证券定价

许多金融资产，如股票、债券、基金、黄金、不动产等，是在现金或现货市场上交易的。在这些市场交易中，买卖双方之间现金和资产所有权的转移是同时进行的。然而，有时立即进行附有未来交易资产和货币的承诺，对投资者是更有利的。例如，借款人担心未来利率上升，按现在的利率借款的承诺；再如，一个黄金矿山企业，现在开采出来的产品，通常 6 个月以后才能出售，为避免黄金价格下降，按现在价格出售 6 个月以后的产品的承诺。解决这些问题的有效工具就是衍生证券。

本章的主要工作是，根据期货、期权的定义、制度安排，简析现行定价方法的特点，应用“综合模糊理论”，构建新的期货、期权定价模型。投资组合也可视为衍生证券，所以，安排在本章讨论。

第 1 节　期货定价方法别论

本节的主要工作是，根据期货的定义、制度安排，简析现行定价方法的不足，根据“综合模糊理论”，构建新的期货定价模型。

一、远期合约的主要特点

远期合约是交易双方签订的，在将来某一特定时间，以事先约定的价格购买或出售一定数量的某种商品、金融资产或者指数的协议。因其合约性质，买卖双方必须承担在到期日按约定价格进行交易的义务。合约买方称为“买远期”，卖方称为“卖远期”。合同买方也称“多头”，合同卖方就是“空头”。远期合约的基本特征是：

(1)远期合约是场外交易、非标准化的合约，买卖双方可以签订任何商品的远期合约。

(2)远期合约的流动性较差,存在信用风险和违约风险。

(3)基础资产市场价格与履约价格的关系,决定了远期合约的损益;远期合约在到期日之前,没有现金流的变动,合约价值只有在到期日才能实现。

(4)多头或空头可能获利,也可能亏损。

(5)远期合约是期货合同的基础。

二、期货合同的主要特点

期货合同是一种标准化了的远期合约,是交易双方签订的,在将来某一特定时间,以事先约定的价格买卖一定数量的某种商品、金融资产或指数的协议。期货合同与远期合约具有相似的性质,主要特征是:

(1)更好的流动性:期货合同由交易所制定发行,采用标准化条款,在高效市场交易;与远期合约相比,其流动性更好。

(2)更小的风险:期货交易实行保证金制度及每日交割结算制度,一般由结算公司集中结算;与远期合约比较,其发生信用风险和违约风险的可能性更小。

(3)多头或空头可能获利,也可能亏损。

(4)交割日期货价格收敛于现货价格。

三、期货定价方法简析

期货定价方法是本章的核心问题。期货合同的基本特征是决定期货定价方法的重要因素。

现行期货定价的代表性方法是“现货-期货平价定理”。它应用无套利(No-Arbitrage)分析方法,使现货市场与期货市场建立一个在市场均衡时不能产生不承受风险的利润的组合,由此得出在市场达到均衡时的期货价格。

现货-期货平价定理常用的是“持有成本定价模型”,其主要假设条件是:

(1)资本市场是无税、无交易成本,不限制卖空且资本具有完全可分割性。

(2)可以无风险利率借入及贷出资金,且借贷利率相同并为一固定常数。

(3)现货支付红利已知并且为一固定的常数,即无股利不确定性。

由此得出期货定价模型——当下期货价格与现货价格之间的关系,记作

$$F(t)=P_s(t)\cdot(1+r_f-d) \tag{13.1.1}$$

式中,$F(t)$为当下期货价格;$P_s(t)$为当下现货价格;r_f为无风险投资收益率;d

为现货从当下到期货交割日间的红利率。

评析。由上所述,可知现货—期货平价定理存在如下问题:

(1)理论建立在有效、均衡市场的基础上。其实质是,期货定价所需的信息是近乎完全和对称的。现实情况是,完全和对称的信息仅是个别、偶然现象,不完全和非对称的信息则是普遍、多数情况。换言之,建立在有效、均衡的市场基础上的期货定价方法,不具备普遍应用价值。

(2)重要问题没有解决。现有理论只讨论了当下期货价格与现货价格之间的关系。对投资者来讲,未来或交割日的期货价格,与当下期货价格之间的关系才是最有意义的,而这个问题没有涉猎。

四、期货定价方法别论

1.期货定价基于以下基本认识:

(1)在金融市场中,人们几乎无法准确预测金融产品在未来某一时间的价格,只能判断价格在未来一段时间变化趋势的可能性。

(2)当前,期货价格与现货价格具有相互反射性,彼此相互收敛。

(3)交割日期货价格收敛于现货价格。

2.现货与期货价格的空间结构关系。当下,期货价格和现货价格是可观察、已知的。然而,投资者更关注的是,未来的期货价格和现货价格。期货市场的制度安排,决定了当前期货价格与现货价格的关系是相互收敛的,记作

$$|F(t)-P_s(t)|<\varepsilon\geqslant 0 \tag{13.1.2}$$

或表示为

$$F(t)\approx P_s(t) \tag{13.1.3}$$

期货市场的制度安排,决定了交割日期货价格收敛于现货价格,记作

$$|F(\Delta t)-P_s(\Delta t)|<\varepsilon\geqslant 0 \tag{13.1.4}$$

或表示为

$$F(\Delta t)\approx P_s(\Delta t) \tag{13.1.5}$$

式中,$F(\Delta t)$为交割日期货价格;$P_s(\Delta t)$为交割日现货价格;Δt 为当下至交割日的时间长度;其他符号的含义同前。

交割日期货价格与当下期货价格可建立的逻辑关系是:当下至交割日,期货价格未来一段时间(时间长度为 Δt)的变化趋势,由交割日期货价格与当下期货价格之差与当下至交割日的时间之比来表示,记作

$$\frac{\mathrm{d}F}{\mathrm{d}t}=\lim_{\Delta t\to 0}\frac{F(\Delta t)-F(t)}{\Delta t} \tag{13.1.6}$$

将式(13.1.3)和式(13.1.5)代入式(13.1.6)，可得

$$\frac{\mathrm{d}F}{\mathrm{d}t}=\lim_{\Delta t\to 0}\frac{P_s(\Delta t)-P_s(t)}{\Delta t}=\frac{\mathrm{d}P_s}{\mathrm{d}t} \tag{13.1.7}$$

式中，$\frac{\mathrm{d}F}{\mathrm{d}t}$为期货价格未来一段时间(时间长度为 Δt)的变化趋势；$\frac{\mathrm{d}P_s}{\mathrm{d}t}$为现货价格未来一段时间(时间长度为 Δt)的变化趋势；其他符号的含义同前。

由式(13.1.7)可有如下推论：

(1)当下至交割日，期货价格未来一段时间(时间长度为 Δt)的变化趋势，与现货价格未来一段时间(时间长度为 Δt)的变化趋势相同。换言之，研究期货价格在未来一段时间(时间长度为 Δt)变化趋势可能性的本质，就是研究现货价格在未来一段时间(时间长度为 Δt)变化趋势的可能性。

(2)由“交割日期货价格收敛于现货价格”——期货市场制度安排的特点，再结合式(13.1.7)的逻辑关系，可得出的结论是：期货价格与现货价格相互影响，现货价格在未来一段时间(时间长度为 Δt)的变化趋势，决定了期货价格在未来一段时间(时间长度为 Δt)的变化趋势。引而申之，“价格发现”不是期货市场的主要功能。

(3)分析期货价格未来一段时间(时间长度为 Δt)的变化趋势或现货价格未来一段时间(时间长度为 Δt)变化趋势的可能性，对期货投资决策具有重要意义。例如，判断期货价格未来一段时间(时间长度为 Δt)的变化趋势是上升方向，则投资策略是：产品需求方在期货市场买入头寸，以控制价格上升的风险；产品供给方在现货市场卖出产品，以获得更高的卖价。又如，判断期货价格未来一段时间(时间长度为 Δt)的变化趋势是下降方向，则投资策略是：产品供给方在期货市场卖出头寸，以控制价格下降带来的风险；产品需求方在现货市场买入产品，以期得到更低的买价。

五、期货市场的作用

由期货市场的制度安排和现货与期货价格的空间结构关系，可得期货市场的主要作用是：

1. 锁定产品价格。期货是以事先约定的价格购买或出售一定数量的某种商品。也就是说，期货具有锁定价格、控制价格波动风险的功能。这一点，无论是对产品供应方，还是对产品需求方，都有特别重要的意义。

2.稳定市场。期货稳定市场的功能,从两个方面来理解:其一,锁定价格的功能,本身就是稳定了市场;其二,期货市场无论是上升还是下降,只要方向判断正确,皆可盈利。这一特性可以减少现货市场单边趋势过度偏离的风险,使价格更好地收敛于其"价值",达到稳定市场的目的。

3.重要的投资产品。期货是重要的投资产品。期货市场无论是上升还是下降,只要方向判断正确,皆可盈利。这一特性改变了现货市场只有上升才能盈利的局面,开创了在市场处于下降趋势时也可盈利的模式。

第2节　股指期货定价方法别论

本节的主旨是,根据期货的定义、制度安排,建立新的股指期货定价模型。

一、概述

股指期货的全称是"股票指数期货"(Stock Index Futures),是以股票指数为标的物的期货。双方交易的是一定期限后的股票指数价格水平,通过现金结算差价来进行交割。股指期货的主要意义是:

除了具有一般期货产品的作用(详见本章第1节之"五")外,还有如下特性:

1.风险偏好股票投资者,增加了获利机会。股票市场是一个单向的做多市场,具有明显的单边效应。股指期货则不然,当投资者预期未来一段时间股票指数的趋势是下降方向时,则通过建立空头头寸,获得投资收益。股指期货改变了股票市场只有上升趋势才能获利的状况。

2.货币政策的重要传导途径。股指期货的市场规模一般都很大,可容纳大量资金,是货币政策传导途径中的重要一环,是影响货币政策效果不可不察的重要因素。

本节以沪深300指数期货合约为例,合约的具体内容见表13.2.1。

表 13.2.1　　**沪深 300 指数期货合约的内容**

合约标的	沪深 300 指数
合约乘数	每点 300 元
合约价值	沪深 300 指数点×300
报价单位	指数点
最小变动价位	0.2 点
合约月份	当月、下月及随后的两个季度月
交易时间	上午 9:15～11:30,下午 13:00～15:15
最后交易日时间	上午 9:15～11:30,下午 13:00～15:00
价格限制	上一个交易日结算价的±10%,合约最后交易日不设涨停板
合约交易保证金制度	期货合约交易时,多空双方都需向结算所缴纳保证金,不少于合约价值的 10%。结算会员在交易所账户中的资金分为交易保证金和结算准备金两部分
最后交易日	合约到期月份的第三个周五,遇法定假日顺延
最后结算日	同最后交易日
每日结算价	最后交易日沪深 300 指数现货最后两个小时所有指数点的算术平均价
每日无负债结算制度	每日交易结束后,交易所按当日各合约结算价结算所有合约的盈亏、交易保证金及手续费、税金等费用,对应收应付的款项实行净额一次划转,相应增加或减少会员(客户)的结算准备金。该制度使得投资者每天的盈亏都会成为实际的盈亏,当客户盈利时,完全可以利用盈利的钱再追加买入或卖出合约
交易代码	IF

二、股指期货定价方法别论

由式(13.1.7)可知:当下至交割日,期货价格未来一段时间(时间长度为 Δt)的变化趋势,与现货价格未来一段时间(时间长度为 Δt)的变化趋势相同。因此,研究股指期货价格在未来一段时间(时间长度为 Δt)变化趋势的本质,就是研究标的物——沪深 300 指数未来一段时间(时间长度为 Δt)的变化趋势。

分析方法是“X 三要素周期结构模型”。设沪深 300 指数在当下时刻(t)为 $Y(t)$，影响沪深 300 指数的所有因素按重要性分为 3 个等级，第一重要等级因素为 X_1、第二重要等级因素为 X_2、第三重要等级因素为 X_3，则沪深 300 指数之“未来一段时间(时间长度为 Δt)变化趋势的可能性”可由式(3.2.3)确定，记作

$$\mu\left[\frac{\mathrm{d}Y(\Delta t)}{\mathrm{d}t}\right]=\sum_{i=1}^{3}\kappa_i\cdot\mu\left[\frac{\mathrm{d}X_i(\Delta t)}{\mathrm{d}t}\right] \tag{13.2.1}$$

式中，$\kappa_i(i=1,2,3)$是影响因素 $X_i(i=1,2,3)$对沪深 300 指数 Y，在“未来一段时间(时间长度为 Δt)变化趋势可能性”的重要性权重(贡献)，由式(3.2.5)可知

$$\kappa_1=0.571,\quad \kappa_2=0.286,\quad \kappa_3=0.143 \tag{13.2.2}$$

依据我们的基本信念，从中小投资者的角度思考，选取第一重要等级因素 X_1、第二重要等级因素 X_2 及第三重要等级因素 X_3 分别为：

1. 第一重要等级因素 X_1，是综合技术分析，由表 6.1.1 给出“未来一段时间(时间长度为 Δt)变化趋势的可能性”，记作

$$\mu\left[\frac{\mathrm{d}X_1(\Delta t)}{\mathrm{d}t}\right] \tag{13.2.3}$$

2. 第二重要等级因素 X_2，是宏观经济影响沪深 300 指数的综合分析，由表 7.4.1 给出“未来一段时间(时间长度为 Δt)变化趋势的可能性”，记作

$$\mu\left[\frac{\mathrm{d}X_2(\Delta t)}{\mathrm{d}t}\right] \tag{13.2.4}$$

3. 第三重要等级因素 X_3，是沪深 300 指数的“价值”分析。以市净率作为参考指标，与第 10 章第 2 节之价格水平 x_{25} 的分析方法相同，给出“未来一段时间(时间长度为 Δt)变化趋势的可能性”，记作

$$\mu\left[\frac{\mathrm{d}X_3(\Delta t)}{\mathrm{d}t}\right] \tag{13.2.5}$$

将式(13.2.2)至式(13.2.5)代入式(13.2.1)，就可得出多因素综合分析的沪深 300 指数之“未来一段时间(时间长度为 Δt)变化趋势的可能性”。

当下沪深 300 指数处于周期的“相对位置”，则由 $\mu\left[\frac{\mathrm{d}X_1(\Delta t)}{\mathrm{d}t}\right]$，$\mu\left[\frac{\mathrm{d}X_2(\Delta t)}{\mathrm{d}t}\right]$和 $\mu\left[\frac{\mathrm{d}X_3(\Delta t)}{\mathrm{d}t}\right]$之性质决定。综合分析结论 $\mu\left[\frac{\mathrm{d}Y(\Delta t)}{\mathrm{d}t}\right]$的含义，详见第 3 章第 2 节的相关部分。

第 3 节　国债期货定价方法别论

以国债期货为代表的利率期货是国际上历史悠久、成交活跃的成熟期货产品。自 1976 年美国芝加哥商业交易所(CME)推出 91 天期的国库券期货合约以来,国债期货在规避利率风险、促进现货市场发展等方面表现出强劲的生命力和快速的发展势头。本节的主旨是,根据期货的定义、制度安排,建立新的国债期货定价方法。

一、概述

国债期货除了具有一般期货产品的作用外,还具有特别的意义:使国债投资者增加了获利机会。本节以 5 年期国债期货合约为例,内容详见表 13.3.1。

表 13.3.1　　5 年期国债期货合约

合约标的	面值为 100 万元人民币、票面利率为 3%的名义中期国债
可交割国债	合约到期月首日剩余期限为 4～7 年的记账式附息国债
报价方式	百元净价报价
最小变动价位	0.002 元
合约月份	最近的 3 个季月(3 月、6 月、9 月、12 月中的最近 3 个月循环)
交易时间	09:15～11:30, 13:00～15:15
最后交易日交易时间	09:15～11:30
每日价格最大波动限制	上一交易日结算价的±1.5%
最低交易保证金	合约价值的 1.5%
最后交易日	合约到期月份的第二个星期五
最后交割日	最后交易日后的第三个交易日
交割方式	实物交割
交易代码	TF
上市交易所	中国金融期货交易所

二、国债期货定价方法别论

由式(13.1.7)知：当下至交割日，国债期货价格未来的变化趋势，与合约标的市场价格未来的变化趋势相同。因而，研究国债期货价格在未来一段时间变化趋势的本质，就是研究合约标的——国债价格未来一段时间的变化趋势。

市场利率是影响国债价格的最重要因素。市场利率从两个方面影响债券收益率：其一，债券利息收入的再投资收益率与市场利率未来一段时间的变化趋势高度正相关；其二，债券市场价格与市场利率未来一段时间的变化趋势高度负相关。这是债券定价的主要矛盾。国债价格的趋势——国债期货合约标的指数的趋势，与市场利率未来一段时间的变化趋势高度负相关。所以，研究国债期货合约标的指数的趋势，就是分析市场利率未来一段时间的变化趋势。

分析市场利率未来一段时间变化趋势的方法是"X 三要素周期结构模型"。设市场名义利率在当下时刻(t)为 $Y(t)$，影响市场名义利率的 3 个重要因素分别为第一重要等级因素 X_1、第二重要等级因素 X_2、第三重要等级因素 X_3，则市场名义利率"未来一段时间(时间长度为 Δt)变化趋势的可能性"可由式(3.2.3)确定，记作

$$\mu\left[\frac{\mathrm{d}Y(\Delta t)}{\mathrm{d}t}\right]=\sum_{i=1}^{3}\kappa_i\cdot\mu\left[\frac{\mathrm{d}X_i(\Delta t)}{\mathrm{d}t}\right] \tag{13.3.1}$$

式中，$\kappa_i(i=1,2,3)$是影响因素 $X_i(i=1,2,3)$对市场名义利率 Y，在"未来一段时间(时间长度为 Δt)变化趋势可能性"的重要性权重(贡献)，由式(3.2.5)可知

$$\kappa_1=0.571,\kappa_2=0.286,\kappa_3=0.143 \tag{13.3.2}$$

$\mu\left[\frac{\mathrm{d}X_i(\Delta t)}{\mathrm{d}t}\right]$是单因素"未来一段时间(时间长度为 Δt)变化趋势可能性"的分析，由第 3 章第 1 节中的式(3.1.3)给出，其中各要素的重要性权重记为

$$\alpha=0.4,\quad \beta=\gamma=0.3 \tag{13.3.3}$$

基于本书的信念，在式(13.3.1)中，第一重要等级因素 X_1、第二重要等级因素 X_2 及第三重要等级因素 X_3 分别取为：

1. 第一重要等级因素 X_1，是总产出增长率。其"未来一段时间变化趋势的可能性"记作

$$\mu\left[\frac{\mathrm{d}X_1(\Delta t)}{\mathrm{d}t}\right] \tag{13.3.4}$$

由表 13.3.2 给出各要素的隶属度取值定义如下：

(1)当下，处于“X 单因素周期结构图”中的“相对位置”的隶属度 $\mu[x(t)]$的原则是：越靠近周期底部，隶属度越小；越趋近周期顶部，隶属度越大。

(2)当下，“X 单因素周期结构图”中“趋势”的隶属度 $\mu\left[\frac{\mathrm{d}x(t)}{\mathrm{d}t}\right]$的定义是：处于周期上升阶段时，“趋势”的隶属度为 1；处于周期下降阶段时，“趋势”的隶属度为 0；处于周期顶端、底端或方向不确定时，“趋势”的隶属度为 0.5。

(3)当下，“X 单因素周期结构图”中“加趋势”的隶属度 $\mu\left[\frac{\mathrm{d}^2x(t)}{\mathrm{d}t^2}\right]$的定义，与第 3 章第 1 节中式(3.1.5)、式(3.1.6)和式(3.1.7)的定义相同。

2. 第二重要等级因素 X_2，是通货膨胀率。其“未来一段时间变化趋势的可能性”记作

$$\mu\left[\frac{\mathrm{d}X_2(\Delta t)}{\mathrm{d}t}\right] \tag{13.3.5}$$

由表 13.3.2 给出各要素的隶属度取值定义如下：

(1)当下，处于“X 单因素周期结构图”中的“相对位置”的隶属度 $\mu[x(t)]$的原则是：越靠近周期底部，隶属度越小；愈趋近周期顶部，隶属度愈大。

(2)当下，“X 单因素周期结构图”中“趋势”的隶属度 $\mu\left[\frac{\mathrm{d}x(t)}{\mathrm{d}t}\right]$的定义，与总产出增长率 Y 相同。

(3)当下，“X 单因素周期结构图”中“加趋势”的隶属度 $\mu\left[\frac{\mathrm{d}^2x(t)}{\mathrm{d}t^2}\right]$的定义，与第 3 章第 1 节中式(3.1.5)、式(3.1.6)和式(3.1.7)的定义相同。

3. 第三重要等级因素 X_3，是实际利率。其“未来一段时间变化趋势的可能性”记作

$$\mu\left[\frac{\mathrm{d}X_3(\Delta t)}{\mathrm{d}t}\right] \tag{13.3.6}$$

由表 13.3.2 给出各要素的隶属度取值定义如下：

(1)当下，处于“X 单因素周期结构图”中的“相对位置”的隶属度 $\mu[x(t)]$的原则是：越靠近周期底部，隶属度越大；愈趋近周期顶部，隶属度愈小。

(2)当下，“X 单因素周期结构图”中“趋势”的隶属度 $\mu\left[\frac{\mathrm{d}x(t)}{\mathrm{d}t}\right]$的定义：处于

周期上升阶段时,"趋势"的隶属度为 0;处于周期下降阶段时,"趋势"的隶属度为 1;处于周期顶端、底端或方向不确定时,"趋势"的隶属度为 0.5。

(3)当下,"X 单因素周期结构图"中"加趋势"的隶属度 $\mu\left[\frac{d^2x(t)}{dt^2}\right]$的定义,与第 3 章第 1 节中式(3.1.5)、式(3.1.6)和式(3.1.7)的定义相反。

将式(13.3.2)至式(13.3.6)代入式(13.3.1),就可得出综合分析的市场名义利率"未来一段时间(时间长度为 Δt)变化趋势的可能性"。

当下市场名义利率处于周期的"相对位置",由 $\mu\left[\frac{dX_1(\Delta t)}{dt}\right]$,$\mu\left[\frac{dX_2(\Delta t)}{dt}\right]$和 $\mu\left[\frac{dX_3(\Delta t)}{dt}\right]$之性质决定。综合分析结论 $\mu\left[\frac{dY(\Delta t)}{dt}\right]$的含义,参阅第 10 章第 5 节相关内容。

表 13.3.2　市场利率"未来一段时间变化趋势的可能性"模型

总产出增长率所处周期阶段	序号	因素名称	隶属度 $\mu\left[\frac{dX_i(\Delta t)}{dt}\right]$	因素权重 κ_i	$x(t)$		$\frac{dx(t)}{dt}$		$\frac{d^2x(t)}{dt^2}$	
					权重 α	隶属度 $\mu\left[\frac{dx(t)}{dt}\right]$	权重 β	隶属度 $\mu\left[\frac{dx(t)}{dt}\right]$	权重 γ	隶属度 $\mu\left[\frac{d^2x(t)}{dt^2}\right]$
$E\to F$	1	总产出增长率	0.3	0.57	0.4	0	0.3	0	0.3	1
	2	通货膨胀率	0.3	0.29	0.4	0	0.3	0.5	0.3	0.5
	3	实际利率	0.7	0.14	0.4	1	0.3	0.5	0.3	0.5
	4	综合分析	0.36	1	0.5	1	0.25	1	0.25	1
$O\to A$	1	总产出增长率	0.68	0.57	0.4	0.2	0.3	1	0.3	1
	2	通货膨胀率	0.48	0.29	0.4	0.3	0.3	0.7	0.3	0.5
	3	实际利率	0.92	0.14	0.4	0.8	0.3	1	0.3	1
	4	综合分析	0.66	1	0.5	1	0.25	1	0.25	1
$A\to B$	1	总产出增长率	0.8	0.57	0.4	0.5	0.3	1	0.3	1
	2	通货膨胀率	0.8	0.29	0.4	0.5	0.3	1	0.3	1
	3	实际利率	0.8	0.14	0.4	0.5	0.3	1	0.3	1
	4	综合分析	0.8	1	0.5	1	0.25	1	0.25	1

续表

总产出增长率所处周期阶段	序号	因素名称	隶属度 $\mu\left[\frac{\mathrm{d}X_i(\Delta t)}{\mathrm{d}t}\right]$	因素权重 κ_i	$x(t)$		$\frac{\mathrm{d}x(t)}{\mathrm{d}t}$		$\frac{\mathrm{d}^2x(t)}{\mathrm{d}t^2}$	
					权重 α	隶属度 $\mu\left[\frac{\mathrm{d}x(t)}{\mathrm{d}t}\right]$	权重 β	隶属度 $\mu\left[\frac{\mathrm{d}x(t)}{\mathrm{d}t}\right]$	权重 γ	隶属度 $\mu\left[\frac{\mathrm{d}^2x(t)}{\mathrm{d}t^2}\right]$
$B\to C$	1	总产出增长率	0.62	0.57	0.4	0.8	0.3	1	0.3	0
	2	通货膨胀率	0.62	0.29	0.4	0.8	0.3	0.5	0.3	0.5
	3	实际利率	0.38	0.14	0.4	0.2	0.3	0.5	0.3	0.5
	4	综合分析	0.59	1	0.5	1	0.25	1	0.25	1
$C\to D$	1	总产出增长率	0.4	0.57	0.4	1	0.3	0	0.3	0
	2	通货膨胀率	0.32	0.29	0.4	0.8	0.3	0	0.3	0
	3	实际利率	0.08	0.14	0.4	0.2	0.3	0	0.3	0
	4	综合分析	0.33	1	0.5	1	0.25	1	0.25	1
$D\to E$	1	总产出增长率	0.2	0.57	0.4	0.5	0.3	0	0.3	0
	2	通货膨胀率	0.2	0.29	0.4	0.5	0.3	0	0.3	0
	3	实际利率	0.2	0.14	0.4	0.5	0.3	0	0.3	0
	4	综合分析	0.2	1						

第 4 节　黄金期货定价方法别论

从 2001 年的“9・11”事件开始，黄金价格由 20 多年的下降趋势转为上升方向。到 2011 年下半年，黄金价格已持续上涨了 10 年，当时，业界普遍思考的一个问题是：黄金价格还能上涨多高、持续多久？我们一直都在关注这个问题，2011 年 7 月，第一次提出黄金价格在未来一年内，由上升趋势变为下降趋势的可能性在加大。2012 年 9 月，完成了正式研究报告——《未来 5 年黄金价格趋势分析》，结论是：“未来 5 年，即 2012～2016 年，黄金价格的趋势是下降的可能性大于上升的可能性，近期方向模糊不清。”到 2014 年 11 月，回头看，当时的分析结论仍是有效的，人们不禁会问，分析方法是什么？剩下3年是否仍有效？

本节的主旨是：其一，以黄金期货为例，应用“X六要素周期结构模型”，分析商品期货价格未来一段时间变化趋势的可能性；其二，分析如何持续跟踪研究商品期货价格未来一段时间变化趋势的可能性。

一、“未来一段时间”的确定

因为黄金在历史上充当过货币，在人们的观念或意识中，它仍具有货币属性，具有避险功用。所以，黄金是一种特殊金融产品。“综合模糊理论”的主要观点是：当下，价格是否合理无法完全确定；未来某时点，价格也无法准确预测；金融投资决策的核心是，判断价格未来一段时间变化趋势的可能性。因此，首先要根据研究对象的性质，确定“未来一段时间”的长度。2012年9月的研究报告（以下简称“2012报告”）取“未来一段时间”为5年，即2012～2017年。2014年11月的研究报告（以下简称“2014报告”）取“未来一段时间”为3年，即2014～2017年。这样取“未来一段时间”的原因是：

(1)美国和中国是当今世界主要经济大国，两国的政治周期是4～5年。其中，美国一届政府的任期是4年，中国一届政府的任期为5年。2012年和2017年，都是两国政府换届的关键年。

(2)美国和中国经济周期的单边长度为5年左右。两国自2008年始，同时进入经济收缩阶段，到2012年已有5个年头，至2017年恰是金融危机后的第二个5年。

(3)黄金项目的投资周期是5年左右。大型黄金项目从筹备建设到投产运行，一般需要5年左右的时间。2011年9月的黄金价格创历史新高后，黄金生产企业的投资策略也随之发生了根本性的改变。

二、模型选取与单因素性质分析

“综合模糊理论”有2个分析黄金价格未来一段时间变化趋势可能性的模型——“X三要素周期结构模型”和“X六要素周期结构模型”。之前的应用案例多是“X三要素周期结构模型”，本节选取“X六要素周期结构模型”作为示范案例。

“X六要素周期结构模型”的详细内容参见第3章第3节。根据对黄金特性的认识，选取影响黄金价格的主要因素及其性质分析，说明如下：

1. x_1：美国因素是影响黄金价格趋势的第一重要等级因素。

(1)“2012报告”。黄金价格以美元定价，美国是当今世界上唯一的超级大国。这就是把美国因素作为影响黄金价格趋势的最重要因素的依据。国际经济的后面是国际政治，政治又服务于各自的经济。近一个世纪以来，国际经济、政治重大事项，无不与美国相关。黄金价格与美国经济、政治的变化如影随形。其中，美国的中东战略是美国因素的第一方面。中东地区的战略重要性是它的位置和它的石油。从地缘政治的角度看，中东被称为“五海四峡四湾一河之地”，是东西方、南北各国的枢纽。从资源禀赋的角度看，中东又是国际能源中心。据美国能源信息署预测，在1995～2025年间，中东石油探明储量为7 296亿桶，占世界探明储量的57.1%。当前，美国的中东战略正在经历革命性转变。以“9·11”事件为分水岭，美国的中东战略可分为两大发展阶段：自第二次世界大战结束到“9·11”事件发生前的近60年内，美国基本奉行维持现状的均势战略；“9·11”事件后，美国转而奉行全面改造中东的霸权战略，这实际也是美国对外政策从经典现实主义向进攻性现实主义的转型。[①] “9·11”事件以来，中东地区，除伊朗外，主要反美国家伊拉克、阿富汗、利比亚都发生了政权更替；叙利亚的国内战争正在进行中，反美势力受到了极大的打击。美国的中东霸权地位得到了进一步提升。

美国国内的经济态势是美国因素的第二方面。2008年发生在美国的金融危机，使美国经济中存在的风险得到了很大的释放，经过近5年的调整，从目前的状态看，未来的发展趋势至少不会比现在更坏。

美国重返亚太战略是美国因素的第三方面。从地缘政治的角度看，现在中国在亚太地区有较大的影响力，美国作为世界唯一超级大国必须重新夺回这个关键地区的影响力。在地缘经济方面，亚太地区目前是世界上经济最活跃的地区，美国一定要介入其中。从国内利益集团方面考虑，中东战事已近尾声，亚太地区适度紧张，有利于军队预算的降低，也有利于军工产品的出口。在亚太地区能否爆发中美之战？金灿荣教授认为：中美关系的走向是回到正常状态，合作与

---

① 参见田文林：《美国的中东战略及其历史命运》，《现代国际关系》2006年第8期。

竞争并存,斗而不破。[①] 因此,美国重返亚太战略,对美国而言,既可提高自身影响力,也能增强自身的经济实力。

以上三个方面对黄金价格趋势的影响是反方向关系。综合判断,美国因素对黄金价格未来5年趋势的影响,处于"X单因素周期结构图"中的$C \rightarrow D$阶段(见图2.3.1)。应用式(3.1.3)分析美国因素对黄金价格未来5年趋势的影响。式(3.1.3)中,令$x=x_1$,各参数的取值及$\mu\left[\frac{\mathrm{d}x_1(\Delta t)}{\mathrm{d}t}\right]$的计算结果详见表13.4.1。

表13.4.1 "因素x_1未来一段时间变化趋势可能性"的计算(1)

$\mu\left[\frac{\mathrm{d}x_1(\Delta t)}{\mathrm{d}t}\right]$	$x(t)$		$\frac{\mathrm{d}x(t)}{\mathrm{d}t}$		$\frac{\mathrm{d}^2x(t)}{\mathrm{d}t^2}$		$G(x)$	
	权重	隶属度	权重	隶属度	权重	隶属度	$\underline{G}$	$\overline{G}$
0.34	0.5	0.8	0.25	0	0.25	0	0.8	0.9

由表13.4.1可知:

$$\mu\left[\frac{\mathrm{d}x_1(\Delta t)}{\mathrm{d}t}\right]=0.34<0.5,\text{性质隶属于"--"} \qquad (13.4.1)$$

(2)"2014报告"。到2014年11月,美国经济比2012年9月有了进一步改善。金融危机发生6年后,美国经济复苏的势头增强:①非常规能源革命方兴未艾。2008～2013年,美国原油产量增长50%,天然气增产20%以上。美国页岩气日产量从2007年的30亿立方英尺(1立方英尺≈28.3立方分米)增至2012年的240亿立方英尺,年均增长51%。同期,页岩气产量占美国天然气总产量的比重从5%提高到36%。得益于非常规天然气尤其是页岩气开发技术的突破,美国天然气产量已超过俄罗斯,成为全球最大的天然气生产国。据国际能源署(IEA)推断,2014年美国产油量将是860万桶/日,2019年产油量有望达到960万桶/日的水平,到2020年将超过1000万桶/日,成为世界最大产油国。据预计,2020年美国的原油等进口比重将降至25%,到2030年,美国可能成为原油净出口国。[②] ②失业率逐渐下降。2012年9月失业率是7.8%,2014年11月失业率则为5.8%,下降趋势明显(见图13.4.1)。③GDP增长率稳定增长。

---

① 参见金灿荣:《美国为何高调重返亚太》,2012年1月15日,http://opinion.china.com.cn/opinion_55_32355.html。

② 参见甄炳禧:《美国经济新增长点与中国的应对》,《国际问题研究》2014年第3期。

2012 年 9 月 GDP 增长率为 2.8%，2014 年 9 月 GDP 增长率是 3.5%（见图 13.4.2）。(4)股市不断创新纪录。2012 年 9 月道琼指数达 13 459 点，2014 年 11 月道琼指数为 17 864 点（见图 13.4.3）。未来一个时期，美国的经济增长有望“提挡”加速。

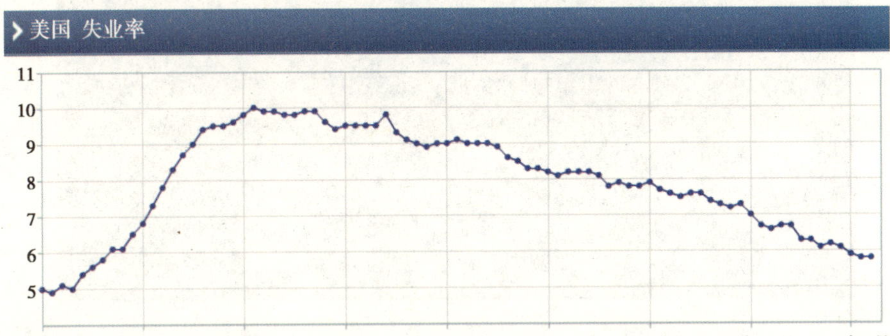

图 13.4.1　2008～2014 年美国的失业率状况①

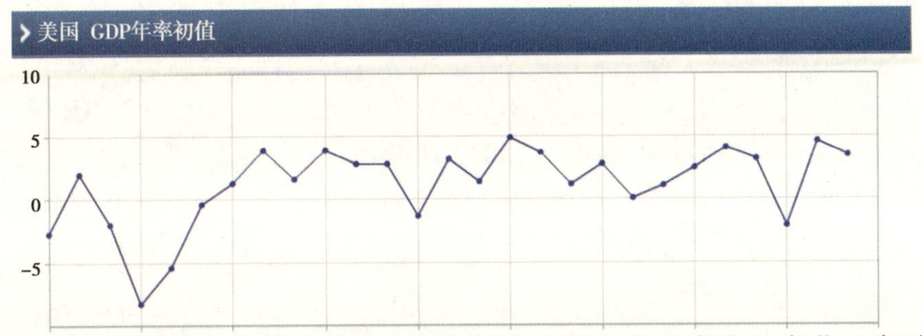

图 13.4.2　2008～2014 年美国 GDP 增长率状况②

① 图片来自“东方财富网”。

② 图片来自“东方财富网”。

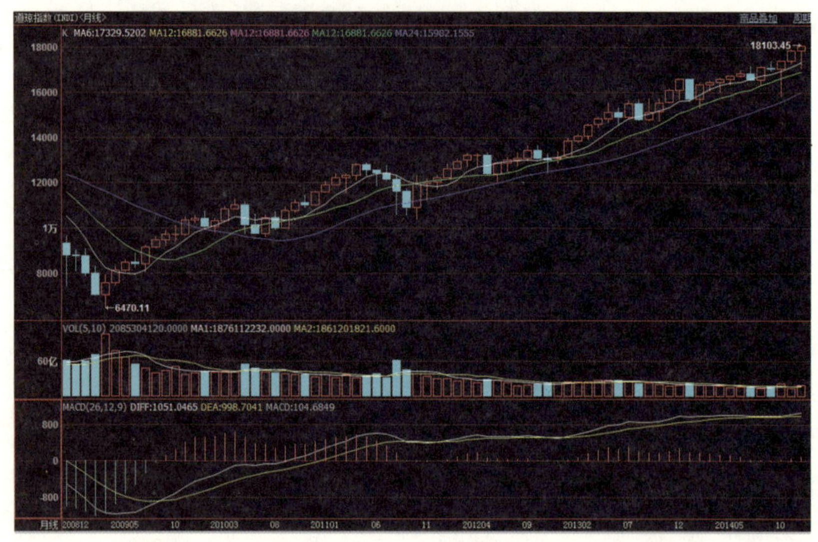

图 13.4.3 2008～2014 年美国道琼斯指数月 K 线①

中东的战略地位有下降的倾向。近一个世纪以来，中东是全球热点多发带和油气资源富集带，是大国博弈的主要场所。在美国的全球战略中，中东具有十分重要的地位。中东地区与全球其他地区一样，美国的主要目标有三个层次——国家安全、经济利益和美国的价值观。鉴于发动阿富汗和伊拉克两场战争的教训，加之国内财政压力、政治极化以及非常规能源革命的兴起，美国降低了对中东石油的依赖。奥巴马政府在战略目标的优先选择上，把国家安全和经济利益放在优先地位，以改小布什政府把民主化目标放在首位的做法。对于国际事务，由"主导"转向"管理"。主要表现为：退出反恐战争，不轻易动武或军事介入，重塑议题转嫁负担，多边外交，依赖现存国际架构，创设新制度，力量重点调整等。利比亚危机、叙利亚危机、乌克兰危机，就充分说明了这一点。

美国重返亚太战略继续维持"2012 报告"的判断。

以上三个方面对黄金价格趋势的影响是反方向关系。综合判断，美国因素对黄金价格未来 3 年趋势的影响，处于"X 单因素周期结构图"中的 $D \to E$ 阶段(见图 2.3.1)。应用式(3.1.3)分析美国因素对黄金价格未来 3 年趋势的影响。

① 图片来自"海通期货-博易大师"。

式(3.1.3)中，令 $x=x_1$，各参数的取值及 $\mu\left[\frac{\mathrm{d}x_1(\Delta t)}{\mathrm{d}t}\right]$ 的计算结果详见表 13.4.2。

表 13.4.2　"因素 x_1 未来一段时间变化趋势可能性"的计算(2)

$\mu\left[\frac{\mathrm{d}x_1(\Delta t)}{\mathrm{d}t}\right]$	$x(t)$		$\frac{\mathrm{d}x(t)}{\mathrm{d}t}$		$\frac{\mathrm{d}^2x(t)}{\mathrm{d}t^2}$		$G(x)$	
	权重	隶属度	权重	隶属度	权重	隶属度	$\underline{G}$	$\overline{G}$
0.21	0.5	0.5	0.25	0	0.25	0	0.8	0.9

由表 13.4.2 可知：

$$\mu\left[\frac{\mathrm{d}x_1(\Delta t)}{\mathrm{d}t}\right]=0.21<0.5\text{，性质隶属于“--”} \tag{13.4.2}$$

2. x_2：国际投机资本流向是影响黄金价格趋势的第二重要等级因素。

(1)"2012 报告"。价格是货币现象。黄金价格的短期趋势由国际投机资本流向决定，向黄金市场流入的资金多，价格就上涨；反之亦然。黄金价格 K 线图是国际投机资本对黄金价格未来的趋势变化所作出的反应(见图 13.4.4)。60 个月价格均线趋势恰是 5 年黄金价格趋势。至 2012 年 10 月 25 日，所作判断是，黄金价格位于"X 单因素周期结构图"中的 $A\rightarrow B$ 阶段(见图 2.3.1)。应用式(3.1.3)分析国际投机资本对黄金价格未来 5 年趋势的影响。式(3.1.3)中，令 $x=x_2$，各参数的取值及 $\mu\left[\frac{\mathrm{d}x_2(\Delta t)}{\mathrm{d}t}\right]$ 的计算结果详见表 13.4.3。

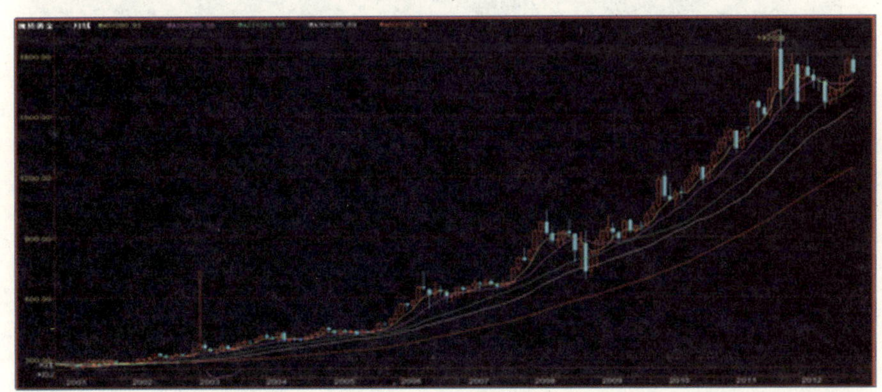

图 13.4.4　"2012 报告"黄金价格月 K 线[①]

① 图片来自"海通期货-博易大师"。

表 13.4.3　　“因素 x_2 未来一段时间变化趋势可能性”的计算(1)

$\mu\left[\frac{\mathrm{d}x_2(\Delta t)}{\mathrm{d}t}\right]$	$x(t)$		$\frac{\mathrm{d}x(t)}{\mathrm{d}t}$		$\frac{\mathrm{d}^2 x(t)}{\mathrm{d}t^2}$		$G(x)$	
	权重	隶属度	权重	隶属度	权重	隶属度	$\underline{G}$	$\overline{G}$
0.68	0.2	0.5	0.4	1	0.4	0.75	0.8	0.9

由表 13.4.3 可知：

$$\mu\left[\frac{\mathrm{d}x_2(\Delta t)}{\mathrm{d}t}\right]=0.68>0.5,\text{性质隶属于“—”} \qquad (13.4.3)$$

(2)“2014 报告”。国际投机资本流向对黄金价格趋势的影响，继续维持“2012 报告”的判断。到 2014 年 11 月底，所作判断是，黄金价格位于”X 单因素周期结构图”中的 $D\to E$ 阶段(见图 2.3.1)。月 K 线如图 13.4.5 所示。应用式(3.1.3)分析国际投机资本对黄金价格未来 3 年趋势的影响。式(3.1.3)中，令 $x=x_2$，各参数的取值及 $\mu\left[\frac{\mathrm{d}x_2(\Delta t)}{\mathrm{d}t}\right]$ 的计算结果详见表 13.4.4。

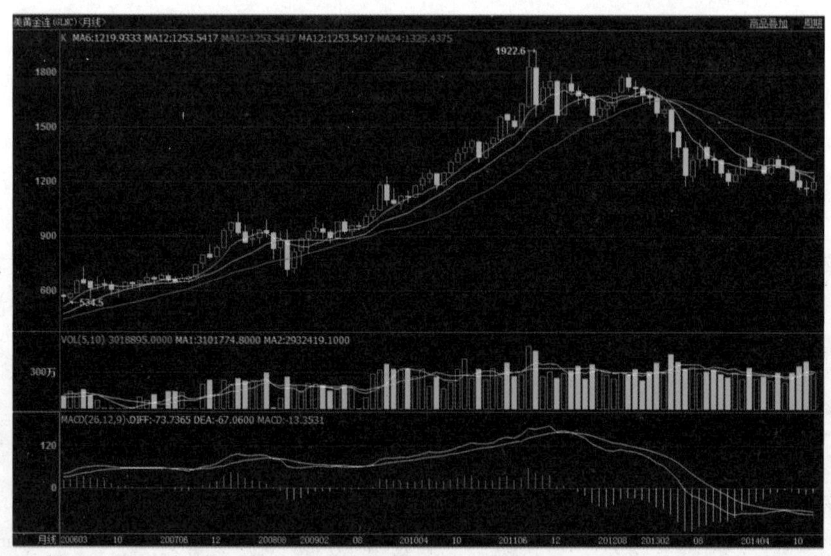

图 13.4.5　“2014 报告”黄金价格月 K 线①

① 图片来自“海通期货-博易大师”。

表 13.4.4　　"因素 x_2 未来一段时间变化趋势可能性"的计算(2)

$\mu\left[\frac{dx_2(\Delta t)}{dt}\right]$	$x(t)$		$\frac{dx(t)}{dt}$		$\frac{d^2x(t)}{dt^2}$		$G(x)$	
	权重	隶属度	权重	隶属度	权重	隶属度	$\underline{G}$	$\overline{G}$
0.22	0.2	0.5	0.4	0	0.4	0.4	0.8	0.9

由表 13.4.4 可知：

$$\mu\left[\frac{dx_2(\Delta t)}{dt}\right]=0.22<0.5,\text{性质隶属于“--”} \tag{13.4.4}$$

3. x_3：美元趋势是影响黄金价格趋势的第三重要等级因素。

(1) "2012 报告"。黄金价格以美元定价，美元趋势与黄金价格趋势的关系，逻辑上是反方向关系。美元趋势大体反映了美国经济的状况，美国实体经济趋好，资本流向实体经济和资本市场，流入黄金市场的资金减少或是负增长，因而不利于黄金价格的上涨。2008 年金融危机以来，美国经济经过近 5 年的调整，从目前的状态看，未来的发展趋势呈非下降方向。

图 13.4.6 反映了到 2012 年 10 月美国实体经济和美联储的货币政策状况。综合判断，美元指数对黄金价格未来 5 年的趋势影响，处于"X 单因素周期结构图"中的 F 点邻域(见图 2.3.1)。应用式(3.1.3)分析美元指数对黄金价格未来 5 年趋势的影响。式(3.1.3)中，令 $x=x_3$，各参数的取值及 $\mu\left[\frac{dx_3(\Delta t)}{dt}\right]$ 的计算结果详见表 13.4.5。

影响美元趋势的另一个重要因素是美联储的货币政策。2008 年 12 月 16 日，美联储决定将联邦基金利率，即商业银行间隔夜拆借利率降到历史最低的 0～0.25%。同时，于 2008 年 9 月、2010 年 4 月和 2012 年 9 月，三次实施量化宽松的货币政策，向市场三次提供流动性。从美联储的货币政策看，当前对黄金价格影响的有利程度达到了极限，未来趋势是向不利方向发展。

表 13.4.5　　"因素 x_3 未来一段时间变化趋势可能性"的计算(1)

$\mu\left[\frac{dx_3(\Delta t)}{dt}\right]$	$x(t)$		$\frac{dx(t)}{dt}$		$\frac{d^2x(t)}{dt^2}$		$G(x)$	
	权重	隶属度	权重	隶属度	权重	隶属度	$\underline{G}$	$\overline{G}$
0.43	0.4	0.9	0.3	0	0.3	0.5	0.8	0.9

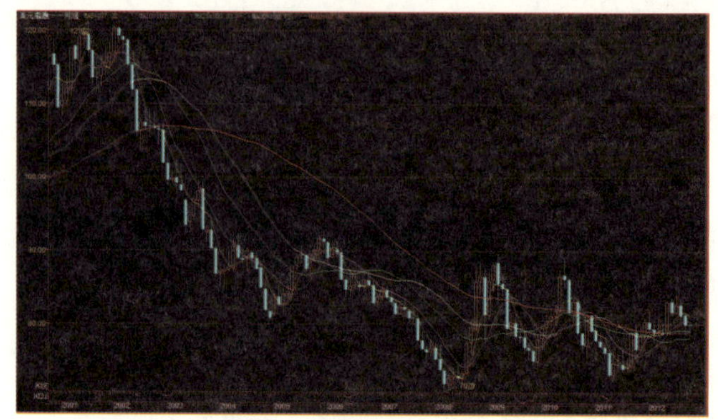

图 13.4.6 “2012 报告”美元指数月 K 线[①]

由表 13.4.5 可知：

$$\mu\left[\frac{\mathrm{d}x_3(\Delta t)}{\mathrm{d}t}\right]=0.43<0.5,\text{性质隶属于“--”} \tag{13.4.5}$$

(2)“2014 报告”。至 2014 年 11 月，影响美元趋势的主要因素，较之“2012 报告”有较大变化。到 2014 年 11 月，美国经济比 2012 年 9 月有了进一步改善，未来 3 年的经济增长有望“提挡”加速；在货币政策方面，美联储 2014 年 10 月 28～29 日的货币政策会议决定：在本月结束购买资产计划，并维持联邦基金利率目前的 0～0.25%目标。美元指数从 2014 年 7 月始，步入上升趋势通道(见图 13.4.7)。

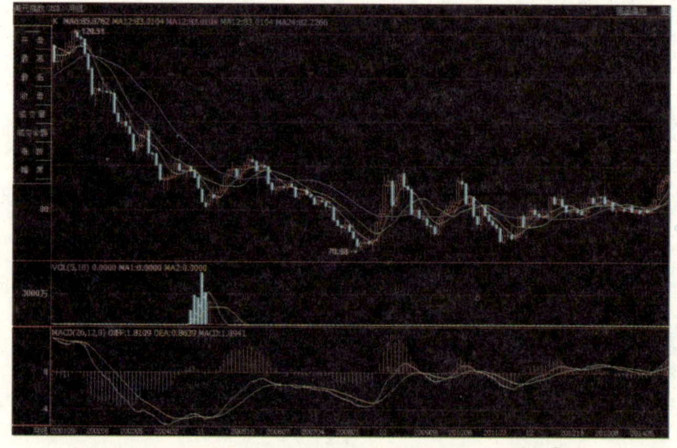

图 13.4.7 “2014 报告”美元指数月 K 线[②]

① 图片来自“海通期货-博易大师”。

② 图片来自“海通期货-博易大师”。

综合判断，美元指数对黄金价格未来 3 年趋势的影响，处于“X 单因素周期结构图”中的 $F \to G$ 阶段（见图 2.3.1）。应用式（3.1.3）分析美元指数对黄金价格未来 3 年趋势的影响。式（3.1.3）中，令 $x=x_3$，各参数的取值及 $\mu\left[\frac{dx_3(\Delta t)}{dt}\right]$ 的计算结果详见表 13.4.6。

表 13.4.6　“因素 x_3 未来一段时间变化趋势可能性”的计算(2)

$\mu\left[\frac{dx_3(\Delta t)}{dt}\right]$	$x(t)$		$\frac{dx(t)}{dt}$		$\frac{d^2x(t)}{dt^2}$		$G(x)$	
	权重	隶属度	权重	隶属度	权重	隶属度	$\underline{G}$	$\overline{G}$
0.3	0.4	0.8	0.3	0	0.3	0	0.9	1.0

由表 13.4.6 可知：

$$\mu\left[\frac{dx_3(\Delta t)}{dt}\right]=0.3<0.5\text{，性质隶属于“--”} \qquad (13.4.6)$$

4. x_4：世界经济趋势是影响黄金价格趋势的第四重要等级因素。

（1）“2012 报告”。世界经济趋势与黄金价格趋势的逻辑关系是：世界经济趋势与黄金价格趋势呈反方向关系。世界经济趋好，国际投机资本流向实体经济和资本市场，对黄金价格的上升是负面作用。2008 年金融危机以来，世界经济的最坏时期已经过去，主要经济体新的经济增长点尚未出现。

综合判断，世界经济对黄金价格未来 5 年趋势的影响，处于“X 单因素周期结构图”中的 F 点邻域（见图 2.3.1）。应用式（3.1.3）分析世界经济对黄金价格未来 5 年趋势的影响。式（3.1.3）中，令 $x=x_4$，各参数的取值及 $\mu\left[\frac{dx_4(\Delta t)}{dt}\right]$ 的计算结果详见表 13.4.7。

表 13.4.7　“因素 x_4 未来一段时间变化趋势可能性”的计算(1)

$\mu\left[\frac{dx_4(\Delta t)}{dt}\right]$	$x(t)$		$\frac{dx(t)}{dt}$		$\frac{d^2x(t)}{dt^2}$		$G(x)$	
	权重	隶属度	权重	隶属度	权重	隶属度	$\underline{G}$	$\overline{G}$
0.43	0.4	0.5	0.3	0.5	0.3	0.5	0.8	0.9

由表 13.4.7 可知：

$$\mu\left[\frac{\mathrm{d}x_4(\Delta t)}{\mathrm{d}t}\right]=0.43<0.5\text{，性质隶属于“--”} \tag{13.4.7}$$

(2)“2014 报告”。世界经济趋势与黄金价格趋势的逻辑关系，与“2012 报告”相同。世界经济趋势，中国人民银行中国货币政策执行报告(2014 年第三季度)认为：从总体看，全球经济继续呈现分化态势，但仍处在温和复苏轨道。

综合判断，世界经济对黄金价格未来 3 年趋势的影响，处于“X 单因素周期结构图”中的 $F\to G$ 阶段(见图 2.3.1)。应用式(3.1.3)分析世界经济对黄金价格未来 3 年趋势的影响。式(3.1.3)中，令 $x=x_4$，各参数的取值及 $\mu\left[\frac{\mathrm{d}x_4(\Delta t)}{\mathrm{d}t}\right]$ 的计算结果详见表 13.4.8。

表 13.4.8　“因素 x_4 未来一段时间变化趋势可能性”的计算(2)

$\mu\left[\frac{\mathrm{d}x_4(\Delta t)}{\mathrm{d}t}\right]$	$x(t)$		$\frac{\mathrm{d}x(t)}{\mathrm{d}t}$		$\frac{\mathrm{d}^2x(t)}{\mathrm{d}t^2}$		$G(x)$	
	权重	隶属度	权重	隶属度	权重	隶属度	$\underline{G}$	$\overline{G}$
0.23	0.4	0.3	0.3	0	0.3	0.5	0.8	0.9

由表 13.4.8 可知：

$$\mu\left[\frac{\mathrm{d}x_4(\Delta t)}{\mathrm{d}t}\right]=0.23<0.5\text{，性质隶属于“--”} \tag{13.4.8}$$

5. x_5：科技创新是影响黄金价格趋势的第五重要等级因素。

(1)“2012 报告”。科技创新与黄金价格趋势的逻辑关系是：新的重大科技创新与黄金价格的趋势呈反方向关系。新的重大科技创新，将带来实体经济的增长，或已有产品的替代，或新资源、新材料的开发，这些对黄金价格趋势的影响都是负面效应。当前，尚未出现具有重要影响的新科技创新技术。

综合判断，科技创新对黄金价格未来 5 年趋势的影响，处于“X 单因素周期结构图”中的 F 点附近(见图 2.3.1)。应用式(3.1.3)分析科技创新对黄金价格未来 5 年趋势的影响。式(3.1.3)中，令 $x=x_5$，各参数的取值及 $\mu\left[\frac{\mathrm{d}x_5(\Delta t)}{\mathrm{d}t}\right]$ 的计算结果详见表 13.4.9。

表 13.4.9　“因素 x_5 未来一段时间变化趋势可能性”的计算(1)

$\mu\left[\frac{dx_5(\Delta t)}{dt}\right]$	$x(t)$		$\frac{dx(t)}{dt}$		$\frac{d^2x(t)}{dt^2}$		$G(x)$	
	权重	隶属度	权重	隶属度	权重	隶属度	$\underline{G}$	$\overline{G}$
0.5	0.2	0.5	0.4	0.5	0.4	0.5	1.0	1.0

由表 13.4.9 可知：

$$\mu\left[\frac{dx_5(\Delta t)}{dt}\right]=0.5,\text{性质隶属于“--”} \tag{13.4.9}$$

(2)“2014 报告”。科技创新与黄金价格趋势的逻辑关系，与“2012 报告”相同。近年来，非常规能源的开发、大数据技术的应用以及 3D 打印机等，给世界经济增加了新增长点。综合判断，科技创新对黄金价格未来 3 年趋势的影响，处于“X 单因素周期结构图”中的 $F \to G$ 阶段(见图 2.3.1)。应用式(3.1.3)，分析科技创新对黄金价格未来 3 年趋势的影响。式(3.1.3)中，令 $x=x_5$，各参数的取值及 $\mu\left[\frac{dx_5(\Delta t)}{dt}\right]$ 的计算结果详见表 13.4.10。

表 13.4.10　“因素 x_5 未来一段时间变化趋势可能性”的计算(2)

$\mu\left[\frac{dx_5(\Delta t)}{dt}\right]$	$x(t)$		$\frac{dx(t)}{dt}$		$\frac{d^2x(t)}{dt^2}$		$G(x)$	
	权重	隶属度	权重	隶属度	权重	隶属度	$\underline{G}$	$\overline{G}$
0.35	0.2	0.4	0.4	0.4	0.4	0.5	0.7	0.9

由表 13.4.10 可知：

$$\mu\left[\frac{dx_5(\Delta t)}{dt}\right]=0.35<0.5,\text{性质隶属于“--”} \tag{13.4.10}$$

6. x_6：国际金融体系变革是影响黄金价格趋势的第六重要等级因素。

(1)“2012 报告”。现行的世界货币金融体系，是以国家信誉为基础，以美元为中心的国际货币体系。该体系存在着其自身无法克服的内在矛盾：国际贸易和国际储备资产不能同时达到平衡。由此出现的结果是：美国利用美元在国际货币体系中的优势地位，在对外贸易中掠夺他国财富；美国经济日益空心化、虚拟化；在应对金融危机的过程中，频繁利用货币贬值来转嫁自身危机，加重对世界各国的剥削。

从发展方向看，改革现行的世界货币金融体系是发展的必然，然而，现行的世界货币金融体系仍可持续相当长的时间。原因是：①现行体制符合当代主要经济体的核心利益；②当代主要经济体有 2 万吨以上的黄金储备；③当代主要经济体有强大的军事实力做后盾。

综合判断，国际货币体系对黄金价格未来 5 年趋势的影响，处于“X 单因素周期结构图”中的 $C\to D$ 阶段（见图 2.3.1）。应用式（3.1.3）分析推断国际货币体系对黄金价格未来 5 年趋势的影响。式（3.1.3）中，令 $x=x_6$，各参数的取值及 $\mu\left[\frac{\mathrm{d}x_6(\Delta t)}{\mathrm{d}t}\right]$ 的计算结果详见表 13.4.11。

表 13.4.11　“因素 x_6 未来一段时间变化趋势可能性”的计算

$\mu\left[\frac{\mathrm{d}x_6(\Delta t)}{\mathrm{d}t}\right]$	$x(t)$		$\frac{\mathrm{d}x(t)}{\mathrm{d}t}$		$\frac{\mathrm{d}^2x(t)}{\mathrm{d}t^2}$		$G(x)$	
	权重	隶属度	权重	隶属度	权重	隶属度	$\underline{G}$	$\overline{G}$
0.59	0.5	1	0.25	0	0.25	0.5	0.9	1.0

由表 13.4.11 可知：

$$\mu\left[\frac{\mathrm{d}x_6(\Delta t)}{\mathrm{d}t}\right]=0.59>0.5\text{，性质隶属于“—”} \tag{13.4.11}$$

（2）“2014 报告”。国际货币体系与黄金价格趋势的逻辑关系、分析结论，与“2012 报告”相同。

三、综合分析

设现在时刻（t）的黄金价格 $Y(t)$ 与影响因素间的关系记作

$$Y(t)=f[x_i(t)\mid x_1\geqslant x_2\geqslant x_3\geqslant x_4\geqslant x_5\geqslant x_6]=f(t) \tag{13.4.12}$$

再定义，黄金价格 Y 在“未来一段时间（时间长度为 Δt）变化趋势的可能性” $\mu\left[\frac{\mathrm{d}Y(\Delta t)}{\mathrm{d}t}\right]$，由各个影响因素在“未来一段时间（时间长度为 Δt）变化趋势的可能性” $\mu\left[\frac{\mathrm{d}x_i(\Delta t)}{\mathrm{d}t}\right]$ 共同决定，记作

$$\mu\left[\frac{\mathrm{d}Y(\Delta t)}{\mathrm{d}t}\right]=\sum_{i=1}^{6}\lambda_i\cdot\mu\left[\frac{\mathrm{d}x_i(\Delta t)}{\mathrm{d}t}\right] \tag{13.4.13}$$

式中，$\lambda_i(i=1,2,\cdots,6)$ 是影响因素 $x_i(i=1,2,\cdots,6)$ 对黄金价格 Y，在“未来一段

时间(时间长度为 Δt)变化趋势可能性"的重要性权重,由式(3.3.6)确定,记作

$$\lambda_1=0.508,\quad \lambda_2=0.254,\quad \lambda_3=0.127,\quad \lambda_4=0.063,\quad \lambda_5=0.032,\quad \lambda_6=0.016 \tag{13.4.14}$$

将本节第二部分已完成的各个影响因素在"未来一段时间(时间长度为 Δt)变化趋势的可能性"$\mu\left[\dfrac{\mathrm{d}x_i(\Delta t)}{\mathrm{d}t}\right]$,以及式(13.4.14),代入式(13.4.13),就可得到:

(1)"2012 报告"的结论。黄金价格未来 5 年(2012～2016 年)趋势的隶属度为

$$\mu\left[\frac{\mathrm{d}Y(\Delta t)}{\mathrm{d}t}\right]=0.45 \tag{13.4.15}$$

式(13.4.15)是数学逻辑的结论,隶属度为 0.45,小于 0.5,趋近于 0.5。依据隶属度的含义,意味着 2012～2016 年黄金价格下降趋势的可能性稍大于上升趋势的可能性。

结论的"图像式"表示——影响因素属性的"二元六维图像"是"䷃"。由"X 六要素周期结构图"(见图 2.2.4)可以看出,该图像处于周期下降的初中期阶段,未来的发展趋势是继续下降的可能性大于上升的可能性。

综合黄金价格未来变化趋势的隶属度及影响因素属性的"二元六维图像",可得结论是:未来 5 年,即 2012～2016 年,黄金价格的趋势是下降的可能性大于上升的可能性。

(2)"2014 报告"的结论。黄金价格未来 3 年(2014～2016 年)趋势的隶属度为

$$\mu\left[\frac{\mathrm{d}Y(\Delta t)}{\mathrm{d}t}\right]=0.24 \tag{13.4.16}$$

式(13.4.16)的隶属度 0.24 介于 0 与 0.5 之间。依据隶属度的含义,黄金价格未来的变化趋势是下降的可能性远大于上升的可能性。

结论的"图像式"表示——影响因素属性的"二元六维图像"为"䷖"。此图像位于"X 六要素周期结构图"下降的末期阶段,意味着未来的趋势是下降方向,不过,是下降的末期阶段。该阶段趋近于数学逻辑与辩证逻辑相矛盾、以辩证逻辑为主的状态,在应用中要特别注意。

第5节　期权定价方法别论

本节的主要工作是，根据期权的定义、制度安排，简析现行定价方法的不足，建立新的期权定价模型。

一、期权合约的主要特点

1.期权的含义。期权是给予持有者在未来某一时间或之前，按约定价格购买或出售某一资产的权利。购买某一资产的权利称为“买入期权”，购买期权者称为“多头”；出售某一资产的权利称为“卖出期权”，出售期权者则称为“空头”。

投资者为购买期权合同所支付的费用称为“期权费”或“期权价格”，以 P_p 表示；设基础资产的市场价格为 P_s，X 代表期权的履约价格。则期权的内在价值与基础资产的市场价格、期权的履约价格之间的结构关系如下：

买入期权的内在价值为

$$V_p(t)=\mathrm{Max}[0,P_s(t)-X] \tag{13.5.1}$$

卖出期权的内在价值为

$$V_p(t)=\mathrm{Max}[0,X-P_s(t)] \tag{13.5.2}$$

在“趋利避害”之“人性公理”的驱动下，同一时刻，期权的价格收敛于期权的内在价值，两者的关系记作

$$|P_p(t)-V_p(t)|<\varepsilon\geqslant 0 \tag{13.5.3}$$

2.期权的基本特征是：

(1)较好的流动性：期权是在交易所交易、标准化的合约，可保证有较好的流动性。

(2)较小的风险：期权设有行使权力的到期日期，交易实行保证金制度和每日交割结算制度，与远期合约比较，发生信用风险和违约风险的可能性较小。

(3)损失可控：投资者可通过选择不行使期权来限定损失。

二、期权定价方法简析

期权定价模型很多，影响最大的是 Black-Scholes 模型。该定价模型的基本

思想是：期权到期日的适当价值等于它可能取得的任何价值乘以该价值产生的概率的加总，记作

$$P_p(t)=P_s(t)N(d_1)-X\,e^{-rT}N(d_2) \tag{13.5.4}$$

式中，$P_p(t)$为当下买入的期权价格；$P_s(t)$为当下现货价格；r为无风险投资收益率；$N(d)$为标准正态分布小于d的概率；T为距离到期日的时间。

Black-Scholes 模型，西方金融学界给予了很高评价，视为金融学的里程碑，斯科尔斯（Myron Scholes）和默顿（Robert C. Merton）也因此获得 1997 年诺贝尔经济学奖。①

本书的观点是，Black-Scholes 模型存在根本性缺陷，理由是：

（1）Black-Scholes 模型假定：期权到期日可能取得的任何价值和该价值产生的概率是已知、确定的。金融市场的本质特征是不确定性，在实践中，期权到期日可能取得的任何价值和该价值产生的概率，在多数情况下是不可观察、不可知、不确定的。这是该模型存在问题的根本所在。

（2）模型只涉及当下期权价格，对投资者来讲，期权、现货的未来价格对投资更有意义，这个重要问题没有解决。

三、期权定价方法别论

1. 期权定价基于以下基本认识：

（1）人们无法预测期权价格在未来某一时间的准确数值，只能判断其在未来一段时间变化趋势的可能性。

（2）期权价格收敛于其内在价值。

2. 期权定价：基础资产价格与期权价格之间的空间结构关系。当下，期权价格、基础资产价格和期权履约价格，是可观察、已知的。投资者更关注的是，未来的期权价格和基础资产价格。期权市场的制度安排，决定了当前及到期日期权价格收敛于其内在价值。以买入期权为例，当下，期权价格与期权内在价值的结构关系记作

$$|P_p(t)-[P_s(t)-X]|<\varepsilon\geqslant 0 \tag{13.5.5}$$

或表示为

$$P_p(t)\approx P_s(t)-X \tag{13.5.6}$$

以买入期权为例，到期日，期权价格与期权内在价值的结构关系记作

① Fischer Black 于 1995 年去世，因而没有获得 1997 年诺贝尔经济学奖。

$$|P_p(\Delta t)-[P_s(\Delta t)-X]|<\varepsilon\geqslant 0 \tag{13.5.7}$$

或表示为

$$P_p(\Delta t)\approx P_s(\Delta t)-X \tag{13.5.8}$$

式中，$P_p(\Delta t)$为到期日的期权价格；$P_s(\Delta t)$为到期日的基础资产价格；其他符号的含义同前。

到期日的期权价格与当前期权价格之间的空间结构关系是：当下至到期日，期权价格的未来变化趋势，可由到期日的期权价格与当下期权价格之差，与当前至到期日的时间之比来表示，记作

$$\frac{\mathrm{d}P_p}{\mathrm{d}t}=\lim_{\Delta t\to 0}\frac{P_p(\Delta t)-P_p(t)}{\Delta t} \tag{13.5.9}$$

将式(13.5.6)和式(13.5.8)代入式(13.5.9)，可得

$$\frac{\mathrm{d}P_p}{\mathrm{d}t}=\lim_{\Delta t\to 0}\frac{P_s(\Delta t)-P_s(t)}{\Delta t}=\frac{\mathrm{d}P_s}{\mathrm{d}t} \tag{13.5.10}$$

式中，$\frac{\mathrm{d}P_p}{\mathrm{d}t}$为期权价格未来一段时间的变化趋势；$\frac{\mathrm{d}P_s}{\mathrm{d}t}$为基础资产价格未来一段时间的变化趋势；其他符号的含义同前。

由式(13.5.10)，有如下启示：

(1)当下至到期日，期权价格未来一段时间的变化趋势与基础资产价格未来一段时间的变化趋势相同。换言之，研究期权价格在未来一段时间变化趋势的本质，就是研究基础资产价格在未来一段时间的变化趋势。

(2)期权价格未来一段时间的变化趋势，或基础资产价格未来一段时间变化趋势可能性的分析，对期权投资决策具有重要意义。例如：买入期权的投资条件是，判断基础资产价格未来一段时间的变化趋势是上升方向；卖出期权的投资条件是，判断基础资产价格未来一段时间的变化趋势为下降方向。

以上是本书对期权定价的基本认识。期权定价的本质，就是分析“基础资产价格未来一段时间变化趋势的可能性”。第10章、第11章皆有案例，本节不再举例。

第6节　组合投资别论

本节在简述主流投资组合理论——马科维茨投资组合理论的基础上，建立新的组合投资方法。

一、马科维茨投资组合理论简述

马科维茨投资组合理论，[①]是主流投资学的重要理论之一，其重要贡献是，首次通过数量化方法揭示了组合投资可以降低投资风险。该理论的主要内容是：

(1)推出组合投资的预期收益率和风险的度量。

(2)说明组合投资的预期收益率是组合投资中单项资产预期收益率的加权平均。

(3)组合投资的标准差，不仅是单项资产标准差的函数，同时也是组合投资中每两项资产的收益率方差的函数。

(4)在一个较大的投资组合里，协方差是重要的因素。

有研究表明：①只有1个证券的资产组合收益率的标准差是49.2%，投资组合风险随着组合证券数目的增加而迅速下降，其极限是19.2%；② 2个证券的资产组合收益率的平均标准差是1个证券的资产组合收益率标准差的72%左右；③8个证券的资产组合收益率的平均标准差是1个证券的资产组合收益率标准差的50%左右；④20个证券的资产组合收益率的平均标准差是1个证券的资产组合收益率标准差的45%左右；⑤不小于100个证券的资产组合收益率的平均标准差是1个证券的资产组合收益率标准差的40%左右；⑥资产组合证券个数为20个以后的标准差变化很小。[②]

二、组合投资别论

马科维茨投资组合理论暗含的一个重要假设条件是，单项风险资产的可能收益率及其概率分布是已知的。这与本书的观点大相径庭——单项风险资产的可能收益率及其概率分布几乎是不可知的。

有别于马科维茨理论，本书认为投资决策只可分析风险资产的风险，而其收益率在投资前无法估计；马科维茨理论将风险分解为系统性风险与非系统性风

---

① H. Markowitz, "Portlolio Selection," *Journal of Finance*, 1952, 7(1): pp. 77-91; H. Markowitz, *Portlolio Selection—Efficient Diversification of Investments*, New York: John Wiley & Sons, 1959.

② M. Statman, "How Many Stocks Make a Diversified Portlolio", *Journal of Financial and Quantitative Analysis*, 1987, 22(3): pp. 353-363.

险，其中系统性风险无法消除，本书的观点是，投资决策的核心是对风险资产的综合分析，系统性风险也是可以避免的；按照马科维茨理论分析方法，资产组合证券个数在 20 个以上时，可有效避免非系统性风险，本书的分析结论是，如果单一证券综合分析的隶属度不小于 0.7，资产组合证券个数在 5 个以上，就可有效控制投资风险。以下是本书组合投资的分析思路：

1. 模型构建。

(1)已知条件：设证券组合可投资证券个数 $N=1,2,\cdots,n$，投资第 i 种证券的资金数量为M_i，第 i 种证券的预期收益率为r_i，第 i 种证券的优先等级为d_i，证券组合资金的数量为 M，投资分散系数为 k。

(2)构建投资组合模型：基本思想是，投资者在控制投资风险的基础上使投资收益最大化。由此可得投资组合数学模型为(只作理论分析无实际使用价值)

$$\text{Max}\, V=\sum_{i\in N} d_i \cdot M_i \cdot r_i \tag{13.6.1}$$

$$\text{s.t.}\begin{cases}\sum\limits_{i\in N} M_i \leqslant M \\ \sup\left\{\dfrac{M_i}{M}, i\in N\right\} \leqslant k < 1 \\ M_i \geqslant 0\end{cases} \tag{13.6.2}$$

式中，$d_1=\text{Max}\{\mu_i \mid N=1,2,\cdots,n\}$；$d_2=\text{Max}\{\mu_i \mid N=1,2,\cdots,n\backslash d_1\}$；…；$d_n=\text{Max}\{\mu_i \mid N=1,2,\cdots,n\backslash d_1\cup d_2\cup\cdots\cup d_{n-1}\}$；$\mu_i$ 是 i 证券“未来一段时间(时间长度为 Δt)变化趋势的可能性”，要求$\mu_i=\mu\left[\dfrac{\mathrm{d}Y_i(\Delta t)}{\mathrm{d}t}\right]\geqslant 0.7$。

(3)单个证券的最大资金数量由下式确定：

$$M_i \leqslant \frac{M\cdot k\cdot \mu_i}{\sup\{\mu_j\}},\quad i,j=1,2,\cdots,n \tag{13.6.3}$$

式中符号的含义同前。

式(13.6.3)表明，证券综合分析的隶属度越大，分配的资金比例就越多。

(4)投资组合的收益率r_R，记作

$$r_R=\sum_{i=1}^{n}\frac{M_i}{M}\cdot r_i \tag{13.6.4}$$

式中，$\dfrac{M_i}{M}$，r_i 分别是优先等级为 i 的证券的资金比例和收益率。

2. 投资组合收益与风险分析。

(1)投资组合收益率分析。尽管每个证券的预期收益率都难以准确预测，亦即投资组合收益率几乎不可预测，但是，投资组合收益率的区间是可以推断的。进行组合投资时，每个证券的收益率有高有低，甚至有的出现亏损。因此，投资组合收益率必介于单个证券最高收益率与最低收益率之间，记作

$$\inf r_i < r_R < \sup r_i,\quad i=1,2,\cdots,n \tag{13.6.5}$$

要说明的是，投资组合中的单个证券最高收益率与最低收益率也是几乎不可预测的，因此，式(13.6.5)主要是理论意义，实践意义不大。

(2)组合投资的风险分析如下：

①集中投资——只投资 1 个证券，且要求$d_1=\mu\left[\frac{\mathrm{d}Y_1(\Delta t)}{\mathrm{d}t}\right]\geqslant 0.7$。表明上升的可能性不低于 0.7，下降的可能性小于 0.3。

②投资组合仅有 2 个证券，且要求$d_1\geqslant d_2\geqslant 0.7$，则 2 个证券同时都上升的可能性为

$$\mu=d_1\cdot d_2>d_2^2=0.7^2=0.49 \tag{13.6.6}$$

式(13.6.6)表明，若投资组合仅有 2 个证券，且每个“未来一段时间(时间长度为 Δt)变化趋势的可能性”都不小于 0.7，则 2 个证券同时都上升的可能性大于 49%。同时，2 个证券都下降的可能性则为

$$\bar{\mu}=(1-d_1)\cdot(1-d_2)<(1-d_2)^2=(1-0.7)^2=0.09 \tag{13.6.7}$$

式(13.6.7)的含义是：当投资组合仅有 2 个证券，且每个证券综合分析的隶属度都不小于 0.7 时，2 个证券同时都下降的可能性小于 9%。

③投资组合有 3 个证券，且要求$d_1\geqslant d_2\geqslant d_3\geqslant 0.7$，则 3 个证券同时都上升的可能性为

$$\mu=d_1\cdot d_2\cdot d_3>d_3^3=0.7^3=0.343 \tag{13.6.8}$$

3 个证券同时都下降的可能性则为

$$\bar{\mu}=(1-d_1)\cdot(1-d_2)\cdot(1-d_3)<(1-d_3)^3=(1-0.7)^3=0.027 \tag{13.6.9}$$

式(13.6.8)和式(13.6.9)的含义是：投资组合有 3 个证券，且要求每个证券综合分析的隶属度都不小于 0.7 时，3 个证券同时都上升的可能性大于 34.3%，3 个证券同时都下降的可能性小于 2.7%。

④投资组合有 5 个证券，且要求 $d_1\geqslant d_2\geqslant d_3\geqslant d_4\geqslant d_5\geqslant 0.7$，则 5 个证券同

时都上升的可能性为

$$\mu = d_1 \cdot d_2 \cdot d_3 \cdot d_4 \cdot d_5 > d_5^5 = 0.7^5 = 0.168 \tag{13.6.10}$$

与此同时，5个证券同时都下降的可能性则为

$$\bar{\mu} = (1-d_1) \cdot (1-d_2) \cdot (1-d_3) \cdot (1-d_4) \cdot (1-d_5) < (1-d_5)^5$$
$$= (1-0.7)^5 = 0.243\% \tag{13.6.11}$$

式(13.6.10)和式(13.6.11)的含义是：投资组合有5个证券，且要求每个证券综合分析的隶属度都不小于0.7时，5个证券同时都上升的可能性大于16.8%，5个证券同时都下降的可能性小于0.243%。

以上分析表明：集中投资有可能获得高于组合投资的投资收益率，但投资风险远大于组合投资；组合投资不能获得最大的投资收益率，但可大大降低投资风险。

风险偏好者将采取集中投资策略，当投资证券个数$n=1$时，表明投资者是风险喜好者；风险厌恶者将采取组合投资策略，当投资证券个数$n \to \infty$时，表示投资者是风险特别厌恶型。如果单一证券决策标准取$\mu\left[\frac{\mathrm{d}Y_1(\Delta t)}{\mathrm{d}t}\right] \geq 0.7$，则证券个数$n \geq 5$时就可有效控制投资风险。

主要参考文献

[1] 陈鼓应:《老子注释及评价》,中华书局 1984 年版。

[2] 弗兰克・K・赖利、埃德加・A・诺顿:《投资学》,李月平等译,清华大学出版社 2009 年版。

[3] F. S. Mishkin. *The Economics of Money, Banking, and Financial Markets*, New York: Prentice Hall, 2012.

[4] 费秉勋:《八卦占卜新解》,陕西旅游出版社 1990 年版。

[5] 高隆昌、李伟:《数学及其认识》,西南交通大学出版社 2011 年版。

[6] 高亨:《周易大传今注》,清华大学出版社 2010 年版。

[7] 龚怀云等编著:《应用泛函分析》,西安交通大学出版社 1985 年版。

[8] J. B. Williams, *The Theory of Investment Value*, Fraser: Fraser Publishing Co., 1997.

[9] 卡尔・马克思:《资本论》,郭大力、王亚南译,人民出版社 1975 年版。

[10] 李心丹:《行为金融学——理论及中国的证据》,上海三联书店 2004 年版。

[11] 李文林:《数学史概论》,高等教育出版社 2011 年版。

[12] 李洪兴等:《工程模糊数学方法及应用》,天津科学技术出版社 1993 年版。

[13] 刘开第等:《未确知数学》,华中理工大学出版社 1997 年版。

[14] 刘家林等:《投资建设项目决策》,中国计划出版社 2006 年版。

[15] 刘大钧:《纳甲筮法讲座》,广西师范大学出版社 2006 年版。

[16] L. J. 瑞德豪斯:《巴菲特致股东信的投资启示录》,胡西悦、郭晓月译,人民邮电出版社 2015 年版。

[17] [美]斯塔夫里阿诺斯:《全球通史》,董书慧等译,北京大学出版社 2005 年版。

[18] [美]富兰克・H・奈特:《风险、不确定性和利润》,郭武军、刘亮译,华

夏出版社 2013 年版。

[19] [美]亚瑟·A·汤姆森、A. J. 斯迪克兰迪:《战略管理》,段盛华、王智慧译,北京大学出版社 2000 年版。

[20] [美]弗雷德·威斯通等:《兼并、重组与公司控制》,唐旭等译,经济科学出版社 1998 年版。

[21] [美]乔治·索罗斯:《世纪危机启示录:索罗斯模式》,刘丽娜、綦相译,机械工业出版社 2010 年版。

[22] [美]乔治·索罗斯:《超越金融:索罗斯的哲学》,宋嘉译,中信出版社 2010 年版。

[23] [美]乔治·索罗斯:《金融炼金术》,孙忠、侯纯译,海南出版社 1999 年版。

[24] [美]艾伦·格林斯潘:《动荡的世界:风险、人性与未来的前景》,余江译,中信出版社 2014 年版。

[25] [美]M. 克莱因:《西方文化中的数学》,张祖贵译,复旦大学出版社 2005 年版。

[26] 南怀瑾:《易经杂说、易经系传别讲》,复旦大学出版社 2000 年版。

[27] 盛骤等:《概率论与数理统计》,高等教育出版社 1989 年版。

[28] 邵雍:《〈皇极经世〉导读》,常秉义注释,中央编译局出版社 2012 年版。

[29] 王清印等:《灰色数学基础》,华中理工大学出版社 1996 年版。

[30] 王东岳:《物演通论》,陕西人民出版社 2009 年版。

[31] 肖洪生、杨晓冬:《不确定条件下的决策方法研究》,山东大学出版社 2010 年版。

[32] 肖洪生:《综合模糊理论与未来 5 年黄金价格走势分析》,祝合良、刘山恩主编:《中国黄金市场十年回顾与展望》,九州出版社 2013 年版,第 198～218 页。

[33] Z. Bodie, et al., *Investments*, New York: McGraw-Hill Education, 2013.

[34] 中国证券业协会编:《证券投资分析》,中国金融出版社 2012 年版。

[35] 肖洪生、刘常桢:《先天〈易〉范式预测与决策方法探究——以金融投资为例》,《周易研究》2009 年第 6 期。

主要符号表

$d(x,y)$	同一集合内，任意两点 x 与 y 之间的距离
Y	研究对象；总产出增长率
$Y(t)$	研究对象的当前状况
$Y(t+\Delta t)$ $Y(\Delta t)$	研究对象的未来状况
$\frac{\mathrm{d}Y}{\mathrm{d}t}$	研究对象的“趋势”
$\frac{\mathrm{d}^2Y}{\mathrm{d}t^2}$	研究对象的“加趋势”
━	研究对象中有利的、建设性的、积极的方面
╍	研究对象中不利的、破坏性的、消极的方面
X_1	影响研究对象 Y 的第一重要等级要素
X_2	影响研究对象 Y 的第二重要等级要素
X_3	影响研究对象 Y 的第三重要等级要素
$X_N(t)$	研究对象 $Y(t)$ 的内在约束条件：$X_N(t)=x_1(t)+x_2(t)+x_3(t)$
$X_W(t)$	研究对象 $Y(t)$ 的外在约束条件：$X_W(t)=x_4(t)+x_5(t)+x_6(t)$
$x_1(t)$	研究对象 $Y(t)$ 的内在约束条件的第一重要等级因素
$x_2(t)$	研究对象 $Y(t)$ 的内在约束条件的第二重要等级因素
$x_3(t)$	研究对象 $Y(t)$ 的内在约束条件的第三重要等级因素
$x_4(t)$	研究对象 $Y(t)$ 的外在约束条件的第一重要等级因素
$x_5(t)$	研究对象 $Y(t)$ 的外在约束条件的第二重要等级因素
$x_6(t)$	研究对象 $Y(t)$ 的外在约束条件的第二重要等级因素
$\mu_A(x)$	因素 x 在模糊集合 A 中的隶属度

续表

$\mu[x(t)]$	因素 x 在当下时刻 t 处于“X 单因素周期结构图”中的“相对位置”的隶属度
$\mu\left[\frac{\mathrm{d}x(t)}{\mathrm{d}t}\right]$	因素 x 在当下时刻 t 在“X 单因素周期结构图”中的“趋势”的隶属度
$\mu\left[\frac{\mathrm{d}^2x(t)}{\mathrm{d}t^2}\right]$	因素 x 在当下时刻 t 在“X 单因素周期结构图”中的“加趋势”的隶属度
α	$\mu[x(t)]$ 的重要性权重
β	$\mu\left[\frac{\mathrm{d}x(t)}{\mathrm{d}t}\right]$ 的重要性权重
γ	$\mu\left[\frac{\mathrm{d}^2x(t)}{\mathrm{d}t^2}\right]$ 的重要性权重
$G[x(t)]$	市场参与者现在时刻 t 对因素 x 所拥有信息的隶属度
$\mu\left[\frac{\mathrm{d}x(\Delta t)}{\mathrm{d}t}\right]$	因素 x 在“未来一段时间(时间长度为 Δt)变化趋势可能性”的隶属度
$\mu\left[\frac{\mathrm{d}Y(\Delta t)}{\mathrm{d}t}\right]$	研究对象 Y 在“未来一段时间(时间长度为 Δt)变化趋势可能性”的隶属度
☰	影响研究对象的三因素都是以建设性、积极、有利方面为主要方面;在“X 三要素周期结构图”中的“相对位置”是变化上升的后期阶段
☱	影响研究对象的三因素中,第一、第二重要等级因素是以建设性、积极、有利的方面为主要方面,第三重要等级因素则是以破坏性、消极、不利的方面为主要方面;在“X 三要素周期结构图”中的“相对位置”是周期上升的后中期阶段
☲	影响研究对象的三因素中,第一、第三重要等级因素是以建设性、积极、有利的方面为主要方面,第二重要等级因素则是以破坏性、消极、不利的方面为主要方面;在“X 三要素周期结构图”中的“相对位置”是周期上升的前中期阶段
☳	影响研究对象的三因素中,第一重要等级因素是以建设性、积极、有利的方面为主要方面,第二、第三重要等级因素则是以破坏性、消极、不利的方面为主要方面;在“X 三要素周期结构图”中的“相对位置”是周期上升的初期阶段
☴	影响研究对象的三因素中,第一重要等级因素是以破坏性、消极、不利的方面为主要方面,第二、第三重要等级因素则是以建设性、积极、有利的方面为主要方面;在“X 三要素周期结构图”中的“相对位置”是周期下降的初期阶段

续表

☵	影响研究对象的三因素中，第一、第三重要等级因素是以破坏性、消极、不利的方面为主要方面，第二重要等级因素则是以建设性、积极、有利的方面为主要方面；在“X 三要素周期结构图”中的“相对位置”是周期下降的前中期阶段
☶	影响研究对象的三因素中，第一、第二重要等级因素是以破坏性、消极、不利的方面为主要方面，第三重要等级因素则是以建设性、积极、有利的方面为主要方面；在“X 三要素周期结构图”中的“相对位置”是周期下降的后中期阶段
☷	影响研究对象的三因素都是以破坏性、消极、不利的方面为主要方面；在“X 三要素周期结构图”中的“相对位置”是周期下降的后期阶段
P_t	K 线图中的当期收盘价格
Q_t	K 线图中的当期成交量
$\frac{\mathrm{d}P}{\mathrm{d}t}$	K 线图中价格均线的“趋势”
$\frac{\mathrm{d}^2 P}{\mathrm{d}t^2}$	K 线图中价格均线的“加趋势”
$\frac{\mathrm{d}Q}{\mathrm{d}t}$	K 线图中成交量均线的“趋势”
$\frac{\mathrm{d}^2 Q}{\mathrm{d}t^2}$	K 线图中成交量均线的“加趋势”
π	通货膨胀率
i	名义利率
i_r	实际利率
M	货币供给增长率
e	汇率，是每单位本国货币相当于外国货币的数量
V_0	证券在当前时刻($t=0$)的内在价值
F_t	证券在第 t 期的净现金流
r_t	第 t 期的贴现率，是投资者对证券所要求的必要收益率
P/E	市盈率
P/B	市净率

续表

P_M	债券面值
C_t	债券每期的息票收入
r_M	债券到期收益率
r_Y	债券期限收益率
$F(t)$	当下期货价格
$P_s(t)$	当下现货价格
$F(\Delta t)$	交割日期货价格
$P_s(\Delta t)$	交割日现货价格

后　记

本书的主旨是构建“不确定条件下的投资学”的分析范式。当下，经济金融学主流范式的特点是“有效市场假说、均衡分析方法、效用最大化”，本质是信息近乎完全，或称为“确定性分析”。自 20 世纪 70 年代始，越来越多的研究者认识到主流范式存在根本的缺陷。金融产品定价是金融学的核心，不确定性是金融市场的本质特征，概率无法度量金融市场的不确定性，这些越来越成为业界共识。

创设新的范式以取代现行的主流范式，越来越成为业界共识。乔治・索罗斯和沃伦・巴菲特是建立金融学新范式的代表，他们的共同特点是：有哲学基础，建立了一套方法，有超过 30 多年的实践应用与检验的经历。然而，在研究方法上又有所不同：乔治・索罗斯的方法是相关反射论，沃伦・巴菲特方法的特点是在不确定性中寻找确定性。同时，在理论上还存有局限性。例如：只可通过实例建立具体模型，尚不能建立抽象、系统的模型；提出的不确定性、可能性，无法量化也无法计算；理论、方法并非适用于金融市场所有状态。

本书建立的“不确定条件下的投资学”分析范式，名曰“综合模糊理论”，有如下特点：

第一，严格的逻辑体系。研究方法是“公理＋定义”。公理就是逻辑依据，是认识论、方法论的逻辑基础，也是书中几乎所有结论判断、推理的逻辑依据。公理是数学严格推理的前提保证，是哲学追究终极的“极”。定义具有主观规定性，属于哲学研究范畴。因此，可以说，“综合模糊理论”是数学方法与哲学思想的结合。我们的信念是：评价理论的标准，不是“真”与“假”，而是理论的构建是否合乎逻辑、理论的应用是否有效。换言之，就是理论的构建是否合乎公理或逻辑；理论的应用，对已有现象是否能够解释，对未来能否有效预测，能否经得起重复验证。我自认为“综合模糊理论”具有严格的逻辑体系，理论应用符合有效的 3 个标准。

第二，长期的实践基础。屈指算来，从萌动思考到今日成书，恰是 30 年。这期间,有5年的工程师实践、5年的政府管理部门历程、5年的金融从业经验、3次金融资产管理经历。这里面既有成功的喜悦,也有失败的痛苦。这些都是近30年理论研究的实践基础,也是研究方法之"定义"——主观规定性的"世界图景"。

第三,多年的教学反馈。在山东大学经济研究院从事研究生教学13年有余,开设了"财务管理""投资学""工业工程""金融工程"等课程。无论讲授什么课程,虽然研究对象不同,但是,分析方法都是一样的,那就是"综合模糊理论"。在教学过程中,学生的反馈意见有两方面作用:一方面,可以发现理论的不足,或阐述不清的问题等;另一方面,更增加了对该理论有效性的自信心。

第四,更广的应用领域。自然科学和社会科学研究对象的结构性质根本不同。社会科学,由于参与者信息的不完全性和非对称性,以及主客体的相互反射性,不确定性成为它的本质特征。所以,不能把自然科学的研究方法,完全、机械地迁移到社会科学的研究对象中。"综合模糊理论"的本质是不确定条件下的预测、决策的分析范式,它不是求研究对象之"真",而是把判断研究对象在"周期结构图"中的"相对位置"以及分析"未来一段时间变化趋势的可能性"作为预测、决策的依据。该理论有两个综合分析模型:"*X*三要素周期结构模型"和"*X*六要素周期结构模型"。不同的研究对象,虽然选择的模型、影响因素或结构要素不同,但是,分析思路、方式和方法都是一样的。因此,该理论具有更广的应用领域——经济学、金融学、管理学、财务管理学、政治学、军事学、哲学和法学等社会科学。

第五,较长的有效期限。该理论的逻辑依据是4个公理——"距离公理""序公理""辩证逻辑公理"和"人性公理"。这些公理是几千年来人类理性思维的结晶,也是人类理性思维的元逻辑或最基础逻辑。由推理逻辑结构的关系推知,所依据的逻辑层级越基础,其推论的结论的有效期就越长。"综合模糊理论"所依据的是最基础逻辑,所以,可推论其理论的有效期限会很长。

第六,形似的定义不同。"*X*三要素周期结构图"是"*X*三要素周期结构模型"的理论基础,该图与《周易》中的"先天八卦图"的形式相近,但符号定义却完全不同。"*X*六要素周期结构图"是"*X*六要素周期结构模型"的理论基础,此图与《周易》中的"先天六十四卦方圆图"的形式相同,但是,两者的符号定义却完全不同。《周易》是古老的、不确定条件下的预测、决策之书,以当下的认识水平而论,其确有合乎现代科学的成分,同时,也有许多无法解释的部分。"综合模糊理论”借鉴、吸收了许多《周易》中合乎现代科学的成分。

创新就是开辟新道路。在达到理想顶峰之前，所经之途充满了荆棘、坎坷，很迷茫。感谢我们所处的时代，为创新创造了实践的机会和认识世界的图景，也为创新提供了物质的支持；感谢教育部哲学社会科学研究后期资助重点项目(07JHQ0012)、山东大学2011年自主创新基金自然科学类专项交叉学科基金项目(2011JC021)为本书提供的资助。

感谢山东大学经济研究院为我的研究工作提供了宽松的工作环境。

肖像、李洁对本书的写作提出了许多很好的建议，并承担了书稿的核对、部分图表的制作工作，在此表示感谢。

衷心感谢为本书的编辑出版付出很多心力的老师们。

“人皆讥造次，我独赏专精。”写书不可避免地会存遗憾于世。为了尽可能地减少遗憾，更好地展现自己的研究所得，本书的成书时间比预期延迟了多年。在此要特别感谢我爱人周建霞女士，是她的理解、支持和创造的和谐的家庭环境，才使我可以安心、无虑地从事研究工作。

“真理掌握在少数人手里”“君子之道鲜矣”“人生知心朋友少焉”，这些论断可谓是“仁者见之谓之仁，知者见之谓之知”。数学“距离公理”中的“非负性公理”，从数学逻辑上证明了这些论断，符合人类认识的逻辑结构关系。希望本书能够成为您的知心朋友。

作 者

2017年8月于济南